BTV

2017 BEIJING TELEVISION

YEARBOOK

2017
北京电视台
年鉴

BTV 2017 BEIJING TELEVISION YEARBOOK

《北京电视台年鉴》编辑部　编

北京日报出版社

编辑说明

一、《北京电视台年鉴》以较翔实的图文资料，客观记述北京电视台在宣传业务、技术工作、队伍建设、事业发展、产业经营等各个方面的基本情况，反映电视事业产业的发展变化，是一部综合性资料工具书和史料文献的大型年刊。

二、本年鉴于2008年创刊，每年编印一卷，主要记录和反映北京电视台上一年度的宣传情况和各项事业产业发展成果。

三、本年鉴以马克思列宁主义、毛泽东思想、邓小平理论、“三个代表”重要思想、科学发展观、习近平新时代中国特色社会主义思想为指导，深入贯彻习近平总书记系列重要讲话精神，坚持实事求是的编辑方针，坚持“贴近实际，贴近生活，贴近群众”的宣传原则，为广大电视工作者以及社会各界了解和研究北京电视台提供可靠信息。

四、对本年鉴有关栏目的几点说明。

《图片》——主要收录反映2016年北京电视台各方面情况的照片。

《特载》——收录上级领导对本台的批示及台领导撰写的有关文章和重要讲话。

《概况》——概要记录全台各部门一年中主要的工作情况。

《典型经验》——选录有关业务工作的经验、体会文章。

《专项纪事》——重点记述年度内发生的大事、要事。

《频道·栏目》——介绍各频道的基本情况、栏目设置、优秀栏目。

五、《北京电视台年鉴》的编辑工作得到本台各级领导及有关部门的关心和大力支持，在此一并表示感谢。对本书的疏漏之处与不足，恳请批评指正。

北京电视台史志办（本刊编辑部）

《2017北京电视台年鉴》编辑委员会

杜　研　科教节目中心主任
张　恒　影视剧中心主任
宗燕红　财经节目中心主任
焦少波　体育节目中心主任
　　　　北京京视体育发展有限责任公司董事长（兼）
赵　彤　生活节目中心主任
张　帆　动画节目中心主任
　　　　北京卡酷传媒有限公司董事长（兼）
严　崴　纪实频道节目中心主任
黄　培　北京国际电影节运行中心主任
郑　星　制作部主任
　　　　北京北视英特维文化传播有限公司董事长、总经理（兼）
朱雨稼　转播传送部主任
王晓龙　动力部主任
刘晓光　技术设备管理部主任
周旭辉　信息网络管理部主任
刘绍芬　老干部工作办公室主任
朱晓宇　招投标管理工作领导小组办公室主任
刘方平　北京电视产业发展集团总经理
史小东　北京京视传媒有限责任公司董事长
许建海　北京紫禁城影业有限责任公司总经理
姜培军　北京电视台黄金海岸培训中心总经理
牛振青　北京京视卫星传媒有限责任公司董事长
赵峥铮　北京京视电广传媒有限责任公司董事长、总经理
曹　征　新纪实（北京）传媒投资有限公司董事长、总经理

《2017北京电视台年鉴》编辑部

主　　编：彭司海
副 主 编：宋　莲
编　　辑：谷　松　胡　泊　魏向东
特约编辑：张奕璞　党委办公室
秦　爽　办公室
李　毅　办公室
王　瑾　总编室
李　玲　研究发展部
王瑶瑶　监察审计办公室
陈　静　工会办公室
张兰岚　人事部
张俊丽　计划财务部
崔国飞　行政部
陶小群　保卫部
张向华　基建办公室
张　云　广告部
郭　纯　经营管理部
孙　涛　卫视节目中心
张文天　新闻节目中心
郑文彦　新闻节目中心
杨东晓　文艺节目中心
鲁　盾　科教节目中心
杜　蕾　影视剧中心
孙慕瑶　财经节目中心
赵　硕　财经节目中心
汪　荦　体育节目中心
李　然　生活节目中心
康　健　青少·海外节目中心

韩　旭　动画节目中心
高国华　纪实频道节目中心
彭勇惠　北京国际电影节运行中心
王安琪　总工程师办公室
高剑虹　播出部
王建业　制作部
段　然　转播传送部
付　谦　技术设备管理部
张　伟　信息网络管理部
孙少英　动力部
梁　爽　老干部工作办公室
白希军　招投标管理工作办公室
李　莉　北京电视产业发展集团
韩秋颖　北京卡酷传媒有限公司
李　昊　北京京视传媒有限责任公司
刘　敏　北京紫禁城影业有限责任公司
吴　艳　新纪实（北京）传媒投资有限公司
杨　帆　北京京视卫星传媒有限责任公司

◀ 2016年5月26日，北京市委常委、副市长陈刚，北京市委常委、宣传部部长李伟，来到北京电视台《暖暖的新家》改造家庭进行参观，北京电视台台长李春良陪同

▲ 市领导在改造完工的新居参观

▲ 节目组导演给市领导介绍

▶ 现场和居民交流

◀ 市委常委、宣传部长李伟审看习近平总书记视察北京发表重要讲话两周年专题片《春潮》的部分内容

▶ 李伟部长听取相关主创人员关于大型纪录片《长征》《解放》《新疆》推进情况的汇报并提出工作要求

▲ 李伟部长了解了总控设备的运转方式和北京电视台高标清频道整体建设情况

▲ 李伟部长到北京电视台看望慰问春节前夕坚守一线的采编播人员和技术人员

▲ 2016年1月，“两会”期间，艾冬云同志在两场开幕式直播现场进行指导

▲ 2016年1月，“两会”期间，时政摄像第一次使用手持稳定器进行拍摄，小巧的设备使用起来更加便利，拍摄的画面也更加稳定流畅

▲ 直播访谈特别节目《市民对话一把手——北京新表达》与广大市民就行政副中心建设、城市市容管理、教育均等化、医疗体制改革等热点话题，与市民展开面对面、零距离的沟通对话

▶ 直播访谈特别节目《市民对话一把手——北京新表达》与广大市民就行政副中心建设、城市市容管理、教育均等化、医疗体制改革等热点话题，与市民展开面对面、零距离的沟通对话

▲ 由北京电视台《快乐健身一箩筐》栏目主办的“海涛旅游杯”北京万人广场舞大赛

▲ 北京电视台举办大型纪录片《解放——人民的选择》研讨会

▲ 国家新闻出版广电总局宣传司司长高长力出席研讨会

▲ 北京电视台副总编辑徐滔介绍《解放——人民的选择》纪录片的情况

▲ 《解放——人民的选择》总导演黄炜讲话

▲ 2016年北京电视台春节联欢晚会新闻发布会在新址41层阳光大厅举行

▲ 2016年北京电视台春晚现场

北京电视台台长李春良与神州专车董事长陆正耀一起用毛笔“画猴点金”，寓意猴年春晚星光灿烂

北京电视台总编辑王珏正式邀请影视演员黄渤为北京台春晚推广大使

担任2016年北京电视台春晚总导演的孙仝和担任主持人的曹扬、悦悦

▲ 北京电视台总编辑王珏，副总编辑艾冬云在春节晚会现场指导工作

《2016年环球春晚》在水立方圆满完成录制工作

《2016年环球春晚》在水立方圆满完成录制工作

北京电视台副总编辑朱江在环球春晚录制前，就节目内容的改进提出具体意见，并亲临录制现场指导工作

◀ 韩国、南非、泰国、美国、德国、荷兰、英国等13个国家的近70位驻华使节、文化参赞、新闻官以及著名华人华侨代表霍震霆等出席环球春晚节目录制

▲ 全世界18个国家和地区的350多位演员登场献艺

2016年北京电视台动画春晚

▲ 奥运直播特别节目《北京直通里约》

▲ 北京电视台团队圆满完成奥运会乒乓球公共信号制作

▲ 北京电视台里约奥运报道团队圆满完成前方报道

▲ 北京电视台里约奥运报道团队圆满完成前方报道

▶ 电视剧《姐妹兄弟》

◀ 电视剧《金水桥边》

▶ 电视剧《锦绣未央》

电视剧《三八线》

电视剧《少帅》

电视剧《殊死七日》

▶ 电视剧《铁血战狼》

◀ 电视剧《我的岳父会武术》

▶ 电视剧《无名者》

北京电视台2016年工作会议在BTV大剧院召开

北京电视台台长李春良做动员报告

2016年5月23日，北京电视台召开“两学一做”学习教育动员会

▲ 2016年2月5日台领导班子走访慰问身患重大疾病和家庭困难的职工

▲ 2016年2月5日台领导班子走访慰问身患重大疾病和家庭困难的职工

2016年6月30日，庆祝建党95周年文化沙龙成功举行

▲ 2016北京电视台职工羽毛球团体赛

▲ 2016年北京电视台职工乒乓球团体赛

目　录

特　载

概 况

专项纪事

技术管理和新技术应用

典型经验

组织机构

频道·栏目

调研报告　收视调查

获　奖

节目播出时间表

广告价格表

大事记

索引

特　　载

中央及北京市领导对北京电视台工作作出指示

2016年，党中央及北京市领导对北京电视台的工作和一些节目作出指示，给予充分肯定，并鼓励大家再接再厉，把节目办得更好。

刘云山、刘奇葆、郭金龙等对《中国梦365个故事》给予充分肯定

《中国梦365个故事》2013年12月在《北京新闻》播出，截至2016年年底已经播出306集，在北京卫视的平均收视率为7.71%，网络总点击率逾3亿次，受到学界的关注，观众反响热烈。中共中央政治局常委、中央书记处书记刘云山，中共中央政治局委员、中宣部部长刘奇葆，中共中央政治局委员、北京市委书记郭金龙等先后作出批示：节目对社会主义核心价值观更加通俗化、形象化宣传有启示作用，认同节目从内容到形式的创新，希望其他媒体在践行社会主义核心价值观、做好中国梦宣传等方面的工作中借鉴这种做法。

李伟对中宣部新闻局《新闻阅评》（456期）——“各媒体聚焦如何做党和人民信赖的新闻工作者”的批示

2016年的第十七个中国记者节不同寻常。11月7日，习近平总书记亲切会见中华全国新闻工作者协会第九届理事会全体代表和中国新闻奖、长江韬奋奖获奖者代表，再次对新闻舆论工作发表重要讲话。多家新闻媒体和网站的记者节报道围绕讲话精神展开，突出“做党和人民信赖的新闻工作者”的主题。北京市委常委、宣传部部长李伟批示：日报及电视台对学习总书记记者节讲话和文代会、作代会讲话要有积极反映。

市领导对北京电视台关于《锐观察》栏目新设版块《大家谈》（第一季）策划方案报告作出批示

2016年5月24日，北京市委常委、宣传部部长李伟批示：报请安顺同志阅示。这是初步方案，在此基础上拟会同环保局细化第一季方案，宣传部参与策划，具体每季选题再同相关部门商量，建议明确一位政府秘书长参与具体指导，并帮助协调有关工作。当日，中共北京市委副书记、市长王安顺批示：是一项开创性工作，复杂敏感。支持探索，细化方案，加强“推演”，争取能够为城市管理中“难题”解决添力。

市领导对市环保局呈报的北京电视台《大家谈》节目修改方案作出批示

2016年9月29日下午，市政府副秘书长刘印春主持召开专题会议，研究了

《大家谈》守护蓝天系列节目有关问题。按照会议要求，截至9月30日下午，市发展改革委、市经信委、市财政局、市环保局、市住建委、市城管委、市农委、市交通委等相关部门对《大家谈》节目的表达方式、呈现内容等提出了修改意见，并对节目中涉及的数据进行了核对。北京电视台据此制订了修改方案。9月30日，市环保局将修改方案呈上。10月1日，中共北京市委副书记、市长王安顺批示：既要轻松、生动让老百姓愿意看，又要做到关键数据和话语表述准确。也不要怕出错，创新难免出点差错，都不可怕。10月8日，市委常委、宣传部部长李伟批示：力强、春良、王珏同志阅。落实好安顺同志批示，以此作为此档节目的指导原则。

李伟对纪录片《红军不怕远征难》收视反馈报告的批示

2016年11月7日，北京广播电视台向市委宣传部呈报北京电视台纪录片《红军不怕远征难》收视反馈的报告。11月9日，市委常委、宣传部部长李伟批示：以长征精神拍摄长征历史，以青春致敬青春，才能创作出这样的优秀作品，向年轻的团队表示敬意。

严力强对“北京电视台打响治理大气污染宣传攻坚战”的批示

2016年1月15日，市委副秘书长、宣传部副部长严力强批示：春良、王珏、冬云同志，感谢电视台同志们的创造性工作，这次成功报道再次证明了北京电视台引导舆论的能力。

严力强对《“家家好　国家好”2016北京电视台春晚好评如潮》的批示

2016年2月12日，市委副秘书长、宣传部副部长严力强批示：春良、王珏并冬云、孙全同志，北京电视台春晚收视三连冠，尤以今年达到高峰，可喜可贺。社会上好评如潮，为北京争了光，感谢大家的辛苦工作。可以肯定，来年的春晚将会有不少人把你们作为超越的目标。望认真总结，静下心思考未来。沿着自己的路走，你们的目标不是别人，而是规律——不断探索、发现规律，掌握、运用规律，就能不断超越自己。

市领导调研《暖暖的新家》

2016年5月26日上午，市委常委、副市长陈刚，市委常委、宣传部部长李伟等到北京电视台《暖暖的新家》节目报道的两个改造家庭进行参观考察。北京广播电视台党委书记、台长李春良，市政府副秘书长张维，市规划委、市住房城乡建设委主要领导，东城区、西城区政府主管领导陪同。参观的两个家庭其中一户是位于什刹海的非物质文化遗产毛猴之家，原先18平方米的住房神奇变成两室三厅一厨两卫的家庭艺术馆。另一户是位于前门大耳胡同的居民家庭，住房面积仅12.9平方米，是《暖暖的新家》第二季挑战的最小面积，如今变成三室三厅一厨一卫的“迷你别墅”。在参观过程中，市领导与节目组进行了交流，感慨“设计改变生活”。

参观后，市领导与《暖暖的新家》节目组、相关设计师就如何“服务百姓安居梦，改造新家暖人心”进行座谈。会上，北京电视台副总编辑徐滔作了详细的情况汇报。《暖暖的新家》从开办之初，就希望能够和首都的战略定位、规划建设，和百姓的安居工程紧密连接，为市委市政府的政策宣传和相关规划的推进落实做出积极的贡献。《暖暖的新家》改造的房屋类型基本覆盖了北京城乡地区的房屋类型，包括胡同平房、筒子楼、地下室、农房。这些经验的积累，能够为栏目组服务首都住房改造项目提供借鉴。

陈刚对《暖暖的新家》节目组的工作给予充分肯定，赞许北京电视台做了一件服务于民的大好事，设计师可以改变空间，空间可以改变人，而这档节目很可能改变历史。他还鼓励节目组发挥自身优势服务百姓安居工程，联合设计师平台创建《暖暖的新家》设计研究中心，探讨如何打造小空间宜居模式，在保存精华、坚守根本、保留北京特色古城的同时，让生活在其中的人更加有品质的生活。为“建设国际一流的和谐宜居之都”尽到媒体应尽的义务。

扎实开展“两学一做”学习教育
为北京电视台改革发展提供坚实保障

——在北京电视台“两学一做”学习教育动员会上的讲话

北京电视台党委书记、台长　李春良

按照中央和市委的统一部署，今天，我们在这里召开北京电视台“两学一做”学习教育动员会，对在全台党员中开展“学党章党规、学系列讲话，做合格党员”学习教育进行全面动员部署。下面，我代表台党委，从四个方面，对全台的“两学一做”学习教育提出要求。

一、充分认识开展“两学一做”学习教育的重要意义

在全党开展“两学一做”学习教育，是党中央作出的一项重大战略部署，习近平总书记对此作出重要指示，要求各级党组织履行抓好“两学一做”学习教育的主体责任，确保取得实际成效。今年4月6日和4月21日，中央和北京市分别召开会议，刘云山、郭金龙同志对开展好“两学一做”学习教育提出了明确要求；4月29日和5月17日，市委宣传部和北京广播电视台也分别进行了动员，“两学一做”学习教育正式启动。我们要迅速把思想和认识统一到中央、市委的决策部署上来，深刻领会“两学一做”学习教育的重要意义，把这次学习教育在北京电视台深入扎实地开展起来，切实取得实实在在的效果。

开展“两学一做”学习教育，是进一步加强和改进党的建设的必然要求。党的十八大以来，以习近平同志为总书记的党中央高度重视党的思想建设、组织建设、作风建设和党风廉政建设，以党员领导干部这个“关键少数”为突破口，先后组织开展了党的群众路线教育实践活动和“三严三实”专题教育，取得了突出成效。开展“两学一做”学习教育，就是要进一步延续和巩固十八大以来党建工作的一系列新做法、新经验、新成果，推动党内教育从“关键少数”向广大党员拓展，从集中性教育向经常性教育延伸，把全面从严治党的要求落实到每个支部、每名党员。从根本上说，开展“两学一做”学习教育，是与习近平总书记治党、治国、治军的一系列新思想新观点新要求一脉相承的，是推动落实“四个全面”战略布局、持续深入加强和改进党的建设的重要举措。北京电视台各级党组织和全体共产党员要切实增强思想自觉和行动自觉，把开展好“两学一做”学习教育作为重大政治责任，切实抓紧抓好。

开展“两学一做”学习教育，是继续深化解决作风建设突出问题的重要举措。习近平总书记指出，党的作风就是党的形象，关系人心向背，关系党的生死存亡。这几年来，经过党的群众路线教育实践活动和“三严三实”专题教育，中央八项规定进一步深入人心，“四风”突出问题得到有效遏制，党的先进性、纯洁性得到不断深化。特别是中央坚持“苍蝇”、“老虎”一起打，下大力气惩治不正之风，重拳出击开展反腐败斗争，展现了我们党与作风建设领域突出问题作斗争的决心和信心，得到了党内外、国内外的高度评价。但是同时也要看到，作风建设具有长期性、艰巨性、复杂性，我们面临的执政考验、改革开放考验、市场经济考验、外部环境考验仍然非常严峻，精神懈怠危险、能力不足危险、脱离群众危险、消极腐败危险没有完全消除，抓作风建设必须持之以恒、坚持不懈。北京电视台开展“两学一做”学习教育，必须紧密结合党的群众路线教育实践活动、“三严三实”专题教育的整改落实工作，在这几年作风建设取得的成效基础上，进一步查摆和解决实际问题，推动党员队伍的风气持续好转。

开展“两学一做”学习教育，是全面深化北京电视台改革发展、转型升级的有力推动。当前，北京电视台正处在一个特殊的历史时期，新闻宣传、节目创新、经营创收、机制改革等各方面的任务异常繁重，市场竞争的压力、媒介环境的变化、传播业态的调整，给我们带来了很大的挑战。从去年年底以来，台党委在广告经营、绩效考核、卫视发展、制度建设等方面作出了一系列新的部署，今明两年还将会有更多的改革举措陆续推出。越是处于改革攻坚的重要时期，越是面对巨大挑战和繁重任务，就越需要发挥好党建工作的支撑和引领作用。开展“两学一做”学习教育，就是要把全台64个党组织的战斗堡垒作用和1500多名共产党员的先锋模范作用进一步激发出来，以组织建设催生发展动力，以党员队伍带动全体员工，使全台上下的责任意识、担当精神、精神面貌、工作作风更好地适应北京电视台改革发展的迫切要求，凝心聚力、顽强拼搏、意气风发地做好各方面的工作。

二、准确把握“两学一做”学习教育的目标任务

中央和市委对于开展“两学一做”学习教育提出了具体要求，已经印发的《北京电视台在全体党员中开展“两学一做”学习教育实施方案》也都作了细化和明确，希望大家认真学习，仔细对照，按照要求，全面落实。我再强调四点：

要准确把握“两学一做”学习教育的基本内容。“两学一做”，就是“学党章党规、学系列讲话，做合格党员”。党章是党的根本大法，党规是对党内生活的纪律约束，党章党规是全体党员言行举止的基本遵循。学党章党规，就是要让每一名党员进一步熟悉规则，了解作为党员的责权利、了解哪些是应该做的、哪些是不能做的，提高对党章党规的尊崇和遵守意识。习近平总书记系列重要讲话精神是在全面建成小康社会新的历史时期，指导党和国家事业发展的强大思想武器，是马克思主义与当代中国实际相结合的最新理论成果，对做好我们的工作具有重要指导意义。学系列讲话，就是要全面学习领会十八大以来习近平总书记关于改革发展稳定、内政外交国防、治党治国治军的一系列重要论述，深刻领会党中央治国理政的新理念、新思想、新战略，切实增强政治意识、大局意识、核心意识、看齐意识，坚定不移地与党中央保持高度一致。做合格党员是我们从入党那一天起，就对党、对自己作出的庄重承诺。做合格党员，就是要做到“讲政治、有信念，讲规矩、有纪律，讲道德、有品行，讲奉献、有作为”这“四讲四有”，始终严格要求自己，保持共产党员的政治本色。

要准确把握“两学一做”学习教育的总体要求。开展“两学一做”学习教育，基础在学、关键在做，重点在日常、难点在经常，核心在支部、根本在党员。要处理好“学”和“做”的关系，“两学”和“一做”是一个有机整体，只有学深了，才能做得好；只有做到了，学的价值才能体现出来，两者应该是相辅相成、相互促进的。中央强调，“两学一做”学习教育不是一次活动，要突出常态化教育的特点，也就是说，要把学习教育融入到日常的工作和生活中去，融入到常规的党建工作中去，融入到每一名党员的思想和骨髓中去，做到抓在平常、常抓不懈。要通过这次学习教育，进一步加强北京电视台基层党组织和党员队伍建设，创新党支部组织形式和党员活动方式，探索增强党支部凝聚力、吸引力、战斗力，提升党员责任感、使命感、自豪感，发挥党建工作对北京电视台事业产业发展的引领和推动作用。

要准确把握“两学一做”学习教育需要解决的重点问题。坚持问题导向，是开展学习教育的一条基本原则。当前，党员队伍和基层党组织中存在理想信念模糊动摇、党的意识淡化、宗旨观念淡薄、精神不振以及落实党建工作责任制不够、政治生活和组织生活不严肃等共性问题，北京电视台的党建工作也存在黏合度不高、沟通交流不够、作用发挥不显著等个性问题。开展“两学一做”学习教育，我们的每一个党支部、每一名党员都要针对这些问题，把自己摆进去，认真进行对照和整改，检查自己的先进性和纯洁性，提升思想认识，推动党组织工作迈上一个新的台阶。

要准确把握“两学一做”学习教育的各项具体任务。

按照中央和市委的部署，这次“两学一做”学习教育有一系列的规定动作，包括开展三个专题的学习讨论、党支部书记和党员讲党课、召开党支部专题组织生活会、开展民主评议党员、召开领导班子专题民主生活会、通过多种渠道立足岗位作贡献等等。

首先要认真落实好“三个专题”的学习讨论。根据市委要求，我台将“两学一做”三个专题的安排部署如下：

第一专题（5 月至 7 月）：以“对党忠诚、做合格党员”为专题，重点结合学习《党章》和习近平总书记关于坚持中国特色社会主义“三个自信”、实现中华民族伟大复兴的中国梦等有关重要讲话精神进行学习讨论。

第二专题（8 月至 9 月）：以“严守纪律、做合格党员”为专题，重点结合学习《廉洁自律准则》《纪律处分条例》《习近平关于党风廉政建设和反腐败论述摘编》《习近平关于严明党的纪律和规矩论述摘编》《新闻出版广播影视从业人员“一规一约”》，以及有关警示教育典型案例等进行学习讨论。

第三专题（10 月至 11 月）：以“务实担当、做合格党员”为专题，重点结合学习党中央提出的“四个全面”战略布局、“五大发展理念”和习近平总书记关于新兴媒体建设、意识形态、新闻舆论、网络安全等工作的重要论述进行学习讨论。

“三个专题”的学习讨论，要严格标准，完整准确，学习讨论要有计划、有考勤、有记录；此外，讲党课要联系实际、创新方式、言之有物；专题组织生活会和民主生活会要摆问题、查原因、拿措施；民主评议党员要实事求是、客观公正、有奖有罚；立足岗位作贡献要立足自身、区别对待、讲求效果。根据要求，全体党员要亮明身份、公开承诺、示范带头、接受监督，明确党员在工作时间必须佩戴党员徽章，在非工作时间自觉佩戴党员徽章。在完成规定动作的基础上，各个党支部可以结合工作实际，设计和开展一些符合本部门本单位特点的“自选动作”，把“两学一做”学习教育做出特色。

三、全力以赴确保“两学一做”学习教育取得实效

北京电视台开展“两学一做”学习教育，必须从自身的实际出发，与做好每一名党员的工作、做好每一个党支部和部门的工作、做好北京电视台方方面面的工作紧紧联系在一起。“学”要着眼需要学，在党章党规、系列讲话中找到北京电视台开题破局的着力点；“做”要立足岗位做，凝聚1500多名合格党员的力量，形成北京电视台生产、经营、管理等各项工作迅速提升的推动力。为此，要着力做好以下三个“始终”：

一是把提升新闻舆论水平贯穿学习教育的始终。要把学习贯彻习近平总书记在党的新闻舆论工作座谈会上的重要讲话以及“8·19”讲话、在文艺工作座谈会上的讲话精神，作为开展“两学一做”学习教育的重要内容，认真研究、深入思考北京电视台在新的传播生态下如何进一步提升舆论引导能力和宣传水平、如何改进传播方式和传播效果、如何增强对受众的吸附力和感染力，以做好新闻舆论工作的满腔热情，全面提高我们新闻产品、节目产品的质量。能不能齐心协力办好北京电视台的各个频道、各个栏目，能不能更好地满足党和人民对北京电视台的期望和要求，能不能拿出一批“刺破青天”的节目产品，是检验“两学一做”学习教育成效的根本标准。

二是把解决面临的突出问题贯穿学习教育的始终。要结合工作实际，结合当前制约北京电视台发展最直接、最迫切、最现实的问题，特别是节目定位的问题、生产与经营融合的问题、机制改革调整的问题、理顺管理流程等问题，进行深入的思考、探索、实践。一方面，要通过“两学一做”学习教育，振奋全台党员的精神状态，为改革发展、转型升级、解决问题营造出积极向上的环境和氛围；另一方面，要通过“两学一做”学习教育，培育新的思维方式、解放思想、释放生产力，为我们从根本上解决改革发展面临的矛盾问题提供更加有效的思想基础。

三是把锻造强大人才队伍贯穿学习教育的始终。要充分发挥党员的主体作用，推动“两学一做”学习教育的各个环节、各项工作向基层一线倾斜，以发现好、培养好、使用好优秀党员和优秀人才为落脚点，全面提高北京电视台从业人员队伍的政治素质和业务能力。要深入挖掘生产、经营一线党员中间的典型人物和先进事迹，通过讲党课、宣传展示等方式，向全体党员和全台员工传递敬业奉献、创新创业、敢于担当的价值观和维护大局、团结向上、积极进取的正能量。要把“两学一做”学习教育的内容和要求融入到全台各项经常性的教育培训工作中去，融入到党员干部的选任、管理、考核工作中去，融入到为做好各方面重点难点工作组建团队、搭建队伍的工作中去，以“两学一做”学习教育促进人的全面发展、成长成才。

作为市委、市政府的主流媒体，北京电视台在自身开展“两学一做”学习教育的同时，担负着做好“两学一做”学习教育新闻宣传的重要政治责任。节目部门要按照中宣部、市委宣传部的部署和要求，全面准确地传达中央和市委的重要精神，深入广泛地宣传报道全市各地区各部门各单位开展“两学一做”学习教育的做法和成效，为“两学一做”学习教育有序开展营造良好的社会舆论氛围。

四、切实加强对“两学一做”学习教育的组织领导

开展“两学一做”学习教育，是今年全台党建工作的龙头任务。台党委决定，成立全台“两学一做”学习教育领导小组，由我担任组长，王珏、韦小玉、彭司海同志担任副组长，台领导班子其他成员参加。领导小组将认真贯彻落实上级要求，对台级层面的相关工作进行安排部署和组织实施，对全台党支部开展“两学一做”学习教育情况进行指导、监督、检查。

台领导班子成员要严格执行双重组织生活制度，以普通党员身份参加所在党支部组织生活，与党员一起学习讨论、一起查摆解决问题、一起接受教育、一起参加党员民主评议，要带头讲党课、带头开展批评和自我批评、带头解决自身问题、带头立足岗位作贡献，引领整个学习教育扎实有效开展。

全台64个党总支、党支部要承担起本级党组织开展“两学一做”学习教育的主体责任，充分认清这次学习教育赋予基层党组织的特殊要求和繁重任务，明确目标、做好方案、落实责任、把握节奏，建立清单制度，广泛深入地动员好每一名党员，积极主动地开展好每一项工作，确保不缺位、不漏项。

全台处级以上干部和党总支、党支部书记、委员要在“两学一做”学习教育中发挥好带头表率作用，先学先做、学深做实，以上率下，层层示范、层层带动，认认真真地完成好每一个“规定动作”和“自选动作”，为身边的其他党员作出榜样，确保“两学一做”学习教育层层落实、环环相扣、步步深入，达到最好的效果。

不忘初心　继续前进
努力开创北京电视台改革发展新局面

——在2016年上半年工作总结暨下半年工作务虚会上的讲话

北京电视台党委书记、台长　李春良

同志们：

咱们用了两个半天，加上今天一整天的时间，召开2016年上半年工作总结会和下半年工作务虚会。我们所有的节目中心和制片人代表，全台综合管理部门、广告经营部门以及台属企业的代表，还有各位台领导，都做了非常好的发言。大家对这两天的总结会、务虚会高度重视，进行了认真的准备，绝大多数发言的同志都做了PPT，进行了认真的思考，既关照了北京电视台的整体战略发展，又着眼于自身所从事分管的相关工作，谈得有理论、有实践、有体会、有意见和建议，内容十分丰富。所以我建议把大家的发言整理成册，作为我们这次会议的一项重要成果。

我认为，这次会议达到了五个目的：第一，摸清了"家底"。应该说这次务虚会也是一个台情的通报会，大家对电视台的总体情况，对彼此各个部门的情况，对电视台的技术、经营、行政等方方面面的情况，有了一个全面的了解，对我们北京电视台的台情有了一个整体的把握，摸清了底数。第二，理清了思路。北京电视台现在存在什么问题，下一步应该怎么走，从哪来往哪去，怎么不忘初心，继续前进，大家都谈了很多，理清了思路。当然这个思路只是阶段性的，还带有一定的局限性，很难说是全面的、深刻的、长远的。所以这样的研讨、这样的务虚，我们今后还会做，还要有针对性地，特别是针对我们查找出来的一些主要问题，进行专题的研究讨论。第三，凝聚了共识。很多同志在发言中提到了我们的战略定位、顶层设计，特别是面对首都四大战略功能定位，面对国内国际的媒体竞争格局，面对新的传媒语境，北京电视台作为首都主流媒体应当如何发展，大家都谈了很多，形成了很多重要共识。第四，找出了对策。大家提出了很有见地的意见和建议。央视也好，湖南、上海、浙江、江苏这些与我们竞争的省级卫视也好，还有现在发展非常好的一些省市的地面频道也好，我们要广泛借鉴他们的成功经验和做法，找出北京电视台的发展之策。第五，提振了信心。这也是最重要的一点。通过这次会议，我们既找出了差距和不足，更重要的是，我们也看到了自身的优势，增强了紧迫感，提振了精气神。王珏同志的发言也提到了，我完全赞成。以上就是我们这次研讨、务虚达到的五个目的。

一、关于北京电视台上半年的工作

2016年上半年，全台上下团结一心、

拼搏奋斗，在舆论引导、节目生产、媒体融合、技术保障、管理经营、队伍建设等各项工作上取得了新的成绩，在很多方面实现了新的突破、获得了新的提升，充分彰显了首都主流媒体的政治意识、大局意识、核心意识、看齐意识、首善意识，有力地服务了中央和北京市的中心工作，有力地推进了全台改革发展融合创新。总的来看，有五个突出特点：

一是重大主题宣传接地气聚人气。上半年，我们围绕学习贯彻习近平总书记系列重要讲话精神，围绕贯彻落实中央和市委决策部署，围绕重大主题和重要节点，打响了一系列卓有成效的宣传战役。年初的《春潮》做得很好，中央领导给予了充分肯定。特别是当前正在开展的建党95周年宣传报道，全台联动，各频道精心策划，进行了全方位、多角度、大体量、强声势的宣传，起到了很好的效果。《档案》制作的系列纪录片《解放——人民的选择》播出后，上级领导和社会各界的反响也很热烈。还有最近南方汛情的报道，我们的记者第一时间奔赴一线，与部队战士、受灾群众一道栉风沐雨，体现了极高的新闻素养和敬业精神，展现了我们在重大突发事件面前的首善关怀、首都视野、北京声音。我们要继续保持这种态势、这种劲头，完成好接下来即将启动的长征胜利80周年宣传报道，策划好2017年一系列重点选题。同时，我们也积极探索构建具有北京、全国、全球视野的新闻节目体系和新闻格局，以新闻节目改版为抓手，为进一步凸显新闻立台、做大新闻业态打下了良好基础。

二是内容生产推精品出佳作。上半年，我们的内容生产可以说是千帆竞发。2016年主春晚连续三年蝉联省级卫视收视榜首，第六届北京国际电影节开幕式、4·20互联网日主题活动、北京阅读季启动仪式等大型活动办得有特色、有影响。节目创新持续推进，北京卫视3月份面向社会广泛征集方案，借助“外脑”拓展了优秀节目创意储备。集全台之力打造的《跨界歌王》瞄准“现象级”季播综艺，在内容环节、舞台设计、视觉呈现、宣传推广等方面都实现了创新升级，彰显了北京台的高站位、高品质和独特气质，收视率连创新高，赢得了业界和观众的良好口碑。第三、四季度还有多档新节目上马，大家要再接再厉，充分发挥我们自身的优势和特色，广泛借鉴学习行业先进经验，努力把这批节目打造成为拉动收视、吸引创收的新增长点。

三是节目经营深融合紧捆绑。今年年初，小玉、司海、王澎带领6个职能部门，紧锣密鼓，加班加点，同4个经营主体、11个节目部门的一把手召开了大小20余次专题会，就全台2016年广告目标的确立、任务的分解，以及支撑这个目标任务的内容配置、绩效考核、奖惩措施等，进行了多轮次、多角度的调研论证。在这么短的时间、涉及这么广的维度、这么深的层面，恐怕在电视台的历史上也是少见的。绩效考核方案落地之后，进一步激发了内容生产活力和经营创收动力。我们的广告经营工作积极面向市场、开门“走出去”，向广大客户展示了新理念新形象，推介了新机制新举措。各节目中心通过内容营销、线下拓展等多种手段，挖掘经营价值的增量。各台属企业不断优化产业布局，拓展经营渠道，打造了一系列产品。这些实践，有力地推进了节目与经营的融合捆绑。当然，我之前一直讲，我们的绩效考核方案是动态的、暂行的，所以具体实施细则还要结合节目和经营的实际情况不断进行调整、完善。

四是媒体融合建平台显成效。按照市委市政府和市委宣传部的部署要求，我们以北京网络广播电视台技术平台为支撑，积极推进北京新媒体集团挂牌运营及相关工作。4 月 12 日，北京新媒体集团正式成立，在传统媒体战略转型、业态创新、技术孵化、循环发展等方面进行了积极尝试和探索。据我了解，许多节目陆续在新媒体集团的门户平台“北京时间”上线，积极尝试网络直播、“云直播”、交互直播等新的播出形式和互动方式。《跨界歌王》也通过“北京时间”进行了跨屏、多终端的立体化宣传推广，有效拓展了覆盖范围和到达率，吸引了更多年轻用户的关注和参与。我们要协调处理好电视台和新媒体集团之间的相互关系，利用好自身的内容资源和新媒体集团的市场渠道，加强深度融合，把新媒体集团作为北京电视台转型升级的重要平台、嫁接资本市场的重要依托、实现经营创收的新增长点，维护好北京电视台的投资利益和发展权益。

五是改革发展举措实步伐稳。今年以来，我们全面落实“三严三实”专题教育各项要求，深入开展“两学一做”学习教育，不断增强基层党建活力，修定完善干部选拔任用流程和制度，建强班子，建好队伍，切实巩固了全台改革发展的思想基础和组织基础。我们扎实推进技术安全体系建设，不断强化园区安全管理，为节目生产和日常运行提供了强有力的保障。面对上半年工作中的诸多难点问题，相关部门本着高度的责任意识、大局意识、服务意识，解疑释惑，疏导情绪，尽最大努力妥善处理。另外，一些对全台发展形成制约、阻碍的历史遗留问题，我们也广泛咨询政策、大力推进解决。这些工作，有力维护了我们现有的改革成果，维护了全台正常的发展秩序，维护了安定有序的发展局面。

同志们，上半年取得的成绩，为我们更好地开展下一阶段的工作夯实了基础、坚定了信心、指明了方向。但是，也应该清楚地看到，我们现存的体制机制与互联网时代的媒介生态和市场竞争情势还存在不小的差距，我们当前的节目创新和原创研发能力与一流省级卫视相比还存在不小的差距，我们上半年实现的创收与全年 45 亿元的经营目标还存在不小的差距，我们的市场化程度和产业化水平与全国领先的广电传媒集团相较还存在不小的差距。而眼下的竞争形势犹如逆水行舟，不进则退，我们必须背水一战、突出重围！

二、关于北京电视台下一阶段的发展思路

上周的编前会上，我给大家布置了六个题目，这也是我们下一阶段的六个重要发力点。这两天听大家发言的过程中，我也记了很多。实事求是地讲，很多方面我也在思考、学习，所以这次开会也是一个很好的学习机会。面对传媒格局的剧烈变化，面对严峻的形势和挑战，北京电视台未来的出路在哪？我也谈一谈自己的一些想法和思考。

1. 关于绩效考核

绩效考核是北京电视台机制改革的突破口。实施绩效考核，目的在于全面整合盘活全台人、财、物资源，形成富有活力的、充满动力的节目经营融合运行机制，从而解决好内容生产和经营创收两大主业所面临的问题和困难，尽快突破制约我们发展速度和发展程度的瓶颈。年初，我们花了大力气、下了大功夫，研究制定了综合性指标、差异化考评、奖罚分明、全台联动的绩效考核实施方案。可以说，方案是好的，方向是正确的，也确实对北京电视台的改革发展，对解决多年来的历史遗留问题起到了积极的推动作用。

但我们要明确一点，这个绩效考核方案一定是动态的、暂行的，一定不是一成不变、一劳永逸的。第一，我们各节目中心、各经营主体的实际运行状态是不断变化的，这个变量会直接影响到各项考核指标的确定。第二，我们北京电视台的节目策略、经营战术是动态性的，是要紧密结合整体市场竞争环境和省级卫视竞争格局的。第三，当前广电发展的大环境可谓瞬息万变，这就更需要我们紧跟潮流、与时俱进。

因此，我们的绩效考核方案必须动起来、活起来，真正做到生产与经营的高度融合、成本与支出的相互匹配、发展和运行的紧密衔接、延续性和变革性的有机统一。接下来这段时间，小玉同志会带领计财部、人事部、研发部等相关部门，对这个方案进行进一步调整完善，阶段性的进展情况也会及时向全台干部职工通报。

2. 关于内容创新

2015 年年底，习近平总书记在视察解放军报的时候强调，新闻媒体内容创新是根本。同样在 2015 年底，总局和市委宣传部领导在听取北京电视台汇报时，也特别强调，要增强创新创优意识，拓宽视野、更新观念，开动头脑风暴；既要虚心学习兄弟台的成功经验，也要多向创意产业发达的国家借鉴优秀成果；要在做好原始创新的基础上，同时抓好集成创新和引进消化吸收再创新；扩大节目影响关键在质量，要打造能够“刺破青天”的节目，以一当十，以“少少许胜多多许”。今年，我们的《跨界歌王》可以说开了个好头，但还要持续发力，尽快形成常态性、长效性的内容创新机制。我们现在正在精心筹备“跨年歌会”，也要奔着打造精品、打响品牌的目标努力。

搞好节目创新，就是要解决好内容生产“供给侧”的问题，这关乎北京电视台未来发展格局，关乎内容产业链、文化产业链的前端、上游。如何建立适应我们北京电视台自身特点和发展需求的内容创新机制？对于这个问题，我们现有的重视程度、研发能力、可利用的台内外资源还远远不够。前段时间我带队去浙江、江苏调研，也比较深地感受到大家对节目创新的困惑、遇到的瓶颈和无奈。现在，每家电视台每年的新节目呈几何式、爆发式增长，如何做到瞄准热点、打造爆款，同时还要避免同质化，真是要绞尽脑汁费尽心思。但我们必须认清几个问题：第一，离开内容品质谈节目创新是行不通的，我们必须坚持做有价值的内容，坚守价值引领和品质追求，这是身为主流媒体、首都台、国家台的职责使命。第二，离开观众需求谈节目创新是行不通的。之前我也说过，我们真正了解现在的观众在想什么吗？恐怕不然。节目创新脱离了观众需求，就是“对空打炮”，毫无意义，所以我们要扎扎实实做好“观众功课”。第三，离开研判分析谈节目创新是行不通的。对当前的媒介竞争形势、各家省级卫视的节目编排策略、市场上优质的影视剧资源，我们必须详细了解和掌握，有这么一个“资源池”、信息库。只有知己知彼，才能百战百胜。第四，再好的品牌也需要不断创新。在这个日新月异的时代，节目必须与时俱进。传统的养生保健类节目需要创新，流行的“综N代”也要不断颠覆，否则就会失去活力，继而失去对受众的吸引力。

我们要设立一个目标：就是要充分利用国家和北京的资源优势，集合一线记者、编导、制片人力量和社会机构力量，把北京电视台打造成为节目研发中心，研发出拥有自主知识产权和100%版权的节目品牌。

3. 关于体制机制改革

要实现北京电视台转型升级、加速发展，就要从根本上解决体制机制问题，大力推进体制机制创新。体制上，我们北京电视台属于差额拨款事业单位，我们怎样才能背靠体制、面向市场，更好地利用市委市政府的资金、政策惠及我们的发展？机制上，我们要不断深化人事、薪酬、技术、管理等方方面面的改革和创新，凡是阻碍BTV发展的，凡是对北京电视台生产力形成负面影响的，都一概下大力气调整、协调。只有这样，才能进一步提高市场应变能力，增强内在发展动力、调动最广泛的积极性创造性，才能真正让我们的体制机制与节目生产、广告经营、融合战略相适配，与北京电视台的未来发展相适配。要抓好四个关键突破口：一是顶层设计。北京电视台的未来走什么路、迈什么步、奔向什么样的目标，需要实事求是、精心细致的顶层设计，需要系统性、科学性的整体研究。二是成本核算。这么多年来，我们走的都是传统的、粗放式的预算管理模式，大家的投入产出意识、成本观念比较淡薄。今年以来，我们加强了全口径成本核算，在目标任务中确定了各频道的利润指标。我们要牢固树立“过紧日子”的思想，切实增强成本意识，把有限的资金真正用到刀刃上，为一线的节目创新、人才培养等提供保障。三是考核机制。刚才我已经单独强调了绩效考核，此外，今年还设立了专门的台长奖励基金，建立了覆盖全台的风险抵押金制度，在这方面，中央台、湖南、浙江、江苏、上海都比我们做得彻底、到位，我们必须加快调整，跟上步伐，明确责任落实，强化刚性实施。四是精细化管理。管理工作要树立“全台一盘棋”的思想，建立完善与一线全面联动的机制。完成全台确定的广告目标和收视考核目标，需要全台各部口、各方面同时发力。我们的预算管理、行政管理、人事管理、技术设备管理等方面，还有很多可以提升的空间。大家要广泛调研、认真研究，尽快形成具体的实施方案。

4. 关于企业经营和产业发展

北京电视台要走快、走稳，必须两条腿走路。内容是一条腿，经营是另一条腿。北京电视台一年四五十亿元的运行成本，单靠广告经营创收是无法填补的，必须形成多点支撑、全面开花的经营格局，这就需要各个台属企业发挥作用、贡献力量。我们现有的台属一级企业、二级企业，以及企业下属的子公司，林林总总60多家，但真正具备盈利能力的不多，发展空间和发展潜力还需要进一步开掘。

产业化道路是未来传统媒体发展的必由之路。前一阵去江苏、浙江调研，深刻地感受到他们的产业思维、产业形态、产业布局确确实实领先我们好几个版本。江苏广电旗下的幸福蓝海近日即将上市，他们的电影院线基本上覆盖了全国主要城市，而且用的是国内最先进的设施和管理模式。此外他们还建设了产业园、文化街等等，形成了多元化、集群化的产业布局，形成了相对完整的、多环节的产业链。这就比较类似于国外传媒巨头，比如默多克的新闻集团。我想，江浙、湖南、上海的这些产业经营举措，我们北京电视台肯定也思考过、涉猎过，但由于一些原因，很多环节、很多项目没有深入挖掘、深入推进，结果半途而废。

所以，我们要树立打造“BTV 产业集团”的战略目标，切实把这些好的经验、好的想法付诸实践。一来，我们要深入挖掘梳理可开拓的产业空间和产业项目，深度整合有价值的、可经营的品牌资源，培育孵化几家能够“独当一面”的市场主体。其实我们的很多品牌，比如养生堂、卡酷，都有这样的潜质。未来的传统媒体，产业属性必定越来越重，集团化势在必行。二来，我们必须充分建立市场思维、平台思维，广拓渠道、多元布局，特别是要积极嫁接资本市场，化资源优势为资本优势，以产业发展反哺事业发展，围海填陆造大船，这样才能帮助我们实现跨越式的转型升级，而不至于沦为与资本市场隔绝的“孤岛”和真空地带。

5. 关于广告经营

2015 年年底我就对台领导班子成员和各位中层干部讲过，后来也反复强调过，广告经营得好坏，直接关系到电视台的生死存亡，直接关系到全台四五千职工的切身利益，直接关系到党和人民交给我们的舆论阵地能否守住，也直接关系到我们的事业能否发展和维系。所以，对于北京电视台来讲，广告经营是天大的事。近几年，我们的广告经营任务都没有如期完成，而且缺口越来越大、包袱越来越重。我们必须以壮士断臂、绝地求生的勇气，上下同心，千方百计找到一个符合 BTV 现实发展路径、符合广告经营规律的办法，在较短的时间内，把我们的广告经营搞上去。

今年，我们建立了统分结合的广告经营机制，成立了节目经营统筹协调领导小组，目的在于进一步强化节目与经营的融合捆绑。下一步要继续深入推进，眼前最紧要的任务，就是奋力实现 2016 年全年广告经营目标，策划完成好 9、10 月份即将启动的 2017 年广告招商工作。我认为，要着力抓好三个结合点：一是节目产品的内在价值与市场价值的结合点。要与生产部门充分融合，全面了解和熟悉节目产品的特点、卖点，把产品推介好，实现价值最大化。二是节目内容与客户需求的结合点。要遵循广告市场规律，挖掘目标客户，最大限度地把市场资源激发和利用起来，同时要深入了解客户需求，为他们“量身定制”特色化、个性化产品。三是广告经营与广告服务的结合点。要强化广告经营团队建设，提高专业化水平，增强资源开发能力、市场谈判能力、客户服务能力，为客户提供精细、周到的服务。

6. 关于“BTV +”战略

什么是“BTV +”？是 BTV + 互联网、BTV + 新媒体？我认为就是升级版的 BTV。要大力实施新媒体战略。今年，新媒体集团成立，“北京时间”上线后，与我们的节目融合的效果很好，两大平台之间的合作也日益密切。但我想远不止于此。我们的新媒体战略，决不能止步于建个网站搭个平台，还要充分汲取互联网思维的精华、借鉴新媒体企业的发展经验，做到“形神兼备”，从而最大化地攫取媒体融合的红利。

互联网思维最主要的特点，一个是资源共享，另一个是用户体验。我们借助北京新媒体集团的平台，旨在打通多媒体、多终端，进一步拓展传播渠道，与用户建立更多元的连接。但这显然不是全部。我们最紧迫的任务，是运用什么样的手段、通过什么样的方式，与北京乃至全国的受众紧密联系。所以，要加快实施用户战略，与用户建立连接，这也是媒体未来发展的第一要务。只有充分了解用户、特别是80、90、00后收视群体和消费群体关注什么、需要什么，才能有针对性地为他们提供内容产品，有方向性地开展内容创新，有目的性地获取市场盈利。我认为要在两个层面重点发力：一是拓展用户意见反馈渠道。目前，我们获取观众评价、反馈的渠道还相对单一，不足以对我们的内容生产、节目研发产生指导意义。我们不能仅仅依靠500户收视样本提供的收视数据，因为他们远远不足以代表最典型的、最能创造价值的、最具市场消费潜力的中国观众，无法全面、准确、客观、真实地反映他们的想法、兴趣、喜好和关注点。我们要学习借鉴国外先进经验，看看他们是如何点对点、近距离、实时获取观众反馈的。要善于借助互联网开拓更加多维度的渠道，建立更加全面的用户评价体系。二是精准锁定目标用户。任何一款产品推向市场之前，都要先确定它的目标用户，电视节目也是如此。现在的“分众化”趋势越来越明显，我们要迅速卡位，找准北京电视台的目标用户，把触角延伸到这些人身上，因为他们的意见是我们进行节目调整、内容创新的核心依据。今天的中国知识分子在想什么、干什么、读什么书，孩子们在学什么、学生在研究什么，我们的一线采编人员未必了解。所以下一步要做的就是增进与观众的联系，加深对观众的了解。同时，我们的专业化频道也要深入挖潜，用好文化、社会、经济、金融、教育等领域的丰富资源，把节目做精、把专业做强、把市场做大。未来的北京电视台，不但要成为内容研发中心，也要成为受众意见反馈中心。

完成好以上六个方面的任务，还需要我们正确认识三种关系。一是事业与产业的关系。北京电视台在国内乃至于世界传媒的格局当中，非常像一座孤岛，我们自身并没有一个全产业链的布局，没有一个除了我们电视节目之外的创收空间，我们与资本市场完全割裂，与相关的文化产业、娱乐产业，基本上也是无关的。这次去浙江、江苏调研，最大的一个感受就是，他们把一款电视节目涉及的、能够延伸到的产业链的最末端全都打通了，把一个节目所具备的文化价值、商业价值全都吃干榨净了，他们每年近百亿元的收入，都来自于产业经营，这个比重大大超过广告、超过电视业务本身。这就启示我们，要发力调整完善北京电视台的事业产业总体布局，要向产业经营要效益、要增量。二是体制与机制的关系。上海、湖南、浙江、江苏这些国内广电集团，实质上实行的是事业单位企业化管理，地方财政不予以支持，完全自负盈亏。而我们目前很多方面还需要依托财政资金的支持，所以在短期内，我们的体制还很难发生根本性的改变。但是即便如此，我们能不能先行先试，在局部试点进行企业化管理？下一步可以作一些研究探讨。虽然在体制层面，我们还得依规章办事，但机制层面，我们的改革大有可为。关于机制问题，这两天大家谈了很多，我也反复提到，凡是阻碍电视台生产力发展，特别是影响一线节目发展，影响人才脱颖而出的桎梏，我们都一定要“清障”，而且要尽快“清障”。通过这半年的研究探索，我们其实已经理清了思路，下一步就要谋定而后动，做好思想准备和实践准备，一项一项抓起来推进落实。在这个过程中，我们要着眼全局、尊重规律，平衡好“改革”和“稳定”的力度，平衡好“试错”和“求成”的心态。我们要明晰责权、勇于担当，杜绝推诿塞责，杜绝问题上交。顶层设计固然重要，对此台里责无旁贷，但是基础性的工作，在座的各位责无旁贷。三是传统媒体与新媒体的关系。我们看湖南台的芒果TV，现在已经形成了一个价值闭环，一次融资就能融到几十个亿、甚至上百亿元，以这样的发展势头，上市之后的市值更是无法估量。这是一种融媒体式的发展，它不像我们现在所理解的，所涉足的与新媒体集团的合作，一定远远不止借助摇一摇、微信公众号和手机等多终端跟节目和观众之间的互动。我们现在一提传统媒体与新媒体融合，往往讲的是资本、内容、渠道的融合。但究竟怎样融合才是最好的方式？怎样融合才能获得最大的成效？北京电视台的媒体融合发展战略是什么？这些课题还需要我们加紧推进研究。

三、关于北京电视台下一阶段的重点工作

做好北京电视台的顶层设计，确定北京电视台的发展目标和战略定位，通过体制机制改革探索调整北京电视台的生产关系，推动和促进北京电视台生产力发展。这些方方面面的问题，绝不能止步于“纸上谈兵”，关键要抓好落实。结合这次总结和务虚会的成果，结合北京电视台下半年的改革发展方向，我们制定了十二项重点工作，相关部门要抓紧推进，尽快取得实质性进展和成效。

1. 推动节目创新研发和管理淘汰机制建设

内容生产是北京电视台的核心竞争力。抓好内容生产，我们要在新节目研发和原有节目调整两个方面双管齐下。要着力构建符合北京电视台实际的节目创新研发机制，甚至可以考虑建立节目创新研发中心，根据需要拿出专门经费，或是向相关部门申请专项资金，明确经费的运行层面和管理办法，形成创新节目持续涌现的生动局面。要把研发创意人才、一线创作人才、技术和市场专门人才三支队伍纳入节目创新研发平台，融入收视评价机构的专门力量，夯实节目创新研发的资源基础。要针对北京电视台的现有平台，同时兼顾多媒体、多终端平台，着眼于市场运作的需要，转型为综合性的内容产品提供商。要加强与京内京外、国内国外各种机构和人才的合作，立足当下、着眼长远，形成开放办台、开放创新的良好氛围。同时，要深入分析研究现有节目的实际状况，对于那些既无收视效益、又无收入贡献、且不具备社会价值的节目，要根据综合性的考核评价情况，坚决予以淘汰。

2. 构建新的节目评价发展战略

目前北京电视台的节目评价指标，以索福瑞提供的收视数据为主，并综合参考了酷云、歌华、美兰德等渠道提供的数据。下一步，我们要在总结自身经验的基础上，充分了解把握湖南、上海、浙江、江苏等兄弟台的战略举措和实际做法，考虑与相关节目评价专业机构建立战略合作的必要性和可行性，开拓一批、用好一批微信公众号等其他终端和平台的节目评价维度，形成复合型的节目评价体系，从战略层面构建北京电视台全台组与广告市场相匹配的收视发展环境。

3. 明确北京电视台新媒体发展战略

在以互联网为代表的新兴媒体日新月异的大背景下，我们要更加深入地研究思考北京电视台新媒体发展中心剥离转制、北京新媒体（集团）有限公司组建后，北京电视台如何发展新媒体，如何开拓新媒体市场，如何利用新媒体资源，这些问题，对于全面提升北京电视台改革发展水平至关重要。要充分考虑和解决北京电视台与新媒体集团的关系、北京电视台新的官网平台建设、各节目中心与外部新媒体渠道的合作方式等问题，明确近期、中期、远期的新媒体领域开拓发展目标。要在“北京时间”平台基础上，构建完整的，推动产业增长空间的不断延伸，拓展既符合实际、又面向未来的新媒体发展空间。

4. 推进广告经营机制改革和2017年广告招商工作

近年来，北京电视台广告经营机制经历了多次调整，在市场价值、经营水平、经营与生产的融合等方面也暴露出一些亟待解决的问题。要深入研究把握广告经营规律和市场发展规律，结合全台绩效考核工作，处理好“统”和“分”的关系问题，坚持有利于实现广告经营目标、有利于北京电视台长远发展、有利于保持全台队伍稳定，调整完善广告经营的运行机制。同时，我们要抓紧做好2017年广告招商准备工作，各节目中心要尽快明确2017年的版面方案和重点节目，广告经营部门要打开思路、创新招商工作的方式和手段，全力以赴推动2017年广告招商取得新的成效。

5. 明确北京电视台产业发展目标

衍生产业发展是当前电视媒体突破局限、创新发展的必由之路。近年来，全国兄弟媒体已经创造了大量可供借鉴的有益经验。目前，我们自身的产业发展还存在层次较低、能力不足、业绩较差的问题。要从战略层面和长远角度进行谋划布局，立足影视动漫、文化创意产业的全局性政策，推动一批可以上市运作的产业领域，形成一些有投资价值的产业布局，由小到大、逐步推进，打造新的综合性产业集团，构建“一体多翼”的产业发展格局；要充分用好首都的文化资源聚集优势，重点在电影、电视剧、动画等相关领域进行深度开拓，提出紫禁城、卡酷等产业品牌的下一步发展思路。

6. 进一步加强纪检监察审计工作

党的十八大以来，中央坚持全面从严治党，党的纪检监察审计工作重要性特殊性不断强化。目前，市委巡视组、市审计局正在分别对我台相关工作情况进行监督检查，下一步的整改任务将会很繁重。同时，从近年来的相关审计情况来看，全台事业部门和台属企业管理运行中还存在很多薄弱环节，部分领域管理不到位的问题比较突出。对纪检监察审计工作进行充实和加强，是强化内部审计工作、优化管理环境的必然要求，也是加强党风廉政建设、保护好我们的干部职工的必然要求。要进一步加强纪监审工作力量，人员配置要向纪监审倾斜，确保监督审计全覆盖。

7. 加强管理和解决慵懒散问题

良好的管理秩序是北京电视台改革发展的重要保障。当前，全台管理工作中存在一些突出问题，有的部门、一些岗位人浮于事、管理松懈，请销假制度执行不严格、工作量不饱和、人员出工不出力、在台外干私活等现象时有发生。为此，有必要通过强化管理、严格制度，对工作量和工作方式进行摸底排查、调查研究，形成更加有效的管理氛围，净化北京电视台的工作文化和发展环境，为切实解决各种矛盾问题提供有利条件。

8. 进一步优化审批流程

我们审批流程过长、审批环节繁琐的问题依然存在，说明相应的制度还存在不足、各个流程和环节还没有完全理顺。我们要着眼实际，立足现代化的管理要求，对审批权限进行适当调整，对审批程序进行积极优化，精简工作流程、明确审批时限，拿出合同倒签等问题的解决办法，切实提高审批工作的效率。

9. 抓紧筹备2016－2017年跨年活动

目前，我们正在紧锣密鼓地策划2016－2017年北京电视台跨年活动，这将是一次整合全台资源和各种社会力量的大型文化行动，对于在当前国际国内环境下推动北京电视台影响力提升具有重要意义。大家要抓紧策划，尽快形成节目内容与广告经营总体方案。要做好跨年活动的整体统筹和新闻节目版块、跨年歌会、灯光秀三个主要环节的策划实施，谋划好活动招商及经营工作。

10. 做好北京市新闻出版广电局影促中心划转和第七届北京国际电影节筹备工作

北京市新闻出版广电局影促中心整体划转至我台，目的是整合北京国际电影节筹办工作资源，实现“天坛奖”评审与电影节日常筹备运行工作的有机融合，推动北京国际电影节进一步做大做强、提升品牌。我们要深入研究、认真考虑影促中心划转后的有关运行管理工作，加强具有市场化运作能力的专业团队建设，迅速构建北京电视台北京国际电影节运行机制。同时，要坚持高标准、高质量，增强国际视野和市场意识，全面启动第七届北京国际电影节筹备工作

11. 抓紧推进北京电视中心工程建设及土地证办理工作

办理北京电视中心土地证、启动二期建设，是关系北京电视台根本利益和长远发展的一件大事，市委宣传部主要领导高度重视，全台干部职工十分关注。面对当前的情况和问题，鉴于这项工作时间紧、任务重，台党委、台领导班子要切实负起责任、汇聚各方力量，加强与市委、市政府相关部门以及京投集团、北京设计院等单位的沟通协调，抓紧准备相关材料和工作方案，了解可能的政策空间和解决办法，全力以赴推动问题得到妥善解决。

12. 加快推进《北京电视台退休职工帮扶助困办法（试行）》的落地实施工作

我台停发退休职工“发展成果共享”补贴以来，经过积极努力，制定形成了《北京电视台退休职工帮扶助困办法（试行）》，提出了对困难退休职工进行帮扶的具体措施。目前《办法》已经市委宣传部原则同意。要本着积极稳妥的原则，

加强与巡视、审计部门的沟通协调，加快推进《办法》的落地实施。

同志们，我们用这两天的时间集思广益、建言献策，理论思考也好、战略定位也好、顶层设计也好，说一千道一万，关键取决于在座每一位同志的精神状态，取决于我们对未来北京电视台发展有没有信心、有没有决心，关键在于如何抓落实。习近平总书记在庆祝中国共产党成立95周年大会重要讲话中，提出“不忘初心，继续前进”，深刻阐释了中国共产党“从哪里来，到哪里去”的问题。所以在同志们发言的时候，我都会问一句大家的“初心”是什么。我相信，只要我们不忘初心、坚定信心，精准施策、狠抓落实，相互信任、相互支持、形成合力，我们北京电视台的明天一定会更好！

突围——关于北京电视台工作的思考

——在2016年上半年工作总结暨下半年工作务虚会上的发言

北京电视台党委副书记、总编辑　王　珏

走进电视台半年有余，通过与各个部门同志的工作接触，发自内心地感到北京电视台深深蕴藏着的巨大的发展潜力和强大的发展动力和不可小视的发展实力。这三股力量来自于我们面对当前媒体竞争激烈程度的不断升级、面对媒体融合转型的发展趋势、面对舆论生态的重大变化时，对困难和自身实力的清醒认识；面对困境时求新求变求发展的决心以及传统媒体这支老牌劲旅37年积淀的首都宣传舆论工作者的情怀。到电视台工作将近7个月的时间，自觉仍不可“下车伊始”，今天只借此半年工作会的机会，跟大家汇报一点我的想法，不成熟，也不代表班子，说得有点道理，是半年来大家的智慧给予我的启发；说得不对，是我学艺不精还有待进一步提高，在未来更请大家不吝赐教。

几个月以来，有一个词一直盘桓在我的脑海中，这个词叫“突围”。那么与之相关的词就是我们要“突”什么样的“围”？我们具备什么样的“突围”条件？我们要怎么“突围”。

一、我们处于什么样的包围圈中

（一）这个包围圈是发生巨大变革的传媒环境

1. 发生巨大变化的市场竞争环境

一是来自电视媒体内部的竞争日益白热化。强势省级卫视通过多年前启动、今天已经逐步完成的战略升级，正在形成系统化优势，并逐步建立起从内容到资本的全链条生产传播系统。

二是新媒体的日益强大加速了对传统媒体观众和广告客户的分流。随着信息技术，特别是移动互联网的发展，以视频网站为代表的新媒体对传统电视媒体构成了强烈的冲击，视频网站从无采编权到只能跟在电视台后面更新播出电视台，再到不断加大自制内容生产规模，直至今天，电视剧实现会员用户先网后台观看新剧，完成了新媒体全产业链条的全新平台构建，无论是用户还是广告，都与传统媒体形成分庭抗礼之势，并且在强大的资本力量的支持下，愈演愈烈。

2. 发生巨大变化的受众

新媒体改变的不只是竞争格局，本质上更是在改变受众的行为习惯。在信息技术的带动下，多功能、多应用的技术变化叠加成用户新的行为和需求，用户越来越重视媒体的互动体验和参与意见表达的顺畅程度，这也给传统媒体带来挑战。我们必须清醒地看到，互联网接入中国26年，恰恰是一代当年的青年成长为今天的中老年的时间，我们不能再简单地以传统概念中的青年观众和老年观众来划分今天的受众，今天50甚至60岁以上左右的所谓中老年人，恰恰是伴随着互联网发展成长起来的一代，他们未必仍是电视的忠实观众。

3. 发生巨大变化的内容生产模式

我们可以从若干新词汇看到这几年内容产品的变化：模式、社会化制作、现象级、爆款、大IP等等，从用户参与互动到用户生产内容，内容生产的理念、模式、参与主体也在全面转型。与这个转型相对应传播渠道和终端的变化更是快速，IPTV、互联网、移动互联网以及手机、PAD、智能电视等等，渠道和终端日益多元。值得注意的是，在内容生产模式发生变化的同时，其背后是内容生产端竞争主体的变化。现象级节目的爆发，不仅加剧了卫视竞争的激烈程度，同时也促发催生了大批社会化制作公司，社会化公司链接资本的力量，更是进一步加速了节目生产运营模式的改变。

（二）这个包围圈是难以继续应对万变的不变之局

1. 我们的惯性思维没有变

举个例子，我们都见过女同志穿很细的那种高跟鞋，走路时一不小心把鞋跟陷进井盖的缝隙里，惯性带动下，人已经冲出去了，鞋却卡在缝隙里。我们的惯性思维就有如那只卡在缝隙里的鞋跟。

这种惯性，让我们对市场、对受众的理解还不够深刻，内容生产模式、创新、创意思路与市场瞬息万变的变化还有距离。

这种惯性，影响着我们对传媒环境变化的深刻认识，影响着我们的发展思路跟上传媒转型的速度或者说是在思路上如何具有前瞻性。

2. 我们的传统机制没有变

纵观传统媒体的今天，不再有“今年欢笑复明年，秋月春风等闲度”的盛况，倒平添几分“门前冷落鞍马稀”的凄凉，率先发力并长期保持竞争优势的几家省级电视媒体，在机制的变革上提早布局，先我一步而适应了新一轮增长的需要。在成为我们强有力竞争对手的同时，也为我们提供了一些可资借鉴的经验。但我们要认真思考，什么才是适合北京电视台的变革之路。我们是首都台，我们所处的地位不容许我们有半分差错和失误。我们确实需要改变，我们都知道一味固守成规肯定落后挨打，我们也更要明白盲目东施效颦难免不伦不类。“他山之石”确实可以攻玉，但马列主义普遍真理必须与中国革命具体实践相结合，我们在深入研究别人的经验的同时，也认真研究一下他们在完成变革的道路上，曾经遇到哪些问题？别人的经验中还有哪些是问题，有的时候，教训比经验更值得借鉴，因为它可以避免我们走弯路。我们要在知彼知己的基础上，谋定而后动。

二、我们拥有什么样的突围本钱

（一）讲话引领方向

习近平总书记在新闻舆论工作座谈会上的重要讲话要求新闻媒体从全局出发，“高举旗帜、引领导向，围绕中心、服务大局，团结人民、鼓舞士气，成风化人、凝心聚力，澄清谬误、明辨是非，连接中外、沟通世界”，高度概括提出了党的新闻舆论工作的职责和使命，对于北京电视台来说，这是我们布局发展突围的根本遵循和根本方向。

（二）清醒认识自身价值

一是品牌价值。北京电视台过往的辉

煌不只是记忆，更重要的是打下了坚实的平台基础，留下了媒体的品质、能力和发展信心。37 年所形成的品牌影响力，其市场价值不可替代。

二是人才价值。同志们都谈到了人才，我也想说两句，但想说的是人心。我 2014 年 4 月到北京演艺集团工作，学会的第一个词叫“潜亏”，是财务上的术语，好像是这种潜在的亏损当年看不出来，其影响是后来才显现，等发现了，已经造成大的漏洞。我常想，财务上的“潜亏”不可怕，怕的是人心的潜亏。到台里来之后，却时时能感受到人心的力量。这从这些天同志们的发言中可以感受到，从半年来接触到的一线同志的工作状态中可以感受到，新闻舆论工作者的心没散，魂还在，我想这在今天是弥足珍贵的。

三是区域资源。地处首都，得天独厚的区域优势曾经是北京台发展的深厚支撑。近几年，随着省级卫视的崛起，以及各台包括制作公司都开始在北京布局，在北京设点儿，在北京制作节目，2015 年 12 月 31 日是我到台里报到的日子，报到之后，要赶去看一台在北京演艺集团主场馆国家体育馆录制的晚会——跨年晚会，到场才知道，是湖南卫视租我们的场地做的……一琢磨不对呀，湖南怎么跑北京来录节目？后来才发现，岂止是来北京录节目？我们的地缘优势开始逐渐削弱。但更为重要的是，我们主观上也在忽视这种地缘优势。要突围，地缘优势需要重新得到重视，并将其转化为我们的发展支撑。特别是在京津冀协同发展以及北京建设副中心这个大背景下，区域资源、区域机会、区域优势将更具竞争力。我们必须把这些资源用足用好。

三、我们如何打好“突围”这一仗

1. 跳出惯性思维，打好内容生产自主创新之仗

作为内容产品的提供者，必须树立牢固的市场意识、受众意识，从供给端、传播端进行改革。推进供给侧结构性改革是中央经济改革的战略方针，就是要“着力提高供给体系质量和效率，增强经济持续增长动力”。供给侧改革的提出，是对旧有经济发展理念的突围，这一改革方针，同样是电视媒体应该遵循的改革方向。

我们一向很骄傲于我们是内容产品的提供者，得意于内容为王，好像这样我们就能立于不败之地了。我们的内容生产能力和数量都不低，但是能够反映在收视数据提升上、具有市场竞争力的内容却远远不够。数据下降意味着需求不足、供给过剩，说明了我们的观念、思维还没有摆脱旧有的模式，还不能充分把握市场的脉搏，观众的需求。北京电视台的发展升级，要从提高供给质量出发，坚定推进内容生产结构调整，扩大有效供给，增加优质供给，减少无效供给，提高内容结构对需求变化的适应性和灵活性。在内容生产上，我们要解放思想调动和开拓我们自身的自主创造力，北京电视台的内容产品一向是令人仰视的，这个平台上生产过无数引领中国电视业的作品，那么今天，难道我们仅能靠买电视剧度日，靠买模式作节目吗？我们只能去做仰人鼻息、看制作公司脸色的一个播出平台吗？我真的不信。这一点，我不是盲目自信，是《长征》《解放——人民的选择》，是《养生堂》《生命缘》，是“春晚广告真人秀”，是《春潮》《档案》等一系列我们自有品牌

节目给我的信心；是当南方水灾发生时，一个箭步就冲到一线去的新闻中心的记者们给我的信心……

未来，我们在栏目、影视剧等内容生产上，要更加坚持首善定位，体现主流价值，抓住新的机遇期，制定内容战略，实现内容生产的突围。这个突围首先要在内容生产观念和惯性思维中走出来，按照先进的节目生产运营模式，实现节目的创新创优；其次，我们也要更加关注现实生活，内容创新不是空穴来风，贴近实际、贴近生活、贴近群众，是节目创新创优的基础，是满足需求、形成影响力的基础。

2. 创新工作机制，打好问题导向、做好当下、谋划未来之仗

一是培育创新能力体系。围绕创新，建立全台上下联动，坚持创新面向市场，围绕内容生产运营全链条部署创新，围绕创新链完善资金链，打通从顶层创新、基层创新到营销创新、市场创新的通道，让市场真正成为配置创新资源的力量，推动各种要素向创新集聚。

建立起以科学完善的创新管理流程为核心、以激发全体员工积极性、创造性为目的、以重点频道为突破口、以完善的科学考评体系为保障的贯穿节目创新、生产、考评全流程的管理体系。

建立自上而下和自下而上相结合的创新体系。自上而下就是要提高内容战略规划水平，营造良好创新环境和创新机制、做好方向引导和服务支持工作，准确把握创新的重点领域，选准关系全台发展和能够在竞争中取得优势的领域和优先方向，通过高效合理配置和资源整合，努力实现创新突破，掌握内容生产的主动权。确保全台创新体系整体效能的提升和落地。自下而上就是要发挥频道、栏目、个人不同层级、不同主体的积极性、主动性、创造性，激活各个生产要素和环节，通过个人创新能力的释放，形成全面创新的良好氛围和局面。我们现有的运行机制，能够适应传统节目生产运营，但是并不能适应当前的舆论传播生态、传媒竞争环境以及媒体转型趋势，因此实施创新驱动发展战略，要把原创动力这个新引擎全速发动起来，把每个人的创新精神发动起来。

二是建立创新机制保障体系。要建立节目与广告的联动机制：广告说，节目不好买不动；节目说，广告不到位卖得不好。其实，二者都应该说，其实你不懂我的心。怎么办？大家已经说了很多，做我们目前能做的，建立起广告与节目的联动机制。

要建立节目创新研发与落地实施机制：研发部的同志搞了两次国外模式演讲，很受大家关注，下一步，根据李春良台长指示，要建立起台层面的节目研发小组或者叫中心，名字不重要，干活是硬道理。

要建立节目与宣传联动机制：我们的平台太谦虚了。说宣传，要么就是发个宣传片，要么就是开个发布会，这些在酒香也怕巷子深的今天，远远不够。我们要探索建立北京台自己的宣传模式，把我们自己的优质节目宣推出去。

要力争每个频道都有自己的品牌栏目品牌节目。长期以来，我们已经有一批属于我们独有的品牌节目，那是不是这些就已经够了？在激烈竞争的媒体环境下，远远不够，这需要我们潜心研究，力争每个频道家家都有一批优质品牌，不仅脍炙人口，而且能提升北京台整体的品牌价值。

要力争培育培养和推出一批我们自己的名嘴名记者名导演名制片。和徐滔坐飞机，旁边一人嫌我们俩说话声大，其实是她的声音大，我很小，一男的刚冲我们一瞪眼，发现对面是徐滔，马上换笑脸，一点不夸张。我当时就想，这就是品牌的力量。我们一个徐滔不够，得有一批。

3. 面向市场，打好提升 BTV 品牌竞争力之仗

在坚持正确导向的前提下，内容生产与市场要更加紧密的结合、融合。我们不仅是要有市场意识，更要有真正的市场参与能力。

我们要清醒地认识到，虽然市场竞争环境已经发生了重大改变，但是我们的频道定位、频道结构与十几年前相比并没有大的变化。专业特色和观众需求匹配度低，频道节目设置向市场价值转换的能力偏低，观众结构同质化突出且偏于老化。在确保正确导向和社会效益的基础上，下一步，我们要依托首都优势，提升卫视平台价值，调整结构，优化布局、明晰定位，突出频道独特性、差异化，使观众结构、内容构成、时段竞争力能够充分应对市场竞争需要。同时，我们要用足本土资源，提升地面频道本土竞争力。用足北京区域市场容量，整合资源打造强势地面频道、特色地面频道、品牌地面栏目。让地面频道与本地市场充分融合，在区域内形成内容优势和经营优势。

4. 要形成合力，全力打好北京电视台品牌宣传之仗

突围是总体竞争力的突围，是北京电视台这艘传媒巨轮的起锚、远航。因此，我们要凝聚合力，做大、做优、做强北京电视台的品牌价值、品牌影响、品牌传播。节目、频道、台，从内容到经营到产业布局，各个层级、各项业务都要有品牌意识，既要做出品牌节目、品牌频道、品牌经营，最终又能汇成北京电视台这个总体品牌的形象。具体来讲：一是要全面梳理和规划北京台品牌层级、品牌理念，形成层次清晰、内涵相关、形象鲜明、市场认知度高的北京台品牌系统；二是建立系统的品牌宣传机制，既形成力度、形成声势，又让市场能够感受到有序一致的传播声音。形成合力，做好品牌宣传，最终目的就是北京电视台传播力、引导力、影响力、公信力的全面提升，市场价值、经营效益的全面提升。

5. 把握战略机遇，打好善用巧用用足新规新政之仗

在压力和挑战面前，我们要发现机遇，找到构建竞争优势的路径。最近国家新闻出版广电总局发布了《关于大力推动广播电视节目自主创新工作的通知》，目的希望改变当前引进模式泛滥、原创匮乏、节目大量同质化的现象。在未来一段时间，原创应该成为引领广电新一轮竞争的旗舰。而随着一系列限娱令的发布以及舆论生态的扭转，北京电视台将面临一个难得的政策机遇期，我们要把握契机、化危为机，把首善媒体的发展特色、传播气质和品格风范，真正转化为市场的竞争力和影响力。

6. 新老媒体并举，打好融合发展之仗

新媒体对我们的冲击无须多说，但我们要学习新媒体、善用新媒体，新老媒体融合发展是大势所趋，在内容生产上，要进一步拓宽融合思路，加快融合步伐，在保持内容生产传统优势的同时，扩大节目

传播的途径和通道，形成传统媒体与新媒体的协同和相互促进，扩大节目的品牌价值。

未来几年是北京电视台发展的关键期、机遇期，抓住环境变化特点，明确发展思路，在环境中突围，在观念上突破，在行动上坚决，就能够化危为机，实现内容生产创新创优，培育可持续发展的动力与支撑。

从务虚到务实

——在2016年上半年工作总结暨下半年工作务虚会上的发言

北京电视台党委副书记、常务副台长　韦小玉

听了大家的发言，感触很多。在这里，我主要谈四点想法：一是目的，二是环境，三是建议，四是思考。

一、目的

务虚是为了务实。召开这次务虚会，既是要让大家一起来分析和讨论关系北京电视台改革发展一系列原则性、思路性的问题，更是要通过这样的分析和讨论，打开思路、明确方向、把握重点，找准2016年下半年和2017年工作的突破口。因此，我们要着眼当前、着眼实际、虚功实做，以最现实、最迫切、最要紧的问题为中心，针对我们今后一个时期的“日子”和“盘子”，形成实实在在的成果。

今明两年对北京电视台来说尤为关键。在新闻宣传方面，今年下半年是长征胜利80周年，明年是党的十九大和市第十二次党代会召开之年，一系列的大事要事，对于我们发挥主流媒体的舆论引导和宣传阵地作用，提出了新的要求；在经营创收方面，面对全年四五十亿元的运营成本，虽然来自财政的支持有了较大幅度的增长，但是绝大部分的资金还是需要依靠市场、依靠经营，打开不了经营创收的局面，就很难正常为继下去；在改革调整方面，大家在发言中都提到了管理和制度方面存在的问题，今年下半年就必须着手进行科学的设计和有序的调整，这是其他方面工作得以推进和突破的基础。因此，下一步我们要怎么办、怎么干，必须尽快拿出看得见、摸得着的操作办法和实施路径。

首先，出路来自于问题。要坚持问题驱动，树立强烈的问题意识，深入思考问题到底在哪里、症结在哪里。比如，关于审批流程、预算投入、人力资源、绩效考核、节目与经营的融合等等，有的错综复杂，有的牵一发动全身，我们要在深入研究可行性办法的基础上，积极稳妥地推进解决。其次，问题产生于发展。要用发展的眼光看待问题、处理问题，同时在发展过程中发现问题、解决问题，通过动态化的管理，不断增强发展的动力和活力。第三，发展源自于办法。对于发展过程中的矛盾问题，我们要敢于面对、敢于担当、敢于碰触，不能怕、不能躲、不能绕，要以对北京电视台的现在和将来高度负责的态度，积极破解矛盾、找准问题、提出办法，明确我们的前进方向。

二、环境

有突破才能竞争。当前的北京电视台，面临着非常复杂的内外部环境，如何认清环境，如何在现有的环境下求得生存和发展，如何突破不利的形势和局面，是

摆在我们面前的一个重大课题。

从外部环境来说，这两天大家都谈了很多传媒业和全国省级媒体的发展状况，可以说，广电行业已经经历并且仍然正在经历趋势性的调整和变革。概括起来说，广电行业的大环境可以用三个词概括：资本、产业、业态。而北京电视台的现状也可以用三个词概括：资金、产品、业绩。我们用资金跟人家的资本拼，用节目产品跟人家的产业拼，用项目业绩跟人家的业态拼，一步一步走得非常艰难。当然，我们依然能够保持在省级卫视前几名的位置，说明北京电视台的平台价值和员工队伍两大优势是极为突出的。下一步的关键，是要通过机制的调整、战略的转型，进一步发挥现有的优势，适应外部环境的变化，把节目变成产品、变成商品，实现有效益、高效益的市场价值。

从内部环境来看，正如我刚才提到的，北京电视台面临着“日子”和“盘子”的困境，如何维持我们这个四五千人大台的日常运转，如何维持节目、经营、职能、技术、企业这五大板块的整体运营，如何维持全台干部职工的切身利益，是最实际的问题。我们要“开源”，推动广告经营和产业经营，打开一个新的经营局面，迅速提升经营创收能力；同时，我们要“节流”，树立过“紧日子”的思想，压缩一切不必要的开支，同心协力撑起全台的“大盘子”。

面对这样的内外部环境，我们必须抓好两件事，一是突破，二是竞争。围绕突破，要敢于冲破固有的思维局限和工作方式，实现北京电视台自身发展模式、运行机制的转型升级；围绕竞争，要勇于在内容上、经营上、产品上与走在最前面的电视媒体一争高下，巩固北京电视台的品牌优势和市场地位。突破是基础，竞争是目的，有突破才能竞争，自身的转变才能真正走向广电发展的最前沿。

三、建议

以点带面，打造产品链。从目前北京电视台的发展状况来看，整体板块的整合难度较大、周期较长，需要经历一个过程，目前应该重点从“点”上入手进行整合，以点带面，推动形成融合发展的局面。比如，以绩效考核为依据，在全台各频道的重点品牌节目、栏目、项目中，进行细化分类，抓住那些既有收视又有收入的拳头产品，从频道层面提到台级层面进行打造和维护，统筹全台生产、技术、经营、人才资源，把审批环节、经营渠道、预算投入、人才培养、干部梯队等方方面面机制配套上去，形成全台联动的品牌提升方案。通过这种方式，从“点”上发力，最大化地整合资源、统筹协调、系统思维，能够最快地取得成效、形成效益、建成平台。

从平台层面来说，要在打造节目产品链上发力，强化产品意识和融合意识，改变过去那种只考虑制作、播出的状况，在节目生产的每一个环节，都要深入思考内容的价值在哪里、卖点在哪里、渠道在哪里、未来在哪里。要以好的内容为基础，好的经营为目标，好的产业为方向，好的链条为保障，在“长”和“全”上下功夫。“长”就是长久，要延伸线上线下；“全”就是全媒体，贯通各种渠道。在“长”和“全”的基础上，形成价值、形成效益、形成利润，最终做大做强整个生产平台，并促进技术创新、产业经营、奖惩机制等方面的完善提升。

四、思考

第一，关于绩效和预算。绩效考核和预算管理是整个管理运行的基础。面对当前的形势和任务，预算分配怎么更好、更有效地向一线倾斜？怎样把有限的预算用于最有价值的节目、栏目、项目，把钱花在刀刃上？如何细化优秀节目的奖励办法？如何构建节目与经营融合的考核奖励机制？这些问题，都需要我们妥善面对、各个击破、逐一落实。必须化思考为行动，切实推进北京电视台绩效考核细则、预算管理体系的完善与落实，形成良性、有序的管理环境。

第二，关于存量和增量。在资源有限的条件下，我们要积极思考如何盘活存量、创造增量。目前的北京电视台，人员规模已经达到了四五千人，目前的人员开支已经很大了，没有能力增加人员支出。目前的问题，就是怎样用好现有的人员存量，去创造更大的价值。我们要优化资源配置，把人员开支向重点项目、重点领域、重点团队、重点人才倾斜，坚持以业绩为核心的用人导向，坚决杜绝“吃大锅饭”、搞平均主义的状态。

第三，关于干部和梯队。全面加强干部人才队伍建设，用好人力资源，激发人才活力，是北京电视台的根本出路所在。特别是要高度重视年轻人才的培养工作，从战略高度和长远角度，把发挥年轻人的作用作为一项全台上下共同推动的系统工程，切实抓紧抓好。一是要有平台，进一步放大青年创新工作站对于年轻人才的聚集和吸附效应，为所有有想法、有热情、能干事的年轻人提供创新创业的机会，鼓励他们把自己的才智与北京电视台最需要解决的问题结合在一起，思考、研究、实践北京电视台的未来发展方案；二是要有培养，加快中层、科级、专业三个层面的干部人才梯队建设，在政策制度允许的前提下，大胆进行机制突破，选拔一批年轻人到关键岗位挑起重担，尽快改善人员结构老化的局面，让各个岗位充满生机，让年轻人才看到希望；三是要有激励，突破年龄和身份的局限，设计形成更加科学合理的薪酬分配模式。对于年轻人要有奖有罚、重奖重罚，鼓励他们到最有希望、最需要人、最能锻炼人的一线岗位发挥作用，在可能的情况下，考虑为年轻人提供专门的创新创业经费，对表现特别突出的年轻人进行协议工资，用最先进的人才管理理念，打造更加适合年轻人的朝气蓬勃的北京电视台。

狠抓管理不放松

——在2016年上半年工作总结暨下半年工作务虚会上的发言

北京电视台党委副书记、纪委书记　彭司海

我今天想从加强管理的角度，谈一谈我的体会和思考。主要讲八个问题和七个建议。我讲的这八个问题，可能会涉及一些部门，如果涉及谁，得罪了谁，请多包涵。其实你们不包涵我也不怕，因为我负责的工作本来就是得罪人的事。李春良台长来到台里后，大会小会、各个场合都强调管理，强调要提高管理水平，要向管理要质量、要效益。台里包括我们各个部门都更加重视管理，采取一系列措施加大管理力度，取得了一些效果。但我们也要看到，随着节目生产加大力度，新的考核工作开始实施，广告经营调整思路，一些过去停顿的工作重新启动，在此过程中既反映出我们过去抓管理的成果，但我想更多的是暴露出我们在管理方面仍然存在这样那样的突出问题。我梳理了一下，有这么几个给我的印象比较深刻。

第一，能推就推。就是当某件事跟自己有点关系，同时也跟别的部门有关系的时候，有的部门有的人员就成了“打太极”“踢皮球”的高手，他们讲这不归我管，我得请示领导，党委会纪要上没说让我干，拼命把工作推给别人、推给别的部门，把自己摘得干干净净。特别是这件事情对自己没什么利益和好处的时候，躲得比谁都快，无形中制造了矛盾，影响了部门间的关系。还有就是找客观原因，所有客观原因都找一遍，就是不说自己的原因，或者是轻描淡写。我觉得，不能从自身找原因，不能剖析自己的问题，绝不可能解决问题。

第二，坐等观望。这种情况还是比较严重的。什么事都讲要顶层设计，什么事都等着台里出思路、出政策。台里出了政策措施后，又不愿意先走先干，看看人家怎么干再说。比如，台里提出了节目栏目末位淘汰，提出要明确频道定位方向，大家也都很赞同，我记得李春良台长几次讲过这个事，希望大家先做起来。但时至今日，我们没有看到有谁在这方面火急火燎地去拱这个事，我没看见大家在这方面的热情和积极性，更多的是在等，等台里拿方案、拿措施。我认为，不是所有的事都要台里先动，很多事情应该是自下而上的，因为一线的人最了解、最熟悉情况，他们对本业务领域最有发言权，你们底下可以先干先闯，有了经验后可以上升为台一层面的政策措施。“包产到户”就是很好的例证，这就是当年安徽农村十几个农民闯出来的，然后才变成中央的政策。如果大家都等着看着，我们的改革如何突破，我们的创新从何谈起！

第三，问题上交。凡是棘手的事、难

办的事，都交到领导那儿。问他你们有什么想法，你们是什么意见，你们觉得应该怎么办，总是支支吾吾、不置可否。本来是分内之事，该做决定的自己不做，该推进工作自己不往前推，而是把问题和决定上交台领导，让台领导拿主意、做决策。这样做无非是出了问题，把台领导推出来做挡箭牌，他就可以说你看这都是领导定的，自己在那里当老好人。

如果你的事，领导都替你干了，你该做的决定，别人替你做了，还要你干吗？这是一个责任心的问题、是敢不敢担当的问题。对于这样的人，如果不尽快改进，那就得采取点措施。

第四，说风凉话。我们台有那么一种人，就是自己没思路没想法，别人想做点事，他不但不支持，反倒挖苦讽刺。别人想法新一点，干得快一些，他就讲你不切实际。别人想创新、想改革，他要是看不惯，就造你的舆论、说你的坏话、传你的小道消息，生怕无风不起浪，非要让你改不下去、非得把你的事搅黄了。这种“红眼病”，是一种歪风邪气，必须坚决压下去。

第五，怕得罪人。明明知道这个人有问题，明明知道这个事里面有猫腻，但怕得罪人，明哲保身、不敢管、不愿管。有的事、有的问题不是一时半会儿了，而是已经很长时间了，但就是不管不问，放任问题在自己的眼皮底下发生、存在，有的甚至发展到严重程度。这样的部门表面上风平浪静、一团和气，实际上暗流涌动、猜疑不止；这样的科长、制片人、部门领导表面上是当了好人，实际上是做了坏人、恶人，既害台也害人更害己。我就不明白，你既然怕得罪人，为什么还要占着这个岗位？为什么不把位子腾出来呢？

第六，松懈懒散。应该讲，台里很多同志工作非常紧张，压力很大，每天加班加点，“5+2”“白加黑”拼命工作，让人非常感动。同时，我们也不得不承认，也有少数人占着台里位子，拿着台里给的工资，没给台里干多少事，没有为台里做多少贡献，有的人整天无所事事，甚至惹是生非。我们常常看到这样的怪现象，一方面很多部门在那里喊缺人，喊人手不够，另一方面我们确实有一些人又没有发挥应有的作用。它导致的结果就是资源浪费，怨气滋长，影响士气。当然，我觉得这不能全怪人家懒散，主要还是目前这种机制给了他立足的空间，给了他生存的土壤。我们必须严格标准，改革机制，让不适应、不符合要求的人没有立足之地，这种怪圈必须通过强化管理来打破。

第七，不通不畅。就是我们的管理链条没打通、不连贯的问题。特别是在我们的审批环节，在我们工作的衔接处，在我们业务的交叉点，在我们最需要融合的地方，我们往往感到扯皮多、效率低、堵得慌。比如，节目部门觉得审批环节多、时间长，管得死，让他们疲于奔命、忙得喘不过气来，消耗了大量时间和精力，认为这样的效率，再好的东西也会被拖黄了。职能部门认为，你这个必须按着规矩来，一步都不能差，一环也不能少。比如，节目部门和经营部门的融合问题，“两张皮”的问题一直没有彻底解决，中间始终缺乏一个管用的协调机制、对接平台，我们也正在努力。还有像广告部和广告经营主体之间，也往往在协议备案、价格体系、收入确认等方面产生矛盾、各执一词。这些都是制约我们提高效率、产出效益的重要问题，应该尽快下功夫解决。

第八，有章不循。就是不按规章制度办事，管理上不严格，存在风险、隐患和漏洞。我举两个例子，一个是关于招投标的。我们有个部门的某个项目准备招标，想进行邀标，这本来是好事，但我们这个项目的负责人说了一句话，让我吓了一跳。他讲，招标好办，关键是要找两个陪绑的。这个同志说这个话的时候很淡定，没觉得有什么不妥。我理解他说的，就是这个标不是真招标，他已经内定了中标单位，招标就是走走过场，做做样子，这是非常危险的。另一个是关于给外单位付款的。本来合同约定没达到收视率要扣10%的费用，但实际上没扣这10%，而是全额付了款。审计发现后，找到这位同志问他，为什么这么做，为什么不按合同执行，他讲，人家是小公司，他们不容易，这点钱对电视台不算什么。我想这是典型的胳膊肘往外拐的败家行为，如果所有的人都这样，再大的家业也经不起这样折腾。今年，李春良台长叮嘱我，说你不要怕得罪人，你负责给我找问题，找不出问题就是你的责任。听了这话之后，我压力更大了，为什么？因为找出问题本来我就脱不了干系，这回又多了一条，发现不了问题也是我的责任。即便如此，我还是拜托大家别给我机会，我希望我这里不要有你们任何人的把柄。

虽然这些问题不是普遍的，但危害和影响不可小视，特别是在我们这样一个大单位，我们这样一个需要内部高度协作的单位，它产生的负面效应更是不可低估。我认为，我们的管理起码要达到四个目标：一是要转变作风，提振精气神；二是要调动积极性，激发潜力活力；三是要连贯通畅，提高质量、效率和效益；四是要堵塞漏洞，防范风险，保护干部职工。有几个建议供大家参考：

一是要理直气壮抓管理，要从危局、困局走向破局、新局，必须加强管理。抓管理是所有部门的事，职能部门固然责无旁贷，节目、技术、经营等各个部门都有管理责任，特别是各部门一把手是关键，要敢抓敢管敢担当，不能碰到点问题就退缩，更不能视而不见，当老好人。我们的科组长、制片人、部门领导，既然已经在这个岗位上了，就不能只爱惜自己的羽毛，必须把管理挺在前面。

二是要坚持问题导向，问题不解决永远都是问题，甚至可能是后患。有问题的地方往往是管理薄弱的地方，问题出在哪里管理就跟到哪里。我们要梳理找准问题，特别是要找症结，不要找枝节、细节，要把问题摆在桌面上，一个一个研究、解决。目前来看，像频道定位、节目同质化、节目经营融合、绩效考核、用好留住人才都已经摆在桌面上了，必须尽快拿出方案、措施和办法来。

三是抓管理要从本部门、从自己抓起，只有各个部门都管理好了，全台才能管理好。我们不能等着台里先动作，不能只盯着别人，抱怨其他部门如何如何，要多看看自己的一亩三分地里长没长杂草，多看看自己的耕作产出了多少效益，多看看自己拖没拖台里的后腿，多看看有没有因为自己给台里、给其他部门带来不便、造成麻烦。我想，如果我们每个部门都主动起来，主动出击，先从自己做起了，其他的事情都会好办。我们每个部门都要敢想敢干、先想先干，每个部门都应该有一个甚至几个亮点，都应该有一个甚至几个

"绝招"。

四是要打通管理链，打通交汇处、连接点。要形成 1 +1 大于 2 的局面，着力解决矛盾问题，提高工作效率。建议针对存在的症结性问题，明确主责部门、配合部门，加强梳理研究，改进完善协调机制、工作流程、对接办法。有些问题可以多出去看看，借鉴兄弟单位、兄弟台的经验做法。

五是要强化绩效和奖惩。让干活的人多拿钱，让贡献大的人拿更多的钱，奖勤罚懒，让懒人闲人不好受、不好过。

六是要适当进行轮岗交流，这个事应该尽快提上工作日程，很多人在一个岗位干的时间长了，必然积累一些矛盾问题，轮岗交流有利于化解矛盾，盘活资源，让鱼游动起来，让水活起来。

七是要加强监督问责，推动监督审计全覆盖，对重点工作要加强过程性监督，对管理缺位、敷衍塞责、不敢担当的人要问责。

最后，我也想说一句：不忘初心，继续前进。我的初心就是李春良台长讲的，发现不了问题就是你的责任。讲得不对的地方，请大家批评指正。

做好技术支撑服务　助力全台改革发展

——在2016年上半年工作总结暨下半年工作务虚会上的发言

北京电视台总工程师　田　方

这两天听了大家的发言，受到很大启发，学到很多东西，也有所思考。当前我们北京电视台面临着很多困难，面临着很多问题。我分管技术工作，所以下面我想谈谈作为技术部门，我们到底能做什么，我们应该怎么干，才能做好技术支撑和服务工作。

一、关于安全播出工作

我们要坚定不移地做好安全播出的保障工作，这也是最根本、最重要的任务。对于北京电视台这样一个电视制作播出机构，如果没有安全播出这个保证，恐怕其他都是空谈。我们的15个频道每年大约有十二三万小时的播出量，同时涉及播出的中间环节很多，我们的节目采编、节目传输，乃至设备的故障率，很多方面都会造成安全播出的事故，可以说是防不胜防。因此更需要在这个环节多想办法、严格把关。

另外，我们北京电视台拥有比较完善的播出系统备份，相关的制度规范在全国不落后，经过这么多年累积，我们的工作规范、工作流程、各方面的管理规定、应急措施也都比较到位。然而，为什么还时不时会出问题，有时候甚至出比较大的问题？我想主要是人的问题、人的观念的问题。有违反劳动纪律的，不按规范流程做的，操作失误的，处理不当的等等，这些都会造成一些播出事故，这就要求我们牢固树立安全播出意识，牢铸安全播出的思想防线。

我们从2009年4月1日搬入新台，设备系统总体来说运行比较稳定。但是，也出现了一些老化现象，播出网也好、制作网也好，有些部位故障率逐年走高，今年上半年就出现了两次比较大的事故。究其原因，一方面是没有预先做好功课，确实对一些设备的老化情况估计不足。另一方面，IT产品的淘汰率比较高，很多备件现在已经不生产了，甚至售后服务也没有了。现在我们采取了一些补救措施，不敢说不出问题，但保证出了问题就能立刻解决。

此外，我们要未雨绸缪，谋划在先才能行动在前。我们现在正在开展的播出系统、制作系统改造工作，要同明年的中心工作紧密结合。明年要召开十九大，这意味着在会议召开之前，新闻演播室的改造、相关网络的改造、云架构的推进等等都要落实到位。要列计划清单，拉出时间表，稳妥有序推进各项工作顺利进行，并根据实际情况随时沟通调整。

二、关于体制机制改革

我们的体制机制改革，尤其是运行机

制方面的改革迫在眉睫。我们的很多规范、规定、流程，基本上都是按过去的方式量身定做的。可是现在方式变了，有些运行机制如果还是走老路，就会行不通、走不下去。举个例子，之前技术部门也曾经试图做些改变的尝试，但后来在运行的过程中，发现按照原有的规定和流程走到最后，又回到了原点，一切努力“归零”。所以，我们要把技术运行机制改革切实提到议事日程上来，使其与技术生产实践需求更好地适配。

三、关于人才队伍建设

我主要谈谈技术人才队伍建设。这几年，技术部门大概有几十人辞职，很多都是业务骨干，令人惋惜。离开的原因多种多样，有收入问题，有发展空间问题，也有个人原因。但是总的来说，以收入和个人发展空间问题为主。我认为，针对技术部门的收入问题，应该考虑强化激励措施；针对个人发展空间的问题，应该研究建立一个上升通道。很多同志离开的时候跟我谈，技术部门管理岗位太少了，觉得没什么奔头、没太大希望。但是坦率地说，技术部门有很多业务能力强、工作热情高的同志，在专业领域绝对没有问题，但并不一定适合从事主任、科长这样的管理岗位。这一方面我们也在积极探索，也希望推出一些实际的举措和办法。

四、关于技术发展规划

一是建立4K播出频道，我们正在探讨并着手进行相应的技术储备。二是筹建北京电视台综合数据中心。三是北京电视台高清化建设的整体规划，目前我们已经具备了这个条件。四是融媒体发展战略，我们怎么跟新媒体集团配合、结合，把现有媒体的采编播存管环节中的业务形态，向海量信息的汇聚、智能生产的加工、多屏内容的发布、丰富营销手段的方向转型。这些都是北京电视台“十三五”技术发展规划的重要内容。

五、关于办公自动化系统

对于OA系统，我们一直在尝试精细化管理，成熟一个功能，推出一个功能。现在一些新功能已经陆续上线。关于新台老台互联的问题，有新进展我们也会及时跟大家沟通。

但需要强调的是，OA办公自动化在全台范围内推广暂时还有一定的困难，希望有时间能跟李台长做一个全面的汇报。但我们可以从较为简单功能的做起，逐步向全台推广。

下一步，我们会扎扎实实立足本职工作，切实做好技术服务支撑，为北京电视台的改革发展贡献应有的力量。

谢谢大家！

做好后勤保障　助力电视事业发展

——在2016年上半年工作总结暨下半年工作务虚会上的发言

北京电视台副台长　王　澎

我对基建、行政和保卫这三个部门的工作情况作些介绍。

跟大家切身利益都息息相关的几件事。第一个是咱们新台址一期和二期工程的事。大家可能都知道，我们现在工作和生活在一期工程，但是说实话，我们一期工程的大楼现在是“双无产品”，一无土地证，二无房产证，从前几天李春良台长带我们去市规划和土地局得到的答案，我们这叫违章建筑，我们现在这个大楼目前来讲是违章建筑。当然，李春良台长带着我们正在努力解决这个问题，但是台里面临的困难是非常大的。起因是什么，二期工程，大家都知道，我们二期工程一直空着，今年年初我们向李春良台长汇报，因为现在地铁要从二期工程底下穿过，为什么着急向台里汇报，因为他们规划局和基础建设投资公司设计的地铁有一个换乘通道，那个换乘通道的位置正好在咱们二期的地基底下。如果我们二期工程不及时启动，恐怕就废了，以后就盖不了楼。所以着急，跟李春良台长汇报，汇报以后，他责成我们基建迅速摸情况。现在什么情况，刚才我说了，一期叫“双无产品”，二期更别提，从理论上讲，一期也好，二期也好，这两块地的地皮到目前为止还不是我们北京电视台的，这两块地皮在国土局的登记还是第一机床厂的国有土地。因为，我们台里边当年在有线跟无线合并初期，所谓花的2.5亿元是拆迁费，是付给第一机床厂的拆走地上建筑物的钱，后续我们曾经有过机会。第一次2008年，交5000万元的土地出让金，给咱们办土地证。第二次是2012年，我们交3.85亿元的土地出让金，给我们办土地证，但是我们都错过了，种种原因都没有交。土地局的同志，我们去拜会，人家说我们当初都给你签好合同，盖好章了，请你们拿回台里边盖完章，交完钱，你们土地证就到手了，但是你们就没有音讯了。所以目前台里面临的问题是我们得重新去找土地局，交土地出让金，因为得到的消息是一期的土地出让金如果不交，二期的土地出让金连交的机会都没有。我们昨天经过初步测算，跟李春良台长汇报，以2016年现在国土资源部和国土局规定的新的土地出让金测算办法，一期工程最少得交30亿元，台长听了也非常震惊，当然这个事后续要向市领导汇报，但是这个按市国土资源局魏局长说的，这笔钱不可能免，也躲不开，因为这个钱是国土资源部按国家规定要上交国库的钱，国家要审计。你别说我这个局长签了没用，你找郭书记签了也没用，中央电视台比较早，可能8亿多元，但是咱们的时间已经错过了，得交30亿元，这是一期。二期盖楼，还有很多事，地块狭长，还得跟旁边的首创进行密切沟通，后续的任务非常重。当然现在李春良台长要求我们做好前期的工作，后期的工作是他带我们去见李部长、陈副市长做汇报，这是关于基建方面的。

第二个是食堂。近期，咱们新台和老台的饭菜质量基本能得到保证，但是数量和花样确实是减少了，为什么减少，可能有的同志知道，有的同志不知道。去年11月份的时候，审计方面告诉我们台里边，你们这个餐饮公司已经干了8年，没有竞标，所以说你们必须得招标。去年党委会确定咱们新台的餐饮要重新招标，我们在招标办的带领下，进行了正常的招投标，招标的结果，原来的老餐饮公司没有中标，老公司就把这个事告到市纪委，市纪委查这个事查了将近一个月时间，这期间很多的苦衷，司海书记和朱晓宇主任带着我们去市纪委汇报沟通，当然最后结果还是很好，市纪委经过财政局认定，我们的招投标结果没有违规，那就面临着这样的问题，到6月30日老公司合同到期，新公司应该进入，但是老公司表态他们坚决不走。我问他们怎样才能走，他说电视台得赔钱。我说依据合同，我们找了办公室法务科，依据合同，北京电视台没有义务赔偿他合同遣散费，因为职工是他们公司的，不是我们电视台的。他们的老总就说了，反正我们干了8年了，没功劳还有苦劳，你们就得赔，你们不赔我们就不走，你们如果让新公司强行进入，我们就100多人静坐，要不然就是你们新的餐饮的炒锅上了灶台，我的人就站在后边，你前边一个人炒菜，我后面站10个人。我一想这个事急死了，找纪勇连夜商量，商量完了纪勇刚回办公室就心脏病发作，这个叫房颤，送到朝阳医院抢救，当时就进手术室了，这是真的，不是我跟大家开玩笑，原来我不懂，之前我没管过行政后勤，我原来认为管这摊应该相对轻松，现在知道岭涛副台长以前的工作有多大的压力，非常非常难，难度太大了。开平主任59岁半的老哥，大半夜在我办公室流眼泪，哭了两次，压力太大，因为纪勇病了以后，实际上现在就他一个人在撑着。这个我说实话，行政后勤工作也没有轻松的，我这回深有感触。当然我们提了要求，力争保证大家饭菜质量不降，但是花样有所减少，恳请大家给我们几天时间，因为这几天协调老餐饮公司的问题，让他走非常难。这是跟大家介绍一下餐饮的事。

最后是保卫部，我们最近做了两件事，一个还是春良台长来的时候，视察周边的环境，发现咱们的围栏确实特别低，中央电视台的围栏3米高，咱们的围栏1米，外面的人一撇腿就能进来。后来跟领导商量，领导说咱们加高围栏，当然这期间做了很多街道办的工作，他们原来说CBD不让加高，后来我们说必须得加。现在新台西边已经加完了一排，我看了觉得还可以，刚才跟台长也汇报了，南北都要加上。再有一个，最近我们正在核查新台地下车库长期占用我们地下车位不挪车的车主，可能下一步也需要各个部门、各个中心支持。因为我们发现有的车，我说的都是私车，不是咱们公车，在咱们地下车库的车位一停就是一年，甚至有的车胎停的都没气了。但是还有一点，车主很聪明，你看他停一年都没动，那个车永远是锃光瓦亮，看上去跟新的似的。后来了解到的情况是，他怕我们查这个事，他每隔几天掸那个车去，把车掸得锃亮，说明这个车动了。我们下一步肯定要清理，你只要是不动的，我们通知你还不做，就停止你进台地下车库的权利。这是目前基建、行政和保卫面临的三件事，跟大家做一个汇报，我的发言结束，谢谢。

新理念·新机制·新突破

——在2016年上半年工作总结暨下半年工作务虚会上的发言

北京电视台副台长　李岭涛

两天的会，各部门讲的都是真知灼见，都经过了认真的思考，对我个人来讲，对台里的广告经营来讲，都有很大的借鉴意义。我分管广告经营工作半年来，有一个很深的感触，就是广告经营部门跟其他部门属于“分割”状态，大家对广告经营工作不是十分了解。今天上午，几家经营主体的负责人已经作了汇报，下面我从分管角度谈谈广告经营工作，希望能让大家有进一步的了解，从而形成合力，谋求新的突破。

一、广告经营工作面临的主要问题

对于广告经营，之前我是“旁观者”，但通过这半年多的接触，才有种“不当家不知柴米油盐贵”的感觉，真可谓“酸甜苦辣，五味俱全”。我认为，当前北京电视台广告经营面临的最主要问题，就是客户不足。

我经常跟广告经营部门的同志讲，做广告要靠“数”说话，其他都是虚的。没有一定的广告数量、一定的客户数量作保证，谈什么都是空中楼阁，都是徒劳，这也是大家的共识。客户不足，就无法形成排队效应；没有排队效应，就没有与客户谈判、议价的底气和资本。我们为什么没有足够多的客户？我想，从主客观方面来看，有以下七点原因。

一是整体市场环境趋下。宏观经济运行压力大，导致广告总体规模下降。新媒体对传统媒体的冲击日益明显，导致广告投放分流。二是品牌知名度不够响亮。客户对北京电视台不够了解，甚至有误解，这都在很大程度上影响了他们的广告投放选择。三是市场活跃度偏低。互联网时代催生了粉丝经济、眼球经济、话题经济。而我们在市场上缺乏声音，缺乏话题，四平八稳，平静如水，很难引起关注。四是受客户投放策略和习惯制约。一般来说，投放量较大的客户主要集中在江浙、广东、福建、上海等南方地区，他们的投放相对集中在南方台，加之进入北京市场的成本偏高，他们很多都不敢以北京市场为重点，导致他们忽略了北京电视台，即使选择北京市场，也往往选择央视。五是代理公司数量少。代理公司主要集中于央视和南方台，大部分在国内有实力的代理公司与北京电视台都没有合作。经过我们的不懈努力，目前央视代理公司的前20名中，已经有15家与我们达成合作，而年初这个数量仅仅是5家。六是节目产品对客户的吸引力不够。主要表现在：节目风格缺少变化，略显呆板；目标观众群与客户的目标消费群不相吻合；节目调性与客户品牌的匹配度较低；大型节目、季播项目的成功案例不多。大型季播的冠名等投入大，往往有赌博心理，由于我们以往成功的案例不多，因此客户对我们的季播信心不足，不愿意投放。七是广告经营能力和水平不足。主要表现在：专业化程度不高；产品类型单一；坐商思想严重；新客户开发手段匮乏。

市场需要既叫好又叫座的节目产品，我们的节目必须牢牢握紧“收视”和“收入”两根线，既让观众满意，也让广告客户认同。通过不断地探索，我们在“双收”节目的开发上取得了一定的成绩，比如今年推出的《跨界歌王》。我们要努力打造更多这样的节目，才能吸引客户的目光，增强客户的信心，进而提高我们的市场议价能力和话语权。广告经营团队也在积极研究举措，不断提高广告经营水平和客户服务水平，奋力实现台党委下达的经营创收任务。

二、上半年广告经营工作总结

俗话说，手中有粮，心中不慌。上半年，全台广告经营工作的一大核心任务就是“开源”。怎样才能迅速增加客户源？围绕这一核心，我们经过充分的调研和研究，以“一个中心、六个支点”为突破口，谋划好广告经营工作。

一个中心，就是研究形成了 BTV 品牌理念和品牌价值的表述——“在北京，赢天下”。这个口号有三层意思：第一层，掌握了北京的资源，就能够撬动全国的资源。第二层，占领了北京市场，就能控制影响全国市场。第三层，与北京电视台合作，有利于抢占多种资源，从而为占领全国市场赢得先机。这一理念提出后，得到了市场的认可。我们以此为契机，打响了 BTV 品牌的宣传推广战役，同时通过“六个支点”全面发力。

第一，多渠道发声，进一步提高 BTV 品牌知名度。一是利用论坛精准发声，拓展业界影响。二是利用专家和顾问队伍积累口碑，扩大社会影响。三是利用自办平台吸引关注，加大推广力度。今年上半年组织了四场客户推介活动，与京、沪、穗主要客户做了近距离交流。9 月份即将启动 2017 年广告招商活动，至少要办四到五场大规模的招商会，以及十余场面向各区域、各行业的座谈会。希望各频道尽快确定明年的版面，为广告招商奠定良好基础。四是利用评价体系树立权威，形成行业影响。主要做法是牵头构建社会评价体系，定期发布评价报告，形成行业领域的“风向标”；举办高峰论坛，在广告客户较为集中的重点领域提升 BTV 品牌影响力。

第二，开门走出去，变“等客户”为“找客户”。广告经营要改变“坐商”的思维方式，光靠被动的“等”是等不来客户的，必须主动走到客户身边去。我以身作则，上半年跑江浙、跑赣粤，拜访了许多地方的客户。同时也鼓励大家往外跑，先跟客户交上朋友，就不愁谈不成生意。

第三，清单找突破，认真梳理潜在客户资源。有没有比一个一个公关客户更为便捷的途径？我们总结出一条经验，就是拉清单。一是梳理出在其他媒体有投放，而在我们台没有投放的客户品牌。二是梳理出跟其他电视媒体有合作，而与我们没有合作的客户品牌。三是梳理出客户比较集中的行业协会清单。四是梳理出客户分布较为集中地区的客户清单。有了清单，我们就可以有目标、有针对性地开展工作，也更容易取得成效和进展。

第四，人盯人落实，拒绝“悬案”。广告协议只有白纸黑字签订了，才算生效。上半年，各经营主体通过人盯人的方式，把很多协议落到了实处。

第五，多元化创新，提供更加丰富的产品和服务。与节目部门紧密合作，开动头脑风暴，策划新的广告产品。比如今年的4·20互联网主题晚会，客户的满意度就非常高。

第六，打铁自身硬，不断强化企业制度建设。根据全台广告经营工作的需要，我们整合成立了几家新的广告经营公司。虽然运营时间比较短，但还是要严格要求，不能搞得像“草台班子”，而要按照“百年老店”的标准，建立高水准的企业文化、企业制度。现在各公司通过规范经营，逐步形成了适度的、良性的竞争模式。下一步，要通过完善内部建设，让经营团队的每一位员工产生较强的归属感。

回顾上半年的广告经营工作，我有三个突出感受：一是工作状态可以用“5 + 2”“白 + 黑”形容。周六保证不休息，周日休息没保证，这是广告经营部门的真实写照。现在好几家经营主体的班子成员已经暂停了休假，全员全时在岗。大家为了实现全年经营创收目标，开足了马力，拼足了力气。

二是经营团队的自尊心受到了极大磨炼。就我个人而言，心态上经历了从甲方到乙方的转换，我想大家心里也有同样的感受。市场形势变了，我们从“客户找上门”到“上门找客户”，不仅我个人，还有许多一线的业务员弟兄们，都遭遇过不少的“冷遇”，这是对自尊心的一种非常大的考验和磨炼。但正是在这种磨炼中，才能逐渐成为一名成熟、合格乃至优秀的广告人。

三是经营人员普遍经历着“归属感”的心理拉锯战。说到这一点，心里不禁有些沉重。目前台里的现状是，承担广告经营任务的大部分是聘用人员，企业的同志们普遍有一种感觉，感觉自己像“二等公民”。我听到一种声音，说一个聘用人员凭什么拿这么高的薪水，这让大家很伤心。面临45亿元的经营任务，经营团队的压力之大不可言喻。怎么才能避免让前线的同志流血又流泪？我认为需要建立一个平等的用人待遇标准。

我想，我们的广告经营团队可以用几个“特别”来概括：特别能吃苦，特别能创新，特别能奉献，特别能战斗。我们会一直把这种工作作风发扬下去，与节目部门密切沟通，形成合力，共同努力打开全台广告经营工作新局面。

三、需要重新认识的几个问题

第一，收入与收视率是不是完全正相关。我认为，最重要的是分众收视率。目前我们的分众收视率与品牌吻合度不高。在这种情况下，高收视并不能带来高收入。所以，确切地说，分众收视率与收入才是正相关的。

第二，在与广告客户博弈中，电视台是否有决定权。当前的广告市场正在向买方倾斜，电视台在广告经营中的话语权、议价权都大大减弱，你不卖，自然有别人卖。从前“卖家为大”的情形如今已被完全颠覆。

第三，收视率上升是否意味着广告收入增长。这个不一定，关键在于节目的有效观众有多少，节目的调性与广告客户的匹配度有多高。上半年收视率排在前几名的卫视，据说广告时间比去年都有大幅度的增长，但广告收入普遍下滑。这也从侧面反映出一个问题，由于广告议价能力减弱，许多电视台为了保证广告数量，不得不对客户“委曲求全”。

第四，是不是可以靠硬广维持收入。现在广告客户的需求愈发多元化，硬广已经不再是他们的首选。据统计，客户对软植的需求已经达到50%～60%，所以说，广告的重心要向软植转移、倾斜。我们要尽快形成方案，因为就兄弟台的实践来看，软植对内容经营的促进作用是十分明显的。

第五，是不是什么样的内容都能卖得出去。重点在于节目内容与广告品牌的匹配程度。打个比方，广告经营不能自己搞“独唱”，要与客户形成“和声”。比如，抗战题材的电视剧就不大适合日系产品。另外，案件性的、流血性的、争执吵架的栏目，一般客户不愿尝试，因为他们认为会给产品带来负面影响。

第六，我们的价值是不是自己说了算。有很多同志说，我们的广告应该值多少钱，但是这一点上我们说了不算。市场经济，终究还是市场说了算。市场是检验价格的标准，你卖出去了，得到市场的认可才算成功。否则，只能是远离市场的“孤芳自赏”。现在广告经营的市场化程度已经非常高了，我们必须增强市场分析能力，设法找到广告客户的心理价格与我们产品价值的最佳契合点。

四、下一阶段改革发展的建议

第一，关于改革。这两天很多发言的同志都提到改革，希望改革。但是大家有没有想过，是否为改革做好了思想准备，都做了哪些方面的准备？改革如同打仗，是要受累、流血的。大家是不是真的愿意为改革付出代价？我感觉有的部门并没有做好充分准备。再者，并不是每次改革都必然成功，也有可能带来利益的下降、福利的下降、待遇的下降，因为这些可能出现的副作用，我们就要放弃改革吗？这只能说明改革的积极性还不够高。

第二，关于节目部门。首先要感谢节目部门对全台经营创收工作给予的大力支持，同时也要致歉，对配合经营奖励的具体实施细则，因为关涉多方面因素，目前还没有完全达成共识，我们会抓紧研究。另外，有五个方面的建议。一是节目生产经营要做到两个“满意”，既要让观众满意，也要让客户满意。要追求高质量的管理，要充分考虑广告客户的需求，精准定位目标受众和目标客户。二是希望节目部门为广告经营提供更多建议。节目是检验广告效果的最佳渠道，比如我们今年春晚创新推出的“广告真人秀”，就取得了很好的效果。我们要树立“理直气壮做广告”的信念，因为好的广告观众也是喜欢的，而这就需要广告经营与节目生产深度融合，群策群力。现在我们正在组织专家对广告案例进行整理以便为客户提供有益参考。三是节目创作要关注90后、00后。这代人是当前社会的主流，我们的节目能不能叫得响，关键要看能不能做到他们心里去。我们要去关注、去理解这个群体的思维方式、兴趣喜好，这也有助于更加有效地向他们传递社会主义核心价值观。四是希望节目加强宣传推广和话题制造。光说不练假把式，光练不说傻把式，又说又练才是真把式。希望我们节目努力发掘有质量、有热度的话题，要学会制造“动静”，引起大众关注。五是希望节目部门加强同广告经营部门的沟通。节目改版了，编排调整了，希望能够及时知会广告经营部门，双方形成合力，才能更好地促进经营。

第三，关于职能部门。一要切切实实把企业作为推进全台改革发展不可或缺的重要的组成部分，给以足够的关心，提高他们的归属感。二要在管理上注重企业规律与事业规律的差异，用企业的理念、企业的思维，而不是事业的理念、事业的思维处理和解决企业的问题，这样才能形成良好的发展氛围，否则就会“削足适履”，对不上表，搞得双方都不自在。

第四，关于产业发展。经过充分的研究论证，我认为北京电视台具备百亿大台的禀赋和潜质。最大的发展障碍，一是收入来源对广告经营的绝对依赖。广告市场一有风吹草动，我们就会受到波及；二是事业化体制对企业化运营的限制。要成为百亿大台，必须彻底改变单靠广告创收的原始积累方式，依靠产业化经营、多元化竞争，引入资本运营，实现跨越式发展。具体而言，一要在顶层设计上形成广告经营与产业运营的双轮驱动，相辅相成，互为支撑，以利用社会资本为途径，以上市为目标，在三到五年内形成多家上市公司的格局。现在京视传媒正在做这方面的尝试，以“养生堂”等品牌价值高、上下游的产业链较长的品牌为先导，进行资本化和产业化经营。另外，还可以尝试对卡酷、纪实、生活、体育等频道实行产业化经营，面向市场进行 A 轮、B 轮的融资，借助社会资本进一步把品牌做大做强。二要不断延伸产业链，为品牌提供实体的支撑。“概念”毕竟是虚的，不符合长远发展的需求。我们现在品牌是有的，概念是有的，如果再能形成实体的支撑，在资本市场就拥有了巨大的优势。通过概念引入资本，实体落地形成支撑，在此在基础上进行上市的准备。三要探索建立文化产业基金。积极利用财政资金支持，建立有一定规模的文化产业基金公司，筹集一定体量的文化产业基金，反哺台内生产运行。目前相关方案正在制订过程中。

同志们，这两天大家经常提到一个词——“不忘初心”。我分管广告经营工作半年来，最大的初心就是希望北京电视台的经营工作实现跨越式发展。在接下来的时间里，我也会和大家一道，想尽一切办法，用尽一切资源，贡献智慧和力量，为我们早日实现“百亿大台”的目标而努力奋斗。

谢谢大家！

内容生产永远是我们未来发展的法宝

——在2016年上半年工作总结暨下半年工作务虚会上的发言

北京电视台副总编辑　艾冬云

大家好！几天来听了大家的发言，深深地感到我们每位同志都根据自己上半年的工作实际对我们台，对自己分管的工作有很多思考，无论是取得的成绩，还是面临的问题，还是困惑以及对台里的建议，都非常真诚，我想这也就是大家的初心吧。

上半年，我们面临的形势确实不容乐观，收视、收入数据都有一定程度的下降，所以今天我主要想谈一个问题：我们电视台到底是做什么？到底什么是我们的核心竞争力？面临这样的困境我们应该怎么办？我想说是：内容！内容为王永远是传统媒体的王牌和法宝，因此，我们一切的工作，包括政策的制定必须要围绕这个中心进行。

一，内容生产真的落后了

曾几何时，我台的内容生产风生水起，一大批栏目、节目、大型活动等品牌节目在北京乃至全国名气很大，但是在市场化日益发展的今天，却显得有些黯然失色，节目独家性差，形态老化，这说明我们的内容生产能力下降了吗？我认为不是，而是现在整个市场格局变了，而我们的快速反应能力差，没有及时建立起有效的新的市场格局下的围绕内容生产的政策和机制，所以节目的更新换代、适应市场的能力差，因此即使有好的口碑却叫好不叫座。这个问题怎么办？我们的政策措施首先必须要围绕强化内容生产这个主题来制定。

二，实现提升内容生产的政策应如何制定

年初我台制订了明确的目标，无论是收视还是经营指标都已确定，每个中心都充分调动起来，感觉压力更大，特别忙碌，工作量大增，但总体感觉效果一般，为什么？我感觉是缺少实现目标的路径，因为我们的资金不会增加，人员老化，台内体制机制也没有发生根本变化，所以大家缺少方法，所以应该加强顶层设计，立即建立台级层面的机制调整，而不是只靠各中心单打独斗。上午研发部秦主任也提了很多建议和想法，我们像湖南、上海台学什么，很多体制上的东西根本学不了，这就需要台级层面进一步细化，真正建立属于我台的机制体系。

三，我们如何加强内容生产

我觉得在目前经营状况不利的情况下，台里不可能加大对节目的投入，特别是地面频道，所以各频道要学会突出重点，加强对拳头产品品牌节目的投入和研发，重点培养品牌节目。比如我分管的新闻、文艺，品牌节目也有，但在很大程度上也存在二次创业不足，再创新能力弱的问题。比如《北京新闻》等卫视新闻节目，虽然全国排名领先，口碑也不错，重大报道及宣传任务完成也很出色，但必须面临一个再升级调整的问题，台里今年要下大力气进行新闻节目的定位及内容的调整，加强演播室的改造力度和技术投入，进一步强化新闻立台的理念；再比如《每日文娱播报》，目前仍是我台创收的主要节目，但目前也面临收视下滑，娱乐类节目选题受阻，年轻受众减少等问题，必须要寻找进一步适合年轻受众的新的突破口。上午研发部还有一个数据，就是我们全台收视不到0.1或根本不挣钱的节目占比还很多，为什么不能迅速调整，所以，加强内容生产要有重点，有舍才能有得，我们各个频道要下决心集中优势兵力打歼灭战。很多频道都在说，我们没钱，没人，这是个现实问题，但首先要自己重新布局，内部挖潜，合理调配资金实现频道节目资源效益的最大化。

四，加强内容生产的台内实现路径是有效的管理

管理不是只管，而是管理和服务。目前有个感觉，节目生产一线的同志感觉很累，既要保证导向，完成收视和经营，做好创新，又要做大量协调工作，协调台内各种手续和流程，有时会出现“罗圈架”。其实从各个部门的角度，每个部门都有自己的工作要求和规范，因此每个要求都是有道理的，合理的，但从整体角度不知哪个环节僵持住就影响了整个内容生产链条，制约了节目流程，时间一长协调的事情一多难免节目一线人员怨声载道。因此，大家应该统一思想，形成一个共识，就是共同为加强内容生产而努力，这是大家共同的目标，所以在哪个环节需要听到的不是你这样不行，没办法，而是你应该怎么行，共同为一线人员出主意想办法，让大家既规避了政策风险，又完成了任务，我觉得这才是有效的管理！因此，无论是台级层面，还是中层，职能技术部门，大家全是一个整体，必须要遵从一个管理原则，否则只有效率层层递减，很多事情一定会大打折扣。

五，内容生产的核心竞争力是人才和团队的竞争

北京电视台从来不缺人才，虽然流失了一些，但仍然有大量优秀的人才和团队，我们之前没有留住人，现在要做的就是不能再让更多的人流失了！我觉得目前我台仍然拥有最好的新闻采编、综艺导演、纪录片制作团队，而且不止一个，而且我们的技术力量和设备都是国内一流的，这些理应为台内创造更大的价值，我们应该有这样的文化自信！但目前我们鼓励人才和团队积极性的机制不足，进人政策约束太多，上午人事部杨建忠主任也谈了很多想法，我希望的是尽快出台政策并落地。今年我们也出台了一些奖励政策，但感觉在实际操作中效率低下，一线人员感受不深，团队荣誉感不强。

最近，我经常与80、90后的年轻人谈话，发现自己很多思路想法真的老化了，他们在视野上，对网络、新技术的使用上、互动上想法颇多，但是在实际工作中他们有很多想法建议由于貌似太打破常规或者有一定风险而不被采纳，可能很多好点子就失去了实现的可能，希望大家重视年轻人，不要伤害大家的积极性，不要让他们有受挫感，今天一位主任交流时说，现在的年轻人可以忍受一时的穷困艰苦，但绝不能忍受没有未来，因此我觉得如何用好人，发挥每个人的创造性是检验管理水平的重要标准，一个频道一个节目如果老是墨守成规，老气横秋，说明你这个主任、这个制片人不会用人。没有了人，这个台就没节目了，就失去了做好节目的后劲，结果可想而知。

总之，今天我主要围绕我们台的核心竞争力——内容生产，包括我们实现的目标、路径谈了些想法，下一步台内应该进一步统一思想，制定更加科学、可行的目标和路径，让我们的宏伟目标不再只是梦想，我也希望与全台同仁共同努力，把我们的梦想最终变为现实！谢谢大家！

不忘初心 知难不难

——在 2016 年上半年工作总结暨下半年工作务虚会上的发言

北京电视台副总编辑 徐 滔

大家好，我发言的题目是“不忘初心，知难不难”。最近在编前会上，李春良台长要求我们认真学习华为的创新经验。我认真学习了一篇深度解读华为的万字长文，真可以说是字字珠玑，特别有感触，也很有感受，在这里向大家做一个汇报。

华为是一家民营企业，28 年来，它从一家仅有 3 名员工的贸易公司成长为全球通讯行业的领导者。过去 3 年时间，世界老牌的通讯企业和手机厂家纷纷倒闭萎缩之时，华为的年收入却增长了 30%，在 2015 年的最后一天，华为公布了 2015 年销售收入 3900 亿元人民币，约合 600 亿美元。这是什么水平，按照去年世界各国 GDP 的排行榜，华为一家企业的销售收入竟然排在了世界 GDP 排行总榜的 76 位左右，相当于叙利亚一年的 GDP，这就意味着华为一家公司 2015 年的销售收入已经超越了世界上 100 多个国家的 GDP。

而就在一个月前，在由党和国家领导人参加的全国科技创新大会上，华为的创始人兼 CEO 任正非先生郑重宣布，华为未来的发展目标是到 2020 年销售利润超过 1500 亿美元，比西班牙和韩国的国内生产总值还要高。华为不仅在量上取得了惊人的成绩，质上也有很好的口碑。GFK 市场研究公司的数据显示，2015 年华为智能手机在中国的市场超越了苹果，超越了三星，零售的份额排名第一位，用户净推荐值赶超了苹果，位列榜首。那么华为是如何做到第一的？华为的创新成功经验是特别值得我们学习和借鉴的。

第一，纵观华为 28 年来的创新成功，最核心的要素是以客户为中心的价值观。

28 年来，华为持续进行了变革，但变革只有一个聚焦点，就是围绕以客户为中心进行变革。有这样一个细节，华为的管理者，包括任正非在内，到任何一个地方出差都是一个人拉着拉杆箱，上飞机没有人送，下飞机没有人接，很多人简单地认为这是公司严苛的管理制度，但实际上这是一个强烈的信号，这是植根于血脉的华为价值观。任正非想通过这个例子告诉大家，公司花的每一分钱都是用在客户身上，而不是用在个人，哪怕是最高的管理者身上。所有的体系，任何人，这个组织的所有神经末梢都在为一种价值趋向——为客户服务。

联系到目前我们所处媒体竞争的环境，这句话用于我们北京电视台制作的绝大部分的节目再合适不过。如果我们的心中装着观众的诉求和喜爱，一个策划案不用制片人、主任提意见，编导自己就知道取舍。现在我们北京电视台到底有多少档节目符合观众的审美需求，我们的节目模式和样态和现在火爆的互动 VR 直播等传媒新技术比较起来，到底差距有多大？现在电视观众的诉求是什么，特别是年轻人到底喜欢看什么？以观众为核心，应该是我们传统电视媒体在残酷的竞争环境下生存的最基本的技能。说实话，我们知道目前北京电视台面临着经营的困局，但这样的困局不是广告经营一个部门的问题，我们一定要认准一点，电视高高在上，做什么观众就吃什么的时代一去不复返了，我们还有活路，前提是我们知道观众需要什么。我们还能赚钱，前提是观众愿意买我们的产品。我们还能获得影响力，前提是我们自己把自己的声音有效地传递到观众的心里，既然这样，就让我们牢牢记住这一点——一切以观众为中心。

第二，一切为了奋斗者。以奋斗者为本是分配原则，也是华为的价值观，或者说是体现价值观的分配原则。

华为有 15 万名员工，其中有 8 万多名都是股东。任正非直到今天只有 1% 的股权，其他 98.6% 的股权由华为 8 万多员工持有。近期华为的工资单曝光，年收入 500 万元以上的有上千人，年收入上百万的有上万元人，人人是老板，人人打天下的理念带来了巨大的持续的效应，也成就了一个在当今社会科技公司中就职的奇迹，前 1000 位华为人中有 90% 都是从学校一毕业就来到华为公司，而且一干就是 20 年，这样的忠诚度在今天的中国极为罕见。

我们电视台不是民营公司，也没有股权的分配机制，但是我们可以学习华为的激励和奖励的机制，我们台制定政策一定要向拉车的地方倾斜，要向一线的节目生产部门倾斜。我始终记得频道里很多派遣员工，在拿到饭卡和正式员工一样的进台证，他们那时候特别愿意出示自己进台证的兴奋劲，现在这样细节化的激励在北京电视台越来越多，我们的派遣员工和正式员工基本做到了同工同酬，这种身份的认同、价值的认同、薪酬体系不断的优化，将激励台里年轻人去实现个人的价值，为我们的节目组、频道、北京电视台创造无限的价值。同时，我觉得经营部门的同志们也应该获得更多的归属感、安全感。我们还要像华为一样，不断从劳动者中识别谁是奋斗者，就是谁为北京电视台能够创造最大价值的人，我们每个节目、每个部门、每个频道，都应该有节目制作和运营管理的灵魂人物，都要有值得所有人敬重和羡慕的王牌，比如哪个频道的哪个战队。我们给予他们的待遇要和他们的贡献相匹配，给他们的荣誉要有助于激励更多的人成为他们这样的人。我们一定要树立这样的一个观念，真正的核心资产是人，真正的优质品牌是人，得人才者才可以得天下。

第三，针尖战略。华为从不在非战略机会点上消耗更多的力量，而是用针尖战略，集中力量，攻击一点形成突破，并形成全系统的创新。

现在北京电视台的发展可以说千头万绪，有很多的实际问题，我们的针尖战略在哪里，我们最需要解决的问题是什么，一是机制的问题。现在我们看到的是北京电视台和兄弟台的差距，而在很大程度上这不是频道和频道之间的差距，这是顶层设计的差距，是管理机制的差距。我们节目生产的质量和广告创收的数字是表象，如果不解决顶层设计的问题，不按照其他兄弟电视台曾经走过的路，求生存求发展，改革我们的机制，所有的改革创新和学习都容易归零。实话实说，我们北京电视台的顶层设计是缺失的，顶层的战略设计并非是一个频道能解决的，需要北京电视台加大力度、重视研究调查学习，更需要尊重电视的规律和实践的经验。其他省级卫视和地面频道尝试的成功案例就非常值得我们借鉴。比如说卫视的投入，大家都看到了最近一个月以来，北京卫视的红星剧场持续振荡令人心焦。如果我们再感觉，影视剧中心可以用7亿元对抗其他卫视12亿元的购剧经费，北京卫视可以用台拨的年度1.3亿元制作费对抗其他卫视15亿元左右的制作费，这根本不是理想，这纯粹是一种幻想。包括北京卫视的季播节目为什么时有时无，因为我们无钱投入，都是从社会公司经营的广告款里提取，如果公司的广告经营出现了问题，不做季播，我们就没有版面，这一点直到今年李春良台长来了台里才有极大的改变，才有我们看到的《跨界歌王》，才有我们看到的第三季度、第四季度北京卫视充满信心的版面。

第四，开放式创新。华为非常反对闭门造车，除技术外无不讲自主创新，华为是一种开放式的创新。

今天华为在全球有16个研究所，就是要充分融合不同区域的顶尖技术资源，站在巨人的肩膀上去发展、创新。比如华为培养了一批科技外交家，他们是站在科技领域仰望星空的人，科学外交家被要求，每年必须拿出三分之一的时间，做什么，到全球最顶尖的大学去，到最高端的论坛去，和全世界顶级的科学家在一起喝咖啡，目的就是对不确定的未来进行前瞻。有一件事我特别有感触，排名前几的省级卫视制定的竞争策略，只有一点：成为第一，在卫视竞争过程中，从来没有第二，永远只有第一，在所有电视竞争中，最好的防守是什么，最好的防守是进攻，这也是今年我们北京电视台必须要制定45亿元广告创收的目的。

华为的做法是什么，是用一杯咖啡去吸取全世界的火花和力量。我们北京电视台的顶层设计，一定要用这种开放式的创新，去集结20年来，特别是近10年来广电改革的成功之路，从被动防御到主动去呼唤炮火。我们一定要注意，放弃寻找想象中的捷径，因为想象中的捷径往往是最错的路。说到这一点，我想说说这两天很多同志都谈到对频道制的思考、困惑，如何统、如何分，如何加强监管。其实这次北京电视台领导带队去江苏、浙江台学习的过程中发现，他们发展频道制的背后有一套非常成熟、科学、相互制衡的体系，这是一个既可以放权，同时又加大监管的体系，他们的法务部门和监管部门的人员架构和人员数量都超乎我们的想象，非常强大，普通人的弱点和欲望没机会和这样的组织架构抗衡，像袁子勇主任说的，别人都做了，而且做好了，我们为什么不做。

第五，艰苦奋斗的精神。正是艰苦奋斗的精神驱动着60、70、80、90四代华为人从1996年之后开拓国际市场，可以说屡战屡败，但又屡败屡战，依靠的是什么，依靠的是艰苦奋斗。

有一个细节让我对华为的90后真是刮目相看，在非洲有一个三个岩石小岛构成的小国，太小了，一个90后的华为人在这里工作，他一个人常驻，语言也不好，公司虽然租了别墅当办公室，但是每天只有一个小时电和一个小时水，小伙子去了以后就在门口挖了一个坑，用坑积雨水来洗澡，这样在那里坚守了3年，所以当地人说我们只买华为手机，因为只有华为手机的销售员到了这里。纵观所有企业的成功我们都可以看到，一个成功的组织一定有强大的精神气质，这是什么气质？奋斗。蓬生麻中，不扶自直。我们台也是这么走过来的，我们在三层的台室展有很多的印迹，开播初期的时候三层简易的小楼，一间10平方米卫生间改造的新闻演播室，一套几小时的黑白电视节目。艰难困苦，玉汝于成。当时全台只有五六十名年轻人，凭借着崇高的责任感和顽强的拼搏精神，因陋就简、白手起家，取得了北京电视台今天的成绩。

现在我们遇到了困难，就是越要讲艰苦奋斗的精神，因为只有拥有了专属于电视人的奋斗和责任，今天探讨的有关机制的改革才能发挥最大的功效。

以上就是我们学习华为成功的心得。第一，以观众客户为中心的核心价值观。第二，一切为了奋斗者。第三，针尖战略，从不在非战略的点上消耗更多的精力，集中力量攻其一点形成突破，形成创新。第四，绝不闭门创新，要做开放式的创新。第五，艰苦奋斗的精神。

这是华为最新的形象广告，芭蕾舞者一只脚光鲜，另一只脚负伤，预示着表面成功的背后全是一把辛酸泪。每一个寻求发展的企业和单位都会有这样凤凰涅槃的路程，而在这样的路程上，只要我们的目标是一致的，我们的行动是勇猛的，就能够达成共识、消除分歧，就能够共克时艰，就能够浴火重生。

任正非有一篇流传很广的文章叫“华为的冬天”，其实这篇文章是写在华为的极盛时期，他居安思危地告诫员工，备足棉衣好过冬。前两天群邑的老板金总来到北京电视台，他语重心长地说，今年下半年北京电视台的广告会很难，明年会更难，对于这一点，是不是我们所有人都有非常清醒的认识，没有做过广告的人是很难知道其中的甘苦的。电视的冬天已经来了，如何去抵御这样的寒冬。首先我想我们每个人要有的是豁出去的决心，一个人最大的武器就是豁出去的决心。北京电视台36年的历史，就是在一次又一次这样的攻坚克难中成长起来的，只要我们有这样的勇气和决心，带着永远不甘居人下、永远可以自我否定的精神，我们就可以尝到创新的甜头，就能够拿到属于自己的发展红利。其实今天谈到的很多话题，比如“BTV＋”战略早已经是共识，但是改革的号角到底什么时候能吹响，同时有一些工作是我们的分内之事，我们不能事事都和我们的机制挂钩，我们是不是在分内之事上就做到了极致。

其次我们要做足身体的准备，把北京电视台的机制做强，像今天这样深入问诊各部门发展的难题，听取大家对机制改革意见的会议，李春良台长已经牵头开了很多次，名为务虚，实为务实，这也是袁子勇主任说的，就是为了问计改革，从内部把北京电视台的抵抗力搞上去。

再有，北京电视台走出困境依靠的是谁？依靠的是我们每个人，只有每个人在各自岗位上竭尽全力做好节目的生产和经营，让这件御寒的衣服棉花再厚一点、针脚再密一点，袖子再长一点，那么所有的冬天都是成长的风景。

这次务虚会大家的发言都提到了几个字，“不忘初心”。初心是什么，对电视人来说，初心是我们做电视的良心、愿景，但怀抱初心，我们又必须永远奔跑在路上，因为电视是常新的，我们要在创新中守护电视人的初心。用任正非说过的一句话来做发言的总结，创业难，守成难，知难不难。现在我们已经意识到了困难，现在是我们必须改变和必须成长的时候了，不忘初心就会知难不难！

感激大家，我们一起努力！

概　况

北京电视台概况

2016年，北京电视台着力加强舆论引导，提升节目品质，抓好经营创收，强化技术保障，推动融合发展，规范内部管理，加强队伍建设，较好地完成了全年工作任务。

一、牢牢把握正确导向，提升舆论引导能力和水平

精心策划，“中国故事”“北京故事”讲述生动。以《北京新闻》《北京您早》《特别关注》等栏目为主阵地，推出100多个专题、专栏、系列报道，反映首都各条战线认真学习贯彻落实十八届六中全会精神、推动工作的行动和成效，全年向中央电视台送稿3300余条，其中《新闻联播》发稿102条。深入宣传阐释习近平总书记系列重要讲话精神，推出总书记2.26视察北京重要讲话两周年系列报道和专题片《春潮》，以精美画面、精准手段、精确数据反映北京发展成果。深挖北京历史文化富矿，联合五区委宣传部打造人文历史纪录片《大西山》，以翔实叙事和精致呈现勾勒西山文化带脉络，得到各级领导和业界专家的好评。生动宣传社会主义核心价值观，继续做好微纪录片《中国梦365个故事》，到2016年底，共推出306集；创新品牌专栏《幸福绽放》，以微电影、微视频、微表情包赞颂工匠精神。及时关注G20杭州峰会、天宫二号发射、世界互联网大会、北京申冬奥成功一周年等全国和首都重大活动，圆满完成70余场直播报道。聚焦“一带一路”主题，推出大型新闻行动“天涯共此时”，历时3个多月，探访丝路沿线39个国家和地区，播出117期报道，集中报道设施联通、贸易畅通、民心相通等方面可喜成果，并推出年终特别报道《见证者》，有力彰显了首都主流媒体的责任担当。

致敬历史，建党、长征主题宣传浓墨重彩。围绕纪念建党95周年、红军长征胜利80周年重大主题，精心创作大型纪录片《解放——人民的选择》和《红军不怕远征难》，以充分的历史考据、鲜明的时代特色、创新的电视语汇，回顾光辉历程，弘扬伟大精神，再攀重大题材新高峰，受到社会各界普遍好评。推出60集大型系列报道《寻踪长征路》，立足党史、军史、战史视角，以“田野调查”方式走进长征历史，获得中宣部《新闻阅评》肯定。统筹全台各频道、各栏目，播出《建党伟业》《三八线》《重生》《征途——数字中的长征故事》等主题纪录片、影视剧、系列报道、专题专栏、特别节目等200余部（期），总时长超过300小时，形成了有力而持续的宣传声势。

主动发力，舆论引导水平稳步提升。以《北京新闻》《北京您早》等重点栏目为龙头，聚焦“十三五”规划、京津冀协同发展、城市副中心建设、疏解非首都功能等主题，积极反映市委、市政府中心工作和首都发展建设新成就，推出《跨越》《扬帆十三五》《京津冀协同发展》等系列报道。创新“两会”报道，联合五大市属媒体打造《市民对话一把手》访谈节目，得到市领导高度评价。强化正面宣传引导，提高议题设置能力，开辟时事政策讨论节目《大家谈》，探讨大气污染治理话题，汇聚政府、专家、媒体、群众四方观点，搭建了密切政群沟通、理性参政议政的话语平台。继续办好《12345需求与反馈》专栏，28个区和委办局一把手接听热线，解决了群众反映问题上百件。

拓展格局，新闻机制建设不断强化。全面升级北京卫视新闻定位，积极构建早、中、傍晚、晚间重要时段全覆盖的新闻节目体系和北京、全国、国际全覆盖的新闻内容体系。优化《北京新闻》《特别关注》等重点栏目版面，外埠、国际新闻播发数量较去年翻一番。积极实践“中央厨房”式新闻运行机制，在南方汛情等突发应急事件报道中，构建全面统筹、迅速反应、协同作战的新闻处理体系，总编坐镇把关、前方后方联动、多维渠道传播，形成了顺畅高效的新闻采、编、制、播一体化流程。

二、狠抓节目内容根本，提升平台核心竞争力

北京卫视内容品质全国领先。举全台之力办卫视，打造品质引领、价值追求、创新驱动的传播平台。通过巩固落地覆盖、渗透重点城市、提升年轻化时尚化气质，实现了多时段、多区域收视增长，观众结构进一步优化，CSM全国35城收视率0.25%，份额2.16%，全天、白天时段收视位列省级卫视第四，晚间时段跻身前三。融合自主研发与社会力量，成功推出了20余档贯穿周间周末的季播节目，大型周末综艺季播《跨界歌王》《跨界喜剧王》引发全媒体热议，多项核心数据刷新综艺节目纪录，彰显原创“跨界”IP现象级影响力；《传承者之中国意象》荟萃全国顶尖文艺院团，打造中国文化艺术盛典，赢得“2016中国电视年度掌声”“中国文化奖年度传媒责任奖”等荣誉；《我是演说家》《音乐大师课》《熊猫奇缘》《二胎时代》等创新传播核心价值观，积极弘扬社会正能量；《时光缘》《怀孕爸爸》《长大成人》《闪电大作战》等周间季播栏目样态丰富、形式新颖，大幅拉升了920时段收视。践行媒体社会责任，《养生堂》《我是大医生》策划防治结核病、艾滋病主题日特别节目，联合国艾滋病防治亲善大使彭丽媛女士参与节目录制并给予高度评价。《暖暖的新家》服务“百姓安居工程”。聚焦热点文化事件，推出了北京国际电影节特别策划《大首映》，承办了《2016十佳劳伦斯冠军奖颁奖典礼》。北京卫视荣获“金长城传媒奖中国十大影响力卫星频道”“博雅榜中国电视卫星频道满意度十强”“最具欣赏价值省级电视频道”“年度最具影响力省级卫视”等称号。

影视剧坚持弘扬主流价值观。2016年全年购买电视剧77部，其中卫视剧30部，地面剧47部。全台21个首重播剧场（含自然重播）播出电视剧总量约为2万集，总时长约为15000小时。“大戏看北京”影响力不断拓展，红星剧场时段保持省级卫视前三；在2016年全国所有收视过1%的30部电视剧中，北京卫视独占7部，《少帅》《猎人》《小别离》《中国式关系》等剧收视突出，均获得了同期的收视冠军。北京卫视首次试水周播剧成效显著，《新边城浪子》等剧拉动同时段收视提升 238%，14～35 岁年轻观众收视涨幅超 360%。

各频道巩固品牌、推动创新。一是深耕品牌战略。新闻频道坚持直播常态化、精品化，创新做好重大时政报道，融合直播、评论、系列报道多种样态，升级新闻包装。文艺频道强化《每日文娱播报》《春妮的周末时光》《北京喜剧幽默大赛》等品牌节目矩阵，有力夯实收视底盘；推出《哎呀妈呀》《1810 我看行》等新节目，荣膺“博雅榜”十佳省级地面频道榜首，在“全国广播电视媒体整合影响力指数”评比中获“年度融合创新十大影响力省级地面电视频道”。生活频道打造频道开播 20 周年特别节目《20 岁心·启航》，策划推出《上菜》《北京礼物》《北京影像》等精品季播项目。二是优化版面布局。科教频道整合法治、健康、教育三大优势资源，办好《第三调解室》《现场说法》《健康北京》等品牌栏目，联合 18 省市众筹打造《法治中国 60′》，携手全国兄弟台创建“TV100”法治栏目剧合作体，被评为“行业十大领军品牌频道”。财经频道提升专业化水平，打造全国首个“双创”节目带，改版升级《首都经济报道》《天下财经》等品牌栏目。三是提升节目品质。影视频道精心统筹影视剧购播，深入挖掘优质剧目，强化首都剧场题材特色；充分利用明星资源，打造新节目《气象星播报》；创新宣推手段，构建线上线下、多媒体多平台联合推广模式。体育频道高质量完成里约奥运会乒乓球公共信号制作、欧洲足球锦标赛等国际赛事转播任务；加大中超、中职篮等国内和北京重要赛事的报道力度，引进世界拳王争霸赛、国际足球挑战赛等优质赛事资源，积极统筹布局冬奥报道。青年频道借助《军情解码》《谁在说》《北京客》等重点栏目稳固频道收视；发力大型项目，成功打造《2016 环球春晚》《第六届北京国际电影节开幕式》等晚会和活动，推出“一带一路”主题纪录片《融通之路》。四是加强精品创作。卡酷少儿频道大力推进动画精品创作，全国首部抗美援朝主题动画片《最可爱的人》获国家新闻出版广电总局推荐展映，定格偶动画《欢乐北极星》享誉法国昂西动画节；推出《大玩家》《玩偶大作战》《穿越吧少年》等一系列新栏目，频道收视多次跻身省级卫视前十。纪实频道发挥专业优势，结合重大选题策划《东盟行》《一千零一夜》等 5 部纪录片；参与发起“一带一路”纪录片全媒体国际传播平台，推动纪录片走出去。

大型品牌活动精彩纷呈。隆重推出以《跨越 2016》跨年大型新闻直播、跨年环球歌会、跨年楼宇灯光秀为主体的系列跨年活动，打造全天候、多样态、全媒体跨年视听盛宴。《跨越 2016》联合“北京时间”等五大门户网站和客户端，电视、电脑、手机跨屏实时互动，呈现 10.5 小时的温暖盘点与美好展望；开播仅一小时，收视率即占据全国省级卫视第一位，北京地区收视 1.07%，峰值 2.43%；全国 35 城收视 0.11%。首度加入省级卫视跨年行列，以“奥运之城冰雪邀约”为主题的环球歌会，云集国内外歌坛、体坛明星，搭建“水陆冰空”四栖梦幻舞台，用歌声寄托新年憧憬与奥运企盼；北京地区收视率 6.96%，全国 35 城收视率达

1.95%，排名第三。BTV 楼宇灯光秀融合科技、文化、艺术元素，以光影霓虹展现壮美中国、美丽北京，创高度最高、面积最大、投影最多三项纪录；北京地区收视率 1.91%，全国 35 城收视率 0.57%，排名第五，在深夜时段收视不俗。“BTV 春晚”品牌影响力持续升级，以“家家好国家好”为主题的 2016 主春晚，连续 3 年蝉联省级卫视春晚收视、微博、微信三项核心数据榜首；“环球春晚”“动画春晚”凭借高品位、个性化特色，赢得业界和观众良好口碑。圆满完成了第六届北京国际电影节开幕式播出工作，通过与其他省市联动，进一步提升了品牌知名度与影响力。

三、应对市场竞争压力，经营工作推出新机制新举措

建立统分结合经营管理机制。成立了由台主要领导挂帅的节目经营统筹协调领导小组，对广告经营实行统一管理，及时研究重大问题，协调实施重要举措。调整京视传媒、京视卫星、京视电广 3 家公司业务，整合经营资源。完善广告经营管理、监督、保障、奖惩体系，细化制度、规范流程，严格把控协议备案、收入确认等关键环节，防范法律风险、经营风险和廉政风险，制定广告经营考核奖励办法，进一步激发经营工作活力。

推动节目经营创新。各频道进一步强化市场意识、产品意识、成本意识，深入挖掘可经营性资源，开展了内容定制、版权销售、商业合作、产业开发等多种经营尝试。2016 主春晚特别定制“广告真人秀”，将节目内容与广告植入有机融合，获得客户良好反馈。《跨界歌王》节目热播，音视频版权销售额突破 4000 万元。《创业北京》《舞动北京》等项目牵手政府资源，实现可观创收；《脱口而出》《喜剧幽默大赛》等形成商演品牌 IP，保持稳定收益；《1810 我看行》《全是你的》《年货来了》等栏目探索了“电视 + 电商”的全媒体经营模式；《生活 +》《快乐健身一箩筐》等栏目依托“家博会”“电视实景健身房”等项目延伸了产业链条。

调整完善广告运营机制。对广告运营机制进行调整完善，为全面做好 2017 年广告经营工作奠定良好基础。举办“跨界，一起来”北京卫视 2017 年重点资源推介暨广告签约会，实现签约金额 15.7 亿元；召开“2017BTV 专业资源推介会”，整合八大地面频道、两大上星频道和北京国际电影节优质资源，吸引 20 余家客户现场签约。通过举办客户交流活动、参与节展论坛，大力宣传推广我台广告经营新理念新举措，不断提高 BTV 品牌知名度。加强团队营销能力建设，会同专家资源和专业机构开展营销案例研究；进一步优化广告产品和服务，提升客户满意度。京视卫星、京视体育公司等经营主体认真梳理客户资源，积极开拓潜在客户，打造精准营销预案，吸引了一批新老客户增量投放。

台属企业推进一批重点产业项目。卡酷传媒公司积极打造“七色光”品牌，举办“卡酷嘉年华”“能言善道”夏令营等特色活动；开发原创动漫 IP，策划并推进一批动画项目。京视传媒公司不断完善“BTV +”产业布局，依托《养生堂》品牌资源开发“健康手机”项目，打造“BTV 优选”销售平台，深耕“BTV 少年传媒学院”等培训业务和演艺经纪；结合

市场形势调整版权运营，发力图书音像、节目众筹、代理发行、原创版权研发四大业务，取得良好收益。产业发展集团依托特雷森信息中心建立国内首个全媒体多源大数据综合分析处理平台，提供多终端数据实时采集分析服务。紫禁城影业公司推出反法西斯题材电影《终极胜利》，参与出品的《狼图腾》获得高回报率；电视剧《传奇大掌柜》在央视播出，获得良好收视和口碑。黄金海岸培训中心通过节能降耗、调整客房折扣率、带动餐饮康乐项目等手段，积极促进节支增收。北视英特维公司发挥技术优势，承接了30余个台内外大型项目的信号制作、录制拍摄、舞美包装任务。新纪实公司积极运作台内重点纪录片项目，承办多项社会行业活动，与NHK合拍纪录片《最后的沙漠守望者》，在日本播出后引发热烈反响。

四、加强技术系统建设，安全播出技术保障能力得到新巩固

夯实基础，安全播出保障能力不断增强。日常节目生产播出安全有序，15个频道全年共编播10余万小时节目，开展5000余场直播，及时播发气象预警、节目变动等字幕信息10000余条次，确保了春节、“两会”、G20峰会、十八届六中全会等重要保障期的安全播出。新闻频道、影视频道实现了高标清同播，目前全台高清化频道比例超50%，处于国内领先。深化技术系统改造，开展了“基于虚拟化云平台的高标清整备系统”“北斗校时钟系统”等技术项目，初步完成了新闻演播室技术改造准备工作。

强化支撑，信息化建设管理水平提升。生产网节目日均首播数量约800条、时长约138小时；媒资系统播出版、资料版节目素材存储总量达121.2万小时，库存增长14万小时。运用IT业先进的ITIL和ITSS管理理念，持续推进制播网架构调整，运维质量和效率进一步提高，突发故障应急处理能力有效增强。资源管理系统全面上线运行，技术设备资产到货、入库、盘退等流程全面实现网络化、信息化管理。办公自动化OA系统功能拓展，文件流转可在手机端操作，审批流程更加便捷化、移动化，进一步提高了流转效率。

与时俱进，技术研发应用获得新成果。全面统筹技术研发工作，研究制订了全台“十三五”技术发展规划。参与并完成了《电视台直播网运维服务管理研究》《立体影视内容生产关键系统研发集成与服务示范》等国家级重点项目。积极推进智慧媒体建设，多个项目进入测试验收阶段。以新媒体技术推进工作组为主体，开展新技术研究实践。北京电视台连续8年荣获“金帆奖”综合大奖，并在“王选奖”“中国电影电视技术学会科技进步奖”等行业重量级奖项中获得殊荣。

五、推进台网融合发展，融合生产经营能力实现新升级

北京新媒体集团挂牌运营。以北京网络广播电视台技术平台为支撑，积极推进北京新媒体集团及子公司挂牌运营及相关事宜，划拨有形资产和无形资产共计21亿元，协助做好人员划转、办公场所调配等工作。4月12日，北京新媒体集团及旗下北京新媒体科技股份公司正式挂牌成立，树立了传统媒体战略转型、业态创新、技术孵化、循环发展的典范，成为北京电视台转型升级、嫁接资本市场的重要依托和实现经营创收的新增长点。为新媒体集团业务开展提供技术支持保障，完成

“北京时间”直播收录12000余小时，提供IPTV点播内容10000余条。

顺应“互联网+”时代收视习惯，积极推进台网融合、多屏互动的电视节目直播形态改造。在重大报道中成功实践了“手机+电视”“VR+新闻”等全媒体、多渠道传播模式。借助微博、微信等新媒体平台拓展节目传播力、影响力，“‘BTV文艺频道’”微信订阅号在国家新闻出版广电总局2016年度全国省级地面频道微信公众号评选中获得最具影响力前十名之首。“BTV新闻”微信公众号在腾讯区域影响力评选中荣获“2016企鹅媒体平台优秀机构自媒体”。适应全媒体传播需求，积极推进“全媒体收视指数”研究体系建设。

卫视节目中心工作概况

一、收视稳居第一集团，平台价值提升显著

收视排名位居全国省级卫视第四。2016年，根据台研发部提供的收视数据显示，北京卫视在北京本地收视率、收视份额位列全台组第一；北京卫视在全国35城收视率、收视份额排名省级卫视第四位，这是北京卫视从2013年至今，连续第四年稳定在全国省级卫视第四。

多区域收视增长，重点城市实现有效渗透。北京卫视2016年的收视率在全国多数区域都实现了增长，其中华北地区始终是北京卫视的第一“票仓”，收视份额明显领先于其他卫视。华南、华东、东北、西北、西南等五大区域北京卫视收视率全线增长，其中华南、华东、东北三大区域平均涨幅达到30%。与此同时，北京卫视在全国几个重点城市实现了精准定位的高效渗透。在北京、上海、天津、广州、深圳、武汉、南京、成都、重庆、杭州这10个经济实力超强、人口基数超大的“超一线”和“一线城市”中，北京卫视的全天平均收视率稳居省级卫视前三，且保持着第二快的增长速度。

多时段收视增长，黄金时段价值增长。2016年，北京卫视全天多个时段实现收视增长。19点半到21点的红星剧场，北京卫视排名省级卫视第三，在2016年所有收视过1%的35部电视剧中，北京卫视独占7部，仅次于湖南卫视的10部。21点到22点的黄金栏目带，北京卫视周间时段（周一至周四），收视排名较上一年提升4位，位列省级卫视第四。周五周六时段，北京卫视强势上扬，凭借《跨界歌王》的收视提振，周六920时段收视率同比提升45%。22点至24点档，北京卫视从2016年第三季度起首次开通周播剧场。截至2016年底，周播剧场时段收视率同比2015年提升了238%，是所有开通周播剧场的卫视中增幅最高的，而风格更时尚、气质更年轻的周播剧，成功吸引14~35岁观众收视增长361%，占到了观众比例的四成。北京卫视更具潜力的平台价值得以凸显。

优质受众汇集，年轻观众日渐成为收视主力。北京卫视凭借高品质、正能量的电视节目，日益吸引到年轻、高学历、高收入的精英人群关注。在北京卫视的受众构成中，高中及大学以上的观众占到了70%，他们的收视贡献率比2015年增长了22%，25岁到34岁的观众成为北京卫视晚间第二大收视群体，与排名第一的45~54岁观众比例几乎持平，北京卫视正在向着年轻化、品质化、国际化的方向发展，成为与首都气质相吻合的首善媒体平台。

二、重大项目多点开花，频道荣获众多奖项

2016年，北京卫视制作推出的多档周末大型季播、周间自制节目、大型系列纪录片、特别主题策划，都取得了广泛的社会影响力和良好的业界口碑。北京卫视也在2016年的多项评选中赢得殊荣。

“跨界IP”释放现象级影响力。2016年北京卫视在第三、四季度，连续推出两档大型季播节目《跨界歌王》和《跨界喜剧王》，在创造众多收视纪录的同时，也将“跨界IP”培育成为北京卫视在综艺季播领域独一无二的现象级品牌。其中由本台出任联合总导演的《跨界歌王》节目，播出13期，北京本地平均收视率5.04%，全国35城平均收视率1.51%，双双创造北京卫视季播节目收视新高。4期节目单期收视率位列省级卫视同时段第一，索福瑞欢网52城实时数据位列省级卫视第一，酷云实时数据份额位列省级卫视第一。网络及新媒体端，《跨界歌王》同样成绩斐然：连续13周位列微博综艺榜、疯狂综艺季第一；11周位列百度指数第一；音乐播放量突破10亿次，98首歌曲全部登上QQ音乐风云榜；视频点击量突破15亿次。《跨界歌王》的热播让“跨界”成为2016年最受瞩目的热搜词汇和文化现象。

“传承者”系列树立顶级文化引领力。北京卫视“传承者”系列是自2015年推出的传统文化类品牌项目。2015年底，北京卫视原创推出了大型传统文化类季播节目《传承者》，成为全国首档聚焦中国非物质文化遗产的大型季播节目，《传承者》第一季被广电总局评选为2016年第一季度的全国创新创优节目。北京卫视从2016年9月11日起推出了“传承者”系列第二季《传承者之中国意象》。《传承者之中国意象》在第一季成功基础上进行了升级突破，容纳了包含非物质文化遗产在内的多种文艺形式，邀请到全国共52家顶级艺术院团或个人参与演出，通过综合艺术形式的极致展现，传递出中国意象的博大精深。

《档案》推出两部大型系列纪录片。2016年，由市委宣传部策划，《档案》承制推出了两部重大题材系列纪录片，继续巩固“重大题材看《档案》”的品牌权威度。为纪念中国共产党成立95周年，2016年6月27日至7月1日，《档案》推出大型系列纪录片《解放——人民的选择》，通过解密珍贵档案、发掘尘封影像、寻访历史见证人、全实景拍摄等方式，展现“人民创造了历史，历史选择了中国共产党来领导人民、造福国家”的历史论断。为纪念长征胜利80周年，2016年10月17日至21日，《档案》推出大型系列纪录片《红军不怕远征难》。该片筹拍历时一年时间，摄制组沿着长征路线走遍14个省区，采访了200多位长征亲历者和红军后代，挖掘出100多件珍贵历史档案。《红军不怕远征难》升级电视纪录片语汇，首创“双时空，双讲述人”的叙事方式。微博话题阅读量突破3700万，花椒视频直播平台在线观看人数超过100万。

亲善大使彭丽媛参加《养生堂》《我是大医生》特别节目录制。2016年3月24日“世界防治结核病日”和12月1日“世界艾滋病日”当天，北京卫视《养生堂》和《我是大医生》节目推出了两期特别节目。世界卫生组织结核病、艾滋病防治亲善大使彭丽媛教授参加了这两场节目的录制，并给予栏目充分肯定。这两期特别节目的录制，凸显出北京卫视在健康节目领域的权威号召力和广泛影响力。《养生堂》《我是大医生》和《生命缘》节目，以不同视角和样态对医疗健康这一公共话题进行深入解读和科学普及，影响着观众的生活方式，服务构建起和谐的医患关系。2016年，《养生堂》栏目荣获了第二十四届电视星光奖“电视文艺栏目大奖”。《我是大医生》栏目入选中国电视博雅榜生活财经类栏目满意度十强。

《生命缘》节目连续两年荣获中国新闻奖一等奖。北京卫视原创自制医疗纪实节目《生命缘》，2015年、2016年两度荣获中国新闻奖一等奖。以《生命缘》为主创班底的团队，还在2016年推出了素人体验纪实节目《时光缘》，以及全新育儿体验类节目《怀孕爸爸》。

北京卫视及其多档节目荣获业内最高奖项。

《养生堂》栏目荣获第二十四届电视星光奖“电视文艺栏目大奖”。

《生命缘——请你替我活下去》节目，荣获第二十六届中国新闻奖“纪录片类”一等奖。

《传承者》荣获广电总局评选的2016年第一季度创新创优节目，同时入围第22届上海电视节白玉兰奖“最佳综艺栏目”。

《传承者之中国意象》节目被北京大学电视研究中心评选为“2016年中国电视年度掌声节目”。

《档案》栏目制作的大型纪录片《西藏》，荣获第四届国产纪录片的“优秀系列片奖”，北京卫视同时荣获国产纪录片“优秀播出机构奖”。

在首届中国广播电视媒体融合影响力指数发布会上，北京卫视荣获2015－2016年度融合创新十大影响力卫视（排名第四）；《生命缘》和《传承者》双双荣获2015－2016年度融合创新十大影响力上星电视栏目。

北京卫视跻身中国电视博雅榜四大榜单：其中，频道入选中国电视卫星频道满意度十强；《我是大医生》入选生活财经类栏目满意度十强；《档案》入选文教类栏目满意度十强；《音乐大师课》入选娱乐类栏目满意度十强，被专家学者称为“北京卫视现象”。

新闻节目中心工作概况

2016年，新闻节目中心推出多项特别策划和大型新闻行动，多项重点报道得到中宣部专题阅评表扬、广电总局领导表扬和市领导肯定，节目获得中国新闻奖等多个业内重要奖项。

一、创新两会报道，开拓时政报道新渠道，圆满完成北京市两会、全国两会等重大报道工作

圆满完成北京市两会和全国两会报道，北京市两会期间播出各类新闻、专题300多条，总时长1000多分钟；《市民对话一把手》现场访谈问政12位政府部门一把手，大规模、高规格尚属首次；直播3场重要会议，报道内容和报道技术不断创新，得到各级领导多次表扬。全国两会报道，首次使用了直播连线；连续5年在全国两会新闻发布会上提问。

二、打造精品力作，系列报道《春潮》展现大台风范，高屋建瓴，实现重大政论题材报道突破；多个节目获得中国新闻奖等业内重要奖项，《中国梦——365个故事》等精品制作不断推进

精心筹备、及时推出习近平总书记2·26视察北京两周年系列报道和系列专题《春潮》。《春潮》全景反映了两年来在习近平总书记讲话精神指引下，全市取得的发展成果，题材重大、制作精良，获得中央领导表扬，市委宣传部和台领导多次给予高度评价。

《起笔大交通》《别让北京胡同的味淡了》分别获得中国新闻奖二、三等奖。《中国梦——365个故事》被阅评员肯定——接地气、传递正能量，荣获第十届“纪录·中国”创优评析人文类二等节目、北京市优秀广播电视节目电视境外类优秀作品、亚洲微电影节三等奖等奖项。

三、重大报道持续发力，G20杭州峰会报道、中国共产党建党95周年重点报道和专题、红军长征胜利会师80周年系列报道和专题、天宫二号发射现场报道得到各级领导多次肯定，中宣部专题阅评表扬

G20杭州峰会报道实现我台重大时政类题材报道的多个第一，对高规格重大时政类报道进行全面顶层设计；首次打造评论式现场直播；首次使用三视窗新闻包装；手机端多视角的报道、记者双语采访、高端采访等。圆满完成纪念长征胜利80周年大会报道，全面及时，有声有色；系列报道《寻踪长征路》以“田野调查”方式讲述长征故事，以“代际交融”视角诠释长征精神，解读历史意义，彰显时代力量，得到中宣部《每日要情》的专题表扬。天宫二号发射进行了“现场直播＋系列报道”的全方位、立体化电视呈现，同时再次着力构建“现场报道＋新闻评论”的报道新格局。

四、全面提升节目品质，三档卫视新闻节目重新定位、改进提升，一档全新夜间新闻正在研发，成功策划并播出时事政

策讨论节目《大家谈》

根据北京电视台的战略布局，在“首都新闻”的定位下，积极推进卫视新闻节目的改进工作。《北京您早》进一步增加信息量，突出直播态和演示态，“站在北京看世界”，关注国内国际大事；《特别关注》实现首都、国内、国际新闻全覆盖；《北京新闻》做好首都新闻报道，在做好市委市政府主要领导新闻报道，服务好市委市政府中心工作的同时，将事关全局、在全国具有典型意义的首都新闻作为新的报道重点；《北京时间》（暂定名）积极筹备打造北京卫视晚间新闻强档节目。

成功策划并播出了时事政策讨论节目《大家谈》。围绕市委市政府的中心工作、城市管理难题、市民切身利益等选题，搭建充分展现各方意见、不同观点的话语平台。最大程度地凝聚社会共识，最终实现主流媒体加强舆论引导权和舆论掌控力的目标。

五、加强自主策划，系列重头报道《过年啦》《京津冀协同发展》《幸福绽放》亮点频现，大型公益新闻活动《带本书给家乡的孩子》《牵手蓝天》持续塑造媒体公益形象，大型跨年新闻行动《天涯共此时》提升媒体影响力

“过年啦”大型春节系列报道推出京津冀联动报道、“新春走基层”等多方面的报道，突出首都定位、文化品位、国际视野；持续推出“跨越”“扬帆十三五”“京津冀协同发展”等重点系列报道，创新亮点多；“五一”劳动节品牌新闻活动《幸福绽放》实现“微电影报道 + 单口相声网络微视频 + 幸福绽放微信表情包”的立体传播模式，电视、手机、电脑三屏互动，网络微视频点击突破百万。

持续推进第三、四季《带本书给家乡的孩子》大型公益活动，受到广泛关注和好评，得到中宣部阅评意见专题表扬，人民日报刊发专题报道并配发短评。《牵手蓝天》大型公益活动持续推进，提升了社会影响力。

“天涯共此时”BTV 大型跨年新闻行动开启。活动格局高、视野广，新闻中心 40 多人前方报道团队，历时 80 天前往 33 个国家进行采访报道，积极提升 BTV 新闻影响力。

六、坚持直播常态化、精品化，重大突发事件及时应对，提升新闻直播品质

圆满完成 2016 年北京电视台新年倒计时、北京农业嘉年华、梅葆玖去世、2016 年北京高考、G20 杭州峰会、天宫二号发射等多次大型直播，常态化、精品化、及时化打造新闻频道直播品牌。

做好常态直播，延庆冰灯节、平谷桃花音乐节等常态直播报道，首次尝试运用 VR 技术；做精重大直播，北京国际车展直播，利用 BTV 新闻微信公众号推送、互动，累计话题互动量 53000 余次；应对突发直播，4G、SNG 等多种手段完成国贸桥自来水管跑水、北太平庄地区燃气爆炸等多个突发事件直播。

七、新媒体战略影响凸现，微信公众号“BTV 新闻”阅读量大幅提升，“VR + 新闻”全景视频探索报道新方式，栏目展开新媒体品牌营销，积极推进新媒体战略，公众号影响力日益提升

2015 年 12 月 BTV 新闻频道推出统一微信公众号“BTV 新闻”，截至 2016 年年底，粉丝数突破 70 万。新媒体账号多篇文章阅读量达到百万级，10 万量级文章超过80篇。5月11日发布的《北京警方公布雷洋涉嫖突发死亡案件最新进展》阅读量24小时超过518万人次。

“VR+新闻”全景视频探索新闻报道新方式，在北京国际电影节开幕式、京交会、G20杭州峰会等热点事件上，采用VR全景视频技术，电视和手机微信双屏互动，观众多角度视觉体验，让电视新闻报道有了更多可能。《都市晚高峰》《锐观察》等节目于今年4月份试点微信摇一摇，给观众更多互动体验。

八、大力加强通联工作，实施栏目收视率指标和奖惩制度，更好地促进一线业务

新闻中心依托87家记者站、央视和CPTN三驾马车，2016年记者站发稿1400余条，有力地宣传了北京在政治、经济、文化和社会发展方面取得的巨大成就，进一步丰富了频道的新闻资源；向央视送稿3600余条，《新闻联播》发稿102条，有力地宣传了北京市成就；从央视回录中央领导到北京的新闻92条，保证了在《北京新闻》中的播发。此外，与国内兄弟台在CPTN上的新闻传送工作也一如既往地开展，2016年完成CPTN上传2046条新闻任务，下载6666条，被下载5172条。在2016年CPTN年会上荣获年度CPTN杰出交流奖。

加强收视分析和节目评奖工作。新闻中心建立了周收视统计报表、月度、季度、半年、全年收视分析和重大事项、特殊时期收视分析体系，为栏目和频道的科学运行提供指导。制定了栏目收视率指标和奖惩标准，奖优罚劣。中心新闻评奖规范化、制度化，完成每个季度的优秀作品评选工作，以及台里、市里、总局、宣传部等各项评奖送评工作。

九、收视、收入两手抓，积极提升节目收视率，做好节目创收工作

《北京您早》《特别关注》《北京新闻》先后和多个委办局合作推出了“京版好书”“寻找最美家庭”“幸福绽放”等多项合作，陆续创收1500多万元；北京国企开放日、北京国际车展、北京农业嘉年华、平谷桃花音乐节等50余场直播任务，累计创收超过2200万元；“天涯共此时——BTV大型跨年新闻行动”创收1500万元；《这里是北京》以专题带动广告收入，探索出有利于广告创收的全新节目形态，探秘老北京传统企业背后的故事，完成广告意向收入600余万元，收视、收入双丰收。

文艺节目中心工作概况

2016年，文艺节目中心积极探索内容与经营融合新模式，推动机制改革与精细化管理，保持频道连续3年快速发展的势头。

一、围绕重点进行内容生产

确保双收数据稳定在较高水准。截至2016年12月31日，文艺频道全天平均收视率1.06%，晚间黄金时段市场份额

3.22%，在北京地区排名第5位，与2015年相比，频道观众构成中高收入、高学历人群比例有一定增长，20~44岁青年观众占比35.4%。累计收入达1.94亿元。

推动节目创新和发展。新创季播喜剧节目《哎呀妈呀》打造关注社会生活的情景喜剧新样态，通过营造以咖啡厅与往来人群共同形成的喜剧空间，透视具有新闻性和典型性的社会百态，以1.75%的收视均值打破同时段历年收视纪录。以《1810我看行》为依托，以“娱乐+电商”为整合资源的手段，探索生产与经营的全新融合模式，包括定制宣传、在线购物等，11月底，已有超过500万元的硬广及200万元的其他营业收入。对《笑动2016》20~44岁青年观众的有效顺流率达到了90%。将一年一度的品牌活动《北京喜剧幽默大赛》升级改版为季播综艺节目，已播出的节目平均收视率达到1.24%，25~34岁年轻观众比例较去年提升24%，高收入观众群占比为51%，相较2015年提升100%。除继续与济南电视台、长春电视台、石家庄电视台共同投资联手播出外，2016年又吸纳了青岛电视台加盟，并获得北京市文联的资金支持及两个特约播映，为该品牌扩大节目影响及拓展经营空间等方面夯实了基础。继续强化“北上广深”品牌，4台共同投资共同招商同步播出音乐模唱综艺节目《隐藏的歌手》第二季，在冠名、特约播映、视频版权、音频版权的售卖上进行多渠道经营。

维护频道底盘运行稳定。强化《每日文娱播报》《春妮的周末时光》《北京喜剧幽默大赛》等品牌节目矩阵，有力夯实收视底盘；推出《哎呀妈呀》《1810我看行》等新节目，优化以特色节目带为核心思路的编播策略，为拓展经营和节目创新提供有力支撑。

节目架构合理，收视稳定。频道全天24小时播出，总共19档节目，包括日播节目4档，周播节目9档，一个季播节目通档，日播编辑类节目5档。参与收视率考核的13档节目中，8档节目收视均值在1.0%以上，3档节目保持在0.7%左右。

坚持动态编排，效果显著。坚持动态编排策略，以特色节目带为基础的常态编排与节假日的弹性编排相结合，形成多个收视波峰。其中，春节编排矩阵收视率1.82%、全天市场份额4.85%，位列北京地区春节期间频道排名第二位；国庆特殊编排收视率1.32%，同比提升达到42%，带动频道提前进入收视旺季。

BTV春晚蝉联三项核心数据第一。《2016年北京电视台春节联欢晚会》连续3年蝉联收视率、微博互动、微信互动三项核心数据第一。北京地区收视率高达22.06%，市场份额为57.71%，蝉联省级卫视春晚三连冠，并位居省级卫视同时段收视率榜首。同时，北京电视台春晚的微博互动、微信互动双双破亿，“社交媒体影响力”更是高居全国卫视春晚冠军之位。

“4·20互联世界　共享未来”打造“TV+”新常态。“4·20互联世界　共享未来”中国接入互联网22年主题活动，实现文艺性、娱乐性、公益性和商业性的有机结合。活动打造“TV+”新常态，实现4项创新突破，一是首次创新性使用3600平方米演播室，舞台进行360度无死角设置与拍摄；二是将互联网的“未来感”“科技感”贯穿活动始终，首次将全景数控模仿技术、人脸识别、眼球追踪技术等高精尖科技融入节目互动环节，覆盖全景生活，整个晚会充满亮点和广阔的广告植入空间；三是大胆使用互联网手段，实时与观众互动，弹幕、大数据、摇周边，打破传统晚会表现形式；四是以演播室在线互动实现录播节目的直播化播出。

主题晚会展现文化内涵，传统品牌常变常新。2016年《书香中国》暨北京阅读季启动仪式，以“阅读大厅”和“天梯”的舞美设计，以“文字飞舞”为理念，突出阅读点亮中国梦的主题；《北京因你而美丽》北京公共文明引导行动15周年晚会突出首都公共文明引导员不辞辛苦、敬业奉献的精神，主打情感牌，突出真人真事、真情实感；《京张心连心》大型文艺演出已成功举办20届，每届都能依托时下热点寻找到新的创意，2016年的主题是美丽生态行，突出原生态、绿色生态、奥运生态、家园生态，打造人与自然共舞的大型演出。

高水准专题片彰显文化担当与职业素养。《致敬长征》——纪念长征胜利80周年特别节目。4集专题片《致敬长征》，通过《悲壮之战》《转折与危机》《艰苦长征路》《长征组歌》4个章节，抒写了中国共产党人豪情万丈的英雄史诗和英勇无畏的长征精神。《窗口》——海外中国文化中心。8集专题片《窗口》以东西方文化融合的契合点，以当事人口述为主要脉络，结合摄制组赴海外纪实性拍摄，全面展现我国各方面发展成就，树立繁荣发展、民主进步、文明开放、和平和谐的中国国家形象。播出后获得业内外的高度赞誉，荣获2015年北京市优秀广播电视节目文艺类优秀作品奖。

二、探索四种产业经营新模式

开放频道平台资源，探索与娱乐产品融合新模式。2016年，频道先后参与了世界顶级舞台秀《CAVALIA·舞马》、经典音乐剧《剧院魅影》、电影《大唐玄奘》、《龙凤呈祥》等项目的商业合作，以权益分成、承办首演礼等形式取得收益，累积到账资金近200万元。以上纯粹从演艺市场获得的收入百分之百为增量。

挖掘品牌节目资源，积极与市场对接。依托《脱口而出》《喜剧幽默大赛》的资源优势形成自有IP的长期商演，演出资源包括喜剧演员、主持人等，目前还在筹划以《笑动2016》为品牌的笑动相声剧场。与京视传媒联手进行综艺主持表演培训，与周播节目《我家有明星》深度捆绑，采用体验式教学的方式，使培训更生动更形象更有效。

定制节目、活动，提升融入市场的主动性。特约定制的娱乐收藏节目《我爱书画》收视稳定，引入增量收入1000万元，第一阶段500万元已经到账。此外，积极促进各栏目的单期节目定制，《春妮的周末时光》《我爱我家》《星夜故事》等节目均有成功案例。

探索新媒体+电视经营产业链。尝试以自身资源为依托，打造新媒体+电视的经营产业链，目前，先行试水的微平台运营计划已经初见成效，“BTV文艺频道”微信订阅号在全国省级电视媒体公众号中排名第二，省级文娱类电视媒体中排名第一；头条号在今日头条公布的全国广电类媒体榜单中排名第三。在已经积累大量人气的基础上，尝试开设微店、搭建微平台等多种盈利模式，通过点对点的推送和定制服务，对在播节目的经营形成补充。

三、循序渐进机制改革，推动精细化管理

2016 年，文艺节目中心循序渐进推进改革创新，比照全台标准，建立了一套具有自身特色的绩效考核制度，拟定并实施了《文艺频道 2016 年绩效考核细则及绩效工资分配方案（试行）》，覆盖收视考核、创收考核、创新奖励等几方面，坚持公平公正公开，坚持奖优罚劣，营造人人争先的工作氛围，促进频道的良性发展。

科教节目中心工作概况

科教节目中心 2016 年工作的重点，可以概括为：抓好纪律，做好节目，搞好创收。在这一年里科教频道的平均收视率为 1.63%，平均收视份额为 4.56%，收视份额超过 5% 的达 81 天，突破 6% 的有 7 天，5 月 3 日的收视份额达到了 7.29%，这也是科教频道 2012 年以来该项指标的最高值。在北京地区的收视排行榜中，科教频道的收视份额有 38 天位列第二。

一、抓好纪律

首先，科教节目中心制定了《奖惩规定》，进一步明确了制片人是栏目组的第一负责人，并对制片人的职责、考核和奖惩办法做出了统一的规定。《奖惩规定》还对在所有科室和各栏目中实行的早晚签到以及晚间、周末值班等制度做了进一步的完善。各栏目根据中心下达的考核指标，也调整了各自的奖惩办法。此外，科教节目中心还修订了月冲高、破五等奖项，并设立特别奖，对在创收方面做出重大贡献的员工给予奖励。

二、做好节目

2016 年，科教频道确定了“坚持走内容精品化、资源极致化道路，让传统电视回归内容本体”的节目制作方针。许多栏目升级换代，锐意创新。

自 2016 年元月 1 日起，《记忆 2015》更名为《记忆》。作为一档“历史回顾”类的栏目，为了增加年代感，在保持固有的“情境式讲述”特色的同时，《记忆》根据不同选题和不同表现形式，又增设了一些新的环节。如：在有亲历者或当事人到达录制现场的节目中，增设了主讲述嘉宾的“内心独白”环节；在跨国婚姻系列节目《幸福敲门》中，设置了“穿越时光 30 年”的特色环节；在老北京胡同系列节目中，设立了“寻人”环节。

《非常向上》启用主持人团队。《非常向上》过去只有一位女主持人，呈现方式不够丰富。2016 年为了增加节目的表现力，由新闻主播曹一楠领衔组建了一个主持人团队，民生节目主播秦天、教育节目主播路军慈、新锐秦溯纷纷加盟。另外，栏目还新增设了外景主持人，由靓丽亲切的周颖担当，其在“进校园”系列节目中展露光彩。

《您吃对了吗》，自2016年1月24日起，进行升级改造，增加了外拍环节，强化了节目的文化内涵，并引入真人秀等综艺元素，使收视率有了较大幅度的提升。

2016年4月16日，大型留学服务类节目《留学生》由海外拍摄模式改版为演播室服务模式。每期节目由5位留学规划师、3个有留学需求的家庭和语言培训专员，通过留学一站式服务的方式诠释留学之道。9月份栏目组和兴业银行北京支行实行战略合作之后，节目中又增加“留学金融专员”，进一步丰富了栏目留学服务的内涵。

《法治进行时》增设全新版块，于2016年4月23日，与北京市消防局联合推出《平安119》版块，及时报道重大火灾的处置情况，并传播相关的消防安全知识；5月21日，与国际防卫学院合作推出《法治训练营》版块，邀请反恐专家和特警，向观众传授应对恐怖袭击的方法和技巧。这些精心制作的专题纪实节目均获得良好的社会反响。

《记忆》栏目，自2016年9月20日起，在每周二推出一档“向中国传统饮食文化与智慧致敬”的大型美食文化类节目《时间的味道》。该节目突破了《记忆》以往的演播室访谈形式，大胆地“走出去、动起来”，寻访全国各地的古法技艺和美食传承，每期节目的外拍自采量几乎占到了节目量的三分之二，极大地增强了节目的感染力。《时间的味道》推出不久后获得了冠名赞助。

《法治中国60′》，从2016年10月17日起，增设《法治速览》版块，通过“口播＋图片”的形式，及时报道全国各地新近发生的法治事件。

《健康北京》自10月17日起，增设《健康还有点》版块，展示“北京市健康科普大赛”的精彩片段，报道首都卫生计生系统第六届“首都十大健康卫士”30位候选人的先进事迹。

2016年，《最北京》秉承“行走中的相声北京人的乡愁”这一特质，在外景拍摄、演播室设计、语言风格等方面进行了形式上的创新，在节目选题的遴选、主题的提炼与深化等方面进行创新，创作出了《灌肠犹余香乡愁似个长》《京腔味正浓音韵犹余香》《温暖忆出行百姓公交情》《秋凉忆冷食消暑趣事多》《悠悠老酒馆绵绵怀旧情》等一批风格独特、京味十足的优秀作品。《最北京》在2016年度北京广播电视台节（栏）目创新奖评选活动中，获得“栏目创新金奖”。

科教节目中心2016年还注重加强策划，增强时效。为了增加节目的时代气息，《记忆》推出了一批紧扣社会热点的节目。如：在公众热议“南海争议”时，于7月4日播出了《1974南海风云》；在里约奥运会期间，于8月12日播出了《奥运赛场上的真性情》，8月16日播出了《奥运会上的北京传奇——张怡宁》，8月17日播出了《奥运赛场上的悲情英雄》，8月18日播出了《奥运会上的北京传奇——郎平》，在8月21日郎平带领女排夺冠的第二天又播出了《北京的郎平世界的传奇》；在电影《湄公河行动》热播期间，于10月13日播出了《解密10·5湄公河惨案》；在得知女飞行员余旭牺牲的消息后，于 11 月 18 日播出了《刀尖上的舞者》；在卡斯特罗去世不久，于 12 月 2 日播出了《卡斯特罗的传奇人生》。这些节目不仅取得了较高的收视，也赢得了良好的社会口碑。

《健康北京》巧借突发事件开展健康科普。2016 年 4 月 25 日，昏迷了 26 天的著名京剧大师梅葆玖先生与世长辞。《健康北京》请来了北京朝阳医院呼吸与危重症医学科的副主任黄克武教授，录制播出了《解读“支气管痉挛”》。这期节目的收视率达到了 1.25%。此外，《健康北京》还在“魏则西事件”发酵后，抓住时机制作了《带您认识滑膜肉瘤》；在雾霾严重时，及时推出了《寻找肺的“天敌”》和《寻找肺的保护伞》，大大提高了科普的效果。

《法治进行时》十分注重利用典型事例诠释“依法治国”，推出了《国庆期间说安全》《中秋节以案说法——老年人防骗须知》《119 特别节目：关注身边消防安全》等一批优秀节目。尤其是 11 月 28 日播出的《为撤销搬迁协议，居民、区长对簿公堂》，客观介绍了退休工人肖师傅为撤销搬迁协议提起诉讼，石景山区区长应诉到庭，双方在法庭上进行沟通交流的情况，展现了政府官员与普通市民平等相待、公开讨论问题、认真沟通交流的良好氛围，凸显了“依法治国”的意义。

为了强化栏目的服务性，《非常向上》注重节目主题与教育热点的契合。例如，在寒暑期来临之前，推出了《寒假孩子该去哪玩?》《如何利用好博物馆资源》等一系列节目；针对家庭教育中的种种困惑，制作了《钢琴究竟怎么学?》《学舞蹈那些事儿》《孩子学画怎么办》等节目；在中、高考来临之际和教改政策发布之时，邀请国内顶尖的教育专家和相关的政府官员答疑解惑。由于这些节目具有针对性、指导性和权威性，因而深受观众喜爱。

2016 年，科教频道一如既往狠抓精品生产和品牌建设，创作出了一批优秀作品。在北京电视台 2016 年优秀节目评选活动中，科教节目中心的《中国传媒大学被害案》《韶山记忆——毛泽东 32 年后回家》《法治中国 60′》《四九城里的面食传奇》和《防汛不眠夜救援进行时——7·20暴雨纪实》被评为新闻节目类优秀作品，《系好安全带　守住生命线》《留学，最费心的是什么?》和《教师节特别节目——师爱无尘》被评为文艺节目类优秀作品。

在第二十五届（2015 年度）北京新闻奖评选活动中，《记忆 2015——我的爱人毛岸英》获得了北京新闻奖三等奖。

在 2015 - 2016 年度全国电视法治节目创优评析中，《庭审纪实》栏目制作的《男童补牙猝死的真相》获得专题节目三等奖，《第三调解室》制作的《我要独立》获调解和帮扶类节目一等奖。

在第十届中国影视短剧评优活动中，《现场说法》栏目制作的《盯上拆迁户的“狼”》荣获单本剧二等奖。

《健康北京》栏目制作的《超级斑块通缉令》获得了由中国科教电影电视协会颁发的 2016 年“中国龙奖”的提名奖。

在“第四届全国广播电视民生影响力调查”中，《健康北京》获“电视生活服务类 10 强品牌栏目”称号。

在第十届中国影视短剧评优活动中，

《现场说法》被评为最佳栏目。

在2015－2016年度全国电视法治节目创优评析中，《警法目录》被评为全国十佳栏目，《庭审纪实》获全国十佳栏目提名奖。

在北京电视台2016年优秀节目（栏目）评选活动中，《最北京》被评为电视新闻类优秀栏目。

《第三调解室》荣获北京市社会建设工作领导小组办公室颁发的“2015年度北京市社会组织公益服务品牌金奖”。

《第三调解室》主持人张小童荣获司法部和全国普法办主办的“我的调解故事”主题征集活动三等奖。

《第三调解室》主持人张小童2016年被北京市司法局特聘为“人民监督员”。

《第三调解室》主持人张小童，2016年6月，代表中国大陆人民调解员参加第八届“海峡论坛”。为此，司法部基层工作指导司特致函北京电视台表示感谢：“张小童同志的介绍，很好地宣传了大陆人民调解工作，使两岸调解员对北京电视台《第三调解室》有了新的认识，对大陆人民调解制度有了更加深刻的理解。在此，对贵台长期以来给予人民调解工作的支持帮助以及对“海峡论坛·两岸基层调解员联谊交流会”的支持表示衷心感谢!”

在第十届中国影视短剧评优活动中，北京电视台科教节目中心被评为中国影视短剧栏目剧发展10年（2006—2016年）“行业领军品牌频道”。

中共中央宣传部、中华人民共和国司法部授予北京电视台科教节目中心“2011—2015年全国法治宣传教育先进单位”称号。在北京地区获得该项殊荣的媒体仅此一家。

2016年，北京电视台研究发展部委托央视市场研究有限公司（CTR）个案群体研究部对北京地区60余家电视媒体进行了系统性的品牌研究，并根据此项研究的结果推出了《北京电视台2016年北京地区品牌报告》。该《报告》显示：在北京地区60余家电视媒体中，BTV科教的“品牌健康度”“喜爱度”“推荐度”，紧随BTV北京卫视，位列第二；“收看率”“收视份额”“公众服务价值”位列第三。

三、搞好创收，寻求突破

2016年，面对收入日趋下滑的不利局面，科教节目中心将搞好创收列为年度的工作重点，积极行动，努力探索适合BTV科教的经营之道。

2016年，科教节目中心主动与广告部沟通，召开了多次碰头会，听取市场对于节目的要求，提交了若干策划案，共同寻找客户，竭尽全力争取每一个盈利的机会。2016年，科教频道播出广告的总时长比2015年增加了26%（比2014年增加了119%），致使一些栏目的广告时长大幅增长，例如，时长50分钟的《第三调解室》的平均日广告时长就超过5.5分钟，有3个月的日平均广告时长甚至超过了7分钟。在广告占节目总长度近七分之一的情况下，《第三调解室》克服了重重困难，顶住了过长的广告带来的收视压力，依然完成了收视指标。

为了确保广告部下达的广告得以准确无误地播出，科教中心建立了一套严谨的《广告编播单》传达流程，有效地将广告部、科教中心广告协调员和科教中心各栏目组联系在一起，每个环节有专人负责，确保了广告播出计划及时准确地传达到位。

科教节目中心拥有一批在法治、健康、教育等领域颇具影响力的栏目，一些政府机构和社会企业也十分看重与科教中心的合作，经过良好的沟通，在2016年，科教节目中心有约85%的栏目与相关单位建立了长期合作关系。其中，《健康北京》《非常向上》《最北京》《记忆》《留学生》等栏目得到了资金支持。

在探索地面频道的经营之道方面，科教节目中心用了近3个月的时间，兵分五路，走访了全国15家颇具特色的地面频道，着重研究了山东齐鲁、河南都市、浙江教科、湖南经视、河北陇上等10家地面频道的经营策略，得到了一些启示：地面频道的竞争力来源于其独家掌控的带有地域特征的优质资源，依托这些优质资源开展差异化竞争，或许可以为地面频道带来生机；若能将单个地面频道所具有的小小的优势汇聚起来，组建节目制作联合体，则可在日趋激烈的媒体竞争中获得一片蓝天。据此，科教节目中心在2016年做了一些尝试，启动了“京津冀汽车文化节”“TV100”等项目，这些项目将在2017年全面实施。

影视剧中心工作概况

2016年，影视剧中心圆满完成了电视剧的“购、播”工作。北京卫视红星剧场取得了全国排名第三位的好成绩，影视频道继续保持在北京地区的收视领先。同时，打通上下游产业链，为2017年全面提升电视剧的“购、播、制、销”各个环节做好准备。

2016年影视剧中心全年购买电视剧共计77部，其中卫视剧30部，地面剧47部。全台21个首重播剧场（含自然重播）播出电视剧总量约2万集，总时长约15000小时。

一、坚守品质，红星剧场省级卫视排名第三

2016年1－3季度北京卫视红星剧场稳居省级卫视排名第三，前两位分别是湖南卫视和上海东方卫视。其中《少帅》《猎人》《小别离》《中国式关系》等剧收视突出，均在播出期间获得了同期的收视冠军。

二、配合主题宣传，弘扬主流价值观

2016年，为配合建党95周年及长征胜利80周年纪念，影视剧中心精心选择了多部具有深切的家国情怀和厚重的文化底蕴、弘扬奋进拼搏的民族精神的作品。从5月份开始播出，进入宣传预热期，并在7月份和10月份掀起宣传的高潮。剧目包括《金水桥边》《三八线》《追击者》《红色护卫》等，取得了良好的社会反响。

三、试水周播剧，收视效果显著

2016年影视剧中心试水两部周播剧，分别是古装剧《新边城浪子》和现实情节剧《卧虎》。两部剧在播出期间省级卫视的收视排名分别达到了第3位和第2位，收视效果突出，同时也为北京卫视的频道排名起到了一定的提升作用。

四、创新创收节支计划取得阶段性成果

2016年，影视剧中心制订了《2016年影视剧中心创新创收节支计划》，在经营上再上台阶，做好收入增量工作。

《首都剧场》“四变五”改造，拓展广告空间。影视频道《首都剧场》通过后期剪辑手段，在黄金时间增加了每日5分钟的硬广时段，为广告创收获得了更多空间。

取消存储电视剧播出带，节省经费150万元。本台的媒资系统已能替代磁带完成电视剧的播出需求，今年影视剧中心采用了将磁带上载后退回方式，取消存储电视剧播出带，大幅降低了原有磁带的三费支出，直接节省经费约为150万元。同时也节省了后期磁带养护、存放等费用。

《气象星播报》顺利播出，增加又一广告产品。《气象星播报》是全国首档明星播报类民生服务栏目，由当红艺人为观众播报天气预报、传授气象知识和生活妙招。影视频道每晚18：51播出，成为影视频道又一个广告产品。

五、影视剧宣推工作创新

举办“影视京榜”新春盛典。2016年，影视剧中心首度与春季“北京电视节目交易会”合作，将一年一度的影视剧中心制播年会升级为“影视京榜”新春盛典，成为行业内一大盛事，备受瞩目。

依托大剧开展“新媒体+地推+联合推广”的宣传方式，举办了《芈月传》剧组全国巡回粉丝见面会、《锦绣未央》携主创全国地面推广等活动，均达到了线上线下粉丝互动的效果。同时，也与广告客户形成了联合推广。

根据剧目特色，充分挖掘广告潜力。在家庭话题剧《小别离》播出期间，独家制作的片尾彩蛋获得广告商认可，实现电视剧营销过程中的广告收益。

六、举办中国电视剧导演年度榜样评选活动

中国电视剧导演年度榜样作为北京宣传文化引导基金2016年度申报项目，是北京电视台与中国电视剧导演工作委员会联合策划的一个项目。本着公正公平公开的精神，对全国电视剧创作、生产成果进行评析，对优秀电视剧作品及优秀创作者进行评选和褒奖。

该项表彰活动的主旨，不仅是为打造一场兼具权威性、专业性、公益性的影视类活动，更是以该活动为依托，为北京吸引和储备更多的优秀电视剧人才，力争为北京创作出更多的优秀作品，并能够在电视剧行业内起到“引领风尚、教育人民、服务社会、推动发展”的作用。

财经节目中心工作概况

2016 年，财经节目中心重点做了以下工作：

一、改革

成立改革领导小组。财经频道在 2016 年 8 月份成立了由员工自愿参加的 10 人改革小组。两个多月内，改革小组召开十余次会议，对频道机制改革、节目内容改革、整体编排调整等进行讨论决策，确定了频道“三步走”规划，以及 2017 年频道的发展方向和编排方案。

召开改革全员动员大会。2016 年 9 月，财经节目中心召开改革全员动员大会，号召大家拿出破釜沉舟的决心，勇往直前的勇气，充分释放自己的才华，以集体创新的智慧来设计、推动、践行这次改革。

启动内容生产、经营创收、机制运营一揽子改革工程。内容生产改革遵循两大基本原则：一是专业定位，二是量入为出。制订了频道“三步走”规划，力争在 3 年时间内逐步将财经频道打造成全国一流的专业频道；经营创收改革转变思路，实现节目与市场的深度融合；机制运行改革派改革小组成员赴上海、山东等电视台学习考察，吸取先进经验，指导中心改革工作的进行。同时，拟尝试进行企业化运营和管理，打破人才管理的束缚，激发内部活力。

二、创新

督促多档栏目进行创新改版。为加强专业品质，提升收视份额，2016 年下半年起，频道开始着手对日播重点栏目进行改版创新，逐个听取栏目改版方案，并监督落实。《首都经济报道》围绕品牌版块打造线下活动，并尝试全媒体融合模式；《天下财经》推出财经脱口秀版块《财经夜话》，对当前各种经济现象和热点话题表达观点、发表评论、做好舆论引导；《理财》加强人物故事和情感的挖掘，使节目更加贴近受众；《财富故事》坚持题材和形态的差异化，强化“类纪录片式外拍专题”。

数字解读长征故事。为纪念红军长征胜利 80 周年，2016 年 11 月，财经节目中心推出 5 集纪录片《征途——数字中的长征故事》，以数字为骨架，故事为血肉，给观众带来新鲜有力的真实体验。另外，《首都经济报道》策划推出了 6 集系列节目《重温历史　见证长征》，以国家博物馆举办的《纪念红军长征胜利 80 周年馆藏文物展》为主线，再现波澜壮阔的革命历史。

《党员在身边》纪念建党 95 周年。2016 年 6 月底，《首都经济报道》推出 4 集系列报道《党员在身边》，从普通基层党员入手，涉及医疗、建筑、电力、服务等行业，通过党员的日常敬业，体现我党为人民服务的宗旨。

多角度瞄准 G20 峰会。2016 年 9 月，面对 G20 峰会这个世界重大经济盛会，频道组织多档栏目集中报道，全方位、多角度为观众呈现“聚焦G20”特别节目，在重大事件面前发出了自己的声音。

经济眼光看奥运。奥运会期间，为体现财经频道特色，《首都经济报道》开辟专栏，特邀资深体育评论专家，围绕奥运会上的热点话题，用经济的眼光看奥运，对赛事背后的经济元素，进行富含知识量的趣味解读。

聚焦“首都经济半年工作会议”。2016年7月，频道将“北京市上半年经济工作会议”的报道作为重点工作，推出5集系列特别节目——《首都经济半年报》。节目联合北京各大委办局，权威解读北京市上半年经济数据，展示本市深化改革、经济发展的亮点和成就，面对重大经济事件做到了快速反应，专业解读，全面报道。

线下活动创新。2016年1月，《天下财经》举办第三届《请你操盘》炒股大赛颁奖仪式暨2016年证券市场投资策略论坛；3月，《理财》派出两组记者深入社区和玉雕之乡苏州，为广大收藏爱好者带来2016年文玩收藏的新动向；4月，《首都经济报道——为爱传递》大型系列城市公益活动在玉渊潭公园举办；6月，《天下财经》组织的首期“财富之旅——三亚行”圆满结束；8月，《天下财经》第二期“财富之旅——金海湖之夏”顺利举办；9月《天下财经》参与举办《中国投资市场分析2016年大型联合投资报告会》；10月，财经频道参展北京金博会，并派出多个报道团队亮相金博会。展会上，财经频道展台成为全场最大亮点。

三、突破

财经节目中心举办的首届“诚信北京”3·15消费者权益日晚会首次树立了北京电视台“3.15晚会”品牌，并在收支自理前提下实现盈利。当日首播收视率较之前同时段节目上浮156%，爱奇艺独家网络视频直播访问量破纪录超过42万人次。节目播出后，受到了中宣部、市委宣传部、首都精神文明办、北京市消费者协会等部门的表扬。

2016年5月，频道的重点项目——“双创节目带”精彩亮相，这是全国电视媒体第一档以“双创”为主题的日播节目带，这档节目的推出是频道迈向高占位、大视野、有格局、有品位发展目标的标志。而节目高收入、高学历、年轻化的观众构成让大家坚定了节目定位及未来发展方向。

实现节目线下经营零的突破。2016年6月，频道第一个线下游学项目《财富之旅》扬帆起航，项目由《天下财经》人气嘉宾组团带队，向参与游学的栏目观众传授投资知识，分享投资机会，为频道经营工作打开了新局面。同时，《天下财经》启动了“财富俱乐部”项目，前期款已经入账。《理财》栏目与BTV优选合作，将线上节目资源转化为线下创收资源，拓展了新的经营平台。

四、转型

内容定位转向专业。2016年，财经频道以“拥抱变化”的心态全面转向“专业财经”，以“变”来寻找未来电视媒体竞争中新的蓝海，向“高占位，大视野，有格局，有品位”全速前进。

开播两档经营性节目。2016年，频道转变运营思路，开门办电视，积极与社会传媒机构和制作团队合作，在资金充裕、销路良好的前提下，生产更多符合频道定位的好节目。2016 年 4 月，频道与社会机构合作播出国内首档明星综艺消费类节目《大牌价到》及财经读书类节目《总裁读书会》，丰富了节目样态，为频道经营创收打开了突破口。《大牌价到》每月销售额在 220 万元左右，为北京电视台带来稳定的销售分成。《总裁读书会》为台里创收 650 万元。

推出节目、活动定制，扩大创收增量。2016 年，财经频道多档栏目在符合频道定位的前提下，开展节目、活动定制，资金由对方提供，确保我台获得利润：《理财》与北京市文物局合作，开办专栏性专题节目“收藏大师课”，吸引相关企业进行植入广告和冠名；《财富故事》为十余家企业量身定制了个性化传播计划，得到了客户的肯定，不少客户特地追加投入；《创业北京》合作政府部门及企业，内容植入及广告收入预计超过千万元。

发展路径转向全媒体深度融合。在“互联网 +”的大背景下，2016 年，财经频道将未来发展路径转向全媒体深度融合。频道及各栏目都通过微信公众号、网络直播、微博等多媒体手段，积极抢占网络平台制高点。目前频道微信公众号共 16 个，总粉丝量突破 50 万。2016 年 7 月 11 日“摇一摇”正式在频道重点节目中上线，截至 2016 年年底晚间黄金时段流量总计达到 14082625。

体育节目中心工作概况

一、收视率、收视份额保持稳定

2016 年 BTV 体育频道前 10 月收视率是 0.46%，晚间黄金时间的市场份额是 3.94%；收视率超过考核值 5%。晚间黄金时间市场份额略低于考核值。考虑到每年 11 ~ 12 月是体育频道收视最高的阶段，预计全年晚间黄金时间市场份额可以完成 4% 以上，收视率可以完成 0.48% 以上，都将超过考核值。

从 2015 年起，体育版权市场发生巨大变化，互联网媒体巨资购买体育版权，造成电视台频道资源下降。体育频道赖以生存的中超联赛版权，由原来每轮播出 3 ~ 5场，全年 110 场，到 2016 年每轮只能播出国安队 1 场，下降 70%。另外，北京首钢男篮没有进入前四名、北京国安队近几年首次没有进入亚冠比赛，体育频道这两个重要赛事资源不仅转播数量受影响，收视率更是降低很多。

面对这样的困难局面，体育频道通过三项举措稳定收视。首先是狠抓体育新闻。三档直播的体育新闻收视和去年持平，每天 100 分钟的《天天体育》《体坛资讯》平均收视率超过 1%。二是成功培育新的名牌栏目《欢乐二打一》。该节目平均收视率达到 2.39%，比 2015 年同期提高了 72%。三是多方引进了一批较高质量的赛事资源，如世界拳王争霸赛、ICC 国际足球挑战赛等，弥补了资源的不足。

二、圆满完成2016年里约奥运会和法国欧锦赛等大型赛事报道任务

里约奥运会2016年8月5日至21日在巴西举行。奥运会对全台各频道收视率都有较大冲击，体育频道作为奥运会报道的主战场，全面出击，打好“收视率保卫战”。

一是多线作战。本届奥运会除常规性的派出境外报道团（约10人）外，还首次派出40余人的队伍承担公共信号制作。

二是特别节目聚焦第二落点，主打“北京特色”，每日19：35直播的自办综艺节目《金牌夺宝》受到好评。

三是承担里约奥运会乒乓球公共信号制作，这是继中央台之后，省级台第一家承担在境外举办的奥运会赛事公共信号制作任务。

法国欧洲足球锦标赛于2016年6月10日至7月10日举行。欧洲足球锦标赛号称“小世界杯”，在足球观众中影响很大。北京电视台体育频道首先和上海电视台等地方媒体合作，派出十余人的前方联合报道组，全面报道。其次，从央视得到所有比赛的转播权，进行了全程直播，部分场次安排自主解说，满足了不同观众的需要。

2016年，体育频道对北京国安足球、北京首钢男篮、北京汽车男女排、北京北控足球、北京北控篮球队的全部职业联赛赛事，以及北京女篮、北京女足、北京女乒部分场次比赛进行直播，总共近200场，极大满足了北京观众的需要。

2016年，体育频道和冬奥组委建立密切协作。设立专门冬奥报道小组，紧盯冬奥组委重要新闻。和张家口广电建立联系，布局冬奥运报道。

三、以中超公共信号制作为突破口，深度开展体育产业经营

承担中超北京国安、华夏幸福、河南建业三支球队，中甲北京北控、北京人和两支球队，总共五支球队的主场公共信号制作任务，全年共制作联赛、足协杯比赛近90场。此外，承担“中超故事”全国专题片制作的任务，搭建中超质量控制中心等。以上足球产业创收达千万元。

首次派团队承接京外铁人三项等新兴公共信号制作，占领新的产业领地。

积极面向市场进行节目改革。《快乐健身一箩筐》栏目是全国健身节目旗帜。2016年与浩沙健身俱乐部合作，建设了一座4000平方米的“好型好塑HOSHAPE”电视实景健身房模范店，能录制时尚健身节目、民间吉尼斯节目，做品牌专场推广聚合企业等活动，并邀请体育冠军、娱乐明星、超级模特、健身大咖举行分享会，向大众普及最时尚、最具潮流的运动风尚，打造中国顶尖健身盛宴。

加大经营创收力度。京视体育公司2016年克服领导层更迭、大环境不佳等不利因素，1～10月实现营业收入7009万元，全年实现经营创收8583万元，比2015年有所增长。

生活节目中心工作概况

2016年，生活节目中心明确频道的发展已进入深度转型阶段，总体发展平稳，稳中有亮点，稳中有提质，但稳中有风险，频道进入深水区的调整势在必行。为此，生活节目中心在节目上居安思危，深度调整；在经营上破冰前行，深度开发；在策略上与新媒体多屏联动，深度融合，谋求稳步转型。

一、创新内容生产：以全媒体传播为方向改造生产模式，以品牌影响力为目标打造精品项目

推动品牌栏目直播化形态改造，着力打造多平台伴随式播出形态和全媒体多屏互动模式。品牌栏目《生活2016》会同新媒体集团及相关公司推动“云直播”技术的融合，努力打造成为海量“云内容”、实时“全交互”的全新融媒体民生新闻栏目。并协同制作部、网络部等相关部门，全面推进技术上的功能性及稳定性的测试演练。目前已经将有关节目制作全部转移至直播机房，在直播技术日趋成熟，各工种配合愈发默契的基础之上，2016年11月初正式上线直播。

《幸福厨房》《美食地图一探到底》等栏目在坚持节目高水准的基础上进行升级改版，调整节目结构和内容，探索互动新玩法。与新媒体集团协作，成功实现节目录制环节同步APP直播，利用网络直播样态与现场演播室与外景拍摄进行联动，为下一年的节目直播改版奠定基础，提供经验。

探索网络直播反哺电视平台的全新生产方式，策划播出台网深度融合节目《新鲜社》。以北京新媒体集团成立、24小时网络视频直播平台——北京时间上线为契机，生活频道全面探索台网深度融合，于2016年4月12日开始，在北京时间APP上上线一档直播节目《新鲜社》。每期一小时，用深度整合梳理的方式解读生活热点事件，传播具有价值的观点和信息，提供更高层次的意见引领和生活服务。经过半年多的锻炼与磨合，节目样态已基本成型，形成了独特的解读和选题风格，并且在年前实现网络与电视平台双播。

彰显文化品质，季播节目努力实现常态化、精品化、创意化。2016年生活频道开始策划“北京影像”大型系列纪录片，贯彻文化精品意识，力争推出具有文化底蕴，有文化传承，电视手段精良的大作品。

原创美食竞技真人秀节目《上菜》已进入第三季，上半年完成节目拍摄，走进国内30余地，国外近10个城市的食材产地进行拍摄，在展现中国餐饮人奋斗不息的同时展示中国美食美景，节目已于10月在周末黄金档时间播出。

联合北京市旅游委共同制作的北京旅游文化商品设计类纪录片《北京礼物》，记录北京文化创意产业发展，创新性地在一个项目中包含文化纪录片和创意真人秀两种样态，是一档关注北京文化元素的创新继承，展示创意产业水平的大型文化互动节目，于12月在黄金时段播出。

升级平台传播，公益品牌活动进一步多样化、创新化、全国化。一点改变创造无限可能，“生活微行动”成为频道影响全国的公益互动平台。《生活2016》依托民生新闻栏目平台，“3·15”期间打造“维权在行动”大型公益行动，依托最新、最热、最贴近观众的消费者维权事件，以及大量的消费维权线索，历时数月，由数十路记者联合政府部门，深入各大消费领域，全面了解消费者维权难题、揭露消费市场中的违法侵权行为，呼吁社会诚信体系建设。

在国庆黄金周期间频道第三次联动全国媒体开展《文明旅游“袋”动中国》大型媒体公益行动，吸引多位明星、导游与网友一起参与在多家网络媒体和直播平台发起“9城9景9小时”“#一米风景#明星直播”“#一米风景#走遍世界”等主题直播活动，获得4900万人次观看，1.03亿人点赞，微博话题阅读量超过1.1亿，整个活动宣传覆盖近4亿人群，有效传递了文明旅游理念，获得良好的社会反响。

《生活面对面》聚焦女性健康，从公益角度提升品牌影响力。依托栏目在全民健康领域的品牌号召力和医疗专家资源，推出“她健康”大型全国女性关爱公益项目。5月7日，生活频道联合中国妇幼保健协会、全国妇联人才开发培训中心、中国妇女发展基金会，组织全国63家三甲医院，百名院长和权威专家共聚北京，正式启动该项目，宣传女性健康概念。

《美食地图·一探到底》，依托于64万微信粉丝及广大观众，成立爱心驿站，携手爱心餐饮企业、社会爱心人士及“美食帮帮团”成员，共同发起爱心公益帮扶行动，每月寻找一名或一批需要帮助的人，首次帮扶对象由爱心企业捐助善款10万元，第二期帮扶活动“微爱寻老”，为社区老人发放防走失手环，践行“一点改变，创造无限可能”的公益宣言，聚爱成塔，为建设爱心社会做一份贡献。

积极调整外购节目合作模式，全面加大频道管控和创新引导力度，开拓创收新渠道。转变思路，推动频道4档外购节目模式全面调整。将《快乐生活一点通》转变为联合经营方式后，获得不错收益；将《选择》《生活广角》《我爱食全食美》调整为委托制作模式，并打破固定预算方式，强化考核引导力度，按照收视浮动核算制作费用。启动节目改版升级工作，强化频道在创新方面的带动力和整体融合力度，《生活广角》从传统调解类节目改版成为大型公益帮助类节目，《选择》节目大力开掘优质嘉宾资源，开展节目样态优化升级工作。

二、经营工作创新：大力推动线上与线下全面打通、节目与产业深度互动、电视与电商有机融合

2016年上半年，频道深度开拓栏目资源，做线上线下延伸、产业链延伸、新媒体延伸，全力实现内容和资源的市场效益最大化，与京视卫星通力合作全力保营收，促增长。据京视卫星统计，1～9月频道广告收入完成1.0380亿元，其中特殊项目经营收入约4000万元。

深度开发家装产业资源，从线上向线下延伸，《生活+》栏目首次举办“家博会”，取得经营全新突破。2016年，《生活+》系列节目取得了创收2600万元的经营成绩，较2015年增长了30%。

频道在与市旅游委常年良好合作的基础上，又共同策划2016年新春美食节，推出美食优惠、美食品鉴、旅游美食线路规划等落地项目，市旅游委提供经费194万元。

与此同时，频道在春节时期设计推出自主电视电商平台“年货来了”，上线一个半月里实现销售额3081单，有效探索了“节目+电商+互动”的三位一体全媒体经营模式。

频道平台价值拓展，以销定产，推出大型全民广场舞项目《舞动北京》、大型儿童成长类国学益智项目《国学范儿》、收藏真人秀“特别定制”等项目。《2016舞动北京全民广场舞大赛》持续4个月，100期节目的线上连续播出，微信、网络投票的强势互动、明星导师五大IP，让《舞动北京》成功突破广场舞比赛节目化过程中的种种限制，得到了鸿茅药酒的冠名赞助和兴业银行的特约赞助，合计创收约745万元。

《生活面对面》在暑假期间与北京同仁堂合作推出暑期特别定制节目《国学范儿》，收入160万元；与善存合作定制7期节目，收入320万元。

由2015年特别节目《味道学院》模式推广的礼物真人秀节目《特别定制》由珠宝平台定制（首次投放约350万元），于8月20日播出。经过几个月的磨合与改进，栏目已经形成初步模式，并与赞助方形成良性沟通，为节目未来的广告经营奠定良好基础。

《我爱我车》继续在保证节目质量的基础上，联合车企推出系列专题，全年收入250万元左右。

青少·海外节目中心工作概况

2016年，青少·海外节目中心一方面以客观理性的态度面对传媒环境和行业竞争的新变化，提高节目品质，稳定收视，一方面积极转变思维，激发内部创新、创收能力，着力强化市场思维与成本意识，为拓展频道经营打基础、蓄能量；打开视野，精益求精，圆满完成了多项大型活动；狠抓晚黄金时段收视，对冲观众到达率下降的影响，基本保持了青年频道在北京地区的稳定排名。

一、青年频道收视下降，但排名保持稳定

青年频道晚间考核时段收视率（15至34岁）0.17%，市场份额1.39%，与2015年相比有所下滑。但在各路卫视的电视剧、综艺等高收视节目的竞争环境中，频道总体收视逐渐回升，频道在北京地区排名在第17位左右，与2015年持平。

青年频道品牌栏目《军情解码》坚持“新闻立台，人民至上，内容为王，创新制胜”的基本方针，强调“用观众听得懂的话说正经事”，收视群体日益稳定；《谁在说》在节目定位、内容呈现、包装舞美、传播广度、普适意义等方面实现升级，扩展高层次收视群体，强化“都市化”概念，把关注点更多地放在“都市人的都市生活百态”上来，观众群体年轻化战略初步实现；《青年探秘者》全新改版后立足青年视角，发掘都市生活中最新锐、最实用、最具潮流引领感的资讯信息，节目内容深度贴合频道主流受众定位，并通过节目的服务性属性辐射全人群受众，播出口碑提升明显；《北京客》不断强化自身的文化、时尚路线和跨国特点，借助多年形成的影响力尝试探索文化“走出去”项目的合作。

二、成立经营规划科，助推频道的经营创收和市场化探索

中心抽调具有一定市场经验的人员，成立了经营规划科，与台广告部门深度合作、对频道自有资源进行深度挖掘、对电视广告市场进行深度探索。第一季度，频道广告和合拍收入共计760余万元，自第二季度起，多个对外合作项目陆续进入签约、制作阶段。

三、高质量完成环球春晚、北京国际电影节开幕式等大型项目

2016年2月5日，《BTV环球春晚》如约与观众见面。18个国家或地区的350多位演员登场献艺；美国、德国、荷兰、英国等13个国家的近70位驻华使节、文化参赞和新闻官，中宣部、国侨办、市委宣传部、市外办、市外宣办、市侨办的领导出席了晚会。

本届晚会更加注重节目品质的提升和创新，从舞美设计到整体节目编创，以更加巧妙的创意及声光电等呈现技术，坚持“两高两全”，即高规格、高品质、全媒体、全球化，将精彩升级为惊爆。晚会得到了国内外观众和中宣部、国家新闻出版广电总局、国侨办、市委宣传部、市外办、市外宣办、市侨办的高度评价，被认为“成功打造了中国文化国际传播的新路径”。

“春天，来北京看世界最好的电影”——4月16日晚，第六届北京国际电影节开幕式晚会通过CCTV电影频道、北京卫视和BTV青年频道同步直播，并首次在四川卫视、江苏卫视和浙江卫视实现了省级卫视联动播出，爱奇艺同时进行高清网络直播，以一场高端典雅、时尚唯美的光影盛宴，正式拉开了第六届北京国际电影节的帷幕。截至晚会播出后两个小时，新浪微博#北京电影节开幕式直播#主话题阅读量已达1037.8万次、讨论量3.1万次；截至当天晚上零点，#北京电影节#主题阅读量1.4亿次，讨论16.1万次，位居微博话题电影榜排名第一位。

纪录片《融通之路》以贸易文明演进历程为观察视角，以“古丝绸之路”为贯穿始终的关注焦点，纵向穿越古今，注重以历史实证、点线结合的方法关照现实世界的需求，揭示“丝绸之路”作为“文化互利的共赢之路”的千年风采，展示其在人类文明进步过程中的推动作用，以及对当今国际关系发展的现实意义，展望“一带一路”新战略格局下的美好愿景。

动画节目中心工作概况

2016 年，卡酷少儿卫视在“卡酷 +”的发展理念指导下，调整内容生产和经营创收协同发展思路，充分利用“卡酷少儿”的卫视资源和品牌影响力，将卡酷品牌与产业龙头、新媒体、地域优势等资源深度结合，拓展频道经营思路，进一步提升频道卫视价值。

一、卫视价值日益攀升　品牌声誉传扬海外

截至 2016 年 10 月 25 日，卡酷少儿在全国 35 城组 4 ~ 14 岁核心受众收视率 0.86%，全国 35 城市全龄收视份额 0.99%，在所有省级卫视中排名 12 位，较上一年同期提升 2 位，领跑省级少儿卫视。卡酷少儿在北京地区 4 ~ 14 岁受众收视率 0.97%，4 岁 + 收视份额 1.17%，超央视少儿 56%，持续保持北京本地市场少儿类频道第一。

2016 年，频道将节目生产与自主经营深度融合，实行多元化合作方式，截至 9 月底，卡酷少儿频道收入共计 7034.60 万元，其中广告收入 5782.56 万元，经营合作收入达到 1252.04 万元，实现了卡酷少儿卫视的价值。全年自主经营合作收入达到 2700 万元。

2016 年，卡酷少儿频道获“国家广电总局少儿精品发展专项资金项目”最高奖项“优秀少儿频道、动画频道一等奖”，品牌节目《卡酷动物园》荣获优秀少儿电视栏目一等奖，《兔侠之青黎传说》《美食大冒险》《飞越五千年》等卡酷出品动画荣获了优秀国产动画片、动画电影奖。

卡酷带领中国动画梦走出国门。2016 年 6 月，卡酷少儿频道顺利承办了法国昂西国际动画电影节中国专场“北京 · 动画梦”活动，向国际动漫业界展示北京形象和中国力量，获得了来自加拿大、法国、美国的动画发行公司明确合作意向。

二、大型项目成绩斐然　彰显频道影响力

《2016BTV 卡酷少儿动画春晚》以“好玩儿 hold（猴）不住”为主题，总时长 210 分钟，打造音乐人偶舞台剧《童话奇趣夜》、游艺晚会《游乐园奇幻夜》、全三维动画盛典《圆明园奇妙夜》3 场创意出奇的狂欢盛典。最高单场播出同时段 4 ~ 14 岁收视在全国各卫视频道中排名第一，播出实时手机互动人数近 200 万人，微博直冲热门话题榜第二名，进一步升级其全国影响力及品牌效应。

全国首部抗美援朝主题动画片《最可爱的人》，由卡酷少儿原创出品，用 14 集的篇幅生动讲述了 7 个真实的抗美援朝英雄，是首次用写实风格讲述抗美援朝真实历史的动画片。2016 年 10 月 18 日首播当天核心收视率在全国所有省级卫视 35 城收视率排名中位列全国第二，远超同时段强档热播品牌动画的收视水平。人民日报、北京青年报、北京新闻、新浪网等十余家媒体发布相关报道，其中《北京日报》刊登了《七个英雄事迹　还原最可爱的人》专题报道，《广电时评》官方微信头条发布《上甘岭的七页诗笺：<最可爱的人>以动画重现抗美援朝真实历史》对本片给予肯定。

三、精品动画打造品牌 IP　匠心精神传承民族技艺

全国首部定格偶动画功夫喜剧《欢乐北极星》共 13 集，由卡酷少儿原创出品，2016 年 8 月 20 日首播。动画运用中国传统偶动画技艺，在法国昂西动画节上得到国际名流行业名家的赞誉，获得了加拿大、法国、美国动画公司的明确合作意向。

同时，频道联合行业龙头，联合制作推出了 52 集功夫奇幻动画《京剧猫》（第二部），52 集低幼益智动画《我的朋友猪迪克 II》，52 集科幻 IP 动画《图腾领域》等一批原创动画口碑强片，培养原创 IP 新兴力量，储备播出及未来产业发展资源。其中《图腾领域》还在 2016 年入选北京文化精品工程重点项目。

四、自办栏目精准定位　经营与责任双肩挑

2016 年伴随频道经营需求与环境的改变，频道各栏目以“坚持定位促经营，不忘初心扩口碑”为思路，立足栏目特色，寻求内容生产和经营拓展突破口。

全国首创动漫多屏互动玩具秀《大玩家》，以所有人童年的梦想“玩具”为关键词，用综艺化的表达给玩具赋予生命，并将节目与经营高度融合，打造产业领军节目。全年收入超千万元。

《七色光》与唐山世园会合作推出水上赛道闯关节目“世园会大冲关”，实现经营收入 240 万元。

趣味励志探索类季播节目《冷布丁旅行团》，将北京特色资源和冒险深度结合，充分利用首都地域资源优势。

打造全国首档儿童人偶舞台剧《童话大作战》，精选出 13 部热门 IP 剧并进行带有卡酷风格的电视化再创作，“电视的渠道优势 + 网络的社交优势 + 舞台剧的产品内容优势”，创造“轻舞台剧”新业态。

文化体验类栏目《穿越吧少年》，以“博物馆”为主题，展现首都文化特色，打造少年儿童文化传承与文化普及标杆。

五、公益活动贴近儿童　践行媒体担当

2016 年六一儿童节，《卡酷幼儿园》栏目组在首都儿研所血液科病房内建立第一个“卡酷幼儿园图书角”，陪伴病房里的孩子们度过治疗的艰难和孤独，为他们带来精神上的灌溉和阳光。《大玩家》在暑期推出公益性特别节目《超级飞侠帮帮忙》，特邀小观众与超级飞侠乐迪一起完成快递员、交警、消防员、飞行员等的工作任务，向小观众们传递善良、勇敢、欢乐和友爱的正能量。

纪实频道节目中心概况

2016 年，北京电视台纪实频道节目中心完成了各项工作任务，并在多个国家级纪录片评奖活动中获得多项重量级奖项，取得良好的社会效益。

一、推动节目创新研发

纪实频道围绕“一带一路”“文化走出去”等重大选题，策划了五大纪录片项目。

《东盟行》。作为系列季播节目《旅游纪实季》的第一炮，聚焦全球旅游资源，主打“民间文化外交”内容。该片也是“中国－东盟中心”第一次与国内媒体进行合作，呈现东盟 10 国的隐秘风光与民俗文化。

《一千零一夜》。作为 2016 年北京市文化精品工程，样片已制作完成，正在进行第一批选题策划。《一千零一夜》以全媒体传播为手段，每集 5 分钟，全面展示世界各地的珍宝和奇迹。

《我为散文穿衣裳》。与新纪实共同策划的一档全媒体季播节目，该节目将在新媒体与商业网站上预热、遴选、推介，征集视频、配音、绘画、摄影等多种形式的作品并评选冰心微散文奖。

《中国火车故事》。该片以火车自诞生之日迄今 200 年的历史轮回作为纪录片的叙述主线，讲述火车技术穿越时代的精彩故事。

《一座码头　一座都城》。该片以大运河张家湾漕运码头为叙事的肇起，以国家首都的生长印记作为主线，通过“肇起张家湾”“烟云过往”“大城崛起”“向东向东”4 集，讲述运河与都城的故事。

二、做好重大主题宣传

在纪念建党 95 周年、长征胜利 80 周年以及其他节假日等重要时间节点，纪实频道都进行特殊编排，做好重大主题宣传。

为纪念建党 95 周年，北京纪实频道联合央视、上海纪实、湖南金鹰等于 6 月 28 日至 7 月 2 日安排播出特别节目《重生》。该片是第一部全面反映从中国共产党成立到中华人民共和国成立这 28 年间重要历史人物、重大历史事件的党史类纪录片。

重播大型红色纪录片《英雄志》。从 7 月 1 日起每天下午 16：00 安排播出纪录片《英雄志》，每天一集，一共 20 集。该片以传奇性、独特性、代表性、揭秘性为选材标准，以全新的视角和情景重现方式，真实再现尘封的英雄事迹，追寻无名英雄的足迹，感悟战争岁月信仰的纯粹和生命的真诚。

为纪念长征胜利 80 周年，频道于 10 月 20 日至 10 月 24 日晚 19：30 安排播出了特别节目《震撼世界的长征》。该片是我国第一部以国际化视角、采取国际主流叙事理念来解读“长征”的纪录片，这是一部全球范围内的红军长征影像志。

10 月 25 日至 11 月 2 日午间 16：00

播出《红军不怕远征难》。该片实地探访长征途经地，以实景还原历史，用影像告慰英魂。

三、举办大型活动

承办第七届北京国际电影节纪录片展映活动。2016 年第七届北京国际电影节纪录片展映共收到报名作品 1467 部（集），其中国际作品 1352 部（集），中国作品 115 部（集）（含中外合拍）。参评纪录片中不乏曾获得戛纳电影节、柏林电影节、威尼斯电影节、多伦多电影节等各类节展奖项的作品。评委会推荐的获奖作品、多部入围和提名作品在电影节期间进行线下展映。

除了展映活动外，在电影节期间，纪录单元还举办多场学术论坛、沙龙活动，探索学界热点与前沿。其中，以“本土故事国际表达”为主题的中澳纪录片论坛、以“跨界融合”为主题的“2016 中国纪录片产业年度论坛”和汇集众多国家驻华使馆文化参赞、电视台的“一带一路”媒体传播联盟成立暨主题论坛格外抢眼，成为本届纪录单元论坛系列的几大亮点。

举办“青春的纪录”环太平洋大学生微纪录作品大赛。在成功举办往届活动的基础上，继续举办北京国际电影节纪录单元“青春的纪录”环太平洋大学生微纪录作品大赛第四届活动颁奖礼暨第五届活动启动仪式，举办“疯狂的声音”——“青春的纪录”杜比实验室神奇秀活动、举办“青春的纪录——剪辑之魅”纪录片论坛、“青春的纪录——剪辑之魅”VR 案例分享论坛活动，举办优秀纪录片进校园活动，征集作品630 部。

四、推进纪录片“走出去”

参与创立“一带一路”纪录片全媒体国际传播平台。“一带一路”纪录片全媒体国际传播平台由中国国际广播电台和纪录中国理事会倡议，中广联合会纪录片委员会、中国纪录片网、中国（广州）国际纪录片节、中央新影集团、中国教育电视台、北京广播电视台、上海广播电视台、广东广播电视台、湖南广播电视台、五洲传播中心、广电总局研修学院、泉州广播电视台等多家重要纪录片制作和播出机构联合发起。平台搭建纪录片数据资源库平台，以纪录片为核心内容资源，通过多媒体手段，集纳国内和“一带一路”沿线国家纪录片资源和播出渠道，促进中国与沿线国家纪录片行业的片源共享、节目互换、联合拍摄、业务交流、人才培养等各方面的合作。

承办“中澳纪录片论坛”。作为第七届北京国际电影节纪录单元的重点活动，纪实频道与澳洲佳中文网共同承办“中澳纪录片论坛”活动，论坛共设“纪录片好题材的发现”“本土故事的国际表达”“国际合拍纪录片的市场潜力”3 个单元主题论坛，旨在探讨本土纪录片如何把故事讲好、内容做好、市场开拓好，实现纪录片产业的国际对接。

与此次活动同时开幕的还有“中澳纪录片周”，通过中澳双方交换播出纪录片的形式进行节目交流。纪实频道包括“传统技艺”“历史文化”“时尚运动”“京味美食”等多种题材的自制优秀纪录片，于 2016 年 5 月 16 日至 5 月 22 日晚 22：00 在澳大利亚 ABC 电视台进行展播。同时，澳大利亚 ABC 电视台也筛选了“澳洲艺术”“战争历史”“美食旅游”等具有澳洲特色的优秀纪录片在 BTV 纪实频道播出。

《文化中华》纪录片巡回走进校园。纪实频道 20 部自制优秀纪录片，被国务院台湾事务办公室纳入“《文化中华》纪录片巡回走进校园活动”。2016 年 5 月 3 日至 10 日，受国台办邀请，由 BTV 纪实频道、中国传媒大学与国台办、九洲文化传播中心组成的团队，与台湾纪录片学术同仁和 3 所大学的同学，一同探讨了大家共同感兴趣的学术问题。交流中，台湾的纪录片同仁、学者和大学生们，对于政府和电视台给予纪录片创作的大力扶持政策感慨颇多；同时惊讶于大陆青年导演宽广的题材视角、深度的思考和较成熟的创作功力。

参加境外纪录片节展活动并洽谈合作。纪实频道派员参团赴英国谢菲尔德纪录片节。在节展期间，BTV 纪实频道代表团举办了多场主题活动推广北京纪录片，洽谈中外合拍项目，取得了丰硕的成果。随后，代表团还赴奥地利和德国，与奥、德国家级电视机构或媒体管理机构进行了广泛的沟通，并签署合作备忘录，就节目合作、人员交流、纪录片合作拍摄、参与北京国际电影节纪录片单元、举办中奥纪录片主题日等活动达成意向。

党委办公室工作概况

2016 年，北京电视台全面推进党的思想建设、组织建设、作风建设、制度建设和反腐倡廉建设，党的建设和思想政治工作取得新的明显成效。

一、深入开展“两学一做”学习教育，切实增强“四个意识”

为确保“两学一做”规定动作落到实处、自选动作富有成效，一是认真组织安排，第一时间研究制订全台“两学一做”学习教育实施方案，成立由李春良同志为组长、台领导班子成员组成的领导小组及其办公室，及时传达上级要求，有序安排工作环节；二是全面动员部署，召开全台“两学一做”学习教育动员部署大会，李春良同志代表台党委，对抓好“两学一做”学习教育提出具体要求，全台党总支、党支部也迅速进行了传达，掀起了开展“两学一做”学习教育的热潮；三是抓好学习教育，台党委中心组和全台党总支、党支部分别围绕“对党忠诚，做合格党员”“严守纪律，做合格党员”两个主题开展学习讨论。在学习讨论中联系实际，结合党中央的新精神、新要求，广大党员不断增强政治意识、大局意识、核心意识、看齐意识，思想上行动上有了很多新的收获；四是创新教育载体，在动员部署大会上同步推出了北京电视台自主设计研发的“智慧党建”移动学习教育平台，在推动“两学一做”学习教育、促进学习教育常态化方面发挥了积极作用，实现了把支部建在网上、把党员连在线上的目标。全台“两学一做”学习教育累计开展活动 700 余场次，参与人数 20000 余人次，台领导班子成员、党组织负责人、优秀党员讲党课超过 75 场次。

二、准确把握时代大势，全面提升思想理论水平

台党委坚持把思想政治教育摆在突出位置，及时传达、学习贯彻习近平总书记系列重要讲话精神，特别是在党的新闻舆论工作座谈会上的讲话，以及在会见中华全国新闻工作者协会第九届理事会第一次会议全体代表和中国新闻奖、长江韬奋奖获奖者代表时的讲话，学习贯彻党的十八届六中全会精神，确保全台干部职工在思想上行动上与以习近平同志为核心的党中央保持高度一致。一是抓好党委中心组这个重点，累计开展党委中心组集体学习 21 次，台领导班子成员围绕相关理论和实践问题进行集中学习、研究思考、交流探讨，进一步凝聚了贯彻落实中央精神、推动北京电视台科学发展的共识；二是把握中层干部这个关键少数，组织参加北京广播电视台基层党支部书记培训班、2016 年北京市第 10 期学习贯彻五大发展理念网上专题轮训班等，部分党委中心组集体学习扩大到中层干部参加；三是推动全员覆盖，组织 1000 余名党员参加学习教育在线答题，及时在台内网上传“三项学习教育”“五大发展理念”等学习资料，通过配发学习辅导读物、订阅党报党刊等方式，督促和鼓励广大党员干部职工进行学习、提高认识。

三、有序推进专项工作，不断夯实基层党建

牢牢把握中央、市委的部署和要求，结合“两学一做”学习教育，立足全面从严治党，加紧开展相关专项梳理、检查、调整工作，推动基层党组织和党员队伍建设规范化、制度化。一是切实发挥台党委的领导核心作用，召开党委扩大会 29 次，研究全台改革发展、党的建设等重大问题 287 个，强化对台党委重大决策落实情况的督办工作，召开台领导班子“三严三实”专题民主生活会并抓好整改落实工作。二是全面启动全台党总支、党支部委员会换届工作，制订基层党组织换届选举工作方案，召开动员部署大会和专题培训会，分批开展换届选举工作。三是开展党费收缴工作专项检查，对全台近 1500 名党员 2008 年 4 月以来应缴党费基数和实缴党费情况进行了梳理、核算，并在思想动员的基础上，由台领导、中层干部带头，全台基本完成了党费补交工作。四是梳理完善党建工作基础信息，先后组织开展党员组织关系集中排查和党组织、党员信息核查工作，对全台在册党员和 2007 年以来党员流动情况进行详细核实，查找落实 2007 年以来正式组织关系转出后未收到回执的 77 名党员情况，根据党内信息管理系统更新的要求，对 63 个党组织、近 1500 名党员的基本信息进行了核对、补充、完善，形成了较为完备的基层党建基础数据。五是强化基层党组织和党员队伍建设，根据工作需要，增补、调整部分党总支、党支部委员，做好 2016 年党员发展对象的培训、外调、资格预审等工作。组织开展扶危济困活动，春节、“七一”前后，对患重大疾病党员情况进行调查摸底，走访慰问重大疾病和生活困难党员职工 48 名，“共产党员献爱心”活动募集捐款 11 万余元。

四、着力规范选人用人，大力推动干部人才队伍建设

一是规范有序做好干部选拔任用工作，按照干部管理权限，完成或配合上级组织完成全台中层干部职务调整2人、试用期考核1人、免职7人、安排上级选派挂职中层干部2人，台属企业班子成员职务调整9人，科级干部和制片人选聘27人、试用期考核21人、职务调整23人，做好与市委宣传部机关干部双向挂职交流和新一轮援藏干部选派工作，协调上级安排的2名乌鲁木齐来京挂职培训干部到北京电视台挂职锻炼；二是完善干部管理基础信息，完成中层干部和科级干部人事档案专项审核以及相应的审核、认定、存档工作，开展2015年度全台干部职工年度考核、中层干部和台属企业负责人个人有关事项报告填报及抽查等工作；三是严格干部兼职任职管理规定，按照上级和巡视整改要求，对中层以上干部在企业、社团兼职情况进行全面清理，已基本完成社团兼职自查清理工作；四是加强人力资源的配置管理，重点做好对卫视节目中心等关键部门紧缺人才的台内招聘工作，积极稳妥完成新媒体发展中心、北京国际电影节运行中心整体划转的人员安置工作；五是着力解决人员懒散问题，强化请销假等人员管理制度的操作性和执行力，针对具体问题采取相应的措施；六是加强绩效考核管理，2016年首次实施全台统一的绩效考核方案，引入风险抵押金考核手段，对全台奖励项目进行梳理和规范，强化了全台上下的成本控制意识和利润意识；七是抓好干部职工教育培训工作，制订2016年教育培训工作计划，组织开展摄像机高新技术实操培训班、国外节目模式观摩会、少儿节目主持人专项业务培训、赴韩国“交互式新媒体节目运营与创新”培训班等，举办北京电视台“文化沙龙”，完成培训11项、19期次、184学时，全台共2042人次参加。

五、配合专项巡视和审计监督，深入抓好整改落实

市委第八巡视组对北京广播电视台开展专项巡视，北京市审计局开展原北京电视台主要领导离任经济责任审计，是北京电视台查找自身问题、完善内部管理、增强发展效益的重要机遇。台党委高度重视巡视和审计工作，积极支持、全力配合、落实整改，切实提升北京电视台改革发展和内部管理水平。按照市委第八巡视组的要求，配合北京广播电视台党委收集、汇总、提供北京电视台近年来相关工作材料和原始资料，自觉接受市委巡视组的检查和监督。按照市审计局工作组的要求，配合开展原北京电视台主要领导离任审计，提供全台2013年以来财务运营资料及其他相关材料，安排相关的会议、约谈等。按照巡视反馈意见的要求，及时传达学习，召开党委扩大会进行专题分析讨论，认真研究制定整改落实方案，明确19项整改措施的牵头领导、责任部门、完成时限，并分别提出了具体工作方案。

六、大力加强管党治党，扎实推进党风廉政建设和反腐败工作

认真落实党风廉政建设责任制，调整完善台党风廉政建设领导小组，制订印发年度党风廉政建设和反腐败工作主要任务分工，层层签订党风廉政建设责任书，对新任职及岗位变动的14名科级干部进行廉政谈话，对20名中层干部进行廉政警示谈话，进一步强化“一岗双责”意识。通过多种途径，加强宣传教育和警示教育。不断加大纪检监察审计工作力度，制定实施《关于进一步加强和改进北京电视台纪检监察审计工作的实施意见》，明确调整充实纪检监察审计工作力量的具体办法，为下一阶段党风廉政建设和反腐败工作提供了扎实的制度保障和组织保障。强化重点领域监督，在全台34个部门、281个科室和20个台属企业、86个内设部门集中开展“小金库”排查，制定实施《北京电视台广告监督管理细则》，取消全台节目中心、栏目组及有关部门工作餐卡。同时，针对干部选任、评选推荐、大型项目组织、设备采购等关键环节，进行及时有效的监督检查。深化常态化审计监督，根据2015年度全台及台属企业的财务审计结果，提出整改要求。扎实做好中层干部、台属企业负责人离任经济责任审计，完成对相关大型节目、专题片的专项审计和审核备案，对部分责任人进行责任追究。认真做好信访案件查办工作，做好对市委第八巡视组转办案件的调查处理，依规依纪对相关问题线索进行调查核实、提出处理意见。

七、创新工作方式方法，持续深化宣传教育、精神文明建设和青年创新人才培养工作

党委办公室创新宣传教育形式，在继续管好用好台内网、党委宣传栏等常规宣传教育平台的基础上，以“智慧党建”移动学习教育平台为重点，进行功能优化和推广展示，搭建形成了“重要通知”“学习园地”“精彩推荐”“支部订阅号”等工作模块，目前已累计发布和推送信息量2100余条、访问量达到18000余次。“智慧党建”平台入选北京市基层党建创新项目孵化工程培育型项目。创新典型引领，积极做好第三十届“北京青年五四奖章”、第七批“首都市民学习之星”、“首都精神文明建设奖”、“北京市法治宣传教育先进集体和先进个人”、北京市妇女儿童工作先进集体和先进个人、学雷锋志愿服务“四个100”先进典型等推选工作，配合做好相关区县和社会组织换届人选推荐工作，组织党员干部职工参加《英雄史诗不朽丰碑》——纪念红军长征胜利80周年主题展览、闫肃同志先进事迹报告会等，发挥革命传统和典型人物、典型事迹的引领作用。创新青年培养，进一步发挥青年创新工作站的平台作用，做好2015年创建项目终评展示，命名表彰了新一批10个青年创新工作站。根据实际情况，对青年创新工作站人才培养机制进行深化调整，制定印发《北京电视台青年创新项目市场孵化实施办法（试行）》和《关于青年创新工作站实施常态化运行管理的通知》，明确了下一步青年创新人才的培养方向。

八、凝聚改革发展合力，进一步做好工会、共青团、老干部工作

工会工作以“五星级”职工之家为标准，针对职工因意外伤害和患重大疾病导致的家庭经济困难等问题，探索建立职工爱心互助金制度，拓展延伸职工爱心帮扶工作链条，调研确定解决职工心理健康问题的办法和思路，对多种用工形式下的工会工作作出了新的安排。主动关心、慰问“两会”报道组、春晚剧组，春节前夕组织开展送温暖活动，向22个部门的55名身患重大疾病和家庭困难的职工送去慰问品和补助金，继续做好生病住院及亲属去世职工的关爱帮扶工作。维护职工权益，继续做好互助保险出险理赔工作，及时做好工会会员和京卡会员信息变更完善工作，通过办理公园年票、组织职工休假疗养、开展乒乓球和羽毛球等团体活动、“三八”节女职工观影、开展餐饮满意度调查等形式，保障职工利益，激发工作热情。做好职工推优评优工作，推荐多个集体参与全国工人先锋号、北京市工人先锋号评选，表彰展示2015年度优秀女职工88名、“巾帼文明岗”优秀集体10个。

共青团工作以开拓创新、凝聚青年为重点，组织团员青年认真学习贯彻习近平总书记在知识分子、劳动模范、青年代表座谈会上的讲话精神，及时组织传达学习团中央改革方案，结合全台团组织和团员队伍登记完善工作，构建“凝聚青年，服务大局，当好桥梁，从严治团”的工作格局。围绕纪念“五四”运动97周年，在故宫博物院和北京新文化运动纪念馆举办“弘扬五四精神传递创新激情”主题团日活动，60余名团员青年一同学习五四历史、体验最新技术、重温入团誓词，尝试对相关活动内容进行了手机直播和VR全景直播，展现了广大团员青年的创新风采。深化青年志愿服务工作，围绕学雷锋志愿服务主题，组织开展“心悦随身听”助盲有声阅读培训活动，积极发挥主持人爱心团等青年志愿服务组织的作用。

老干部工作以解决退休职工实际问题为中心，在深入分析北京电视台退休职工需求的基础上，充分集中各方面的意见和资源，经过多部门、长时间的努力，制定实施了《北京电视台退休职工帮扶助困暂行办法（试行）》和《北京电视台困难退休职工从事专业顾问工作管理办法（试行）》及相关配套文件，积极协调解决停发退休职工“改革共享费”引发的问题，充分做好广大老同志的解疑释惑、安抚疏导工作。抓好退休职工思想政治工作，组织退休职工开展“两学一做”学习教育，落实老干部党总支及其所属党支部的责任，组织开展多种形式的教育实践活动，实现了学习教育的全覆盖。开展“展示阳光心态，体验美好生活，畅谈发展变化”主题活动，激发老干部志愿服务团的活力，落实退休职工生活待遇，累计开展各类丰富多彩的活动50余场次，受到了广大退休职工的欢迎。

办公室工作概况

2016年，北京电视台办公室完成了全年各项任务。

一、围绕中心、服务大局，抓好常态业务

文件处理稳妥有序。累计办理外来收文781件，部门呈文49件，授权书511件；起草、审核、上报京视字文件440份、印发京视发35份，人大建议和政协提案会办20余件；完成多项台级层面重要文稿的起草和报送。严格遵照相关处理程序，做好保密、催办、督办工作。

会议筹备细致周密。圆满完成2016北京电视台上半年工作总结暨下半年工作务虚会等重要会议和活动的相关筹备工作，认真做好领导会议及活动相关服务，确保材料提前送达、按时报名、及时提醒；组织召开台长办公会 11 期，并印发会议纪要。

事务性工作周到负责。一是会同总工办做好台领导值班工作，精心统筹协调领导值班时间，年节长假及时上报总台，做到信息通畅；二是为全台各部门提供热情周到的印鉴使用等工作。三是文印室辅助全台印制各类会议材料，及时进行分页、装订、封装，并协助相关部门完成各类表格、图表、证书的整理、制作、打印以及光盘扫描、刻录等工作。

外事管理严格规范。共报送因公出访团组 62 批次，总计约 206 人次。其中自组团组 29 批 152 人次，随团团组 33 批 54 人次；8 月份开始，集中办理了 12 批与“一带一路”相关的采访报道出访任务，保证了团组的顺利出访；邀请外国人来华 3 批 54 人次；办理台内常规栏（节）目及各类大型晚会、活动邀请境外人员参加节目录制的上报请示 238 件，481 人次，上级已回复 183 件。

接待工作周全有序。全年共接待各级领导及来宾参观来访 135 批次，共 1567 人，参与大型活动 31 次，共 9515 人。其中，参与“2016 年环球春晚”“北京台主春晚” “2016 年广告客户新春答谢会”“北京电视台工作大会”“4·20 互联世界共享未来”“养生堂”专题节目录制等活动的领导及嘉宾接待工作。

内网建设优化创新。定时对内网进行查看维护，做到信息上传及维护及时，保证信息渠道畅通。充分发挥内网信息发布的重要作用，协调各中心、部室在内网发布重要通知置顶 50 余次，制作角标发布通知 4 次；配合全台工作会议、台情通报会、文化沙龙活动进行内网直播 7 次；做好本部门信息稿件发布和全台内网信息管理，全年办公室在台内网共发稿 574 件，全台发稿量共计 12048 件。

摄影图片业务精进。完成了公务接待及台内活动的摄影工作 41 批次，其中，参与了国际奥委会文化顾问、国际排联高层来台交流座谈，市领导参观 BTV“暖暖的家”改造工程，北京电视台工作会议，北京电视台工作务虚会，北京电视台“天涯共此时”启动仪式，“书香北京”文化项目启动仪式，北京电视台“文化沙龙”等活动的拍摄工作。同时做好台内重要会议及大型活动的图片收集工作，2016 年收集并整理有价值图片资料 200 余件，并定期制作建档上传内网“图片资源”版块百余件，实现全台价值图片资料共享。

信访舆情服务决策。全年接待信访件 289 件，重点处理 11 件；依照总台《关于开展 2016 年第一次社会矛盾纠纷排查调处工作的通知》要求，协调台 10 个职能部门认真排查处理并汇总上报；撰写完成《北京电视台 2013 年—2016 年信访工作情况汇报》，按照巡视组要求上报总台材料；完成《关于落实巡视整改要求严禁公款购买赠送发放礼品的通知》的备案工作。此外，及时整理上报内网“台长信箱” “建言献策”版块中职工的意见建议；编写完成《每月台情》12 期。改版《舆情速览》扩大信源、跟踪微信公众号，完成《舆情速览》100 余期，总字数 33 万余字，每日为台领导提供舆情参考，内网点击量明显提升。

档案工作职能凸显。完成 2016 年度部门档案整理登记，建立档案目录，存档，收集档案资料1110件，整理全台档案980件，档案借阅97人次729件。

栏目热线品牌服务。全年96168热线系统完成来电103万件；转人工13万件；人工接起量11万件；96168热线为各栏目记录工单6万件；解答咨询1.8万人次，为栏目提供线索、建议3.9万件。

合同审核优化流程。2016全年累计审核合同1000余件，其中标的额超过2000万元的重大项目达12件，每件逐一深入研究，全面把关，突出重点，实现合同风险的有力防控。

法律维权处理稳妥。2016年，北京电视台涉及的法律纠纷及诉讼案件数量相较往年显著增多，共接办侵权纠纷类诉讼案件16件，处理劳动争议案件23件，处理非诉讼案件5件。在主动维权方面不断寻求突破，以最大程度维护和争取北京电视台合法权益。

通讯业务保障有力。全年共接听电话181247个，协助办理全台业务62749件，具体包括接通长途109个，接发传真75份，短信单发15813条，短信群发111732条，电话号码查询93145次；技术团队完成全台电话开通维修业务563次，为各节目组提供对讲机2765余台次，配合联通、移动、电信工程师完成无线信号巡检修理35次，170个工时。

医疗保健以人为本。2016年医疗、计划生育、医药费用报销等工作按年度计划顺利完成。门诊量18365人次，其中急诊处置16例，安全转诊急危重症8例，无漏诊、误诊，医疗咨询解答万余人次，外伤换药、心电检查、血糖监测、频谱理疗等共计877人次。

二、发挥优势、凸显特色，抓好重点工作

信息工作提质增效。全年共编印《北京电视》43期，报送市委宣传部《宣传系统快报》274条，采用107条，上报市委宣传部《信息专报》31期。其中，《宣传系统快报》“特色工作”版块大篇幅、高密度刊载了“北京电视台‘三个首次’创新G20杭州峰会报道”“北京电视台统筹做好2016年中秋宣传报道工作”“北京电视台《养生堂》栏目坚守品质融合创新”“北京电视台《传承者之中国意象》创新中华文化传承”等信息；《信息专报》“‘家家好　国家好’2016北京电视台春晚好评如潮”得到市委宣传部领导批示；“纪录片《最后的沙漠守望者》日文版在日播出反映热烈”等信息被《北京信息》刊登。

办公方式优化创新。OA系统移动端开发完成，助力提升办公效率。以青年创新工作站为平台，汇集部门综合档案科、信息网络管理部骨干力量，研发推出OA系统移动端，在私密性、即时性、联动性、个性化等方面进行优化，进一步提升文件审批效率，推进全台信息化水平再上新台阶。

栏目热线升级创新。96168栏目服务热线改造招标工作历时3个月，参与各方建立了良好的沟通机制，保证了9月14日项目启动，10月10日硬件设备入场，同时项目合作方的工程师也驻场进行软件调试，项目在2016年年底初步完成。新的设备系统开始提供更加完善丰富的服务内容。同时热线的技术人员也配合联通公司方面完成了两次光纤改造线路端口调试工作，并对电话线路进行了维护；针对更

新换代后的系统拓展功能增加对热线坐席的培训，扎实开展热线软件服务同步升级。大胆尝试探索新的业务模式，与京视传媒合作开展针对养生堂定制手机销售的话术培训，邀请京视传媒公司的讲师针对手机功能模块和定制服务的使用方法以及在之前销售过程中客户易产生的疑问进行了详细讲解。96168 栏目服务热线作为承接方负责部分电话方面的咨询、销售及投诉受理方面的工作，并在新的业务模式中收集信息，反馈给系统升级改造项目，使新系统更加契合 96168 栏目热线的服务工作。

法律事务积极主动。2016 年，共参与领导交办及台内专项法律事务计 16 项，其中包括新媒体集团成立、昌黎 400 亩土地处置事宜、保卫部 21 名劳务人员纠纷、北京国际电影节专项工作、廊坊大卖场房屋交付事宜、中央电视塔发射机更新改造项目、北京 IPTV 协议主体变更事宜、处理我台中餐服务合作终止处置事宜；参与了电视中心土地使用及建设事宜的项目组、卫视中心季播节目谈判项目组、《互联世界 共享未来——4·20 中国互联网嘉年华》主题晚会项目组、《2017BTV 跨年歌会》台内协调筹备组、制作部外协小组、2017 年春晚协调及筹备小组、新闻演播室改造项目组。这其中既有我台长久以来的遗留问题，又有融合转制中出现的新问题；既有大型晚会、季播节目等举全台之力推动的项目，又有职能、技术方面的相关事宜。面对各式各样的疑难问题，始终坚持“以大局为重，以工作为中心”，既侧重于法律风险的及时提示，又着力于提供有效的解决建议及方案，为多项我台专项事务和突发应急事件的顺利解决保驾护航。

企业文化平台搭建。基于办公室青年创新工作站“媒体内部文化与执行力”课题研究成果，创办北京电视台文化沙龙。全年圆满完成《中国与西方音乐文化的共通与差异》《用音乐聊天——室内乐重奏漫谈》《中国民族歌剧的传承和创新》《我的晚会音乐》《生命该如何寄托——王亚彬畅聊舞蹈艺术创作与舞蹈音乐》等 5 期主题活动，参照电视节目制作形态的运作流程，从前期策划、预算制定、嘉宾邀请、场地搭建、台内宣传，再到现场录制、内网直播、后期编辑、资料归档探索建立了一整套运行模式。集培训学习、节目制作、职工活动为一体，结合邀请音乐大家现场表演和授课、线上线下互动的沙龙形式，充分体现了电视台职业特色和媒体内部文化建设特点。项目的创立既丰富职工业余文化生活，又拓宽视野助力节目创新。同时，文化沙龙活动促进了台内部门间深度融合，增强了内部凝聚力，创新形式受到职工好评，不包括内网直播的点击量，仅现场参与人数就达到 700 余人次。

启动“阅读点亮中国梦”北京阅读季——书香企业暨北京电视台书香园地项目。经北京市新闻出版广电局的公共服务处推荐，与业界口碑较好的图书供货服务商合作，面向内部职工售卖书籍和组织读书交流活动，用阅读书籍为北京电视台引领和营造书香充盈的企业文化氛围，深化学习型组织建设，厚植首善媒体文化底蕴，提升干部职工专业素质和文化修养，推动落实台领导关心支持广大干部职工阅读需求，搭建文化平台的部署与要求。为 BTV 打造精神家园，使职工以学习平和心境，借阅读滋养心灵，用知识激发智慧，凝聚精神力量，促进思行合一。

总编室工作概况

2016 年，北京电视台总编室重点做了以下工作：

一、抓好“两个安全”：内容安全和播出安全

内容安全。2016 年，共编发《宣传管理工作月报》以及各类监评报告 130 余期，及时传达落实宣传精神 800 余条，核查情感类节目选题 1000 多期，查找提示风险点 1000 多个，报审境外、港澳台人员参与节目制作 800 多人次，完成策划费、演出费、资料费审核 150 余项，涉及资金 6000 余万元。

播出安全。通过细化工作流程，严格落实责任制等措施，确保各工作环节不出差错。2016 年，各频道启动应急动态编播调整机制百余次；在终审、备播、监播等工作环节发现各类安全隐患并及时处置 2000 余起；导播环节继续强化实施“两单一报”制度，取得良好效果。在大家的共同努力下，实现全台频道组 10 万余小时节目安全播出，及时准确飞播重大宣传和气象预警字幕信息 10000 多条（次）。

二、做好“四个统筹”

做好节目规划统筹。先后组织协调节目部门策划完成了建党 95 周年、长征胜利 80 周年、跨年系列活动、传统节日、十八届六中全会等 20 多项宣传报道方案；作为第六届北京国际电影节开幕式工作小组的主协调部门，统筹完成了电影节开幕式晚会的策划、录制、传送、播出、宣传推广及“天坛奖”评选等相关工作。

做好编播管理统筹。坚持节目部门重点选题节目申报制度，及时做好日常节目的编播、数据统计和发布工作，统筹做好节假日和重要节点节目编播规划和节目资源的调配，全年累计完成 17 个频道（12 套节目）10 万多小时的排播任务，其中非常规节目和体育赛事约 900 档。

做好宣传推广统筹。聚焦重大事件、公益热点，策划制作公益宣传片、节目整合宣传片 60 多个，公宣时段上播各类宣传片 300 余个；整合台内外资源，协调台内外媒介平台，加大春晚、电影节、建党 95 周年、长征胜利 80 周年等重点项目的宣传推广力度，取得良好效果；为提升北京电视台品牌形象，草拟《BTV 品牌建设方案》，为提升品牌价值和影响提供解决思路和建议。

做好媒资服务统筹。媒资系统为生产一线提供 2.5 万小时的资料服务，及时发布“科比”“梅葆玖”、奥运会等 15 个主题资料，创新推出微信公众号“媒资黑板报”，制作了 14 个资料推广短片，微信阅读量达 5400 多人次。媒资系统实现播出版节目和资料版节目素材存储共计 68.6 万小时，库存增长 6.9 万小时；尝试派出资料专员与《长征》《解放——人民的选择》剧组开展专项合作，开展定制服务，创新资料素材跟随服务的新模式。

三、完成五项重点工作

落实编委会会议组织和决议。全年共组织召开26次编委会，研究360个议题。总编室在做好会前议题设置、会议组织的同时，对类似频道版面规划等重点项目提前调研，为台领导提供决策参考；对重点立项节目加强跟踪服务，提供宣传推广等各方面支持，确保了编委会各项决议的贯彻落实。

分析与规划频道定位。为做好2017年全台频道规划和广告招商工作，总编室牵头频道规划编播会商小组协同负责广告和版权经营的实体，逐一走访各节目中心，就2017年度频道编排布局和产业经营布局进行面对面交流研讨，及时将台领导的思路、指示传达给各节目中心，精心梳理各频道规划中的亮点、问题，并提出自己的建议。这种主动靠前服务，加强内容生产与广告经营融合的做法，得到节目部门的充分肯定。

组织落实航拍工作。2016年台里对航拍工作无论是在航拍线路的选择、还是在拍摄主题的把握、画面的质量等方面，都提出了新的更高的要求。接到任务后，总编室立即组织业务骨干，认真研究，虚心请教，克服拍摄经验不足等困难，数次奔走于总参和市委市府的有关部门以及警航总队等机构，历时4个月完成项目的各种报批手续，从10月上旬组织实施拍摄以来，已实施有效飞行10个架次，运用高清4K技术拍摄视频素材17个小时、图片5000余张。新闻节目中心已利用航拍素材制作了5集专题片《绿满京华》，于12月5日起在《北京新闻》等节目中播出；卫视节目中心也在《跨年全球歌会》《传承者》《2016中国劳伦斯奖颁奖典礼》等大型节目和频道宣传片中使用本次航拍的素材。

加强与新媒体集团的融合发展。2016年4月，随着北京新媒体集团的挂牌成立和北京时间网站的正式上线，北京电视台新媒体业务完成转企改制，原新媒体发展中心承担的相关工作划转到总编室。面对全新的业务，按照台领导的要求，依托原新媒体中心的三位同志，调查梳理各种问题，重新思考定位北京电视台的新媒体发展思路，先后完成《关于当前北京电视台和新媒体集团融合存在的问题和建议》以及北京IPTV发展等调研报告；制订工作流程，解决北京电视台微信账号年审、认证等问题；推进台网融合的业务实践，组织三个节目中心相关栏目与新媒体互动平台合作，完成北京惠民文化消费季电子券1000万元发放工作；推进青少·海外节目中心与北京IPTV内容深度合作，努力探索内容增值路径。通过总编室积极有效的工作，保障了北京电视台新媒体业务的平稳过渡，推动了相关合作项目的开展。

积极推进高清化建设。总编室会同总工办、新闻节目中心、影视剧中心于2016年7月启动影视和新闻频道高标清同播申请程序。其间，总编室向广电总局、市局和总台等上级部门多次沟通情况，撰写请示报告，认真做好节目报备申请和统筹协调工作，得到上级主管部门的强力支持与肯定。2016年10月18日新闻和影视两频道实现高标清同步播出。这是继北京卫视、文艺、体育实现高标清同播后的又一成果。本次新闻和影视频道实现高标清同播后，北京电视台已实现6个高清频道播出，其中5个为高标清同播频道，频道高清化比例超过50%，标志着北京电视台全面进入了高清化时代，引领着国内先进水平。在这一过程中，总编室相关科组各司其职，密切配合，协同作战，保证了开播工作的顺利进行。

此外，在主持人管理服务、节目评奖报送、中国3D频道建设等多个方面，都进行了积极探索，各项工作得到了进一步开拓。

研究发展部工作概况

2016年，研发部紧密围绕北京电视台工作要点以及重点工作折子工程要求，聚焦发展目标，跟踪传媒动态，升级数据支持，服务创新研发，不断提升数据研发工作的实效性、及时性、精准度和覆盖面，一系列工作高效有序推进。

一、完善考核办法，助力转型发展

为全面提升北京电视台整体影响力、竞争力，激发内容生产创新创优动力，调动节目中心面向市场与广告创收融合的积极性，全面增强BTV整体经济实力和可持续发展能力，实现年度发展目标，从2015年底开始，研发部会同相关部门，围绕北京电视台2016年广告目标的确立、任务的分解以及支撑这个任务目标的内容配置、绩效考核、奖惩措施等进行了深入的研究、论证。在一个多月的时间里，召开了30多场专题会议，拿出了十几稿方案，经过十几次反复的讨论、研究以及对收视、收入、支出等各类数据进行的精细测算，并积极采纳各节目中心和经营主体的合理建议，形成了涵盖收视、收入、利润等指标的测算、分解、落实方案，制定了全台联动的考核方案《北京电视台节目中心、部、室绩效考核实施方案（试行）》及《北京电视台节目中心目标考核责任书》，引导节目中心更加面向市场，积极融入经营，把内容生产的着力点放到最具经营价值的晚间黄金时间段。2016年绩效考核实施以来，各部门认真贯彻落实，对全台节目创新、改革、发展起到了显著的推动作用。

二、围绕中心工作，落实折子工程

推进技术研发，升级数据发布。全面提升收视数据发布分析的现代化水平，成功研发节目收视分析OA系统，提升了数据发布效率，实现了收视数据实时、可视化呈现；增强了节目分析应用功能和视频素材采集功能，实现了精准化分析、竞争对比分析和同步呈现，为一线生产和各级决策提供更加及时、明确、便捷的数据支持。配合收视分析OA系统推出，组织数据专员培训，推动系统在实际工作中的应用。

构建复合指标，探索多维评估。密切关注当前大数据发展趋势，按照折子工程要求，积极研究构建复合型节目评价体系，推进多屏数据评估。经过多层次研讨论证，完成了包括索福瑞收视数据、歌华有线北京地区大样本收视数据、IPTV收视数据以及视频网站播放量、微博互动数据、百度搜索数据、微信公众号数据、

APP 数据在内的全媒体收视分析系统指标体系和模型设计，启动了技术招标和数据平台搭建。

搭建创新机制，促进自主研发。按照折子工程要求，研发部对《北京电视台节目创新工作实施办法》进行了修改；组织专门力量开展论证研究，探索建立有利于结合台内外力量，能够有效激发创新活力的节目研发新机制；积极筹划节目创意征集活动、节目创意培训活动。

科学评估节目，完善淘汰机制。制定北京电视台栏目末位淘汰办法，与中国传媒大学合作开发节目收视及投入产出评价软件，制定各频道及全台栏目逐级末位淘汰标准，对全台各栏目进行了半年和全年投入产出评估，摸清了内容生产实际效果的家底。在此基础上，与中国传媒大学新闻学院调查统计研究所合作开发收视效果分析软件，用以对全年各栏目收视状况作出科学评估，同时为在某频道某时段开设某类型栏目进行基于数学模型的收视效果科学预估。

三、深挖数据价值，支撑内容生产

加强数据研究创新，支撑内容生产上台阶。加强数据研究创新和数据支持能力建设，增强收视数据分析的广度和深度，加强数据外延性分析研究和数据支撑内容生产的作用。在做好日常收视数据发布的基础上，总结一线数据需求结构，建立分析模块，在做好日常收视数据发布的基础上，形成多层次数据分析机制和系列化研究报告体系，尝试推出了多个专项化、主题化、形态简单、结论明确、应用性强的深度数据分析报告。为卫视节目中心提供全天“伴随式”数据服务和分析服务，针对综艺季播、红星剧场等重点时段提供专项收视分析；为新闻节目中心调整创新提供数据支撑，制作了专项研究报告；为文艺节目中心按季度提供收视分析报告；为动画节目中心以月、季度为周期定期提供收视分析累计达十余次，为京视体育公司按日提供详细分众报告，有力地支持了广告经营的精确度。与影视节目中心建立了月度会商机制，定期研究电视剧市场的走势和最新特点，为选剧购剧提供数据支持；为《午茶剧场》《红星剧场》的排名异动提供“伴随式”精准分析；为京视体育公司按日提供详细分众报告，为青少·海外节目中心提供重点栏目数据分析支持。对全台栏目进行综合评价，在确保导向正确的前提下，围绕收视与投入产出进行综合排名，为实行全年节目调整做好准备。

促进融合发展，探索多维评估。充分挖掘网台互动数据的价值，有力促进节目与新媒体的互动营销，提升节目资源互动传播的市场价值，节目网络影响力的评估更加具有应用价值，全年推出了 50 多份综合评估分析，包括为《北京电视台2016 年春节联欢晚会》《2016 北京国际电影节》《跨界歌王》《跨界喜剧王》等我台重大报道和综艺季播节目提供全媒体传播效果和影响力分析；为《2017 年跨年歌会》和《2017 年春节联欢晚会》提供多维度数据分析支撑。

发挥核心优势，推动编播会商。积极发挥在编播会商平台中的数据支撑作用，为 2017 年各频道规划等重要课题提供了有力的数据保障，通过翔实的数据、多维度的分析找出当前内容生产方面存在的问题，并提出了有效的解决方案。

四、聚焦发展实际，开拓业务空间

贴近发展需求，申报总局课题。上半年以《大视频时代，电视媒体融合发展路径研究》为题，向国家新闻出版广电总局申报了部级社科研究项目，成功入选并被列为重大课题项目，获得研究资金支持。目前，课题研究工作已经启动。向市委宣传部申报的项目《北京电视台融合传播力建设研究》被列为市宣传系统2016年重点调研课题工作，该课题已基本完成。在做好课题申报的同时，完成了总局部级社科项目《多屏时代电视媒体制播分离路径研究》结项报告的撰写，完成了市委宣传部2015年重点调研课题《北京电视台推进大媒体战略探索研究》的结题和报送。

立足效率提升，推进发展研究。提升各类课题研究的针对性、时效性，推出了《年度展望——省级卫视竞争态势前瞻及战略选择建议》《知己知彼——关于春节假期节目供应与编排》《2011年至2016年省级卫视春节假期节目资源使用效率分析》《竞争卫视2015－2016年跨年会信息综述与分析》《从2012伦敦奥运会看2016里约奥运会卫视频道份额保持策略及编排》《2016年暑期主要卫视频道竞争态势分析》《北京卫视2016年1月至9月平台竞争力同比分析》等深度研究报告。这些研究既有针对内部发展情况的研究，又有对外部竞争市场的深度解读。广泛深入开展调研，分别对歌华有线、酷云、秒针、美兰德、尼尔森、国双、脉讯、央视市场研究等第三方数据机构以及中国传媒大学等高校进行走访调研，就媒体融合及为全媒体收视评估体系建设进行论证。

加强外部合作，拓展影响空间。2016上半年在CSM年会上，北京电视台再次当选为CSM电视用户委员会委员，并继续连任电视用户委员会主席台，利用这一优势，进一步加强了与数据公司的合作，促进服务质量提升、服务手段丰富、服务内容贴近，及时跟进解决存在的问题。充分利用各类论坛，通过第三方数据公司的分析报告提升我台的影响力和品牌价值。积极参加各类论坛，提升北京电视台在业界的话语影响。

加强外部合作，完善专家团队。采取走出去、请进来的方法，加强与外部资源的沟通与合作，加强了专家顾问团建设工作，通过多种渠道，形成了具有一定规模、多种层次、多个专业的专家顾问库。在北京电视台春晚评估中，充分利用专家顾问及时访谈，推出系列高水准、专业化的点评观点。

五、丰富服务手段，促进创新研发

面向生产一线，开展模式交流。充分利用和开发电视模式资源优势，以“讲座沙龙”形式，面向全台一线编辑、记者，举办了“戛纳国际电视节推荐节目模式”“美食类节目模式”“演播室类节目”等多次有实际针对性的主题讲座交流活动，全年主任、制片人、编导等近千人次参加各项交流活动。

改进模式发布，提升服务效果。2016年新增二十余部最新节目模式样片。针对台内各频道的节目创新和改版需求，利用模式资料库，进行了大量有针对性的节目模式研究，为卫视、文艺、科教、生活、青年等频道，整理、翻译节目模式，累计达50部以上。利用电视模式资源，面向全台一线编辑、记者，同时，北京电视台内网按一定周期，实时更新节目模式视频资料，向全台推介。以台内刊物《锐》

为平台，定期逐月向全台发布国内外电视动态信息，2016年累计推出10期。国内电视研究团队定期推出专项研究报告，上述文字研究报告年累计达10万余字。

六、服务生产决策，加强常态工作

加强常态工作，提升效果质量。在常态数据工作方面，坚持做好每日收视数据发布、《北京电视台每周节目综合分析报告》《BTV观察》《传媒动态》撰写发布，同时做好向上级报送收视数据及台情通报会收视数据等日常工作。在常态文字工作方面，配合全台重点工作，主要完成了广告招商、申请各类财政支持、电影节市场分析等大量文字工作；完成了向总局、市委宣传部等部门报送的材料。每日收集传媒信息，并选择重要内容在台内网《环境观察》发布。截至11月，在内网发稿8877条。

加强图书信息资料工作，提升服务水平。完成了2016年报纸和杂志入库、上架及整理，汇总读者意见新增及替换了50多种新闻、电视及综合性期刊。结合读者需求，按计划完成了500册图书的采购、编目及入库任务。全年到馆阅览约为5000余人次，借阅图书为8000余册、期刊10000余册。完成了2016年《电视文摘》的出版、发行及台内网平台的电子推介宣传，并对《电视文摘》进行了版面及内容方面的改版，加大理论及论点方面的内容，减少动态资讯等。与“中国知网”初步达成合作意向。

监察审计办公室工作概况

2016年，监察审计办公室积极落实中央、北京市和北京广播电视台党风廉政建设和反腐倡廉工作要求和部署，认真贯彻中央八项规定，深化北京电视台党风廉政建设工作，强化推进反腐倡廉宣传教育，切实履行纪检监察职责，依法公正做好内部审计。

一、认真落实党风廉政建设责任制

根据北京电视台实际情况，及时调整党风廉政建设领导小组，制定下发《关于调整党风廉政建设责任制工作领导小组及办公室成员的通知》，为进一步加强北京电视台党风廉政建设提供组织保障。

由台党委书记、台长和班子成员及各中心、部、室一把手分别签订了《党风廉政建设责任书》，提出要求，明确责任，进一步强化北京电视台领导班子成员和各中心、部、室一把手的责任意识。

根据2016年党风廉政建设和反腐败工作的要求，制定下发《2016年北京电视台党风廉政建设和反腐败工作主要任务分工》19项，明确了党风廉政建设各项工作的完成时限、牵头部门、协办部门和责任人。

根据《北京电视台党风廉政建设谈话制度》，组织新任职及岗位变动的14名科级干部进行了廉政谈话，对20名中层干部进行了廉政警示谈话。

二、加强纪检、监察、审计顶层设计

为深入贯彻落实全面从严治党、从严治台要求，切实加大党风廉政建设和反腐败工作力度，撰写《关于进一步加强和改进北京电视台纪检监察审计工作的实施意见》《关于调整充实纪检监察审计工作力量的具体办法》《北京电视台广告监督管理细则》，特别是对《关于进一步加强和改进北京电视台纪检监察审计工作的实施意见》，集中全部力量、历时3个月、进行多次较大篇幅的结构调整与内容修改。

三、积极落实巡视整改要求

2016年，监察审计办公室制定下发《关于落实巡视整改要求开展“小金库”排查的通知》，对全台34个部门、281个科室及20个台属企业、86个内设部门是否存在设立“小金库”和使用“小金库”款项等违规违纪问题进行了专项排查，并与152名干部职工进行了一对一面谈，通过宣讲政策、沟通情况、解答职工疑问、直接问询，对自查自纠结果进行了复核，对此次清查中发现的违纪违规问题，已责令相关部门进行整改，并将根据台领导指示，对有关责任人进行追责问责。另外，配合完成北京广播电视台“小金库”清查工作，并撰写“小金库”专项清查工作总结、送交北京广播电视台纪委。

下发《取消节目中心栏目（节目）及有关部门工作餐卡的通知》，自2016年10月31日起取消全台节目中心栏目（节目）及有关部门使用的台内工作餐卡。各中心、部、室因工作需要在台食堂就餐时，须由经办人到计财部开具内部核算申请单，部门负责人和节目制片人签字确认。

接到市委第八巡视组转办的15件举报信，严肃认真、客观公正地开展了案件查办工作。截至2016年年底，大部分举报已结束调查，根据实际处理完毕。

四、规范严谨完成各项监督检查工作

2016年，为深化监察工作，监察审计办公室撰写了《关于2016年加强北京电视台监察工作的思路》，按季度有重点地开展检查工作，并实施检查工作新方法，提高调查效率，更着眼于日常监察工作，充分发挥检查职能。

针对干部任职、各种评选及推荐等事项，对1357名干部职工守纪遵规廉洁自律方面进行核查，并出具证明。

调查了解北京电视台2015年以来劳动保护费的使用情况；某部门的设备购买发放情况；某部门2015年度财务收支状况等并对监察结果出具了监察报告和监察建议。

对两个大型活动及两个大型季播节目进行过程监督、程序监督，参与相关会议、进行政策解读并提出专业意见，重点关注审批、洽商、合同签订、外协制作、招投标、劳务费发放、费用报销、付款等关键环节，杜绝风险、堵塞漏洞。

五、严肃认真做好信访举报与案件查办工作

截至2016年10月底，监察审计办公室共接到信访举报25件，其中上级转办21件（北京广播电视台纪检监察部转办6件，市委第八巡视组转办15件，其中有两件为重复举报），北京电视台自收信4件（其中2件与上级转办的重复），来访举报1件，来电举报1件。监察审计办公室均按有关规定及领导批示认真调查核实，出具初核报告，提出处理意见，并给相关人员及部门提醒，起到警戒全台员工作用。

六、客观公正、实事求是开展各项审计工作

2016 年，监察审计办公室配合总台完成了 2015 年度我台及台属企业的财务审计工作，向台内 8 个相关中心、部（室）下达了整改通知，提出整改建议 32 条。

配合北京市审计局对原台长赵多佳的任期经济责任审计工作。布置审计办公场所，办理相关事宜，前后共收集整理 21 批次审计资料，就审计事项与全台各部门及台属企业进行了 80 余次的沟通联系，安排 20 余人与审计小组进行座谈沟通。

根据党委办公室的委托，对我台 2 名中层领导干部开展了任期经济责任审计工作；指导经营管理部对 7 名台属企业负责人进行任期经济责任审计。

完成了 1 个专题片和 1 个大型节目的专项审计工作，向相关部门下发 4 份整改通知书，提出 10 条整改建议。

根据审计过程中发现的问题，向有关节目中心下发处罚决定，对 3 名相关责任人进行经济处罚，并责成其在部门内部做出检查。

对资金支出达到规定金额的大型节目实行初步审核和备案制度，2016 年上半年已登记备案 3 项大型节目，节目预算为 2480 万元。

撰写审计项目招标文件等相关材料。在招标办同志的指导和帮助下通过评标小组的综合评审，选择 3 家社会中介机构完成我台 2016 年度审计项目，并协助制订审计业务约定书。

七、积极开展纪检、监察、审计的宣传教育工作

为使党风廉政工作规范化、科学化、有序化，同时也为督促各部门认真开展学习教育工作，继续印发了《2016 年党风廉政建设手册》，要求各支部组织好日常学习宣传及活动并做好记录。

购买并发放党风廉政建设学习辅导材料，一是为全台科级以上领导干部购买了习近平总书记《在第十八届中央纪律检查委员会第六次会议上的讲话》等学习资料；二是为各党支部购买了廉政教育光盘；三是为全台党员购买了《中国共产党问责条例》；四是为全台各部门订阅中纪委、监察部反腐倡廉刊物《党风廉政建设》《中国纪检监察》；五是下发了《党风廉政建设》9 期，《中国纪检监察》19 期。

建立半月通报警示制度，每半月提交编前会反腐信息通报内容，内容以广电系统腐败案例、违反中央八项规定精神问题的案例、侵害群众利益不正之风和腐败问题的案例、隐形变异“四风”问题的典型案例等。通过会上台领导的宣读对全台领导干部起到防微杜渐的作用。

春节、“五一”和“十一”前后向全台下发三期纪检监察审计简报《廉政教育园地》，内容涉及中央、市委出台的廉政新规和节假日相关廉政教育内容。

在台内网共刊发廉政文章 442 篇，涉及廉政教育、廉政规定、上级精神、审计动态、案例剖析等，内容丰富翔实，生动具体，为广大职工提供学习纪检知识和了解监察、审计近况的平台。

为规范全台领导干部及新闻从业人员职业操守，特在新台地下三层制作了橱窗，张贴《一规一约》规定，起到提醒和警示作用。

为加强北京电视台党风廉政建设，增

强广大职工廉洁自律意识和拒腐防变能力，组织我台职工观看电影《反贪风暴2》。

在元旦、春节、“五一”、端午节、中秋节和国庆节来临之前，分别给全台科级以上干部发送短信提醒，传达市纪委节日期间的有关精神，督促北京电视台干部职工严格执行节日期间的有关规定。

为确保全台职工深刻认识“小金库”的危害和了解排查、清理“小金库”的重要意义，向全台各中心、部、室一把手和台属企业负责人下发短信通知，督促其组织下属职工学习“小金库”治理工作的相关文件。

工会办公室工作概况

2016年，北京电视台工会按照“五星级职工之家”认证标准，把握阶段性特征，进一步开创工会工作新局面。

一、以“五星级”职工之家为基础，加强服务型工会建设

针对职工因意外伤害和患特重大疾病导致的家庭经济困难以及职工生活面临的实际问题，台工会探索建立职工爱心互助金制度，延伸对职工爱心帮扶的工作链条，修改和完善了《职工爱心互助金管理办法》。在关心病困职工的同时，也关注职工心理健康，通过请专业人员进行心理辅导，解决职工因工作和生活压力大带来的心理问题。

开展调研工作，多方了解、宣传单位系统内用工制度，积极探索北京电视台派遣制员工入会问题。

二、做好“扶贫解困送温暖”工作

工会继续以关爱、温暖、服务为己任，切实解决职工工作、生活中的实际问题，做职工的贴心人。2016年1月，北京市“两会”相继召开，2016年春晚也进入紧张的联排、录制阶段，工会干部分别到北京会议中心“两会”报道驻地和BTV大剧院猴年春晚录制现场，看望和慰问一线职工，给他们送去了水果、食品、姜糖水和药品。春节前夕，台领导班子成员带领工会办公室同志继续开展送温暖活动，共走访22个部门，慰问了55名身患重大疾病和家庭困难的职工，给他们送去了慰问品和困难补助金共计15.8万元。继续做好对生病住院及亲属去世职工的关心和慰问工作，看望多名住院职工。慰问生病住院职工和发放病故补助57人次，发放金额11.6万元。

三、维护职工权益，为职工解决后顾之忧

继续做好互助保险出险理赔工作。截至10月底，为102名身患疾病的在职职工办理了重大疾病、在职意外、住院医疗和住院津贴理赔工作，共计赔付金额26.0638万元。

根据人员变动情况，及时做好工会会员和京卡会员信息变更、完善工作。截至10月底调整相关信息500余条。年初为全台2000余名职工办理了2016年公园年票。

5－10月继续配合南戴河培训中心做好全台职工赴黄金海岸培训中心休疗工作。

开展寓教于乐的文体活动，增强BTV凝聚力。倡导健康生活方式，积极践行“绿色北京”理念。4月份组织了35名职工前往百望山进行8公里和4公里徒步比赛，5月份组织了50名职工参加北京国际山地徒步大会。三八节前夕，组织600余名女职工观看了3DIMAX电影《疯狂动物城》。精心组织第八届北京电视台乒乓球团体赛和羽毛球团体赛，为参赛员工提供各项贴心服务，提前制作停车证，精选工作餐，发放的饮用水瓶上直接写上名字，避免拿错和浪费，联系999急救车在赛场做保障。利用台内运动场地组织部分职工开展篮球对抗赛和足球友谊赛，让职工在运动中增进友谊、获得健康。5月份组织部分职工与北京广播电视台共同组队参加了北京市2016年“和谐杯”职工乒乓球比赛，获得团体第七名。10月份组织职工代表队参加北京广播电视台第三届羽毛球团体赛并获得冠军。组织职工参加市新闻工作者数独比赛。组织职工参加“‘不忘初心担道义，妙笔丹青录风云’——首都新闻界庆祝记者节书画作品展”。

2016年更换餐饮服务公司后，组织职工代表对食堂饭菜满意度进行调查并提出建议。

四、继续做好推优评优工作，鼓励广大职工争先进、创佳绩

推荐《书香北京》栏目参加“全国工人先锋号”的评选；推荐《档案》栏目参加“北京市工人先锋号”的评选。5月9日，《档案》栏目荣获了“北京市工人先锋号”。

三八节前夕，继续开展选先评优工作，经过全台自下而上的部门推荐、工会委员会研究、全台公示，最终评选出2015年度优秀女职工88名。三八节当天，组织召开了巾帼文明岗和优秀女职工表彰评选大会，现场以播放小片加演讲的形式，经评委现场投票选出优秀集体10个。

五、加强培训工作，提高工会干部业务水平

为加强工会干部对2015年底新修订的《工会法》的学习和理解，组织全台20余名兼职和专职工会干部参加了北京广播电视台工会举办的《北京市〈工会法〉实施办法》培训班。组织5名工会干部参加市总工会开设的职工心理干预培训班，初步掌握相关知识和疏导经验。

人事部工作概况

2016年，人事部积极推进人力资源管理体系和人才队伍建设，顺利完成了折子工程及各项工作任务。

一、科级干部管理工作

科级干部选任依据《北京电视台制片人选拔聘用管理办法》和《北京电视台科级干部选拔任用管理办法》，对办公室、党委办公室等12个部门35个岗位的科长、制片人以民主推荐方式进行了选拔，经严格的组织程序，任命27名科级干部、制片人。

科级干部试用期考核根据《北京电视台科级干部选拔任用办法（试行）》，对全台21名任职满一年的科级干部进行了试用期期满考核。通过组织民主评议和广泛的个别谈话了解，全面掌握了他们在试用期间的各方面表现情况，形成书面材料报告台党委，进行组织任命。

科级干部、制片人调整交流。为更好地调动干部工作积极性，锻炼提高干部工作能力，结合相关部门实际工作需要，调整、交流科级干部、制片人23人。

科级干部档案材料补充。根据档案审理工作要求，全年共计为科级干部档案整理提供了近470份任职等存档材料。

二、人才队伍建设工作

优化现有人力资源配置。根据部门工作实际需要，为办公室、研究发展部、卫视节目中心、新闻节目中心等7个部门的15个岗位进行了台内公开招聘。

解决特殊急缺岗位人才需求。为保障动力系统正常运转与播出安全，组织应届技校毕业生的考录工作，为动力部引进5名应届技校毕业生。

引进实习生，加强人才梯队建设。2016年从各大院校引进实习生127人，为下一步人才引进奠定基础。为配合体育节目中心暑期海洋沙滩节筹办与重大赛事报道等工作，及时为体育节目中心招聘27名相关专业在校实习生。

三、绩效管理工作

全台首次实施统一的绩效考核方案，首次引入风险抵押金考核手段，首次将利润指标纳入考核体系。年初撰写了《北京电视台节目中心、部、室绩效考核实施方案（试行）》，召开多次专题会，给中层以上干部以及新闻、科教、财经、生活4个节目中心进行了文件宣讲。绩效考核方案实施以来有力地促进了节目生产，提升了各节目中心的成本控制意识和利润意识。

配合绩效考核实施方案，撰写《北京电视台奖励基金管理办法（试行）》，对全台奖励项目进行了梳理，规范了一些奖励项目和补贴项目的发放。跟踪落实有关奖励资金的执行，撰写相关分析报告提交台长办公会讨论。

围绕《北京电视台节目中心、部、室绩效考核实施方案（试行）》，按月跟进分析落实全台各部门的绩效考核情况。依据一季度绩效考核指标完成情况，撰写了《2016年一季度绩效考核分析与建议》和《2016年上半年绩效考核相关情况汇报》，对全台考核工作的推进情况进行了剖析并提出了改进建议。

完成全台各部门每月绩效工资核发。完成全台中层以上干部每月绩效工资的核算，并完成网上填报。

认真细致、积极稳妥地完成了2015年年终奖的发放工作，包括撰写方案，额度核算分配，组织实施，数据分析汇总等。

完成2015年度在编人员一次性核增绩效的发放工作，包括撰写请示汇报材料，额度核算及向上级单位的备案。

对2016年全台人员经费预算进行了重新梳理、重新核算，削减人员经费约1.2亿元。完成2017年全台人员经费预算、公用经费预算和部门预算的编制工作。

参与研究并确定了2016年新媒体发展中心、制作部、广告部绩效考核办法及绩效工资总量核算办法，以及行政部车队取消承包后行政部绩效工资总量核算办法。

参与研究新媒体集团成立后分流人员的绩效工资衔接相关事项，起草报告确定2016年6月以后有关人员的绩效工资核算办法。

与计财部及两个派遣公司协调全面实行“营改增”工资发放流程对接的问题。

配合党办核算补缴党费事项，整理了2008年至今的8年多绩效工资数据，协调两个派遣公司提供同期派遣人员工资数据。

配合市巡视组和市纪委审计组的工作，提供大量历史记录及文字材料。配合台监审办提供相关资料。

与计财部工资福利科密切配合，完成在编人员档案工资部分项目与绩效工资衔接的工作，每月完成数据合并、整理、上传及发布工作，并针对调整项目与特雷森公司技术人员商定阳光工程相关软件修改方案。

四、薪酬福利工作

2016年8月至10月中旬进行了事业编内在职职工及退休职工的信息采集、调整、申报及与社保养老保险系统对接入库的工作。此项工作涉及人数多，入库信息量大，时间要求非常紧张，工作量巨大。全台共涉及1682人，人均采集四五十条信息，全台共需采集录入七八万余条信息。所有信息必须于2016年10月中旬前成功对接进入北京市社保养老保险系统。为了按时保质保量完成北京市人社局的工作安排，确保全台编内职工足额享受养老保险待遇，大家加班加点，竭尽精力和体力。机关事业单位养老保险入库这项工作，事关每位编内职工和退休职工的切身利益，任何一点信息有误，都可能影响职工个人的退休待遇，因此，大家在信息采集及录入时，通过各种方式及渠道反复核实确认，力求精确。经过两个多月的奋战，顺利完成了养老保险入库工作，使本台纳入北京市机关事业养老保险系统。

8月19日，北京市社保基金管理中心向北京电视台下达了《北京市机关事业单位退休人员退休金由社会保险经办机构发放的告知书》，本台退休职工统筹支付部分的基本养老保险待遇由社会保险经办机构统一发放。同时，本台发放统筹外部分的退休费。自此北京电视台退休人员退休费的发放方式由原来的全部由台发放调整为社保和台两次发放。

为解决北京电视台事业编制内职工缴纳养老保险后基本工资部分不够扣除五险一金的问题，保障职工的社保权益，确保五险一金正常足额缴费，人事部重新梳理了工资项目，参照兄弟单位的做法，规范工资项目的类别属性，自2016年1月底起将编制内职工的基本工资与绩效工资合并发放，即每月月底前集中发放一次工资，统一扣缴社保，统一缴纳个人所得税。

2016年3月1日起停发退休员工工资中“发展成果共享”“观摩费”“车补”及节日费超标部分等项目。

完成全台2016年度社保缴费基数调整核定及申报工作。此次社保基数调整，使职工的社保账户得到了切实地增长，对职工的长期收益是有益的，保障了职工享受社会保险待遇的合法权益，得到了大家的理解和认可。

为完善全台福利制度，缩小编内职工与派遣职工的收入差距，增强全台干部职工的归属感，根据《关于北京市机关事业单位物业服务改革有关问题的通知》文件精神，自2016年1月起，规范了全台职工（含在编在职职工、退休职工及派遣职工）的住房物业服务补贴发放范围及标准。规范调整全台编内及退休职工节日费的发放标准及发放范围。

五、教育培训工作

按照《2016年北京电视台教育培训工作安排》，采取精细管理、突出重点、侧重实战的培训原则开展工作，共完成培训11项19期次184学时，有2042人次参加。

组织学习习近平总书记“219讲话”专题培训班。4月14日，来自全台各节目中心的700位同志参加了习近平总书记在党的新闻舆论工作座谈会上的重要讲话精神专题培训班，邀请北京广播电视台常务副台长、北京广播电台台长席伟航和北京广播电视台副台长苏仁先结合习近平总书记在党的新闻舆论工作座谈会重要讲话精神进行了讲授。

组织举办2016年度摄像机高新技术实操培训班。4月25日至29日在市新闻出版广电局干部学校举办了两期摄像机高新技术实操培训班，全台46名摄像技术业务骨干参加了为期两天半的培训。内容涉及高清4K摄像机的操作讲解及视频赏析；电视纪录片的摄像技术应用；大型活动、晚会节目录制的总体规划与实施；斯坦尼康实际操作和摇臂的操作使用技巧等课程。

举办国际节目模式观摩会。上半年，共组织两期国外节目模式观摩会，两期观摩会借助最新节目样片视频，分别从生活服务类及2016年戛纳春季电视节优秀节目两方面为大家介绍了最新的电视节目形式和节目创新思路，共吸引全台400多人参加观摩。

坚持特色培训，聚焦目标人群，举办主持人专项业务培训。2016年8月9日举办了针对少儿节目主持人专项业务培训。邀请资深幼教专家、伊顿家长大学校长曾珈为动画节目中心骨干主持人、编导带来了“如何与孩子沟通和交流”的专题讲座。

学习前沿创作理念，开展境外业务培训。于9月18日—10月1日组织以节目部门为主的18名业务骨干赴韩国参加“交互式新媒体节目运营与创新”培训班。培训期间，学员从韩国电视产业发展与运作；优秀电视节目模式与案例分析；数字时代韩国传媒的发展趋势；韩国文化影视产业发展与运作；技术、管理效能等方面进行学习与交流。

增强管理能力，组织固定资产管理员培训。为贯彻北京市财政局关于开展2016年北京市行政事业单位国有资产清查及事业单位产权登记工作的要求，规范全台固定资产管理，于5月31日组织全台60余名固定资产管理员、库管员参加了2016年固定资产管理员培训班。

认真做好各项培训接待工作。北京作为拉萨、和田对口支援的城市，承担了帮扶两市广播电视系统建设的职责。2016年拉萨广播电视台、和田广播电视台共派遣40名中层干部和业务骨干来台学习交流。10月—11月，北京电视台选拔10名业务骨干分两批赴和田广播电视台进行为期7天的业务教学工作。

2016年，完成了全台记者证换证年审、注册；申领记者证人员登记；长江韬奋奖及特殊津贴人员推荐；2016年度北京市宣传文化高层次人才培养资助项目计划；北京市宣传系统优秀人才培养资助申报；2016年度“高创计划”哲学社会科学和文化艺术领军人才遴选；北京优秀青年人才候选人推荐；2013—2015年度北京市新闻出版广电行业领军人才推荐选拔；北京市宣传文化系统新闻界别“百人工程”人选选拔；2016年高等学校与新闻单位从业人员互聘交流“千人计划”推荐；2016年度国家“万人计划”青年拔尖人才推荐的工作，共上报推荐54名同志。

六、人员管理工作

2016年，根据工作需要，办理台内部调动30人；办理离职180人；办理退休13人；办理合同续签476人。

为解决人员懒散问题，人事部对全台各部门人员在岗情况、紧缺核心岗位的需求情况进行了统计分析，对原有请销假规定进行了进一步梳理完善，制定了具体措施。

计划财务部工作概况

2016年，计财部积极为全台各部门提供服务，为事业发展提供财务保障。

一、积极主动申请财政资金扶持，充分挖掘、运用各项财政政策

二、强化制度意识，严格执行中央八项规定，落实巡视整改要求

细化餐费、交通费的报销办法，通过对报销程序的完善，2016年较2015年同期支出有所降低。

三、圆满完成各项审计、评审、项目绩效考评和审计整改工作

积极配合市委宣传部、总台对2015年北京市文化创新发展专项资金的使用进行绩效评价。2015年市委宣传部拨付北京电视台文化创新发展专项资金共计4个项目，涉及11个节目中心和总工办以及落地办。

配合会计师事务所和监审办完成2015年度审计和中层干部的离任审计工作，针对年度审计意见，结合工作实际迅速整改落实。

配合会计师事务所完成市财政局相关处室进行的6个专项检查，分别是：国库处—非税收入检查、综合处—票据检查、科技文化处—2013年至2015年收支专项检查、监督处—财政信息监督检查、绩效考评处—2015年全台绩效考评检查、会计处—内控评价检查。

配合市审计局完成赵多佳台长的离任审计。

四、梳理业务流程、明晰审批权限、提高管理实效

为更好地服务全台节目生产，提升管理效力，按照台领导的指示精神，计财部会同台办、总编室、总工办、人事部、制作部、招投标办公室对全台与节目生产联系密切的十大业务流程进行了梳理，并先后3次召开节目中心和职能技术部门座谈会，听取征求各部门的意见和建议。在此基础上提出修改部分财务管理制度和明晰与重申审批权限，减少管理层级，提升管理效率的建议意见。

五、完成北京市行政事业单位产权登记及资产清查以及所属企业产权登记审核工作

按照北京市事业单位产权登记及资产清查工作的要求，结合北京电视台固定资产的实际情况，制定产权登记及资产清查工作计划，并做好宣传和培训。全面梳理了固定资产、对外投资、往来款项等资产内容，协助并指导全台各资产管理部门、所属公司做好资产清查和数据填报。顺利通过财政局产权登记及资产清查的两次会审

六、以满足管理需求为目标，及时调整会计核算项目，多角度呈现财务数据价值为台决策提供有力依据

围绕精细化核算和财务分析的需求，计财部2016年增加会计科目近10项，调整核算项目，修改财务软件的报表格式和内容，增添报表功能，最大限度发挥财务数据的分析价值。

按照2016年北京电视台绩效考核办法的要求，按月提供各节目中心收支利润表。

七、加强预算管理，做好财务管理和会计核算工作，加强财务监督，寓管理于服务之中，保质保量完成各项财务工作

以预算为依据，以制度为准绳，严格执行2016年各项预算，控制支出，审核各种票据并对经济业务进行账务处理，保证会计报表与相关分析的及时、准确、完整。

及时统计、分析各月财务工作情况，做好财务收支和预算执行情况分析报告，为台领导决策提供准确依据。

完成2015年度决算和年终统计报表工作。

积极主动向财政部、市财政局、市文资办、市委宣传部、总台等上级单位申请文创资金，开源节流，补充节目制作经费的缺口。

及时准确发放职工工资、效益工资、劳务费和各项奖励。

继续每周到苏州街老台址办公，为财经节目中心、生活节目中心提供现场服务，解决部分一线职工两地办公不便的问题。

八、加强广告收入管理工作，根据广告经营模式的调整，不断完善收取流程

2016年3月，北京电视台广告经营由4个广告经营（主体）公司调整为3个，6月份开始广告收款方式由公司收取广告款再交台调整为台直接收取，面对这些变化，计财部及时调整收款流程，规范收取时间和金额，为全台日常工作顺利运转提供保障。

九、积极稳妥、密切沟通、逐步推进北京新媒体集团资产划转的基础工作

按照市财政就北京新媒体集团资产划转的相关要求，积极配合台技术部门做好资产划拨前的准备工作，及时与新媒体集团沟通信息，与总台、财政局反复协调，认真研讨，初步拟定了分期分批划转的方案。由于需综合考量事业和企业资产的各自特性，目前正在进行划转细节的完善。

行政部工作概况

2016 年，行政部工作繁忙有序，扎实推进，涉及全台性的重点工作已按计划完成。

一、交通安全及车辆管理工作

积极开展道路交通安全法律法规宣传，定期编辑出版宣传栏及网上公告；重新修订 7 项车管工作规则及业务费用支付流程，严格执行工作规范化管理；集中清理挂失油卡 600 余张，油费转回本台账户 60 多万元。嘉利华修理厂充分利用旧车辆零配件，包括轮胎、电瓶、三元催化、发电机、座椅等，共计 28 辆次。与网管部协调完善 OA 系统项目，增加了网上油卡挂失申领和车辆数据细化管理；完成 8 条线路班车的安全运行以及临时派车任务 55 次；9 月份北京市启动了公车改革工作，在相关部室的配合下，率先进行信息统计、意见汇总、情况上报，完成了车改方案的准备工作。

二、物业监管工作

完成了物业公司外包合同的签订、付款等审核工作，对合同中的行政办公、客服、清运绿化、秩序维护、人员、工程费用和酬金等项目进行了严格审核，并依据相关政策，节省税金 11 万元。完成了会议室订会 1345 次、大型活动 29 次、接待 130 余次、邮件分拣 5545 件、挂号信 1778 件、取款单 129 件、演播厅使用 788 场次并接待观众 45489 人次。完成了对园区内公共区域、综合楼、生活楼、演播楼的室内外环境卫生、高空清洗、门前三包、垃圾清运、消毒杀虫和 15548 平方米的绿化养护等监管工作。完成了监督物业公司对锅炉房、无负压泵房、纯净水泵房和供暖的运行、维护、用量核准及规范各设施设备的标示牌、管线、阀门等工作，并配合动力部做好各项协调工作。

三、膳食保障工作

完成春晚、环球春晚、电影节和跨界歌王等大型活动约 2.2 万人次的餐饮保障工作。7 月份，按要求对新台餐饮服务公司重新招标，此项工作涉及事项繁杂，事关餐饮公司利益，经部门反复协调，完成了新旧公司交接。对大宗农副产品供货商常态化监督、检查和测评，对食堂各种设备、设施、厨具、灶具及各种机械设备进行了全面的维修保养和设备更新。广泛征询职工意见和建议，不断增加菜品品种和提升菜品质量，满足职工用餐需求。有针对性地对食堂员工的职业技能和服务水平进行培训 8 次，对餐饮公司的培训计划、内容、效果不定期地检查。对苏州街办公区食堂进行整体装修和设备改造，不断强化精细化管理，在采购原材料时，坚持货比多家，节约成本。

四、房屋管理及修缮工作

继 2015 年起草、完善《北京电视台职工住房补贴实施方案》《北京电视台住房补贴申请审核表》之后，2016 年年度主要协助计财部完成职工住房补贴的实际发放和支取工作。继续协助产业集团完成廊坊大卖场的移交工作和南戴河400亩土地的开发合作工作。完成苏州街办公区新媒体集团办公用房的移交手续和相关合同事宜。与广州股权投资行业协会签订广州城建大厦租赁合同。基本完成广州两套住房的租赁合同谈判工作。完成城华园7号楼职工宿舍使用维修基金改造电梯的工作。完成支付2016—2017年度待分配住房物业费、供暖费的准备工作。积极完成巡视组及审计组提出涉及房产及房屋管理方面的资料提供工作。完成全台办公家具的配置工作。

修缮工作。起草完成了修缮工作流程，按现有人员编制，起草了《岗位分工和职责范围》。完成新台服务楼三层洗面台的更新及主楼地下东侧疏散梯的防火门隔断安装。完成苏州街工作区B104理发室玻璃隔断安装。对新增的坏损玻璃进行了详细盘点并迅速组织加工安装。对新台主楼破损玻璃更换。完成了苏州街办公区的跑水抢修工作，对苏州街工作区供暖锅炉更换伸缩节。苏州街工作区地下室漏水治理工程及北观光电梯基坑东北角渗水、南观光电梯顶周圈有渗漏点，造成钢梁及曳引机侧部、底部长期潮湿治理工程，正在实施中。对过去已完工但尚未结算的项目，进行了全面清理，补齐各类手续。

五、财务管理工作

抓财务基础规范，强化会计基础工作质量，按照《会计法》等财经法律法规、事业单位财务会计制度和国有建设单位财务会计制度的要求，合理归集收入、费用支出，妥善处理会计账务，认真进行会计核算，及时收集整理财务数据资料，做到会计凭证月月扎、会计报表月月编，保证了会计账、证、表真实、准确、相符，加强了应收往来款项的核收工作，确保了资金的良性循环和周转。本着客观、严谨、细致的原则，在办理会计事务时做到实事求是、细心审核、加强监督，严格执行财务纪律，按照财务报账制度和会计基础工作规范化的要求进行财务报销工作。在审核原始凭证时，对不真实、不合规、不合法的原始凭证敢于指出，坚决不予报销；对记载不准确、不完整的原始凭证，予以退回。全年共审核各类单据800余份，申请支票500余张，保证了财务工作正常高效运转。

六、办公及劳保用品发放和综合管理工作

坚决执行按合同采购物品，对供货商所提供的物品价格进行货比三家，节约成本。保证库房的办公用品品种齐全，确保一线部门办公用品的正常使用。全年共发放办公用品90余种，日杂及会议用品100余种，全部控制在预算之内。对有特殊要求和急需的办公用品，做到了积极组织货源，满足台内需求。严格遵守劳保用品的采购招标要求，上半年共计发放劳保用品6959人次，费用合计102万元。已按要求完成了下一年度的劳保用品采购合同续签工作。

保卫部工作概况

2016年，保卫部以保障园区安全稳定为中心，抓好园区内日常秩序管理，做好园区反恐防爆等各项应急准备。

一、治安管理工作

在公安机关的指导下，北京电视台园区的治安管理工作以提高反恐防爆、防冲闯、防冲击的能力为主，维护好电视台内部良好的工作、生活秩序，为全台创新发展提供安全稳定的内部环境。一是抓好“两节”“两会”“清明”“五一”“国庆”等节日期间园区的安全保卫工作，结合社会治安形势和台内实际工作情况，及时下发加强园区管理的通知，采取必要的加强措施。二是强化日常安全管理工作。对会客、接待、治安、警卫、安检、停车场等安全工作进行了认真部署，杜绝了管理漏洞。全年会客人数共99809人次，物品出入登记、检查8058件次，安检中发现违禁品约4000件。协助公安机关来台调查相关案件8起。共审核、制作、更换、开通权限各类工作证件（车辆入台权限）1823张；接待来台访客、调研、开会、参观93批次，1174人次，特别是在3月份，配合警卫局完成了彭丽媛教授来台参加节目录制期间的安全保障任务。三是进一步完善新台址园区内车辆的管理。清理排查报废车辆并将长期占用园区内停车位的车辆进行集中清理整治。同时，在园区地面现有停车位的基础上，科学调整，新增规划停车位50余个。四是对建国路工作区周界围墙进行改造，安装和加高了防护栏，提高了园区内安全防护水平。五是指导建国路和苏州街工作区的两支驻台武警中队及物业公司护卫部安保管理工作，科学调整和规划安保岗位，协助驻台武警部队做好内部建设工作，并在“八一”“春节”两个节日来临之前对武警部队进行看望慰问。六是做好突发事件和上访事件的处理工作。截至12月底，共处理来台上访事件242起，671人次，保障了园区的安全稳定。七是做好安保业务培训工作。对新入台的职工、入伍新战士、护卫部保安员及部门安全员分别有针对性地进行业务培训，提高了职工遵章守纪的法纪和安全意识，促进了安保人员的整体业务水平。

二、消防安全工作

在消防安全工作中重点抓了7个方面：一是进一步明确安全工作责任制。2016年年初，在台、部门（中心）、科组（栏目）三级签订了安全责任书，明确了责任制。二是严格落实检查制度。全年共组织全台性联合大检查5次，部门组织检查30次，下发隐患整改通知单12份。迎接市消防局、朝阳消防支队以及北京广播电视台对电视台安全检查8次，未发现隐患问题。三是严格落实“安全生产月”活动的各项工作。通过在台内网刊发安全警示、温馨提示和安全生产相关法规，广泛开展安全宣传和安全教育工作，还重点针对控烟区违规吸烟、堵塞占用消防通道、台内违规施工等问题进行了深入细致的排查整改。四是抓好夏季消防检查和加强电动车火灾防范工作。利用专项活动契机，对全台员工进行消防安全宣传和教育培训，开展电动车（电动自行车、电动摩托车、电动三轮车）安全管理专项检查。五是做好消防设备的维护保养工作。截至年底，完成消防应急维修252次，消防报警点检测9215点，消防日常维护保养1032次，拆、装、清洗火灾探测器3079只，应急跑点650余次。历时近一年的时间，对全台738个防排烟阀进行了全面排查。六是抓好施工管理，杜绝违章作业和野蛮施工。全年新台施工改造共12场次，涉及总工办、工会、行政部、动力部、网管部、播出部、保卫部及青少·海外节目中心8个部门。施工前保卫部与施工方签订《施工现场安全责任书》，同时每天保卫部都派出专人到施工现场进行消防安全巡查，发现问题现场整改，确保了园区内消防安全。全年共审核办理施工证、动火证152张。七是抓好大型活动的安全管理工作。保障了BTV春晚、中国青少年网络春晚、卫视大首映、奔驰新车发布会、跨界歌王、传承者、喜剧幽默大赛等大型活动，特别是《养生堂特别节目》的录制，实施节目录制前的消防安全检查和隐患排除，以及节目录制现场的全程守护。截至12月底，共计录制节目1173场，接待观众及演员嘉宾67768人次。全年制发剧组工作证909个，未发生任何安全问题。

三、技术防范工作

2016年的技术防范主要做好了3个方面工作。一是技术防范系统作用发挥显著。截至12月底，监控系统完成现场实时监控值守约7300小时，完成数字监控录像逾400万小时，通过实时监控及时发现、上报并配合后期处置；配合台内调看录像40次，共计400小时，解决问题22起。门禁系统正常运行7300小时，基本实现了无故障，验卡放行约220万人次，对门禁系统进行管理控制100余次；报警系统共处置各种警情1200余起，其中协同处置一般警情数百起；车辆出入口管理系统完成车辆检验放行约200万次；安检系统完成人员安检大约80万人次，物品安检约60万件次，查获刀具、发胶、酒类或其他违禁品近4000件。二是认真做好设备维护保养工作。组织维保单位完成24小时应急维修工作，排除各类故障304起，维修更换设备25件，组织应急抢修5次，更换了老化故障的主要设备；带领维保单位完成各季度设备保养工作，共计保养验收各类设备31800余件次，确保各安防系统运行正常。三是积极完成安防设施的改造工作。组织督促施工单位完善新老台址武警哨位门禁建设工程方案，推进施工，系统按时上线，运行正常。对智能卡的访客管理系统进行研究摸底，初步形成功能要求和技术需求，为下步实施做好准备。指挥施工单位认真完成新台址周界报警设备调整增加工程。

四、苏州街工作区安全保卫工作

结合苏州街工作区的实际情况，做好安全检查及督促整改工作，组织苏州街工作区安全检查5次，对一些查出的隐患问题及时进行整改。抓好日常安保管理工作，全年共办理会客手续13639人次，办理各类证件475张，为演播厅节目录制提供安全保障460场，接待演职观众6160人次，未发生任何安全问题。做好苏州街工作区保安队伍调整后各安保岗位的衔接工作。做好新媒体消防水管改造工程。完善老台东门的反恐防暴改造工程，实施人车分流，规范了出入秩序。监督完成主楼负一层消防水管改造和装修工程。根据消防局要求建立微型消防工作站并完善各项流程。做好各类突发事件的处置工作，全年共处理上访4次，特别是完成了7月20日大雨造成地下空间被淹后的抢险救灾工作。

广告部工作概况

2016年，广告部主要负责全台广告管理的统筹、协调、服务工作。

一、强化统筹管理，规范各项流程

根据北京电视台经营改革调整思路和经营主体的变化情况，广告部全力做好各项统筹协调工作。一是规范广告协议签订流程。草拟《广告经营协议书》，与台计财部、经管部、法顾委、监审办等多个部门沟通，制定了三方协议模板，对广告协议的签订进行了规范。二是规范协议备案流程，加强业务系统审核。进一步规范广告协议签订、备案流程，代表北京电视台签订三方协议，留存备案。对业务系统录入的广告协议和广告订单进行审核，防止造成经济损失。三是完成收入确认，强化监播管理。做好广告收入确认工作，撰写经营情况分析报告；强化监播职能，及时就硬板广告、植入式广告违规播出问题进行处理。四是加强广告违规投诉管理工作。对接国家新闻出版广电总局、市广电局、北京广播电视台、工商管理等部门，及时处理各类广告投诉事件。

二、配合折子工程，深化机制改革

推进广告运营机制改革，深入研究市场规律和经营规律，促进广告经营创收。充分调研，制订运行机制方案。召开多次专题讨论会，向各节目中心、相关职能部门征求意见。赴湖南、江苏、上海、浙江4省市台，进行广告经营管理机制的专项调研，形成调研报告。研究出台广告经营运行工作改革方案。规范广告经营秩序，统筹价格政策。从广告执行、监管流程的角度，规范广告经营秩序，统筹北京电视台各经营主体制定广告价格体系和销售政策。建章立制，细化管理流程。根据新的广告经营运行机制，建立管理、监督、保障、奖惩机制及执行流程。

三、强化协调服务职能，做好广告宣推工作

针对北京电视台不同优质内容资源，召开推介会。组织召开“北京电视台2016年新春客户答谢会”，北京、上海、广州3场春季客户交流会，“2017年北京卫视重点资源推介会”。参加第23届国际广告节，召开客户深度沟通会。深入调研，为经营工作提供智力支持。组织业内专家对北京电视台广告经营进行专项研讨，建立BTV专家库，选取北京电视台成功广告营销案例进行深度解析，形成《北京电视台广告营销案例集》。

四、加强公益广告的制作与播出

2016 年，实现公益广告创收超过千万元。主要措施：一是加强管理，规范播出。按照国家工商行政管理总局联合多部委下发的《公益广告促进和管理暂行办法》和新《广告法》的要求，制定《2016 年北京电视台公益广告价格说明》，进一步明确公益广告播出及执行流程。二是制作精品，屡获大奖。2016 年，共有 7 部作品获国家级及北京市级奖项。参与北京广告协会“公益广告专业委员会”发起成立的“公益广告联盟”。

基建办公室工作概况

2016 年，北京电视台基建办公室以妥善解决北京电视中心一期工程遗留问题、全力推进二期建设前期工作为龙头，以苏州街工作区二期地下室吊顶修复项目为工作重点，较好地完成了部门承担的工作和上级交办的任务。

一、完成几项工程及相关工作

完成苏州街工作区二期地下室吊顶修复工程项目。该项目为 2016 年度基建办计划内重点工程，根据台领导批示意见，将二期地下管线更换和二期卫生间排水管更换纳入此项目一并实施。此区域管线密布、年久失修、原始图纸资料缺失，工程的实施有很大难度。为确保完成好此项工作，部门领导多次现场调研，决定在该项目上试行项目制管理，整合各科资源，采取项目经理负责制。在台领导及部门领导的高度关注和大力支持下，项目部成员齐心合力，统筹规划、科学管理，克服工程中的困难，有序组织了设计、招标、施工各环节工作，施工过程安全平稳，实现了提前竣工的目标。

按照京视卫星公司要求和台领导的批示，基建办协助京视卫星公司完成了新台址南侧平房改造的工程管理工作，工程顺利地按计划完成，工程质量验收合格，受到用户好评。

为配合保卫部新媒体大厅消防改造工程，基建办于 6 月至 9 月组织实施了新媒体集团部分办公区吊顶维修工程。2016 年 1 月受极寒天气影响，新媒体大厅消防管线冻裂，为此保卫部提出将原消防系统改为预作用系统。基建办经过对该区域详细的现场勘查，本着标本兼治的原则，在完成好吊顶拆除修复的同时，对伸缩缝、幕墙连接处等薄弱部位进行了保温处理，通过此次施工彻底解决了隐患。

上半年利用节假日、夜间加班先后完成了台长办公室、总编辑办公室、台办、党办、总工办共 7 间办公室的隔断改造工作。

继 2015 年底完成新媒体中心大楼改造和苏州街工作区园区改造工程的施工后，2016 年 1 月完成工程竣工验收，上半年陆续完成了工程的竣工结算、各专业验收培训及移交、电梯改造资质确认、水质检测等收尾工作。

参加北京电视台新闻演播室、苏州街

办公区主楼地下室漏水等拟改造项目的考察及论证，提供了建筑、声学等专业专家的论证意见及有关改造方案。为行政部观光电梯加固和动力部电梯改造提供咨询意见。

基建办高度重视工程款的管理、使用，对工程款的审批程序及使用过程严格控制、把关，切实抓紧抓实工程款的支出。一方面聘请专业的造价咨询公司对每一个大中型项目进行严格审核，对每一笔支出进行以合同内清单报价、北京市预算定额、住建部建设工程工程量清单计价规范为依据的费用审核。对审批手续完善的新增项认真进行市场调研，多家比对后与甲方、监理、承包方共同确认价格。另一方面充分发挥专业人员的作用，对小项目及外审报告进行细致有效的内部审核，通过努力将工程款控制在预算内。经过艰苦工作全年共完成：合同签订 10 份，合同金额累计 139. 5 万余元。累计支付工程款 27 笔，进行工程结算审核 15 项。

二、全力推进北京电视中心工程建设及土地证办理工作

2016 年 2 月 1 日台党委决定“围绕北京电视中心一期工程土地使用证办理事宜，加快开展工作，向市委宣传部进行专题汇报，同时为二期工程建设做好相关准备工作”。后此项工作又被列入《北京电视台 2016 年下半年重点工作折子工程》。基建办公室主任直接挂帅，指派专人负责，部门全体人员齐心协力，通过近一年的艰苦细致工作，使北京电视中心一期工程遗留问题和推进二期建设工作取得了实质性进展。

在台领导直接带队或协调下，基建办先后走访了北京市规划和国土资源管理委员会魏成林主任，汇报有关情况；与北京市规划和国土资源管理委员会土地利用处、土地事务利用中心、建管一处进行沟通，寻求支持；到 CBD 管委会，了解规划情况并进行咨询；去市住建委咨询申报重大项目的程序及所需材料；向北京建筑设计研究院的专家进行二期规划、建筑用地的咨询；向该地铁承建单位北京市基础设施投资有限公司（以下称京投公司）了解 28 号线地铁建设将对北京电视台造成的影响及规划进展情况等。先后向市委宣传部于俊生副部长、市政府副秘书长张维进行专题汇报，与市委宣传部改革办齐慧超主任、应急处刘小慧处长探讨请示报告的具体环节。通过咨询、走访、汇报，进一步了解相关政策，理清了解决相关问题的思路和工作方向。

为加速推动北京电视中心二期建设启动工作，妥善解决地铁 28 号线建设对北京电视台即将产生的影响，基建办开展了一系列工作，与京投公司进行沟通对接，并取得了较为满意的结果。为解决与地铁 28 号线妥善对接问题，基建办及时委托北京市建筑设计研究院有限公司对北京电视台二期建设进行前期方案论证，并参与北京电视台与地铁 28 号线承建方的商谈工作。目前二期建设前期规划设计方案基本完成。

为解决北京电视中心一期工程土地遗留问题和二期建设有关问题查找政策依据，大量查阅研读了中央、国务院及北京市的关于事业单位、土地政策等方面的相关文件。广泛了解兄弟省市电视台在项目建设过程中土地使用权的获得方式，以作为比较和参考。与此同时，基建办召开了有新闻中心、技术部门人员参加的座谈会，讨论二期建设功能属性等问题。综合各方面情况，起草了报告市委宣传部的《关于解决北京电视台新址（北京电视中心）工程建设有关问题的请示》，在2016年9月12日上报了北京广播电视台及市委宣传部。

三、规范工作程序，创新工程管理手段

组织竞争性谈判活动。2016年3月至4月，基建办组织进行了零星改造工程竞争性谈判工作。此项工作按照《北京电视台采购及招投标管理规定》，参照其有关程序，通过竞争性谈判的方式选择一家单位为2016年零星改造工程承包商。

项目制工程管理见成效。按照“精细化管理”的思路，为摸索一套适合电视台基建办工程项目管理的办法，基建办以今年的工程重点项目“苏州街工作区二期地下室吊顶改造修复项目”试行项目化管理。实行项目经理负责制，采取了在部门内部选聘项目经理，组成项目班子的方式，确立了项目章程及目标，实现了项目前期规划合理、缩短项目周期、工程管理有效、工程资料有序等方面的目标。

注重工程资料的收集和归档。为全面反映工程的概况，真实、客观地保留好工程资料，解决工程资料的收集整理欠规范的短板，为今后查阅和上级检查提供便利，安排相关科室专人对2015年完工的新媒体中心大楼改造工程、2016年进行的竞争性谈判和苏州街工作区园区改造工程的资料进行了认真的收集和整理，编印成几套文件汇编，作为规范工作程序的重要部分。

经营管理部工作概况

2016年，经营管理部全力做好广告和产业经营的转型和改革工作，努力适应市场环境变化，转变经营发展方式，探索创新运营模式，确保产业经营稳步提升。截至12月31日，北京电视台投资的各级企业共计60家，其中正常经营的一级企业共7家，资产总额8.34亿元，负债总额2.93亿元，所有者权益净额5.45亿元。这一年，7家一级企业实现营业收入22.39亿元，营业成本22.54亿元，利润总额 -1211万元。

应对广告市场形势变化，推动广告经营资源的整合调整。广告业务是北京电视台主要收入来源。随着新媒体行业不断发展壮大，广告市场份额被新媒体行业挤压。2016年初，京视卫星、京视电广、京视体育和新纪实公司承担全台广告运营的主要任务。随着形势发展的需要，结合广告经营规律，经营管理部会同台相关部门，于一季度末和四季度初，对于北京电视台广告经营资源进行两次整合调整。

此外，为了实时跟进广告经营企业的动态情况，解决经营工作中遇到的各类问题，经营管理部组织建立了广告经营例会制度。每周六主管台领导及广告经营相关企业和部门召开会议，汇总工作情况，分析形势，解决突出问题，部署工作，全力以赴完成台党委下达的广告经营任务指标。

优化台属企业产业布局，积极拓展经营模式。2016年，是台属企业经营工作艰难前行的一年，经营管理部在努力配合做好广告经营工作的同时，积极思考，探索研究彻底扭转北京电视台收入来源过分依赖广告业务的举措，依托核心优势资源，引入社会资本，实现产业布局多元化，进一步拓展经营模式。

在产业布局方面，经营管理部与体育节目中心、生活节目中心、动画节目中心、纪实频道就探索频道和公司的协同运营模式进行了深入研讨，总体方向是以节目播出平台为依托，联合社会优势资本，向体育、动漫、家居家装和纪实产业延伸，以公司化的运营方式，打通节目上下游产业链，广泛开拓收入来源，逐步化解广告收入占比过高的经营风险。

在经营模式创新方面，经营管理部与卡酷传媒公司、紫禁城影业公司、京视传媒公司积极面向市场，对接社会资本，与IDG、北广高清公司、中信国安、经证投资基金、坤鼎集团等洽谈合作事宜，利用北京电视台的媒体影响力和台属企业品牌知名度，寻找合作伙伴，引入优势资源，形成强强联合，共同开拓市场。

发挥部门职能，加大监管力度，提升产业发展水平。公司治理是体现公司管理现代化的重要表现形式，是公司长远发展的基础。确保台属各级企业在法律框架内，按照规范的法人治理结构运行。根据《公司法》《企业国有资产法》《国有资产管理条例》等法规，在广泛调研的基础上，经营管理部拟定了优化完善台属企业法人治理结构建设的工作建议，为台属企业配齐、配强“董监高”人员，调整任命企业“董监高”人员14人。

实行更加符合企业经营特点的考核奖励办法和广告经营考核奖励办法。经营管理部在开展2015年度企业考核奖励工作时，按企业经营类别分类考核，以年度审计结果为依据，经营业绩与分配直接挂钩，实现重奖重罚。建立与全台考核奖惩办法相配套的“按责管理、分级考核、低底薪、高激励、奖罚对等”的广告经营考核与奖惩办法，强化全台一盘棋和经营主体间的团结协作，全力以赴完成全年广告创收任务。

健全完善财务监管体系，防控企业财务风险。2016年度经营管理部进一步加大预算管理力度，强调预算编制和执行的严肃性，组织完成了台属企业2015年财务会计决算、固定资产投资决算、北京广播电视行业统计年报和2016年度预算工作。

加强审计监督，防范廉政风险。2016年度，经营管理部配合北京广播电视台开展了对台属27家企业2015年度的年审工作，先后开展了史小东、牛振青、赵峥铮、王喆等同志的任期经济责任审计工作，对于发现的各类问题，深入挖掘问题实质，对症下药，督促企业采取措施认真整改，切实发挥好审计工作职能。

做好企业产权登记和台属企业使用台资源的登记分析工作。根据市财政局及总台关于产权登记工作的部署，经营管理部牵头负责台属企业的国有资产产权初始登记、年检及变更登记等工作。25家台属企业产权登记资料全部通过四级审核，于2016年10月中旬完成全部工作，连续两年实现100%的通过率。

总工程师办公室工作概况

2016年，总工程师办公室在确保日常工作的基础上，着力推进了安全播出管理、技术项目招标采购、技术规划管理及技术研发等工作。

安全播出管理工作。延续安全播出管理工作体系化、制度化、常态化建设。负责安全播出联络工作，制订每月技术部门安全播出值班表，执行安全播出联络员月例会制度，并在北京电视台内网开辟《安全播出月报》专栏，每月向北京广播电视台报送北京电视台安全播出月报表。组织开展春节、两会等重要安全播出保障期的联络协调工作，展开对事故或异态的调查等工作。完成中央广播电视塔北京电视台模拟发射机更新改造一、二期项目。落实发射机改造工程中与北京电视台相关的技术方案提交、报批、招标等相关工作，按照总局要求确保中央发射塔改造过程中的播出安全。落实总局有关卫星电视安全传输和地面无线电视网络覆盖建设要求，协调无线局、卫星地球站、中央塔、卫星公司等单位，保障北京电视台卫视、纪实、卡酷、外宣等卫星节目及四套地面无线电视频道的安全传输播出和相关项目合同的履行落实。根据上级要求，2016年度落实中星9号直播卫星备份传输北京卫视高清频道服务合同事宜。落实市广电局《关于开展调频广播频率、地面数字电视频道自纠自查的通知》，开展调频广播频率、地面数字电视频道自纠自查工作。完成市广电局2016年广电设施安全保护信息报送工作。

技术项目管理工作。负责日常技术工程项目的技术方案审查、财政立项、进口审批、组织招标、监督项目实施等工作，与国信、国贸、国泰建中、京发、中钢招标公司等招标代理公司继续合作。截至2016年11月，累计组织台内项目论证会18场，论证项目共78项；完成台外招标16项，完成台内招标和谈判项目58项、维修谈判26项，共计完成了82个项目合同签订工作，合计金额约5681万元；完成了136项合同的付款工作，涉及金额约6433万元。同时，总工程师办公室还完成了约32个项目合同资源管理系统录入工作。加强重点技术工程建设项目管理，统筹组织、协调完成了中央发射塔发射机改造一期/二期项目、专业磁带采购项目、96168栏目升级改造项目、AVID制作网升级改造项目、高清制播网维保项目等重点项目。积极配合新闻中心开展新闻改版的前期准备工作，协调制作部、网管部制订技术方案，配合计财部资金申报撰写项目可行性研究报告等。根据生活节目中心节目形态变化的需求，多次组织制作部、网管部、动力部、播出部等多部门协调会，解决直播所面临的各项问题。根据北京市发展与改革委员会相关批复精神，进行北京电视台高清晰度电视技术系统工程（二期）项目决算审核的前期准备工作。

技术规划管理及研发工作。继续参与北京电视台技术系统中有关新媒体系统建设及规划的相关工作。新媒体技术推进工作组在2016年度继续开展了各项研究和实践性工作，组织相关项目推介和技术交流。全面配合推进新闻、影视频道高清化改造方案，实现高标清同播，组织完成北京电视台高标清同播频道标清下变换副形变换方式研究和落实工作。开展符合本年度全台技术发展大方向的重点技改项目建设工作。全面跟踪参与北京电视台播出高清化改造方案、影视/纪实频道环绕声上载技术方案、大剧院安装电影设备技术方案、转播车改造技术方案、制作部苏州街台址800平方米演播室改造方案等专项技术改造工作。开始国家科技部《立体影视内容生产关键系统研发集成与服务示范》项目结项工作，准备相关材料开始项目审计。开展4K、8K等电视技术研发应用，协同台内各主要技术部门，开展台内技术体系现状调研、厂商交流、技术培训、国内外技术考察调研等合计约20次，进行春晚节目4K录制实验和后期制作工作，完成了4K纪录片《最后的守望者》，荣获第三届SONY 4K杯专题类二等奖，同时组织开展了UHD超高清电视、VR视频的摄制实验。

完成北京电视台技术系统“十三五”科技规划编制。与计财部合作开展向市发改委、科委、市财政局申请技术支持资金的工作，计划在北京电视台综合制播云平台建设项目、制播系统全面高清化改造、北京电视台超高清（4K）技术系统建设项目、北京电视台融合媒体技术平台建设项目等几个方面申请财政支持。

牵头北京电视台各技术部门，联合计财、人事等有关部门，与北京新媒体集团就有关技术合作进行洽谈。在2016年4月12日至10月11日过渡的半年期间，促进英特维公司与新媒体集团就IPTV运维、IPTV部分设备维保、新媒体演播室技术支持等合同进行了延续，合同金额共计约163万元。针对10月12日后的技术合作，总工程师办公室提出了一揽子的合作思路，拟由新媒体集团将合同金额全部支付给北京电视台，再由北京电视台将相应部分支付给英特维及第三方公司。此工作正在继续推进中。

制作部工作概况

2016年，制作部狠抓安全播出和节目生产，制作收入应收3.52亿元，实收2.81亿元（含直划4800多万元），与2015年基本持平，全年没有发生大的安播事故，较好地完成了各项任务。

一、完成重点工作、重要任务

完成北京市“两会”报道技术保障任务。在市“两会”期间制作部新闻制作科集中拍摄、特别设计推出“两会”节目整体包装、宣传片及12期节目大数据制作等工作。市委常委、宣传部长李伟同志看了节目宣传片和预告片，给予肯定。新闻制作科驻会制作新闻105条，时长约388分钟。包装与制作新媒体示意图

295秒，设计图35张，虚拟植入675秒，版式3个。

完成全国两会驻会技术保障及后期制作任务。两会期间，共制作新闻94条，总时长116分钟。

完成“2016年春晚”录制技术保障。虚拟植入团队在积累了3年多的虚拟植入的录制经验基础上，在2016年春晚虚拟录制中无论是在录制手段还是在设计创新上都做出了许多新的尝试。制作大量背景特效影片，打造梦幻舞美大屏。春晚录制现场，整个大剧院后台、耳台观众席都变成了舞台，录制面积近3000平方米，史无前例的360度舞台设计演绎出超强的梦幻璀璨的“天宫”场景。引进西班牙KRONOMAV公司生产的K2多轴实时遥控电动轨道车拍摄系统，俗称“轨道机器人”，助力BTV剧院春晚拍摄，发挥了不可替代的作用。

完成“环球春晚”录制技术保障。制作部派出多通道收录团队、视觉包装制作团队、音响团队和后期制作团队等强大阵容，圆满完成录制技术保障。

圆满完成北京电影节红毯仪式准直播工作。制作二科连续第四次承接电影节开闭幕式卫视版的红毯仪式准直播工作，两个时长分别将近90分钟的仪式要在70分钟内完成精剪，分别做成50分钟和35分钟的完成版，圆满完成任务。

圆满完成北京电视台现象级季播节目《跨界歌王》前4期大剧院的录制保障工作。

圆满完成多个频道纪念长征胜利80周年系列重点节目的拍摄制作保障任务。

全力保障卫视季播栏目及多个4K节目的制作。制作部以项目制的方式，从多个科室抽调人员组成季播项目团队，全力保障卫视《生命缘》《怀孕爸爸》《幸福的味道》《暖暖的新家》《大首映》等季播栏目的录制制作；完成《大西山》《最后的沙漠守望者》等4K节目的拍摄制作，受到业界的关注和好评。

完成北京市农业嘉年华、平谷桃花节、2016北京国际车展、2016京交会系列重要直播技术保障任务。

台内完成“天涯共此时”大型跨年新闻行动启动仪式技术保障，到11月8日完成5次台《文化沙龙》的技术保障任务。

二、加强技术培训，提升技术水平和保障能力

初步统计，全年共计组织各类培训116次328学时，1608人次参加。

在总工办的协调下，2016年上半年制作部与新闻中心组织了外出参观学习考察，与兄弟电视台及设备厂商进行了广泛的交流，研讨了制作部应对改造新闻演播室的技术准备方案。

2月23日，制作部邀请SONY公司两位专家来北京电视台进行4K讯道相关技术培训与交流。会上，SONY公司有针对性地介绍了演播室、EFP用4K讯道摄像机、4K视频切换台、4K信号录制服务器等相关产品及技术解决方案。

创新工作站组织开展4K、超高速、航拍技术培训与实践。1月8日，制作部特效摄制全流程技术研发工作站与北京市公安局警务航空总队合作，分批组织了载人航拍飞行科目训练及系统安全操作培训。警务航空总队先后出动两架直升机先后于北京电视台新台址上方盘旋作业近一小时，工作站成员于机上与北京电视台楼顶停机坪摄影师实现了互拍作业。

2016 年是 VR 虚拟现实技术的爆发元年，VR 全景直播服务已经应用于娱乐、经济、商业等大型活动。3 月 9 日上午，制作部邀请 VR 全景视频直播专家刘涛，为大家介绍并展示 VR 技术在电视节目中的应用。

3 月 16 日，制作部举办 MVP 体育分析演播系统培训，邀请 MVP 系统专家在制作部会议室详细介绍了 MVP 体育战术分析系统的应用范围以及多种体育效果增强特效，特别介绍了 MVP 系统的独有特效——Muybridge 动作分析和 Red Coat 高亮显示。MVP 技术专家还与参与培训人员就体育节目制作中实际问题进行深入针对性的交流。

7 月 27 日，创新小组赴中国传媒大学参观其 4K 全媒体演播室，与校电视台及演播室系统集成商 SONY 公司交流探讨 4K 演播室制播全流程制作技术。

11 月、12 月开展了前期技术业务能手标兵评选，50 多名前期技术人员报名参加评选，评选激励了一线职工学习专业技术的积极性。

三、开展安全教育，安全播出不放松

3 月 2 日，北京市新闻出版广电局科技处组成联合评估组来北京电视台开展年度安全播出管理体系成熟度评估，制作部技审组作为首站接受了评估，联合评估组对北京电视台技审工作给予肯定和赞赏。

开展“2016 年度直播安全评比周”活动。北京电视台总工办以“强化安播意识、督促工作落实”为主题，组织开展的“6 月播出安全生产月”活动 6 月 1 日正式启动。为了配合此项活动，制作部在 8 个与直播相关的科室之间开展年度例行的“直播安全评比周”活动，提高了相关人员的安全播出意识。

为强化安全播出意识，提高应对紧急事件的能力，6 月 24 日，制作部组织新闻演播科参加由技术部门与新闻中心联合组织的新闻直播应急演练。台总编辑王珏、总工程师田方、副总编艾冬云及相关部门领导亲临现场观摩指导此次演练。演练从实战出发，按照《北京新闻》实际直播流程，在直播准备和直播中模拟工作中遇到过的问题与故障，现场考核当班技术人员的应急事件处理能力。

播出部工作概况

2016 年，播出部圆满完成日常以及重要保障期和重大直播的安全播出工作。

一、安全播出及保障工作

截至 2016 年 12 月 31 日，北京电视台 17 个频道（11 个标清频道和 6 个高清频道）总计播出 128417.2 小时，记录事故 8 起（无人为责任停播事故），累计停播时长 224 秒，停播率约 0.17 秒/百小时，与 2015 年相比略有下降。其中 1 月、7 月、8 月、9 月、10 月播出零事故。圆满完成全年重要安保期和重点节目的播出传输保障，全年保障直播约 600 场，收录近1400余场次节目。

二、维修维护播出系统设备

圆满完成本年度的4个季度停机检修工作，检修前制定详细的检修技术方案，撰写检修技术文档4册；检修完成后撰写检修总结4册，内容包括检修过程中的经验、对故障设备及问题的维修及跟进。完成高清播出、标清播出及在线字幕包装系统的日常运维及巡检工作，并按季度整理巡检报告。完成3项专业设备维修申请及购置工作：高清系统数据库服务器购置、MACHHD多格式转换器维修、文艺频道和新闻频道净静切换开关维修。

三、细化安全播出管理

每周召开部门主任会和科长会。每周总结播出系统故障值班日志记录并形成技术维修会议纪要，按月总结《播出安全简报》。由一线职工编写的《播出中心核心视音频设备配置恢复》《北京电视台播出系统视音频通道技术手册》等文档已编写印制完成，下发部门各科。

四、完成固定资产清查工作

完成了2016年度播出部固定资产盘点工作。用两个月时间，对新台址、苏州街老台、皂君庙播出系统设备、台内各协作部门、各协作外单位属于北京电视台的设备进行清点，累计近5000台套，同时整理新老台的老旧设备并退库500余件旧设备。

完成2016年北京市行政事业单位国有资产清查及事业单位产权登记工作；完成了高清二期设备系统的登记、入库工作；完成中央大塔BTV卫视、BTV文艺、BTV科教等3套模拟发射系统的改造、退库工作，为新的数字发射系统建设打下良好基础。

加强专业设备更换、维修、进出部门的登记制度和管理。完善新上线的资源二期管理软件系统。完成了6批新购置的技术系统设备的登记、入库工作。

五、深化技术系统升级改造

启用苏州街中心三面Ku波段卫星天线，将卫星天线的信号经过光端机传回大北窑台址，做到新台卫星天线的异地备份。完成信号监测项目建设工作，提高应急处理效率。完成“北斗校时钟系统”项目安装、调试，同时完成综合业务楼43层校时钟机房的监控系统。完成《播出系统全面高清化改造可行性研究报告》，包括改造规划和技术方案设计，《播出改造周转系统建设》方案设计。调通新台址至云岗地球站间的2路基带收、1路基带发、1路L波段收4条光缆传输路由。完成苏州街400平方米演播室直播信号通路的搭建。搭建苏州街400平方米演播室到大北窑台址总控的2入4出互传通路，保证每天一期《生活2016》节目的直播需求。完成卫星天线的翻新工程，历时4个月，对位于苏州街和大北窑台址已使用超过10年的17面卫星天线，全部进行翻新和调整，清除锅面锈蚀喷漆保养，确保天线的使用精度和美观。参与实施中央电视塔模拟发射机改造项目，完成信源部分编码系统和传输系统的招投标工作，配合电视塔完成改造阶段信号临时传送系统，配合中央电视塔完成先期到货发射机的验收和搭建工作。经过3个月的搭建和试运行，顺利完成新闻、影视频道高清化播出系统改造项目的建设，10月18日正式在歌华网中播出。

转播传送部工作概况

一、全年完成节目制作403场次

其中直播任务279场次。包括完成北京市人大、政协两会的直播任务；完成北京农业嘉年华、平谷桃花节、采摘节、菊花节、延庆端午节等新闻节目直播。

完成中国足球甲级联赛、中国足球超级联赛、篮球联赛、排球联赛、台球比赛等多项体育赛事直播工作。特别是8月份里约奥运会转播，转传部技术人员走出国门，承接了乒乓球国际公共信号制作。

完成包括北京电影节开、闭幕式在内的多场各类文艺节目直播。

录制任务共计124场次。主要有：北京电视台多台春节晚会的录制工作；庭审纪实、拍宝等栏目的录制。

二、进一步加强新技术学习与应用

为了更好地为节目部门提供技术支持与保障，转传部成立了多媒体应用创新技术小组，2016年承接了河北、河南等省中超足球转播的EVS制作、现场导播工作。在大型转播中多声道伴音制作、多机位颜色统一调整、超高速摄像机应用等方面进行了探索与创新。

转传部邀请视、音频设备制造商、系统集成商公司以及中央电视台的技术人员多次到部门里来，对最新的高清转播设备的原理及应用情况，如4K技术的系统应用问题，大型转播的视频、音频实践等进行交流和探讨，提高了技术人员对新设备、新技术的掌握。为北京电视台安全播出、技术创新和发展打下坚实基础。

三、部门获奖情况

2015－2016年中国男子职业篮球联赛北京首钢VS广东宏远高清视频技术一等奖。

2018年俄罗斯世界杯预选赛亚洲区小组预赛中国队VS卡塔尔队高清视频技术二等奖。

2016年中国男子足球超级联赛北京国安VS河北华夏幸福音频技术三等奖。

2015－2016年度中国男子职业篮球联赛北京首钢VS广东宏远音频技术三等奖。

技术设备管理部工作概况

2016年技术设备管理部深化改革，加快创新，多项工作实现突破。

一、加强资产管理制度执行，提升资产的信息化管理水平

2016年，技术设备管理部在资产管理方面制定了《有关资产管理员变更的相关规定》《部门间技术设备资产调转的相关管理规定》《北京电视台技术设备资产退库的相关管理规定》等制度，使资产管理更加清晰明确。完成了技术资源管理系统二期工程，全台的技术资源管理实现科学化、规范化。截至12月底，对全台30多个部门40000余件技术设备开展了盘点工作，与制作、播出等大部门积极沟通，制订专门的盘点计划，并对遗留问题采取有针对性的解决方案。退库报废工作稳步推进，对全台30年来遗留的大量老旧设备和账务继续进行清退工作，近一年共申报7批价值2000万元的报废设备，其中6批已经完成了审批、回收工作。入出库各类耗材4.7万余件，共计金额463万余元。

二、完成技术质量管理任务

2016年，技术设备管理部参与的OA系统《北京电视台工程、设备、系统验收申请》功能按计划完成建设，2016年6月1日试运行，7月1日正式运行。取消纸质文件递送，全面实行电子文件流转。顺利完成全台系统验收工作，系统验收包括：验收文档审核、制定验收方案、现场验收、做验收报告、验收文件归档。截至2016年底，共验收北京电视台高清二期3G无线网络平台应急传输系统HTGQ－0071等各类项目35个。

各项技术评奖工作取得丰硕成果。作为全台技术奖参评工作的组织部门，通过积极协调，为制作部、转传部等部门提供技术支持和服务。做好参评节目的筛选工作，不缺项，不漏项，把全台的技术实力充分展示出来。一年来，组织申报了金帆奖、白玉兰奖、市局“华彩杯”、全国影视青年科技奖、2015年度北京市优秀广播电视节目评选电视节目技术质量奖、新技联2015年度新闻科技论文评选等9项评选工作，连续7年获得广播电视行业技术最高奖“金帆综合大奖”。

三、继续做好播出质量安全监播、监录和监控工作

2016年通过监录系统和人为监看相结合完成主备共42路播出信号的安全播出监播工作。截至2016年12月31日，监测到播出异常77次，累计时长4小时5分24秒。对全台播出的16个标清和5个高清频道主备进行7×24小时实时录制。截至2016年12月31日，高标清共录制节目总时长367920小时，收录节目总量为190TB。对播出关键岗位49个监控点进行全程专人实时监控和录像，保存录像素材41160小时，存储录像文件35T，提供录像查询输出15次，为播出故障原因分析、责任认定提供数据支持。通过监录系统，为全台业务部门提供大量播后节目在线点播服务。截至2016年12月31日，累计提供在线点播1700多人次，累计提供播后节目27次，累计节目时长约137小时。

四、完成全台设备的维护工作

2016年，技术设备管理部圆满完成了全台技术设备和计算机桌面硬件设备的日常维修保养工作，共计维修、保养1385台（件），其中索尼设备352台（件），松下设备68台（件），计算机桌面硬件设备410台（件），其他设备555台（件）。完成2016年度全台49项维修手续在OA上的审核流程，27个维修项目维修价格的谈判和确认工作。截至12月底，复制机房完成了DVD刻录9500余片，比去年同期增加500余片。

信息网络管理部工作概况

信息网络管理部于2007年7月成立，内设技术管理科、网络监控科、办公网络管理科、媒资系统管理科、主干网管理科、新闻网管理科、生产网管理科、新媒体管理科等8个科室，人员总计80人。网络管理部主要负责北京电视台生产网、办公网及新媒体系统的规划建设和运行维护工作。

2016年，网管部以安全生产为“经”，确保生产网、办公网和新媒体各业务系统安全稳定运行；推进智慧媒体项目建设。以精细管理为“纬”，完成生产网运维架构调整。

一、安全维稳，做好技术系统维护工作

截至2016年10月底，生产网节目日均首播数量约800条，时长约138小时。储存高标清节目约106万条，时长约27万小时。储存高标清资料约83万条，时长约41万小时。顺利完成北京市两会、全国两会、十八届六中全会等多个重点安保期的网络运维保障工作。完成昌平草莓节、平谷桃花音乐节、北京车展、长征七号首发直播等多个大型主题直播活动，并在活动中大量应用4G回传、手机回传、flyway卫星回传等新技术。

办公网解决各种软件、硬件故障，安装常用办公软件，安装打印机等，客服工单维护量为4277台次。完成台内“39层文化沙龙”“卫视大首映”“3·15晚会”“北京马拉松”“天涯共此时”等大型活动及直播网络保障近20次，解决其他部门特殊网络需求或临时无线网部署10余次。为科教节目中心分发视频素材共计320期，合计数据量1920GB，时长共计320小时。提升无线网使用体验，针对新老台无线终端进行mac地址绑定工作，截至2016年年底已绑定了近3600个mac地址。

新媒体业务运行稳定，本年度累计保障生产内容122252条，总时长达到18274小时，平均日生产量407条，时长约61小时。支持“北京时间”24小时直播收录和生产，下发104097条内容，累计时长达12328小时。完成IPTV点播内容生产量10881条，总时长4845小时。

网管部负责运维的生产网、办公网和新媒体网络系统，规模庞大、设备众多、技术复杂，经过大家的努力付出，各网络技术系统未出现影响制播业务的安全责任事故，确保了节目制作和播出等工作不间断运行。

二、集中力量，推动智慧媒体项目建设

整合生产网、办公网和新媒体系统技术资源，集中力量推进智慧媒体服务项目中的28项建设任务。

目前，主体建设项目已基本完成，各项目陆续启动验收流程。其中智能化数据中心机房、新闻蓝光盘塔、生产网私有云平台、智慧媒体云计算、云存储、云管理平台等已投入试运行，并在电视节目生产、新媒体内容制作等业务上进行试用。大数据基础平台已开始为台内部分业务系统提供基础数据存储和计算环境。部分上层应用如移动 OA、智慧党建等都产生了较好的应用效果。

三、深化改革，持续推进运维架构整合

面对北京电视台日益提高的安全播出和稳定运行要求，以及日趋扩展的系统规模和业务覆盖度，部门积极调整运维模式，将以经验为基础的被动式、竖井式运维模式逐步调整，并引入 IT 业先进的 ITIL 和 ITSS 管理理念，完成了制播网运维三层架构横向整合。

经过制播网运维三层架构横向整合，运维人员管理机制逐步完善、IT 化设备维护机制逐步代替传统的设备运维模式、设备运行状态监控报警与业务流程监控联动机制开始建立，网络安全管理机构和管理制度作为等保障建设的内容逐步加强，运维效果显著提高。

动力部工作概况

2016 年，动力部完成了动力系统设备的运行维护、施工改造及对物业公司的监管工作，确保了新办公区、苏州街办公区动力系统的安全稳定运行，保障了安全播出。

一、动力设备的运行及维护检修

做好动力系统设备的日常运行维护。2016 年动力部严格落实、认真执行各项规章制度、操作规程和应急处置程序，加强巡视检查和运行维护工作，对隐患做到早发现早处置，较好地完成了动力系统设备日常运行维护及重要保障期内的安全保障工作，有力地支持了全台工作的正常进行。

处置突发故障及时准确。5 月 20 日，新办公区中心配电室综合楼 226 高压馈出柜零序保护跳闸，低压联络开关自动合闸，经查为综合楼 226 高压馈出柜开关馈出高压电缆头单相绝缘破损并通过外面导电层接地造成，动力部经过紧急抢修及时恢复了正常供电。

对全台应急保障供电系统进行保养和维护使之处于良好状态。全台 6 台发电机组定期进行空载及带载实验，对 26 台大容量 UPS 电源定期维护并对后备电池进行充放电检测，更换直流滤波电容 96 只、IGBT 整流模块 7 个、蓄电池 36 块。

配合供电局完成 3 次 10KV 外电源倒闸操作工作并对相应的 32 个高压 10KV 进线开关、馈出开关及联络开关进行预防性试验，以保证在出现故障的时候能够及时准确跳闸保护。倒闸期间，由 ABB 厂家人员对 10 面高压开关柜的高压柜体、保护单元及储能电机的元器件进行检测及耐压试验，以确保使用安全。

全台 47 部电梯完成年检审验。北京

市技术监督局特检中心对我台47部电梯进行检验，所有电梯均达到安全运行标准，取得安全运行许可证。

二、动力系统更新改造

新办公区综合楼台标灯已使用9年，光衰严重，部分灯已不亮，影响到综合楼北侧夜间景观效果。8月20日开始对台标灯进行拆卸更换工作，于10月16日顺利完成。

苏州街办公区3月安装两台200KVA UPS电源，负责演播区工艺供电，为演播室节目制作提供可靠的供电保障。

新办公区演播楼、生活楼15部电梯的反绳轮轴承经过10年的运行，出现异声、震动和磨损等问题，威胁电梯的安全运行。经过2周的紧张施工完成了15部电梯反绳轮轴承更换工作，为新办公区电梯的安全运行提供了保障。

苏州街办公区电梯在巡视中发现蒂森电梯曳引绳出现断丝、断股等安全问题，动力部紧急与厂家联系供货并尽快完成了电梯曳引绳的更换工作，确保苏州街电梯安全稳定运行。

2016年2月苏州街办公区二期四层空调管道发生漏水，经过应急抢修后对二期风机盘管的管线进行全面的检查，发现管线锈蚀、老化严重，存在再次漏水的安全隐患。动力部组织施工单位对其进行了全面更新改造排除安全隐患，确保苏州街办公区空调系统的安全稳定运行。

苏州街办公区星玛电梯、杂货梯监控系统改造升级。本次升级改造提高了电梯监控系统的可靠性和准确性，消除了信号中断和信号失联的问题，达到了对电梯安全运行管理的目标。

更新安装分体空调。应行政部和保卫部要求，动力部组织采购并由中标公司对新办公区临建生活区及苏州街办公区保卫部使用10余年的52台分体空调器进行了更换。新办公区G1、M1配电机房、综合楼903、1702、1012机房更换了8套空调器。

苏州街办公区二期C106工艺机房进行空调改造。此次改造中我们将原欧式餐厅拆除的新风机组进行了二次安装使用，既满足了机房使用需求又节约了大量的资金。

苏州街办公区中央空调冷却塔自控系统升级。由于冷却塔线路问题原系统无法实现对主机运行数据的采集，导致主机运行不稳。经过与原厂家协商重新布设了监控线缆，监控软件也进行了升级，目前已恢复正常使用。

三、台外直播活动的供电保障

动力部2016年参与了市两会、北京国际电影节、北京国际车展、京交会等台外直播供电保障工作。动力部对台外直播节目供电保障工作高度重视，克服人员、设备紧张的困难，抽调技术骨干，积极筹措，准备UPS电源等供配电设备，提前进入现场查看制订施工方案，并派人员驻会对用电设备进行巡视检查，做好各种突发情况的应对工作，累计安全供电416小时，确保了台外直播活动的用电安全。

四、人员技术培训有序进行

动力部根据台领导开展安全播出月培训计划的要求，组织各专业进行专业知识、应急处置预案的考核和演练，确保职工技能水平稳定提升。2016年动力部共有18名职工电工证、安全证到期进行了复审。电梯科应维保厂家的邀请，全体职工参加了电梯法规和安全运行的培训，并对典型事故案例进行细致分析，提高了职工安全操作意识。

动力部对新入台的5名刚毕业学生进行安全教育，并对他们进行岗位轮训，让他们全面了解熟悉系统设备，尽快胜任本职工作。

五、节假日重大活动期间的动力保障

为做好重要节假日及保障期内的安全运行工作，动力部定期对一线值班人员进行应知应会内容及应急处置预案考核。对所辖设备进行全面细致的检查和隐患排查；对所有变配电室和工艺设备机房的配电柜带电部分进行测温，防止因接线松动或过载产生高温而造成事故；对自备柴油发电机组进行空载运行试验，以保证当外电源失电时能够在短时间内为重要保障负荷恢复供电；对播出、制作、网络机房加装的分体空调进行检查维护；加强值班力量，安排部门领导值班，确保动力设备在保障期内安全运行。通过动力部全体人员的努力，确保了节假日重大活动期间动力设备的安全运行。

六、对物业公司的监管工作

2016年动力部认真做好对物业公司的监督管理工作，每月召开动力部和物业公司的工作协调会，解决工作中遇到的问题，安排布置工作。检查物业公司的设备运行情况和日常工作情况，发现问题及时提醒、帮助解决，确保物业公司所辖设备的安全正常运行。

动力部根据与物业公司职责划分规定，2016年完成了物业公司所运行设备的更新改造大修工作，完成了物业公司所需备品备件的采购和设备固定维保合同的新签续签工作，保障了物业公司所辖系统设备的安全正常运行。

老干部工作办公室工作概况

2016年，北京电视台老干办以“为党和人民的事业增添正能量”为价值取向，以“展示阳光心态，体验美好生活，畅谈改革发展”为主要内容，开展各项工作。

一、建立退休困难职工帮扶机制

一是台领导高度重视老干部工作，登门走访慰问患病困难退休职工。元旦、春节期间，台领导班子、老干办和老干部各党支部共看望慰问老同志43人，向他们送去关怀和新春的问候，并为21位患重病和有特殊困难的老同志送去慰问金。2016年老干办共慰问患病退休职工91人次，及时把台党委的温暖送到老同志身边。

二是对患病困难老同志研究建立帮扶机制。春节过后，按照上级文件精神北京电视台停发退休职工“改革共享费”。面对停发引起的连锁反应，老干办全员参与，解疑释惑、安抚疏导，在新、老台址建立值班制度，进行全天候的疏导和安抚；7次召开老干部党总支和下属党支部支委会议，沟通、传递有关情况；向台党委、纪委报送相关材料49份；登门走访病困职工，与150余名600多人次老同志以上门、见面、电话、短信等方式作重点沟通；对退休工资偏低或家庭困难退休职工情况进行调查摸底和情况分析。完成了《北京电视台退休职工帮扶助困暂行办法（试行）》和《北京电视台困难退休职工从事专业顾问工作管理办法（试行）》的落地实施。自2016年9月初陆续完成困难老同志的帮扶金发放，并将其纳入老干办日常管理工作。

二、扎实开展“两学一做”专题学习教育活动

一是老干部党总支高度重视党组织建设。4月初举办为期两天的党建工作培训班，每月召开党总支会议，传达上级有关精神，通报老同志思想和健康情况。先后6次传达学习了中共中央办公厅、国务院办公厅印发的《关于进一步加强和改进离退休干部工作的意见》、郭金龙同志在北京市老干部工作会上的讲话精神、市老干部局（处）长会的精神、市离退休干部支部书记培训班的会议精神、市老干部局关于进一步加强离退休人员支部党建工作的讲话，以及北京市落实“十三五”规划、推动京津冀协同发展举措等文件材料。

二是在“两学一做”专题学习教育活动中，党总支创新载体，丰富学习教育活动的形式和内容，务求实效。

老干部党总支先后6次集中退休职工党支部全体支委学习传达上级及台党委“两学一做”精神、督查检查支部学习教育情况。通过电话会议等形式，及时传达台党委对“两学一做”覆盖全体的要求，并推荐宣讲家网站的视频讲座作为各支部专题学习的内容；4个老干部党支部制订了“两学一做”计划安排，并采取集中发放资料、“送学习资料上门”“定点值班”发放等方式，确保每名老党员的学习材料到位、逐一讲解学习教育要求等做法。

老干部各党支部充分利用支部微信群快速便捷、利于交流、覆盖面大的特点，在微信平台上发布本支部“两学一做”学习计划，登载制作的相关漫画图片，转发李春良同志在北京纪检监察网的在线访谈录像，就学习党章党纪展开专题讨论，组织交流学习心得。

北区党支部举办了“党章”“纪律处分条例”测试题的开卷答题活动。西区党支部组织“缅怀先烈，不忘初心，做合格党员”党日活动，参观冀东抗日根据地遗址，开展实地党课学习活动。东区支部在党日活动中提出“我是党员，我承诺”的倡议，提出强化遵守政治纪律、做文明党员的四点承诺，得到全体党员的一致支持。支部还特别邀请了发展对象王庆云同志参会，与会党员与她集体谈心。南区党支部组织“两学一做”专题讨论会，并3次与所居住社区的全国政协机关离退休干部合作举办“一带一路　共建繁荣”“长征胜利80周年纪念日”书法笔会和书画展览。

老干部各党支部组织了“两个规范”大讨论并召开专题组织生活会。党总支召开了“两学一做”大讨论成果的学习交流会，大家互相学习，交流经验，共同上了一堂生动的党课。

三、弘扬志愿者精神，传递社会正能量

一是开展以文怡人的主题活动。按照市老干部局开展“展示阳光心态，体验美好生活，畅谈发展变化”主题活动的要求，组织退休职工开展系列主题活动，大家在快乐的活动中，陶冶美好情怀。

3 月 8 日，组织台退休女职工举办插花艺术讲座。

5 月 26 日和 31 日，分批组织退休老同志前往密云古北水镇参观游览，开展“畅游风情古镇　体验美好生活”活动，近 170 人参加。

10 月 18 日，组织退休职工赴通州大运河森林公园及宋庄艺术区小堡画家村，以“讲传统，看变化，话改革，助发展”为主题，开展庆重阳活动，感受即将成为北京城市副中心的通州区的发展变化。在宋庄小堡画家村，130 多名老同志参观了北京大戚收音机电影机博物馆。不同年代生产的各种收音机、电影机及相关藏品 3000 余部，唤起了老同志参与北京电视台开拓发展的美好回忆。

二是弘扬志愿者精神，传递社会正能量。台老干部志愿服务团继续弘扬“奉献，友爱，互助，进步”的志愿服务精神，2016 年志愿者在发放刊物、日常物品、组织主题参观活动、献爱心活动、老同志信息采集填报、帮扶助困申报工作等项活动中，共有 101 人次参加了 1871 小时志愿服务。

在 10 月 17 日国家扶贫日到来之际，老干办继续组织退休职工开展一年一度的“志愿服务奉献爱心”活动，共收到老同志捐赠的冬装、棉被、毛毯、单衣、图书及玩具等爱心物品 1100 余件，全部寄往国家贫困地区河北省兴隆县白毛甸子村。

三是细化日常管理服务，提升老同志幸福指数。老干办坚持新退休职工欢迎会制度，使新退休人员感受到单位、组织及老同志大家庭的温暖；平时做好老同志日常管理服务工作：组织老同志体检、办理公园年票、订阅报纸杂志工作、通知南戴河休疗、组织女职工乳腺癌筛查等；克服时间紧、老同志居住分散等困难，如期完成 417 名老同志的社保信息核对工作，进一步完善了信息库；老同志书法班多名高级班学员作品在市级刊物发表，合唱团每周开展活动。

全年组织 100 余名老同志参加了市老记协举办的庆“三八”、迎“五一”、“忆青春岁月，话美好生活”知识竞答等活动，2 名老同志参加了老记协建言献策活动，有 3 名老同志获得北京市老记协老有所为新贡献奖。

招投标管理工作办公室工作概况

一、继 2015 年推行《北京电视台采购及招投标管理规定（试行）》（以下简称《规定》）工作，招投标管理工作办公室 2016 年继续加强对全台执行《规定》的指导和监督。针对节目、技术、职能部门采购工作的不同特点，一方面做好《规定》的解释说明工作，另一方面加强对各部门采购程序的执行过程进行监督。

接受全台各部门关于采购程序和招投标管理的咨询，协助和指导各部门按照相关法规完成本部门采购工作，其中重点是加强对节目部门采购人员的指导，敦促节目部门建立公开透明的采购程序。2016年指导和协助全台的公开招标、内部招标、谈判磋商等工作共计127项。

对全台采购和招投标过程进行监督，重点监督开评标过程、谈判过程和定价手续。2016年共参与各部门采购过程监督164项，涉及采购金额4.11亿元，其中公开招标18项，涉及金额3856万元；内部招标44项，涉及金额2161万元；谈判磋商54项，涉及金额2469万元；单一来源采购36项，涉及金额4703万元；卫视节目合作项目12项，涉及金额2.79亿元。

做好采购备案工作，指导和监督全台采购工作更趋公开透明、合法合理、节约高效。2016年共计审查和备案1714项采购工作，涉及金额9.99亿元。

二、着力研究一揽子解决外协制作服务的采购办法。敦促和协调制作部完善现行的《外协制作服务管理规定》，向计财部提出关于预算审核、结算支付等方面进行调整的建议，从全台层面向台领导提出相关配套程序调整的意见，力争在规范采购过程、提高审查效率、有效监督关键点等方面在全台取得一致，共同做好采购工作。

三、为敦促各部门更好地执行《规定》，招投标管理办公室结合北京电视台实际情况，参照公开招标的招标文件格式，进行合理的删减和调整，完成了内部招标文件、竞争性谈判文件、竞争性磋商文件的标准化工作，并提交全台使用。

史志办工作概况

史志办承担着代表北京电视台向《中国新闻年鉴》《中国广播影视年鉴》《北京年鉴》《北京广播影视年鉴》等上级刊物提供文字和图片资料的任务。2016年，在全台各部门的大力支持下，积极收集各类资料，认真加以整理和编辑，累计为上级刊物提供文字稿件12余万字，图片100余张。被北京市广电局史志办评为全系统完成供稿速度快、质量高的单位。

《2016北京电视台年鉴》按时完成出版发行。本年鉴于2008年创刊，每年编印一卷。主要记录和反映北京电视台上一年度的宣传情况和各项事业产业发展成果。以较翔实的图文资料，客观记述北京电视台在宣传业务、技术工作、队伍建设、事业发展、产业经营等各个方面的基本情况，反映电视事业产业的发展变化，是一部综合性资料工具书和史料文献的大型年刊。为保证年鉴内容的真实、准确、全面、客观，史志办建立了全台各部门的特约编辑联络机制，从年初召开征稿工作会，到催要及核实稿件内容，进而整理编辑，共收集文字资料100余万字，图片1000余张。做到大事要事不遗漏，为北京电视台及各中心、部室保存较完整的资料。《2016北京电视台年鉴》共收录图片

158 张、文字 55 万字。

2016 年，史志办积极参与北京市新闻出版广电局第二轮编修《北京志·广播电视志》工作。此项工作涉及搜集 1994 年至 2010 年北京电视台的有关情况，时间跨度大、内容涵盖面广、工作难度大。为此，史志办努力按照上级要求，多方查找历史资料，目前这一工作完成了阶段性目标，仍在继续按照志书的体裁和要求补充内容，完善细节，做到为《北京志·广播电视志》提供更多北京电视台历年改革发展的真实情况。

北京电视产业发展集团工作概况

2016 年，北京电视产业集团坚持“突出主业、谨慎投资、融合发展、做大规模”的发展战略，围绕生活服务、投资管理、数据服务、电视购物四大核心业务板块，挖掘北京电视台与之相关的经营性资产与资源，努力实现股东利益与企业价值的最大化，实现营业总收入 4780 万元。

一、对台西区及宿舍区进行精细化、标准化管理，增收节支，最大限度地减少台里弥补亏损的数额

2016 年，将广洼西街 6 号院由原临时商业高端用电价格改为普通小区居民公共用电价格，结束了长达十余年的高价用电，每年可节约电费约 40 万元。通过审核有关凭证数据，追回了近几年多缴纳的电费 163 万元，为本台及业主挽回了损失。经过努力，与当地街道、绿化等部门建立了良好关系，为职工宿舍区免费更换了健身器材等设施。建立客服中心，安装监控装置，组织消防安全、岗位技能培训，降低人力成本，逐步增加便民措施。京视物业公司已取得三级物业管理企业资质，广洼西街 6 号院达到海淀区文明示范小区标准。为拓展业务，物业公司还陆续推出了美发、干洗、粮油等经营项目。

二、恢复台西区职工食堂正常餐饮服务，不断提高菜品质量及服务水平，做好后勤保障工作

台西区改造完成后，京视诚公司及时恢复职工食堂正常餐饮服务，按时保质服务好就餐职工。为提高餐饮服务水平，京视诚公司为职工搭建教育培训的平台，到知名餐饮企业学习交流，开发各类餐饮品种，受到就餐职工的欢迎。围绕餐饮服务，以微信公众号为切入点，组织“咬春”等主题活动，增强职工归属感和凝聚力。圆满完成春晚、电影节、《跨界歌王》等活动盒饭的配送，协助《生活 2016 春节特别节目》的拍摄、长征胜利 80 周年全天转播开设茶歇，做好后勤保障工作。完成青年创新工作站终评申报，开展模拟餐饮服务与生产管理的数据录入与使用，逐步将工作站项目应用到生产与服务中。6 月底，北京电视台国贸办公区因更换餐饮服务公司，抽调业务骨干 38 人待命，苏州街办公区留守 35 人，为期 5 天。公司及时启动餐饮服务应急预案，职工加班加点，圆满完成台领导交办的任务。

三、积极调整特雷森信息中心经营策略，运用互联网技术和营销方法，积极拓展新业务

特雷森信息中心紧随台内广告经营改革形势，针对各个实体不同需求制定相应的服务策略，与京视卫星、京视体育两家公司签订广告业务、广告监测、媒介分析等相关服务协议607万元。积极启动与广告管理部的深度合作，研发广告经营管理系统，对各个广告经营实体业务系统的数据深入研究分析，并通过可视化技术快速展现分析结果，以方便广告部的协调管理工作。适应新媒体策略，研究开发建立国内首创全媒体多源大数据综合分析处理平台，融合传统收视数据、机顶盒实时交互数据、点播回看数据、其他终端的采集数据及各类评估数据，为节目生产与运营提供更及时、更全面、更精确的数据服务。与阿里巴巴公司达成战略合作，在广电领域应用其最新大数据处理及可视化呈现技术，与台研发部、广告部进行了探讨研究。与台技术设备部深入合作，研讨开发视频数字化智能监测。

四、妥善处理嘉利华公司的搬迁安置工作，以新台快修站为基地做好台内车辆服务工作，扩大汽车租赁业务

嘉利华公司顺利完成紫竹桥厂区的腾退和人员安置工作，在新台址建立的汽车快修服务站得到了车管部门和车辆使用人的好评。积极拓展汽车定向租赁业务，在租车辆31辆，其中对台内部门或职工用车服务22辆，利用有限资金更新车辆12辆，提高服务质量，租赁收入超100万元，其中新购置车辆收入占80%。继续做好台属公务用车的维修业务，包括免费接送车、免费救援等服务工作，为召回车辆更换汽油泵。

五、加强制度建设，建立预算管理、绩效激励相结合的考核体系

产业集团新一届领导班子狠抓制度建设，陆续出台了议事规则、干部任用、绩效考核、财务风险控制等一系列规章制度，初步建立下属企业财务预算管理、目标分解、绩效激励相结合的考核体系，并加强了企业的班子建设。积极推行生活服务板块3家企业的财务人员委派制，优化了岗位设置，降低了人员成本。

北京卡酷传媒有限公司工作概况

2016年，卡酷传媒公司在积极、稳妥、谨慎地处理好历史遗留问题的同时，转变思路，大力开拓市场经营，为卡酷动漫产业链的打造与建设打下良好基础。

一、妥善处理历史遗留问题，在严控子公司经营及投资风险的基础上发展主营业务

卡酷传媒公司下属6家子公司，除母公司及二级子公司苏州卡酷、卡酷七色光公司正常经营外，其余卡酷全卡通、卡酷世纪动漫、卡酷世纪商贸、卡酷全景界4家公司因经营不善负债累累，陆续停业。

且近几年投资项目较多，子公司股权结构复杂，或存不受控业务，或资不抵债。母公司投资项目（含游戏、动画片、APP等）造成重大损失或存在风险；下属卡酷全卡通公司因历年严重亏损及政策变动，形成重大亏损；下属北京卡酷世纪商贸有限公司和北京卡酷世纪动漫文化有限公司因经营不善，均处于严重的资不抵债的状况，共计欠款约为2070万元；下属二级子公司卡酷全景界自2015年5月起面临资金链断裂、人员离职严重等多重困境，并于6月起暂停所有业务，员工已全部离职。总经理提出辞职，公司清算事项与股东持续沟通未果。下属七色光公司开展培训中心及幼儿园品牌两项授权业务，存在业务授权不规范及监管难度大等经营隐患。

针对以上历史遗留问题，公司在正常业务开展的同时，按照稳妥谨慎的原则，加强持续梳理，积极应对，降低经营风险。目前已成功收回动画片《年兮兮》现金投资300万元，《魔晶猎人》正在协商后续400万元款项不再支付；对于游戏、动画片等投资损失按规定及时进行处理，2015年摊销各类损失约1940万元，2016年及未来年度将继续对以往年度股权投资及项目投资损失进行处理，对公司经营业绩与财务报表产生重大影响；继续针对二级子公司世纪商贸和世纪动漫公司负债和诉讼现状，做好处理债务纠纷及债务维稳两项存量工作；多次召开专题会，与卡酷全景界各股东多次持续努力沟通，商议全景界停业或破产清算事宜，目前各股东回复拒绝商议全景界事项；暂停授权工作，对七色光公司协议期内的全国范围内20家加盟店逐步进行资质审查，合同梳理和业务清理。

子公司蓄力主业，整合资源直面市场。卡酷七色光公司全力打造水立方少儿艺术培训旗舰店；加强商标保护及品牌管理建设，注册并推广已举办近20期的“能言善道”冬夏令营、第二届“卡酷七色光”电视才艺大赛等。此外，七色光艺术团继续赴国外参加国际艺术大赛，进一步打造品牌化、精品化。2016年，苏州卡酷公司与法国达高动漫集团签订的《隐匿城》《汉字怪物》两大动画项目按计划正常运行，两个项目的动画样品已制作完成。同时，苏州卡酷公司利用自身动画制作优势及北京电视台外协制作单位的优势，积极向社会及台内各频道拓展动画承制业务。

二、积极配合动画节目中心，推进频道重点工作

配合动画节目中心完成《2016北京电视台动画春晚》、周播节目《七色光》、动画片《戚继光》《最可爱的人》等大型项目；投资合作项目《小萝卜头的故事》《超级鹿战队》等工作的对接；完成“2016年法国昂西动画节”参展招标、承办工作。

三、转变主营方向，立足“传媒”属性开拓全新业务

2016年，卡酷传媒与铁路总公司及北京铁道影视中心达成战略合作意向，初步形成兰州铁路局“七色光亲子专列品牌传播方案”；6月与唐山市政府达成“唐山世园会·卡酷嘉年华”项目合作共识。7月下旬至10月中旬，在2016年世界园艺博览会现场举办卡酷嘉年华活动。项目涵盖水上游乐设备采购搭建、真人秀节目拍摄与播出、主题日亲子活动、嘉年华驻场演出、VR 体验互动游乐五大部分。

围绕卡酷品牌及自有版权形象，公司布局出版业，完成第一套 5 本的面向低幼人群的《卡酷贴画书》项目执行工作，11 月出版上市；在开发既有品牌和形象的同时注重打造新的原创内容，策划原创动画系列片如“一带一路”主题（《锡兰王子》）、少儿科普教育类主题（《一千个奇思妙想》）等。

北京京视传媒有限公司工作概况

2016 年，京视传媒公司收入规模基本达到年初预期，较 2015 年有较为明显的增长，截至 2016 年 12 月 31 日，京视传媒本级公司实现经营收入到款 1.36 亿元，利润 226.17 万元，造成 2016 年利润同比 2015 年（402 万元利润）减少的原因，主要来自公司在 2016 年配合台里完成了京视电广与京视卫星两家子公司业务调研、重组、整合等工作，并支付了相应费用（465 万元）。

一、参与北京卫视现象级栏目《跨界歌王》投资

公司在今年积极配合全台工作思路，全力支持北京卫视发力占领国内市场，出资 3840 万元参与了北京卫视现象级节目《跨界歌王》的整体投资，同时承担了该节目部分的统筹服务制作工作。最终《跨界歌王》一举成功，公司从中可获得投资收益约 360 万元。

二、培训业务及主持人演艺经纪业务发力明显

培训业务及主持人演艺经纪业务在经过 2015 年的布局和蓄力后，在 2016 年明显发力，成效较为显著。其中培训业务 2016 年进行了多方面拓展，围绕 BTV 少年传媒学院、BTV 艺考培训、BTV 乐益达少年科学院等 6 个项目开展业务，获得收入回款 622.85 万元。主持人演艺经纪业务较往年也有明显提升，2016 年新签约项目 13 个，其中主持人商业代言及商演项目 6 个、活动项目 7 个，签约金额超过 1000 万元，截至 10 月底实际回款金额 591 万元。

三、BTV 观众俱乐部经营初见成效

在 2015 年 BTV 观众俱乐部经营收入仅数十万元的困境下，2016 年公司对该业务进行了重点调整并初见成效，目前该项目以合作伙伴招商、开展特色俱乐部、围绕企业需求定制地面活动等为主要工作目标，与多家公司签订年度合作协议，举办大小规模活动过百场，深入收集、统计、分析全市数千家社区资料，截至 10 月底收入到款 434.44 万元，较 2015 年有了大幅提升。

四、创新融合发展，成功启动“养生堂健康手机”项目

在“BTV +”的产业链思维指导下，京视传媒在 2016 年重点打造“养生堂健康手机”项目，以创新融合为核心思想，整合《养生堂》栏目优质的视频资源、专家资源、品牌资源，以及联想手机的产品资源，京东、享佳、中国移动的渠道资源，深入挖掘中老年智能健康医疗及可穿戴医疗设备的广阔市场。截至10月底已销售出手机礼包超过14000套，实现收入约1680万元。

五、深化改革，版权运营中心转型

为应对国内传统媒体版权购买能力明显衰退，公司将“版权发行部”改为“版权运营中心”，由原本单一的传统媒体版权发行转变为原创IP开发及运营，努力拓展版权运营业务的合作领域，提升版权的经营价值。2016年8月24日，公司面向全国二三级卫视与地面频道举办了原创IP项目推介会，围绕“联合、互补、共赢”的活动主题，推荐原创IP项目的合作模式，并强调“内容为王，数据为证”，坚持以开发原创IP内容为核心，根据大数据分析、检验、完善项目的可实施策略。

五、不断探索，BTV优选渐入佳境

2016年，对BTV优选项目不断进行探索，对外合作覆盖家电、家装、食品、旅游、英语等多个领域，同时积极与台内各频道进行深入配合，挖掘将观众转化为消费者的最佳途径。在5月16日至5月31日举办了“5.16全城购狂欢购物节”大型活动，并以此为契机与全市多个商家建立了良好的信任合作关系，搭建了BTV优选微商城，丰富完善了会员管理体系，截至10月底签约收入390.55万元，回款金额约360万元。

北京京视卫星传媒有限公司工作概况

一、广告经营创收情况

2016年，北京卫视全年广告创收总额为14.56亿元。在全年的14.56亿元创收总量中，电视剧尤其是晚间黄金剧场和周末季播栏目总共占比超65%，依然是北京卫视的最大创收来源。此外，周间季播栏目创收占比由2015年的7.32%提升至10.3%，首次达到基本与传统常态栏目创收持平，说明周间季播栏目的创收潜力正在激发。把周末季播、周间季播叠加，则季播项目创收占到了全年总收入的45.8%，比2015年39.31%的贡献占比再次提升，说明北京卫视的资源创收结构逐步优化并取得成效，季播项目创收贡献率正在追赶一线卫视。在2016年的广告创收中，软性投放占比达到了51.79%，同比2015年的45.02%有小幅提升。此外，2016年直客总投量占比也由2.54%提升至9.75%。

从以上两个维度来看，北京卫视软性创收占比连续两年提升，说明在“以软性作为创收引擎”的策略指导下，北京卫视的创收结构正在持续优化中。同时，直客创收的成倍增长，说明京视卫星公司自主开发直客的能力及服务客户的水平均在进步。

二、广告经营亮点

2016年，京视卫星广告经营呈现出

几个亮点。

一是持续拓展代理公司资源，实现全新合作与战略层级合作。2016年全年，京视卫星在全国范围内寻找与央视各频道以及各省级卫视有投放的大代理公司，谋求全新合作。目前，在央视排名前20的代理公司中，已有十余家与京视卫星公司达成合作。在湖南、浙江、江苏、东方卫视排名前30的代理公司中，已有二十余家达成合作。推出系列“战略合作伙伴”经营举措，目前已签约三十余家战略合作伙伴。其中，代理公司20家，还有大量的直客、媒体及策略伙伴，初步实现了代理公司及客户合作共赢、跨媒体平台联合经营、策略提供及市场挖潜等多方面的战术布局。

二是持续促成新客户引入及老客户增量投放。2016年，京视卫星一直将开拓新客户合作、引入全新投放作为创收重点之一，如兴业银行、搜房网、神州专车、泰康人寿、人人车、鲁能地产、海澜之家、捷豹路虎、东风日产、皇家加勒比、养乐多等众多客户的逐渐引入，填补了以往的投放空白。2016年北京卫视直接签约客户数量同比2015年全年增幅200%，新增品牌数量占2015年全年品牌数量的41.9%。在加强老客户增量投放方面，京视卫星也取得了一定的成果，有近30家客户品牌实现了增量投放。

三是以内容营销产品为主导，拓展客户容量，实现台级自制大活动创收增幅。2016年，京视卫星借鉴了先进省级卫视的成功运营经验，改变以往老套、单一的产品设计理念，着重发展内容营销产品，优选北京电视台各频道优势资源，丰富广告呈现形式，拓展客户植入容量，提升资源吸引力。其间，京视卫星与各频道紧密合作，实现了台级各大项目如春晚、北京国际电影节、4·20晚会等优势资源的产品升级设计以及招商工作，多个台级大活动单体创收创下北京电视台新高。

四是做大、做强季播节目，强力拉升晚间黄金时段广告创收。2016年，北京卫视的周末季播节目创收占比接近40%，正在追赶先进省级卫视水平。以2016年北京卫视的爆款季播IP《跨界歌王》为例，其单体栏目创收突破2亿元。另外，自营创收比例提高。2015年全年北京卫视周末季播节目的收入中，仅有15.06%来自自营部分，合作部分占绝大多数，在2016年周末季播节目的收入中，自营部分的比例再次提高。

五是“走遍全国、走到客户身边”，扩大市场推广力度与影响力。2016年，京视卫星在北京、上海、广州、海口等客户大量集中的城市及业界盛会期间，连续举办了《“在北京 赢天下”系列客户交流会》，向广大客户推出了九大承诺：一是细化战略合作策略，与客户真正成为利益共同体；二是整合渠道资源，满足客户不同层次需求；三是推出目标市场锁定策略，变资源销售为策略销售和解决方案销售；四是打通上星和地面频道，线上和线下资源，为客户提供更多的产品组合；五是调整价格政策，使客户利益最大化；六是拉长产业链，与客户形成风险共担的合作方式；七是整合内部机制，减少客户沟通成本；八是开发新的经营模式，直接切入客户经营链条；九是利用社会力量进行内容创新，提高内容与市场的契合度。

北京京视体育有限公司工作概况

2016 年是京视体育公司独立运营 BTV 体育频道广告及经营性业务的第二年，各项工作步入正轨且稳步发展。目前，公司制定的销售方式为：4A 广告公司的硬版广告按照“分众总点数”的方式销售，涵盖 73 个分众。直客和本土广告公司采用刊例价折扣的方式销售。同时利用自身与频道紧密结合的优势，积极开拓大型活动等其他创收渠道。

一、维护广告销售体系良好运营

2016 年，北京京视体育有限公司从销售、执行、监管等方面对广告销售体系进行细分，维护其良好运营。在促进已有赛事、栏目、活动相关产品推广与销售的同时，深入了解客户需求，针对客户特性进行个性化、差异化设计，开发与 BTV 体育频道特色相融合的新内容。公司进一步加强与节目管理科、各栏目组及广告编播部门的衔接，掌握第一手信息，遇到栏目及赛事变更，及时调整广告编排，更新广告管理系统数据，保障客户权益及播出安全。对系统中 BTV 体育各栏目及广告插口进行更新维护，及时将业务人员签订的合同录入系统，进行关联限定，及时将相关材料交广告部及相关部门备案，确保每一步操作及播出内容有据可查。与版权科对接，时时关注各类赛事动态，更新各项比赛的赛程表，制作并完善《2016 赛事资源汇总表》等，为销售人员及时推介资源提供保障。建立并完善数据反馈体系，强化数据分析与监管。

二、经营创收及情况分析

从经营情况看，2016 年 4A 公司在地面频道的广告投放量继续大幅缩减。京视体育有限公司在努力做好 4A 广告客户硬版广告投放的同时，积极利用自身与频道紧密结合的优势，在软性广告植入上下功夫，深挖资源优势，特别是在 2016 - 2017 赛季 CBA 赛事转播广告营销上，提早做好各项数据及资源准备，为客户量身定制整合营销方案，全年广告仅直客已签订合同数额达 2540.94 万元，同时也在积极争取 4A 及其他直客投放广告。

三、进一步加强队伍建设及制度建设

公司十分重视队伍建设，派送公司人员参加台内外组织的各项业务培训活动，已培养业务骨干 4 人，广告业务团队 6 人，完成了代理的体育频道全部广告投放、编排及执行，业务素质明显提升，能够出色完成客户需求，实现公司经营创收。

新纪实（北京）传媒投资有限公司工作概况

2016年，新纪实公司积极拓展销售渠道，创新广告经营模式，开发符合频道定位及市场需求的广告产品，全年共实现广告营收603.5万元。

新纪实公司根据台广告部整体安排，先后制作多版频道广告招商推介方案，参加北京电视台在北京、上海、广州、海口等城市召开的广告推介大会。由于纪实频道收视率尚不稳定，未能达到硬版广告开盘标准，4A及国内广告客户难以进驻，为此公司积极创新广告营销模式，主要有：

以广告资源置换国外优秀节目内容。经台广告部和频道同意，公司利用部分广告资源，与《国家地理》《探索亚洲》合作，置换了两大平台优质的境外纪录片节目资源，为频道打造了《寰宇客》《奇纪实》两档日播栏目。这两个栏目除在电视平台播出之外，还广泛开展户外媒体、新媒体的宣传推广。不仅在版权销售上为公司实现收益，而且两档节目所带来的国际广告客户也有利于频道下一阶段的广告招商。

引进网络热播美食微纪录片《心煮艺》。新纪实公司根据频道整体定位，利用闲置广告资源，为频道置换了高品质的系列美食微纪录片《心煮艺》。该节目以其较高的内容品质和国际化的市场定位，在移动互联网领域获得热烈追捧和广泛传播，有效提高了纪实频道的收视效果和资源利用率。

以优质节目内容构建T2O营销模式。公司在2016年与天脉公司开展了“摇一摇”合作，积极配合频道开展电视纪录片领域的T2O营销，以“内容运营+产品销售”的形式开拓衍生产品开发。

尝试以服务性节目带动软植广告销售。为积极拓展频道广告营销渠道，公司与社会制作机构接洽，协商开发了一档以美食、娱乐、生活服务为主要内容的服务性节目《淘最新发现》。通过内容营销的创新形式，拓展了软性植入式广告销售的渠道。

积极开展自有IP项目研发。为做好频道广告代理工作，公司借助社会公司力量，协助频道开展自由IP项目研发，参与策划了《雅获跑世界》第二季、《什么值得跑》《我要当医生》《尝鲜》《非遗之旅》《双城记》《韩国骑行》《女骑士日记》等10余个大型项目，积极开展广告招商工作，并先后与广告代理公司、旅游网站、汽车品牌、地产企业、医药公司等20余家广告客户对接洽谈，取得了积极的反馈。

北京紫禁城影业公司概况

一、2016 年影视创作生产情况

1. 反法西斯题材电影《终极胜利》、校园喜剧题材电影《我大学室友的追爱窘途》完成全部制作并通过审查，其中《终级胜利》于2016 年6 月份首映并投放市场。这两部影片均是合作项目，公司没有实际资金投入。

2. 电影《帅孟奇》于年初寻找到社会资金，原计划 5 月份投入生产，后因该资金未能到位而延缓。目前仍在继续融资中。

3. 电影《耀邦回乡》剧本报送重大题材办公室审查，根据审查意见将对剧本进行修改后再按程序申报，目前仍在剧本修改中。

4. 组织创作的电影《狱中八条》已完成三稿剧本，并与总局及市局进行了充分沟通，目前在等待剧本备案公示。

5. 按照市局安排，协助市局电影处与海润影业公司就电影《纽约人在北京》的合作事宜进行反复磋商，并于2016 年3 月份完成合同，目前该片已经结束拍摄进入后期制作。

6. 根据央视栏目“谁是球王”创作的电影《谁是球王》（合拍片）已经取得合拍批复，并于 2016 年 4 月下旬在北京梅地亚中心举行了启动仪式；于 10 月份在广东中山开机拍摄。

7. 继续推进电影《甲方乙方 2》的剧本创作，该剧本已进行多次修改，但仍未达到拍摄要求，目前仍在调整中。

8. 电视剧《传奇大掌柜》2016 年 3 月完成在央视电视剧频道的播出并取得了较好的收视表现，获得社会各界的较高评价。

9. 电视剧《永不低头》完成在北京电视台影视剧频道的播出。

10. 积极支持北京电视台影视剧中心工作，先后推荐多部情景剧项目。

11. 电视剧《法制记者》《秘密》仍在合作洽谈及剧本创作中。

12. 电视剧《南昌起义》已取得重大题材批复。

13. 由公司立项并参与投资的电视剧《王子咖啡店》已结束拍摄，已基本确定 2017 年 7 月份在安徽卫视播出，并由安徽卫视协调江苏或东方卫视同步播出。

二、改制及其他工作

1. 由于中信国安投资公司的工作思路变化，公司与其战略合作没有能够得到进一步的深入。其提出的共同打造京津冀“影视创客平台”的合作也由于种种原因没有能够向前推进。

2. 为打破公司在项目投入上缺乏资金、人才等瓶颈，与瑞熙基金洽谈合作事宜，已初步达成合作意向，并于2016 年5 月就合作事宜向北京电视台上报。与深圳天域媒体科技公司就代理其旗下专利产品（天域音响优化器）在华北地区影院的推广及安装达成合作共识，并签订合同。该合作达成后将为公司拓展新的收入渠道。

3. 与北京北电影视培训中心等单位洽谈共同开展影视培训等工作，希望拓宽公司业务并在增加收入、发现人才等方面有所作为。目前已签署框架协议。

4. 基本完成电影《狼图腾》的收入结算工作，投资回报率约为160%。

5. 按照市新闻出版广电局要求，与八一电影制片厂就电影《天河》《百团大战》的收入结算工作进行沟通。

6. 根据北京市税务稽查部门的要求，积极配合该部门的检查工作。

专项纪事

重温光辉历程　坚定道路自信

——北京电视台全面开展纪念建党95周年报道

总编室

北京电视台精心策划，认真筹备，通过系列报道、大型纪录片、专题片、特别节目等多种方式，全面反映党的光辉历程和伟大成就，努力做好纪念建党95周年宣传报道。

一、新闻报道彰显主流媒体责任担当

提前策划，及时报道。7月1日当天，北京电视台派出多路记者，在人民大会堂、天安门广场、各机关单位等采访报道，采访了受到表彰的优秀共产党员等参加庆祝大会的代表，报道了社会各界收听收看庆祝大会实况的情况。大家谈体会、说认识，表达激动之情。从当天中午播出的《特别关注》开始，《都市晚高峰》《北京新闻》《锐观察》《晚间新闻报道》等栏目陆续展开新闻报道。

开辟专栏，持续报道。在《北京新闻》等栏目中，开辟了《不忘初心　继续前进》《凝聚在党旗下》等专栏，展开持续报道。报道既有各界学习习近平总书记讲话精神的动态报道，也有评论分析。播出了《永立潮头　勇于担当　继续前进——习近平总书记在庆祝中国共产党成立95周年大会上的重要讲话引发社会各界强烈反响》《坚守信仰　坚定理想　坚持自信——习近平总书记“七一”重要讲话引起热烈反响》《市领导开展“两学一做”学习教育集中学习——学习贯彻习近平总书记“七一”重要讲话》《全市党员干部认真学习习总书记“七一”重要讲话》等多篇报道，并通过播发《蓝天野：优秀党员称号是鞭策，更是一次号召》《听党指挥：“蓝剑突击队”逢敌亮剑》《关伟：扎根一线，情系果农》等先进典型报道，为庆祝中国共产党成立95周年营造良好的舆论氛围。

此外，《锐观察》《都市晚高峰》《晚间新闻报道》等栏目也以较大力度推出了相关报道。例如，《锐观察》在7月1日播出了《95周年光辉历程领航民族伟大复兴》，《晚间新闻报道》在7月1日报道中介绍了法国共产党负责人就中共成立95周年发表的讲话和美中关系委员会人士发表的文章。

展开评论，增大力度。《北京新闻》等栏目发表了多篇短评，强化学习报道的力度和深度，同时还摘播《人民日报》的系列评论员文章，使宣传报道更加有声有色，帮助观众深入领会习近平总书记的讲话精神。

《首都经济报道》策划了系列报道《党员在身边》，从普通基层党员入手，涉及医疗、建筑、电力等行业，通过党员的日常敬业，体现我党为民服务的宗旨。报道包括《党员在身边——重症监护室的白衣天使》《党员在身边——王月鹏带电消除隐患，确保供电安全》《党员在身边——忙不停的李贵江，只想为您建好房》《党员在身边——有难题找社区，朝阳区党员服务在身边》等。

二、大型纪录片、专题片正本清源直面历史

6月27日至7月1日，北京卫视每晚22：08推出5集大型纪录片《解放——人民的选择》。7月1日晚，北京卫视还特别安排《解放——人民的选择》1～5集的连续播出。该系列片每集60分钟，通过对1946至1951年间解放战争中历次重大战役全景式的回顾，以人民军队舍生取义，广大人民群众、工农学商前赴后继为重点塑造形象，描绘出一幅波澜壮阔、气壮山河、鱼水情深的解放图景，深刻地阐释“人民的选择”这一主题。7月4日起，北京卫视连续16天，每天16：30播出大型文献纪录片《筑梦路上》。该片全面、真实、生动地再现了中国共产党95年以来波澜壮阔的历史，展现了几代中国共产党人团结一心并带领全国各族人民不懈追求民族复兴的奋斗历程。

卫视、新闻、科教频道从6月29日起播出大型党建系列专题片《为你而歌》。该片由北京市委组织部、市委宣传部和北京电视台联合制作，通过20位优秀共产党员可歌可泣的动人故事，向广大观众呈现了共产党员的高风亮节和优秀品质。节目共20集，每集6分钟。

纪实频道播出大型纪录片《重生》。该片是2016年中国国家新闻出版广电总局立项的“纪念建党95周年”重点项目，展示了1921年建党至1949年中华人民共和国成立，中国共产党28年的革命历程。通过讲述家国故事和个体亲历，唤起民族记忆，突出表现共产党人的革命精神，为实现中华民族伟大复兴注入强大正能量。该片于6月28日至7月2日每晚21：30播出，每天一集。纪实频道还播出纪录片《英雄志》。节目选取1949年中华人民共和国成立前的红色革命故事，以传奇性、独特性、代表性、揭秘性为选材标准，真实再现尘封的英雄事迹，让当代年轻人更深刻地了解战争年代共产党人对信仰的捍卫和追求。节目从7月1日起每天16：00播出，每天一集，共20集。

三、特别节目传递正能量

北京卫视于7月2日19：35在黄金时间重播了央视《信念永恒——庆祝中国共产党成立95周年音乐会》。此外，由中国文学艺术界联合会、中共北京市委宣传部主办，北京市文联承办的《纪念中国共产党成立95周年——“没有共产党就没有新中国”中国文联文艺志愿服务团赴北京堂上村慰问演出》6月22日在房山区霞云岭乡堂上村拉开帷幕。演出分为“党在我心中”和“美丽中国梦”上下两个篇章。北京卫视于7月3日22：36播出。

文艺频道《1810我看行》推出特别节目《因为有你》，邀请老艺术家胡宝善作为特别嘉宾来主持当天节目，带领观众回顾《地道战》《党的女儿》《青春之歌》等优秀文艺作品。节目于7月1日18：10在文艺频道播出。《我家有明星》推出特别节目《再唱山歌给党听》，由三位藏族青年歌唱家分别演唱《新逛新城》《藏家哈达献给党》《我和草原有个约定》等脍炙人口的歌曲，感谢共产党给家乡人民生活带来的翻天覆地的变化。节目于7月1日19：35在文艺频道播出。《文化之约》推出特别节目“走近特型演员车予正”，

节目于6月27日23：42在文艺频道播出。

科教频道《记忆》栏目推出特别节目“忠诚与信仰”。为了新中国的解放事业，阎宝航、闫又文、朱枫三个年轻人先后加入了中国共产党。三位奋斗在隐蔽战线的无名英雄，带着他们的忠诚与信仰，用他们的一生履行了党和人民赋予的使命。该节目已于6月30日、7月1日20：00播出。

青年频道《军情解码》播出“走向辉煌”3期特别节目。该节目邀请军内研究党史、军史权威专家徐焰将军，为观众讲述95年前我党创建初期组建人民军队、进行武装斗争背后众多不为人知的秘闻。节目于6月29日至7月1日每天21：15播出。《青年探秘者》讲述隐蔽战线红色特工的故事，回溯中国共产党从创始、立足到发展壮大的历史，隐秘的第二条战线始终存在，并发挥着非同一般的作用。节目于7月1日20：25播出。

四、爱国题材影视剧、动画片展播重温红色经典

影视频道对北京卫视红星剧场进行了特殊编排，从6月21日开始播出经典电视剧《亮剑》。

卡酷少儿频道于7月1日、7日、8日的上午、中午及黄金时段排播长达7小时的经典抗战题材动画片，打造“抗战动画展”节目带，播出卡酷原创“中国梦”主题重点动画片《戚继光》，爱国动画《新地雷战——神勇小子》《热血小将》，以及传递爱国主义精神的《地道战之英雄出少年》《鸡毛信》等红色动画片。从7月11日起，每天中午11：20－13：00打通一条抗战题材红色动画片播出带，播出多部最新爱国主义题材动画片，为建党95周年献礼。卡酷少儿频道还推出了爱国电影展播。在7月1日、7日、8日的特排期间在晚间剧场内安排播出《地道战》《地雷战》《小兵张嘎》《铁道游击队》4部观众耳熟能详的抗战题材主旋律影片，让观众回味红色经典。

五、新媒体报道营造团结奋进舆论氛围

6月29日，北京电视台在《传媒内参》头条和“北京时间”网站发布宣传稿《北京电视台彰显首都主流媒体责任与担当庄严献礼中国共产党成立95周年》，并在“北京时间”网站发布《建党95周年整合节目宣传片》。

7月1日上午，新闻频道制作了《庆祝中国共产党成立95周年大会在京举行习近平发表重要讲话》的微信图文，通过“BTV新闻”官方微信公众号进行单独推送，其中不仅报道了大会的盛况，还摘录了习近平总书记重要讲话内容。在下午的定时推送中，又将这一图文进行了重新编辑，加入了央视新闻的视频内容，并放在公众号推送的头条位置，在今日头条“BTV新闻”头条号上，也第一时间推出了习近平总书记讲话的报道。

7月6日，卡酷少儿频道官方公众号配合建党95周年进行特别宣传，让小朋友了解那个战火纷飞的岁月，传承革命精神。

弘扬伟大长征精神　激发民族奋进力量

——北京电视台精心做好纪念红军长征胜利 80 周年报道

总编室

为纪念红军长征胜利 80 周年，北京电视台提前部署、周密谋划，通过系列报道、特别节目、大型纪录片、爱国影视剧展播、宣传片等多种方式，重温那次再创历史的伟大远征，牢记伟大长征精神、学习伟大长征精神、弘扬伟大长征精神，体现了首都主流媒体致敬历史的责任担当。

一、推出主题系列报道，大力弘扬长征精神

北京电视台精心策划、摄制完成了大型系列报道《寻踪长征路》。该系列报道力求紧跟时代步伐，吸收史学界新成果，站在党史、军史、战史的大视野下看长征，着力挖掘长征途中鲜为人知的细节。节目于 2016 年 9 月 26 日开始，以日平均首播 2 条的报道量，在北京卫视和新闻频道的《北京新闻》《北京您早》《特别关注》等多档新闻栏目中滚动播出。至 10 月 25 日，报道总量达 62 篇，播出期整一个月。同时，《寻踪长征路》还充分利用网络平台和各级微信公众号特辟专区，开展互动话题讨论等线下活动，通过评论栏目《锐观察》联动等方式，最大程度扩展长征主题宣传的覆盖面，取得了良好的宣传报道效果。

此外，北京电视台各档新闻节目还积极做好动态报道。北京卫视 10 月 21 日上午 10 点并机直播《纪念红军长征胜利 80 周年大会》。《北京新闻》等各档新闻栏目及时报道《纪念红军长征胜利 80 周年大会》及首都各行各业的党员、群众代表现场聆听习近平总书记重要讲话的情况。《纪念长征胜利 80 周年美术展国博开展》报道了 12 幅主题巨制亮相，再现了那段光辉岁月中的典型形象和激荡人心的悲壮场面。

财经频道《首都经济报道》推出系列报道《重温历史　见证长征》。报道以国家博物馆举办的《纪念红军长征胜利八十周年馆藏文物展》6 部分文物为主线，讲述文物背后的故事，再现那段跌宕起伏、波澜壮阔的革命斗争历史。报道共分 6 集，从 10 月 17 日开始持续播出，每天一期，每期 3 分钟左右。

二、大型系列纪录片重温伟大远征

为纪念长征胜利 80 周年，北京市委宣传部于 2015 年启动了重点项目——9 集大型系列纪录片《红军不怕远征难》的制作。该片由北京卫视《档案》栏目负责承制，采用电影化的拍摄手法，选取长征出发、湘江战役、四渡赤水等经典场景，全景再现了波澜壮阔的长征历程。每集选取普通红军战士最具震撼度和情感共鸣度的故事进行实景讲述，通过故事细节诠释长征的精神内核。节目采取双讲述人的方式，抚今追昔，弘扬长征精神及其在

新时代的伟大意义。节目每集60分钟，从10月17日到10月21日，每天19：30黄金时间在北京卫视播出。同时，从10月17日开始，《红军不怕远征难》在全台多个频道进行重播。中共北京市委副秘书长、北京市委宣传部副部长严力强评价说："创作《红军不怕远征难》，是一个使命。整个团队在拍摄当中，保持着对历史的崇敬和敬畏，像一个工匠打磨到最后一分钟。"北京市委前线杂志社总编辑李明圣评价说："《红军不怕远征难》是一部可信可看的党史纪录片。"

纪实频道推出纪录片《震撼世界的长征》，以国际化视角、采取国际主流叙事理念解读长征。摄制组先后奔赴美国、英国、法国等十余个国家和地区，采访与长征相关的当事人及其后人，首次曝光大批珍贵史料。节目于10月17日至10月24日每天19：30播出。纪实频道还于10月28日至11月2日每天19：30播出纪录片《重生》。该片分别从"使命""火种""抉择""淬炼""缔造"5章节勾勒出20世纪20年代至40年代国际国内局势的风云变幻，还原中国共产党在不同历史时期的重大决策、重要事件，不断走向胜利的历史轨迹。财经频道推出大型纪录片《征途——数字中的长征故事》，用数据解读长征。

三、特别节目忆峥嵘岁月讲长征故事

青年频道《军情解码》栏目制作8集特别节目《绝处逢生》。节目选取"湘江血战""突破乌江""四渡赤水（上、下）"等红军长征途中的经典战例和关键节点，以电视手段阐释红军在长征中所面临的"绝境"，诠释了长征精神。

文艺频道《文化之约》推出《致敬长征》特别节目。通过《悲壮之战》《转折与危机》《艰苦长征路》《长征组歌》4期节目，带领观众走近长征。该特别节目自10月16日起于文艺频道每周日12：25播出。《光荣绽放》栏目对话歌剧《长征》剧组。为纪念红军长征胜利80周年，国家大剧院联合多名艺术家，共同创作了歌剧《长征》。阎维文、田沁鑫、作曲家印青等《长征》主创做客《光荣绽放》，与主持人田歌一同分享创作背后的故事。《春妮的周末时光》播出了谢飞讲述父亲红色人生故事的特别节目。著名导演谢飞的父亲谢觉哉是延安老一辈革命家。谢飞携亲属倾情讲述父亲的红色人生，并分享老红军母亲王定国重走长征路的感人经历。节目在文艺频道于10月22日19：35播出。

科教频道《记忆》栏目于10月19日播出特别节目《一条你不知道的长征路》，邀请《档案》栏目《红军不怕远征难》执行总导演吴志勇、刘晓彤，讲述人谭江海、石凉做客，一方面讲述他们在拍摄这部纪录片时所接触到的、80年前真实发生在长征路上的感人故事，一方面讲述他们在实地拍摄时遇到的困难，以及重走长征路的感受。

四、爱国影视剧抗战动画片展播打造红色经典

北京卫视推出爱国主义电视剧《好家伙》。该剧讲述了皖南事变后"种子人物"辗转上海和西北的传奇往事，于9月26日在北京卫视首播。影视频道推出34集长征献礼剧《红色护卫》，节目从10月24日起在北京卫视红星剧场播出，每天两集。该剧以中国工农红军第五次反围剿为背景，讲述了由陈子萱领导的一支红军运输小队历经千难万险，突破国民党军队的层层围追堵截，最终成功将捷克机枪的图纸送到红军大部队手中的故事。影视剧频道于10月21日召开了北京卫视《红色护卫》全国开播新闻发布会，特别为该剧制作了30秒的电视剧宣传片，于10月17日安排上线，在北京卫视、公宣及各个频道循环滚动播出。与此同时，影视剧频道在“北京卫视剧集地”的新浪官方微博持续对该剧展开宣传推广，通过与主创互动、发布趣味微博等方式在网络助推宣传。

卡酷少儿频道10月推出“抗战动画展”“爱国电影带”两大板块，播出《戚继光》《最可爱的人》《寻找英雄——小淘气长征记》等爱国题材动画片，以及《铁道游击队》《小兵张嘎》《鸡毛信》等观众耳熟能详的抗战题材主旋律影片，传递长征精神。其中，《最可爱的人》再现了66年前中国人民志愿军为保家卫国浴血奋战的雄浑与悲壮。10月18日首播当天在全国35城中的4～14岁核心观众收视率0.52%，4～14岁收视份额2.65%，播出同时段核心观众收视在全国所有省级卫视35城收视排名中位列全国第二。卡酷少儿频道于10月底播出“中国梦”重点动画项目《犟驴小红军》，该片讲述了红军长征中过雪山草地的艰难险阻，刻画了勇敢、团结的革命精神。

五、革命题材宣传片铭记红军丰功伟绩

北京电视台总编室统筹全台节目资源，策划制作播出9版公益宣传片，烘托热烈的纪念氛围。宣传片把握“长征精神”，从不同角度勾画“长征精神”，并以“长征一直在路上”为统一落版主题。《足迹篇》以人民军队的光辉足迹为切入点，展现其一步步不断发展壮大的足迹；《感悟篇》聚焦曾创作过具有社会影响力长征题材作品的编辑、作家、导演，通过他们对长征的认知和感悟，展现长征精神的内涵；《历程篇》创新传统美术风格，采用水墨画的手法，展现人民军队发展的伟大光辉历程。其他几版以油画、版画、浮雕艺术手段展现的宣传片也将陆续推出。

北京卫视《档案》栏目配合纪录片《红军不怕远征难》的播出，在开播前推出两版宣传片，在全频道大面积播出，全台11个频道每天播出总次数约110～120次，形成宣传规模效应，获得各方好评。新闻、纪实、卡酷少儿等频道也都播出了长征题材节目宣传预告片。

北京电视台圆满完成G20峰会报道

新闻节目中心

2016年9月5日，举世瞩目的G20杭州峰会圆满结束。北京电视台对此次峰会的报道也随之圆满落幕。本次报道北京电视台领导高度重视，报道组经过充分的前期筹备，加强项层设计，聚焦本次G20峰会主题，层层精细落实。从8月30日开始，在7天的时间里，先后在《北京您早》《特别关注》《北京新闻》《锐观察》等栏目中直播连线超过20次，刊播报道上百条。在与来自全世界70多个国家和地区的5000多名记者的同场竞技中，发出了BTV自己的声音，抢占自己的一席之地。

一、首次对高规格重大时政类报道进行全面顶层设计

G20杭州峰会报道的核心对象离不开习近平主席，离不开各国政要，更离不开全球经济治理的宏大话题，题材高端深邃，敏感不易把握。此前G20报道早已纳入北京电视台新闻报道的视野，但对其认识和规模，却始终不十分清晰。

关于G20峰会报道，李春良台长十分关心，亲自作出指示，报道要有国际视野，形成综合性、全方位的立体报道格局，同时要强化新闻评论，勇敢地亮明北京电视台自己的观点，让BTV新闻在全国的新闻节目中有辨识度，在国际国内大事中有参与感。峰会期间，G20新闻中心直播注入点一字排开，它们分别是美联社、北京电视台、上海东方电视台、中央电视台。事实证明，在李春良台长的总体布局和高端部署下，通过G20峰会报道，北京电视台的新闻节目正在不断挑战自我、突破自我、完善自我，在与国内国际的先锋媒体同场竞技的舞台上，展现出个性与风采。

王珏总编辑对G20峰会报道十分重视，会同艾冬云副总编辑多次听取新闻中心张庆主任工作汇报，并提出指导意见和改进方案。王珏总编辑、张庆主任还亲自带队前往杭州，坐镇指挥、全程指导报道工作。

二、前后方团队密切合作形成合力

北京电视台高度重视本次报道，派出了由王珏总编辑亲自带队，新闻中心和网管部以及3位新闻评论员共同组成的21人的报道团队。异地作战，前后方密切配合是报道成功的关键。

内容与技术的对接每天晚上集中进行，前方与后方一档节目一档节目的分头沟通，从新闻条目、实现方式到技术连接以及需要注意的方方面面、大大小小的细节，都要一一梳理对接清楚。同时由于实际的会议进程往往较之前的计划有所变化，因此报道组也做好了相应的预案，以便随时调整。

在会议集中召开的3日、4日、5日三天的时间里，许多新闻都需要抢发，时间紧、环节多，由于受到工作条件的限制，个别新闻只能分段回传北京，然后由后方的编辑记者合编成一条新闻再播出，因此后方的编辑记者压力很大。为了确保新闻报道圆满顺利，后方投入大批编辑记者，接收前方回传的大量消息，同时全面整合央视、新华社的各方资源，连线新华社驻外记者，报道外界对G20峰会反应，与前方的动态报道相互补充。

三、首次实现新闻节目中现场直播评论

李春良台长一直以来都强调要强化新闻的评论功能，它是新闻报道格局中不可或缺的一个重要组成部分，尤其面对重大国际题材，评论与访谈是体现一个媒体的观点与态度的重要方面。因此，新闻中心邀请了本台评论员国培源以及特邀评论员新华社吴学兰、中央人民广播电台张彬一同前往杭州，在 B20 和 G20 召开，三天最重要的会期时间里，每天在《北京您早》《特别关注》《北京新闻》以及评论类节目《锐观察》中多次进行直播评论，他们个性鲜明、深入浅出的评论，成为了节目的一大亮点。而在三档卫视节目中进行直播评论也是首次尝试，从而初步形成“新闻报道 + 新闻评论”的新格局。

《锐观察》节目在会议期间，每天拿出 20 多分钟时间进行大时段的演播室访谈，对全天重要活动进行了全面总结梳理。

四、直播中首次使用全新包装　时尚大气

《北京您早》按照北京电视台节目中心的要求进行新闻评论的版块设计，恰逢 G20 到来，于是启用了主持人对话评论员的全新包装。这套全新包装雅致大气，同时还时尚洋气。

首先，这套包装更加多元和丰富。从主持人与评论员的左右同等大小开窗设置，到评论员全屏，再到评论员与相关画面的四六占比，模板的变化凸显了编辑思路的改变。

其次，在 G20 报道中，还首次尝试了直播中使用三视窗的模板，这是一种更高追求的挑战。然而只有不断自我挑战，才能不断推陈出新。经过这次尝试，三视窗的对播非常抢眼。主持人、记者、评论员相互呼应，相得益彰。

五、提前策划，积极筹备“早一步海阔天空”

G20 峰会 9 月 4 日召开，BTV 报道提前 6 天就开始推出。在此之前，由于对 G20 报道要形成规模和声势，从台领导到编辑记者都统一了思想和认识，于是一切工作都变得水到渠成。

G20 峰会宣传片在新闻播出前一周制作完成并播出；有关 G20 的背景和相关知识介绍的 9 个片子提前完成；8 月中旬新闻中心组织两次、邀请 4 位老师就相关知识进行培训讲座；提前与本台及特邀评论员预定时间，以保证评论员们可以确保会议期间随 BTV 大部队前往杭州开展大量评论报道。

由于该报道团队曾参与 2014 年北京 APEC 的报道，富有一定的工作经验，于是提前 2 个月左右就密切与外交部等相关单位展开互动。会议开始前，王珏总编辑亲自带队前往外交部新闻司拜会陆慷司长，为接下来的报道打下了坚实的基础。此外，报道团队还密切关注官方网站，第一时间预定了单边直播注入点的时间、卫星传送的时间以及重点场次活动的卫星收录时间，这为后期的报道提供了工作保障。由于前来杭州报道 G20 峰会的全球媒体大约有 70 家，单边注入点在主要新闻播出时段的使用上都十分紧张，经常出现上一家媒体用完之后也就十来分钟空档，紧接着就是我台的直播，资源争抢十分激烈。好在报道组工作靠前，早早就进行了预定，从而让自己的工作相对从容。

六、广大编辑记者克服困难　孜孜不倦　锲而不舍

21 人的前方报道团队规模不小，异地作战、环境不熟悉、各种情况复杂多变。为了顺利应对，报道团队派出了由王毅副主任带队的 7 人小组先期抵达杭州，领取证件、安排食宿，并熟悉采访现场情况及路线，同时展开外围的采访报道工作。

在杭州 G20 峰会报道期间，前方团队

全情投入奋力拼搏。大家长期处于紧张的工作状态，基本是5：30安检，6：00从驻地出发，准备早7：00的第一场对播，一直到晚上10点走出新闻中心，回到驻地与北京沟通第二天的节目，凌晨一两点钟才能休息是常态。后方编辑记者也很辛苦，为了等待前方回传的新闻，以及落实第二天的整体编排，更是通宵达旦。

负责整体统筹协调的新闻中心副科长梁雪松，从报道最初的筹备阶段就投入了大量的精力，策划方案，培训记者，对接运营公司预定各种线路，同时想尽一切办法，争取到了B20开幕式和习近平主席记者会的证件，从而让BTV的记者站在了最核心的新闻现场。

网管部技术人员王海琨，白天在新闻中心帮助记者维护非编系统，晚上回到驻地还要负责把记者编辑好的新闻网络回传回台里，最晚时凌晨4点才传送完成，而两个小时之后的6：00还要从驻地出发赶往新闻中心，几乎是整夜未眠。

由于前方人员紧张，经常是一个人当几个人使。新闻中心记者励嘉霖既担任多档直播的导播，又负责收录大会提供的公共信号，同时还帮助联系和安排大家的食宿等，也非常辛苦。

负责新闻报道的记者曲馥、王丽晓、张梦瑶、李烨、商杨、田刚、陈静岩、刘靖、李昂、楚健、韩鹏健，他们业务功底扎实，具有语言优势，工作中兢兢业业、任劳任怨，精诚团结，积极协作，很好地完成了任务，同时也经受住了考验。出镜记者在连线直播中知性大方、沉稳自信；在现场围堵采访欧盟委员会主席容克时又冲在人群最前面；他们用流利的英语采访外国嘉宾，工作起来通宵达旦，工作当中互相关照协同配合，不仅圆满完成了任务，也留下了美好的战斗友谊。他们就像G20峰会的志愿者“小青荷”一样，正不断挺立起来。

新闻节目中心推出大型系列报道《寻踪长征路》

新闻节目中心

长征，是人类历史上叹为观止的伟大奇迹。80年前改写了中国历史的长征精神依然是当代人攻坚克难的法宝。挖掘长征途中鲜为人知的细节，追寻历史昭示于今天和未来的启示，2016年9月26日，新闻节目中心为纪念长征胜利80周年而特别制作的60集大型系列报道《寻踪长征路》正式开播。

《寻踪长征路》系列报道2015年初开始策划，多番论证，几易其稿。2016年初正式启动，在明确报道方式之后，精心部署、快速推进。8月中旬派出5路摄制组，沿着当年红军长征途中具有关键意义的地理坐标点实地追访。摄制组的足迹跨江西、湖南、广西、贵州、四川、甘肃、陕西、福建等8省区20余县市，历时两个半月，行程超过两万公里，从当年红军经历的雄关漫道中，从现地知情人的红色记忆里，挖掘长征历史中触动人心的故事和瞬间。

有别于以往关于长征主旋律的讲述更偏重于史实、表述宽泛、不容易吸引观众特别是年轻观众，《寻踪长征路》将视点集中在具体鲜活的个体上——一人一地一物，以一个个生动的小故事增加新闻报道的代入感。BTV 年轻的新闻主播孙扬和邬晔纬、记者李小兵携同国防大学长征史学专家刘波教授，采用国际流行的野地寻访的报道方式，并肩踏上长征路。一路的采访报道，身处一地，聆听讲述，两代人的视角交融碰撞，既彰显权威性，又突出时代感，长征精神的薪火传承借此诠释。

承担《寻踪长征路》摄制工作的是来自新闻中心专栏部的一支年轻队伍，平均年龄不过 30 岁。长征的记忆对于他们大多数人来说都还停留在中学时代的历史书上。然而，在接到这个任务后，这群 80 后、90 后的编辑记者们迅速进入状态，搜集购买到各种长征题材的书籍和影视作品，像海绵一样地汲取长征史学中的营养。当真正踏上长征路后，年轻的摄制队伍就像当年的红军战士一样，士气昂扬，克服气候多变、路途艰险等各种困难，圆满完成了拍摄工作。

重走当年红军走过的长征路，身处红色遗迹厚重的历史氛围中，每每面对历史见证人和历史遗迹守护者们饱含深情的讲述，《寻踪长征路》摄制组的年轻同志都感动不已。

在福建追访松毛岭战役遗址时，中复村的老村主任讲述了当年战斗的惨烈状况，牺牲将士们的鲜血引来大头苍蝇把松枝都压弯了……虽然老村主任已经无数次讲过这段历史，但面对我们的镜头再次讲起时，依旧很动情，眼眶多次泛红，让摄制组没有经过战火的年轻同志们唏嘘不止；采访到宁夏将台堡红军长征纪念馆时，馆长摆小龙的一席肺腑之言，给全组人留下了深刻的印象。他说："只有真实、客观，没有演绎过的历史，才能告诉后人什么是真正的长征精神。"

两个多月来，《寻踪长征路》摄制组实地到达了湘江战役、青杠坡战斗、娄山关战役、老木孔战役、嘉临江战役、包座战役、腊子口战役等十几处长征中著名战役的战场遗址，现地环境展示加上军史专家的现场讲述，全面展示当年红军战士如何攻克天险、战胜敌军的战斗情景；摄制组实地还听到了很多当年老百姓踊跃参军、勇于支前的感人故事。

在于都采访到的刘光沛老人，讲述了当年他外祖父把家里的门板都拆下来支援红军搭浮桥的故事，他家姑婆送别丈夫，15 年风雨无阻到渡口等候丈夫归来，等到的却是丈夫牺牲的消息；江西井塘村 90 岁的宗绍沧老人，红军驻扎在当地的时候，他只有 10 岁左右，老人听不懂也不会说普通话，但却给记者们唱起了当年红军传唱的红歌，因为这些曲调已成为他脑海里难以忘却的旋律。

通过这些当地人的讲述，当年军民一家亲的鱼水情深至今仍被称颂。在追访遵义会议等红军长征途中做出重要决策的会议遗址，听当地党史专家揭秘当年开会的细节，使观众更深切感受到紧要关头，中国共产党一切从实际出发才最终找到中国革命的正确出路，这是对"实事求是"的最好诠释，是长征精神留给我们今天的宝贵财富。

60 次追访、60 个故事，从不同侧面

和片段还原一部伟大的长征史。9月26日起，《寻踪长征路》开始在北京卫视和新闻频道的《北京您早》《特别关注》和《北京新闻》中滚动播出，力求“讲有思想的故事”“解析故事中的思想”，向观众传递长征的历史价值和精神力量。

新闻节目中心推出“天涯共此时”大型跨年新闻行动

新闻节目中心

2016年11月22日，北京电视台新闻节目中心召开“天涯共此时——BTV大型跨年新闻行动”业务研讨会，会议就新闻行动开播一个月来的新闻专题进行了报道总结和业务研讨。从艾冬云副总编到新闻中心各部主任、报道团队所有编辑、记者、摄像全部认真聆听每一个发言者的演讲内容，认真记录每一个有用的信息。在这场研讨会上没有形而上学的说教，只有实实在在的一线工作中亲历体验和经历磨难后的感悟与思考，所有参与“天涯共此时”报道的人员都在用情报道、用心铸就着BTV近年来最大规模的跨国新闻行动，通过此次新闻行动，新闻节目中心正在逐步提升新闻的全球化视野和国际化的报道能力。

报道全球化，视野国际化。“天涯共此时”新闻行动于2016年10月12日正式启动，派出7个采访团组共计26人，奔赴21个国家29座城市，其中21个国家27座城市全部有对接企业。采访对象共计325人，中方人员123人，外国人员202人。前方报道总里程136625公里。播出新闻35集、总体播出87次。播出新闻时长总计314分钟。合作单位分别有中国中铁、中国建筑、中国铁建、中国交通银行、中远海运集团有限公司等89家。通过北京交通广播、新闻广播、城市广播、音乐广播、“北京时间”的滚动宣传，实现了北京广播电视台优质新闻资源的全媒体宣传，也在国企圈中引发了强烈的反响，很多大型企业慕名而来希望参与报道。

不忘初心，砥砺前行。“天涯共此时”BTV跨年大型新闻行动的报道团队可以说是海陆空并进，整体回传新闻内容有细节，有人物，见人见事。题材上既有经过细心策划的高端访问，也有身边人身边事的报道，显示出报道团队在题材驾驭上的灵活性和与百姓生活的贴近性。而在这些海量回传新闻的背后也承载着前方报道团组的心血和汗水。中东团组入境沙特时因设备限制，在海关被扣留数小时。入境埃及，正值时局动荡，险遭军队以间谍罪拘留，艰苦条件下坚持完成22条新闻专题的制作。蒙古拍摄团组不畏严寒，零下30多度的环境中与建设者同吃同住，赢得了被访者的尊敬。泰国拍摄团组为采访泰国外交部长大费周章，几度遭拒仍不放弃，最终感动泰国外交部，也让部长对北京电视台记者另眼相看。海上丝路报道组随中远“美洲号”货轮从广州一路拍摄至希腊比雷埃夫斯港，在寂寞、枯燥、平淡的旅途中充分挖潜沿线故事，先后制作了《中远美洲轮上的二副》《水头和他的兄弟们》等23集专题报道，展现了海上丝路人的坚守与情怀。

BTV 精神感动被访者。在一带一路的采访中，拍摄团组的敬业精神以及高质量的专题制作水平让被访者动容。“敬业”“奉献”“感动”“温暖”“不辞辛劳”“连续作战”……这些在使馆和海外国企发来的感谢信中最常出现的词汇，折射出了他们对团队工作态度的肯定以及对 BTV 精神的尊重。“天涯共此时”不仅传播了丝路故事，同样也用 BTV 精神感动着丝路建设者。

运行团队提供各项保障。为了给前方拍摄团组提供有力的保障，“天涯共此时”策划团队联合网管部组织了强大的编辑、包装团队。后方编辑任劳任怨，因为时差问题，新闻回传基本都在深夜，编辑、技术、网管各岗位全天候按时接收。当内容制作上遇到分歧时，后方编辑能够顾全大局，充分理解前方的辛苦，主动回避矛盾，确保节目顺利完成。

专家点评：看丝路故事，展示丝路情怀。此次研讨会上，来自国务院发展研究中心对外经济部的研究员丁一凡和社会科学院的研究员冷淞针对“天涯共此时”的新闻进行了点评。丁教授肯定了“天涯共此时”系列报道的内容和形式，同时也指出接下来的报道中应该注重海外工程给当地带来的收入增长，建议以大数据或是数字对比的形式来展现。除了展现经济，还要着重展现中国企业的“温情”，从客观的角度去体现“一带一路”下促进的民族融合和文化融合。冷淞教授指出报道团组近期的几个提升：海内外的对比能力的提升、历史素材挖掘能力的提升、人物关系的构建能力提升、发现中国元素的能力提升等，也就是说可以在平常事中找到社会主流价值意义，充分发挥了北京电视台“天涯共此时”报道团队的强项。

“见证者”10集专题，将系列报道升华。报道过半，生动的人物、动情的故事、震撼的场面一次次出现在荧屏之上，让观众了解着丝路、熟悉着丝路，为了将报道升华，全面解读“一带一路”战略，新闻节目中心还制作“见证者”10集专题报道，将近百集的丝路报道提炼、总结。用形象、生动、时尚的方式展示出来。

新闻节目中心开展“新春走基层”报道

新闻节目中心

走进春运场站，感受服务亿万人回家的责任；来到环保一线，体会为了首都天更蓝的坚守。在2016年春节，在这个万家团圆的日子，北京电视台新闻中心的记者们走进基层，把镜头和话筒对准基层职工，通过关注热点话题，记录基层变化，书写首都时代新篇章。

春运每年承载着上亿人的回家梦，而在这大迁徙的背后是上万铁路职工的付出，这其中有很多并不为人所知的细节，有些人每天都工作在6米多高的列车顶，有些人每天和上万个零件打交道，还有些人每天都在和列车的对话中度过，2016年北京电视台新闻中心“新春走基层”系列报道就是从这些春运幕后英雄开始的。

走基层并不是到基层，更多的是要带着问题和思考，用心去报道。在采访动车组检修工时，记者敏锐地发现了这个工种不仅工作地方有特点，都是在6米多高的车厢顶，而且还是一项细致和体力兼备的工作。在报道中，检测工具化身为检修工的“吉祥三宝”，而上百块擦拭车顶设备用的抹布，则成为了他们不惜体力的代名词。

在商业服务业，张秉贵的“一抓准”为很多人所称道，而在春运工作中，走进基层的记者也找到了属于这个行业的“一抓准”——机务段配件工。他们每天面对成千上万的零件，时时刻刻都要准确快速地完成各种零件的取用，而配件间中，此起彼伏的配送声成为记者春运报道中的最美和声。

场站值班是一项艰辛的工作，之所以艰辛并不是有多劳累，而是一个人的寂寞。值班员每天面对的只有成百上千的机车，一个班次下来几乎见不到人，也说不了几句话。在报道中记者亲身体会了这项寂寞工作，并把它变成了一曲对于铁路职工默默奉献的赞歌。

如果说春运服务的是回家的人，那么环保工作就和每一个人的生活都息息相关，作为2016年北京电视台新闻中心“新春走基层”系列报道的第二个主题——“为了首都的蓝天”，记者跟随市环保局的工作人员深入基层，全程记录了他们工作的点点滴滴。

在很多人眼中政府执法人员检查工作一定是无往而不利，但是在此次“新春走基层”报道采访中，记者和环保执法人员的遭遇却是险情不断。深夜在查封排污企业的时候，最初遇到的是企业员工的不配合，进而升级为辱骂，最后竟然被反锁在厂子里长达两个多小时，通过报警才脱离困境。而在采访中，记者从环保执法人员口中得知，这种不配合乃至被困并不鲜见。当这些来自环保一线的镜头和声音出现在新闻节目中，不仅深刻地揭示了环保部门工作人员为了首都蓝天所付出的努力，还展现了在挫折和危险面前执法人员不退缩的精神，更让“新春走基层”报道体现了新闻人的职业信仰。

记者林遴每年都会坐动车回家过年，通过“新春走基层”报道，他更深刻地了解到春运对于铁路职工意味着什么。他说，检修工每天在6米高的车厢顶上奔走看着就眼晕，但是他们又是那么的乐观，甚至将自己的工具都取名“吉祥三宝”。

在采访机务段配件工时，基层春运职工为了尽快地将各种零件送到维修现场，可以几个小时不停歇，不断在几万个零件的储物室中奔走，甚至不会停下来喝一口水。记者陆林说，我们看着他们工作，心里真的十分感动，千万个这样的铁路职工铸就了春运的安全。

记者闫丰涛在拍摄环保执法人员的报道中，与执法人员在寒夜中被困两个多小时，然而也正是这两个多小时，让他真正走进了环保执法人员心里。当结束采访的时候，执法人员动情地说，只有一起患难过了才能真正成为朋友。

走进基层，在报道社会变迁、世间真情的同时，也让记者更清晰地理解了新闻工作者的根基所在、价值所在。

新闻节目中心完成“天宫二号发射”直播及报道

新闻节目中心

“天宫二号空间实验室”2016 年 9 月 15 日晚，也就是中秋之夜发射升空。它是我国载人航天工程三步走中第二步的重要环节。新闻中心高度重视、提前策划，对“天宫二号发射”这一重大事件进行了“现场直播 + 系列报道”的全方位、立体化电视呈现，同时再次着力构建“现场报道 + 新闻评论”的报道新格局。

截至 9 月 16 日，《北京新闻》《特别关注》《北京您早》《晚间新闻报道》等栏目先后播发新闻 50 余条次；15 日的《晚间新闻报道》用整个节目制作了 45 分钟的直播特别节目——《天宫筑梦》；16 日的《北京您早》特别奉献了 31 分钟的深度评论“今晨视点”。

一、提前介入，做好准备

早在 2016 年初，新闻中心主要领导和部分编辑记者就与负责“天宫二号发射”的有关方面进行了座谈交流，建立了良好的合作关系。在这次对“天宫二号发射”报道之前，新闻中心要闻采访部早早就与有关方面进行着密切沟通，对天宫二号发射的报道进行了总体策划，经过多次沟通，最终商定在前方——酒泉卫星发射中心，后方——北京航天飞行控制中心，分别派出一组记者参与报道。像这样涉密等级高、控制十分严格的重大报道，对于地方媒体而言机会少有。正是由于在前方和后方都有北京电视台的记者，所以才有 BTV 对天宫二号发射前后较完整的新闻及直播呈现。

二、着力让“现场报道 + 新闻评论”的格局成为重大报道的新常态

“现场报道 + 新闻评论”是 G20 杭州峰会报道的成功经验之一，它有效地提升了媒体的话语权，彰显了媒体的影响力。在此次《天宫筑梦》现场直播中，这一成功经验得到有效复制。

天宫二号发射时间是 15 日晚 10：04，BTV 新闻频道《晚间新闻报道》的节目时间恰好是晚 9：55—10：40，发射时间正好覆盖了整个节目，于是新闻中心果断决定，将整个《晚间新闻报道》制作成直播特别节目——《天宫筑梦》。在直播当中，演播室直播连线了酒泉卫星发射中心记者，直播连线了军事专家宋晓军以及本台评论员王健，从事实、意义、影响等多方面对天宫二号发射进行了评论。直播当中，演播室还请来了北京航空航天大学宇航学院副院长梁国柱做为嘉宾，对天宫二号的任务特点、与天宫一号的区别以及未来神舟 11 号与天宫二号对接等内容进行了深入浅出的访谈。

16日的《北京您早》是天宫二号发射升空这一事件在北京卫视的第一个播出平台，为此《北京您早》的编辑们连夜加班，在16日的“今晨视点”深度评论板块中再次以31分钟的大体量对天宫二号发射成功的全过程进行报道、分析、点评。连线了北京航空航天大学宇航学院副院长梁国柱教授、中国航天科技集团研究院庞之浩和本台评论员王健，请专家和评论员从不同视角进行分析解读评论，增强了演播室评论的权威性和科学性。

三、特殊编排体现媒体高度与眼界

由于天宫二号发射是一项重大行动，因此相关的报道纪律和要求非常严格，新闻中心派往酒泉卫星发射中心的记者金蕾、陈静岩想尽办法，从14日开始就尽可能多地发回报道；派往北京航天飞行控制中心的记者李烨、李昂也是提前一周开始采访报道，先后采制了《天宫二号四大看点》以及《天宫二号任务的新突破》等新闻。

北京卫视及新闻频道多档节目都进行了特殊编排，《特别关注》15、16日两天都将天宫二号的报道放在了头条的位置，直播连线了位于发射基地的记者金蕾，同时配发背景新闻《天宫二号比天宫一号功能更强大》《宜居设计适宜长期太空生活》《天宫二号与神舟十一号载人飞行任务的新突破》《长征火箭发射成功率已超美俄》等。

《北京新闻》也从14日开始，拿出较大篇幅对天宫二号发射展开报道，特别是9月16日，在头条位置，以组合报道的形式播发了《天宫二号空间实验室发射成功》的综合消息，随后播出了《天宫二号空间实验室的创新突破》的背景链接，并配发了《本台短评：筑梦·追梦·圆梦》，将《天宫筑梦》系列报道推向高潮。

四、携手新媒体多平台报道

“天宫二号”成功发射，对于中国载人航天事业意义非同一般，但对于其中涉及的科技内容，普通的老百姓并不很了解，如何让大家了解“天宫二号”，了解更多关于中国载人航天的一些科普知识，新媒体科在短时间内，迅速策划了一个科普系列短视频。

在跑口记者李烨的协助下，新闻中心新媒体科记者走进北京航天飞行控制中心，采访到了“天宫二号”飞控总体副主任设计师王成。记者以文科生的视角，向专家提出了7个看似“傻”，但又和“天宫二号”紧密相关的科技问题。专家深入浅出，以汽车、相机等相关物品的原理做举例，用简单通俗的语言回答了记者的提问。

科普系列短视频“天宫二号设计师来科普了”在《今日头条》上一经推送，获得了50万+的播放量，“文科小白提问飞控专家”的策划创意，让众多网友纷纷留言点赞，大家还对相关科普问题进行了热烈讨论。

除此之外，新媒体科还在9月16日上午推送了“天宫二号”发射成功的微信图文专题。这是新媒体科第一次就单独一个新闻事件，在非常规的推送时间，进行微信图文专题的推送，取得了不错的效果。这反映出BTV新闻微信公众号，在经过一年时间的运营后，粉丝群体已相对稳定，具有一定的品牌信任度和黏合度。

北京电视台推出10集人文历史纪录片《大西山》

新闻节目中心

2016年初冬，10集纪录片《大西山》历经3年的精心打造，终于完成了。11月26日下午，在北京电视台的阳光大厅里，来自北京文化、艺术、史学、地理、园林等的各界人士，齐聚一堂，共同见证这部属于大城北京的人文历史纪录片的完美亮相。北京市委宣传部副部长余俊生、北京人民艺术剧院党委书记王文光、北京电视台总编辑王珏、北京电视台副总编辑艾冬云等参加了新闻发布会。同时，作为这部作品的共同发起单位，石景山区委常委、宣传部长杨立宪以及门头沟区、昌平区、海淀区等区委宣传部负责同志也莅临现场，为这部大家共同的心血之作祝福、庆贺。

北京市委宣传部副部长余俊生对《大西山》的文化价值给予充分肯定，他强调《大西山》这部纪录片对于北京西山文化带建设起到了推波助澜的作用，并指出，《大西山》的宣传不能仅仅局限于传统媒体和电视台，还要与新媒体结合，向更大的受众面推广。他提出，北京的三大文化带建设，即西山文化带、运河文化带和长城文化带，都需要更加重视媒体宣传力度，也希望北京电视台制作出更多、更精良的文艺作品。

人文历史纪录片《大西山》，由北京市委宣传部、北京电视台共同发起，由北京市海淀、门头沟、房山、昌平、石景山5区共同投资制作，立足于为北京西山文化带的打造奠定基础。

这部作品策划、拍摄、制作周期近3年，分10集，每集30分钟，分集主题为《缘起》《基石》《香火》《烽烟》《园说》《文脉》《魂归》《融流》《家源》《问道》——内容涵盖了北京太行山脉段的地理历史演进、社会人文变迁、建筑艺术遗存等。这部作品艺术化的梳理了北京城市文化的源流，首次以影像记录的方式将西山文化与北京城市文化的关系形象地展示在世人面前，为北京西山文化带建设增添了浓墨重彩的瑰丽一笔。

《大西山》剧组在3年的光阴里，纵横奔波两万公里，记录大西山的草木荣枯、四季更迭。他们曾迎着寒风，登上大西山最高峰海拔2303米的灵山顶峰，拍摄云雾缭绕、日出日落；他们也曾下到京西煤矿几百米深的井下，挖掘大西山的基石，领悟乌金墨玉的含义。在大西山的怀抱中，他们驰骋上下五千年，追寻着历史搏动不息的血脉。

这部纪录片的创作，集合了社会各界的热忱与智慧。向200多位专家学者请教论证，数以万计典籍的阅读查询，上百次的实地勘察采访，一步一个脚印描绘出了这一部《大西山》。在新闻发布会现场，著名剧作家、学者苏叔阳先生深情讲述了大西山与北京城千丝万缕的深厚关系，追溯了他与北京电视台结缘于纪录片、钟情于北京文化传播的心愿，也对《大西山》剧组提出了殷殷厚望。

《大西山》的创作凝结了北京电视台的精锐制作团队，包括摄影、三维制作、绘画、情景再现等多种手段——4K 电影摄影，80 幅原创绘画，100 多分钟的航拍素材，2000 秒的三维动画，一群电视人对一座山的表达，由一次次聚焦、一个个镜头逐步建构成了这一部《大西山》。3 年的光阴，让一种表达变得深沉而丰富，成为珍藏在每一个亲历者心中的财富。

《大西山》于 2016 年 12 月 5 日起，在北京卫视、BTV 新闻频道、BTV 纪实高清频道同步播出。

北京卫视推出跨年活动

卫视节目中心

2016 年 12 月 31 日，贯穿全天的 BTV《跨越 2016》新闻直播年汇；跨年夜连续 4 个多小时的 BTV 环球歌会；充满奇幻和感动的“跨年彩蛋”……北京卫视首次加入跨年晚会战局，在坚持“跨界”主题的基础上，打通了全天，创新跨年编排。

在新闻里跨年，收获身边温暖

在 2016 年的最后一天，北京卫视、BTV 新闻频道、北京时间联合搜狐、新浪、网易、腾讯，从 7：00－17：30 推出长达 10.5 个小时的大型新闻直播年汇《跨越 2016》。节目在北京地区收视率为 1.07%，收视峰值出现在 11：28，收视率为 2.43%，内容为“歼 20 首秀惊艳世界”；全国 35 城收视率为 0.11%。节目播出过程中，通过腾讯、新浪等网络平台收看的人数超过 280 万，参加“摇一摇”互动的人数达 110 万。

《跨越 2016》立足首都定位、全国视野、放眼全球，将全天 10.5 个小时的直播设置为基石、构建、福祉、风云、跨越 5 大板块。分别对应关注着国家大政方针、民族发展；社会发展、城市建设；市民生活，福利保障；国际关系、世界动向；一带一路、未来发展 5 个方面，对北京、国家、国际大事进行提炼与梳理。

《跨越 2016》融新闻资讯、评论、访谈、脱口秀、互动于一体，并结合综艺节目形式进行呈现。节目与新华社、央广等多家国家级以及浙江卫视、深圳卫视、三沙卫视等多家卫视、地方电视台联动，设置了全球 12 个、全国 9 个、北京 12 个报道连线点。同时在电视、PC、手机端进行三屏联动直播，将台上台下、场内场外直播全方位打通，形成演播室、驻入点、PC 端、手机端的全程直播。

在歌声里跨年，感受冬奥情怀

2016 年 12 月 31 日 19：30 开始，北京卫视、BTV 青年频道共同打造的《奥运之城　冰雪邀约——北京卫视 2017 跨年环球歌会》为观众带来连续 4 个多小时的跨年狂欢。北京地区收视率6.96%，全国35城收视率达到1.95%，排名第3，较2015年提升幅度达到100%，是一线省级卫视中提升幅度最大的一家。

此次环球歌会，水、陆、空、冰四栖舞台一直是北京卫视跨年歌会备受关注的亮点，晚会通过编排设计巧妙贯穿起陆地模块、水面、跳台、冰面和空中等多方位立体环绕舞台。

舞台视觉呈现载体有2800平方米LED、750平方米冰面投影、两块纱幕投影、一道水幕投影……模块舞台是本次跨年歌会舞台的一大特色，也是舞台视觉设计难度所在——模块盒子组合成的背景上面有站立表演区，因此是不规则的、前后参差错落的，只要观众能看到的面、只要对表演整体视觉效果有帮助的立面上都有LED，给舞美影像画面的设计和拼接增加了难度。

除了舞美设计和节目编排，北京卫视在伴舞舞团的选择上也颇下功夫，此次北京卫视请来全世界顶级的现代舞团之一——Todes舞团担任张杰、张信哲、吴莫愁、芒斯等嘉宾的歌会伴舞。

此外，基于“奥运之城　冰雪邀约”的主题，歌会将“冬奥”元素融入其中，特别是新老三代女排与解说员宋世雄的聚首更是意义非凡。

在奇幻里跨年，收获惊喜能量

从跨年夜的23：45开始，北京卫视以北京电视台楼体为屏幕，上演了长达20分钟的大型楼宇灯光秀，在深夜时段收视率表现不俗。北京地区收视率1.91%，全35城收视率0.57%，排名第五。

运用现代多媒体数字制作和灯光投影造型技术，在北京电视台高200米、宽60米的楼体外立面上，演绎了主题为“文化北京，美丽中国，天涯共此时”的楼宇灯光秀，并借用特殊的倒计时设计，向全国人民祝贺新年。

灯光秀分“激活BTV”“奥运城市”“互联网+”“大国重器”等8个章节，刻画出紫禁城、天坛等著名古迹和燕京八景等北京风光，展示了古都北京的文化魅力和文明遗存；高铁、飞机等立体画面展示了中国经济的活力，尤其是在“互联网+”牵引下的消费活力；美猴王奋起千钧棒、唐诗宋词、水墨丹青等文化意象，展现了中国优秀传统文化的魅力和现代文化软实力的崛起；长征火箭和天宫二号等科技符号，体现了中国科技进步，探索宇宙空间的壮阔图景……

清华大学新闻与传播学院常务副院长尹鸿发微博表示：“跨年，不仅是电视节目，也是文化事件。全球很多城市都有标志性的跨年活动，如纽约时代广场的水晶球，台北101大楼的焰火，伦敦大本钟的倒计时…今晚北京电视台设计的楼宇灯光秀，不仅炫酷，而且显示了国际视野、首都定位。今年灯光秀还是尝试，希望以后也能成为北京全民参与的品牌性跨年活动。”

第六届北京国际电影节举办

影运中心

第六届北京国际电影节于2016年4月16日至23日在北京举办。有来自50多个国家和地区300余家中外电影机构、1.5万名中外嘉宾参加电影节；500余部中外佳作参加展映，放映1000余场次，票房突破1000万元；电影市场签约金额163.31亿元，比去年增加18%，创历史新高；首都各界群众100余万人次尽情享受这个电影盛会。

开幕式：向世界发出邀请

4月16日，由国家新闻出版广电总局和北京市人民政府主办，国家新闻出版广电总局电影局、北京市新闻出版广电局（北京市版权局）、北京市怀柔区人民政府和怀柔北控置业有限责任公司共同承办的第六届北京国际电影节在怀柔北控雁栖湖国际会展中心隆重开幕。典礼以“北京邀请你”为主题，向全世界发出邀请——春天，来北京看世界最好的电影！

开幕典礼以一场高端典雅、时尚唯美的光影盛宴，正式拉开了第六届北京国际电影节的帷幕。来自世界各地的国际知名电影节主席、驻华使节、电影人和电影制片机构，电影市场、论坛嘉宾代表以及新闻媒体记者等3000余人因为电影相聚于雁栖湖畔。开幕式分为“致电影”“致北京”“致时代”“致观众”4个篇章，以电影叙事和有故事的舞台为创作原则，歌舞汇演结合仪式典礼，完成“天坛奖”7大评委亮相、评委会主席讲话、15部入围影片推介等议程，表达了对电影大师的尊崇、对电影观众的感谢、对文化北京的眷念、对时代经典的感怀、对电影未来的祈福。

“天坛奖”评选：天人合一美美与共

由北京电视台举办的“天坛奖”共收到来自42个国家和地区的433部影片报名参赛，参评影片质量和水平都有很大提高，其中不少影片是全球首映或亚洲首映。

应“天坛奖”组委会盛情之邀，7位来自世界各地的重量级电影人齐聚北京，担纲评委。他们是电影节评委主席、美国著名导演、《荒野猎人》《尖峰时刻》等知名影片制片人、导演布莱特·拉特纳，评委为中国香港导演陈德森、德国导演弗洛里安·亨克尔·冯·多纳斯马、罗马尼亚导演柯内流·波蓝波宇、日本导演泷田洋二郎、波黑导演丹尼斯·塔诺维奇、中国著名演员许晴。

本届电影节是国际化程度最高的一届。经过长时间策划与筹备，最终“天坛奖”评奖工作部从报名影片中遴选出15部“天坛奖”入围影片，交由“天坛奖”评审委员会评选。经过评委们认真观影、集中讨论，最终评选出最佳影片奖、最佳导演奖、最佳男主角奖、最佳女主角奖、最佳男配角奖、最佳女配角奖、最佳编剧奖、最佳摄影奖、最佳音乐奖和最佳视觉效果奖 10 个奖项。

本届电影节“天坛奖”的赢家当属阿根廷电影《帮派》，囊括了最佳编剧、最佳女主角和最佳影片 3 项大奖。

最佳导演奖授予了丹麦导演克里斯蒂娜。她导演的《理想主义者》讲述一位记者为揭示事件真相不懈努力的故事。

最佳男主角、女主角奖分别授予《地雷区》男主演路易斯·霍夫曼、《帮派》女主演多洛莉丝·房兹。

最佳男女配角奖分别授予《师父》中的演员金士杰、《命运女神》中的演员可捷万·特斯克哈卡娅，最佳视觉效果奖授予中国电影《滚蛋吧肿瘤君》。

北京展映：春天，在北京看最好的电影

第六届北京国际电影节“北京展映”于 4 月 8 日至 4 月 23 日举行。展映期间 500 余部中外影片精品在全市 25 家商业影院、学术机构及 5 所高校上映，展映 1000 余场次，票房突破 1000 万元，观影人数达 22 万人次。无论从票房份额、电影数量、质量还是观众的参与度和反响来看，都大大超越以往。

“北京展映”两周共放映 500 部影片，华语片与外语片平分秋色。除了一年之中奥斯卡奖，戛纳、威尼斯、柏林等电影节的获奖作品与热门影片外，回顾展也成了电影节的重要组成部分，这些中国的经典电影，以全新的修复或配乐形式和观众见面。本届电影节还有意识地推介中国的优秀影片和青年导演。主办方还把外国的一些艺术家引入到北京来，以全新的形式推广中国的经典影片，电影节也给新导演，尤其是处女作电影导演设计了很好的活动。

电影嘉年华：特色活动亮点纷呈

电影嘉年华是电影娱乐体验的欢乐盛会。除了买票进影院看电影，北京国际电影节还为爱好电影的北京市民准备了丰富的电影嘉年华活动。4 月 9 日至 5 月 8 日，第六届北京国际电影节电影嘉年华在北京怀柔雁栖湖·国际会都和中国（怀柔）影视产业示范区举办。活动场地安排采取“一主一分”模式：“一主”是雁栖湖景区，与电影节开幕式、闭幕式场地北京雁栖湖国际会展中心遥相呼应；“一分”是怀柔影视城。

雁栖湖景区作为本届电影嘉年华主场地，从方案策划、场地安排、活动周期到内容编排都做了精心准备。由于今年恰逢世界动画电影诞生 110 周年，活动以动漫为主题，体现“同乐·童趣·回归”，设计了动漫明星、动漫音乐、动漫美食、动漫跨界、动漫智趣 5 大嘉年华活动板块，汇集了音乐演出、动漫电影展映、动漫明星互动、COSPLAY 秀等，并新增了萌宠乐园、青年微电影展映征集、汽车电影等创新体验项目，让游客徜徉在 110 年的动画电影世界里，充分领略和体验动漫二次元世界的别样精彩。丰富多彩的活动深受家长和小朋友喜爱，吸引数十万市民参加。

电影论坛：电影大师来京论道

第六届北京国际电影节主题论坛始终秉承一个鲜明的主张：倡导通过中国电影讲“好故事”，提升中国电影创意空间和全球语境下中国文化的银幕魅力，多维度探讨、剖析、透视中国电影产业和世界电影产业的发展趋势和方向，聚焦前沿话题。

论坛广邀全球重量级的名家大师来京

论道，为中国电影的发展出谋划策。“电影市场行业对话”根据近些年的行业热点和焦点，选取不同切入点，挖掘现象背后的本质，对未来进行预测展望；“行业对话”力邀国内外电影行业专家、嘉宾，围绕极具针对性、时效性的行业话题开展交流与分享；“中外电影合作论坛”“中国电影衍生产业高峰论坛”“探寻电影之美高峰论坛”等三大论坛邀请到《天堂电影院》导演吉赛贝·托纳多雷，美国导演、演员娜塔莉·波特曼，《怪物史莱克》华裔美国导演许诚毅，美国制片人詹姆斯·沙姆斯，英国制片人伊恩·史密斯，博纳影业董事长于冬等重量级嘉宾出席，围绕“国际合作制片经验分享”“电影衍生品的市场发展趋势”“互联网背景下中国喜剧电影的演变”等众多话题展开精彩对话。

电影市场：构建中外电影发展的“产业孵化器”

本届北京国际电影节以促进中国及世界电影产业快速发展为己任，努力发挥产业孵化器的作用，助推新人、新作、新项目。组织主创媒体见面会、新片发布会、首映式，为新人新作搭建宣传推广平台；设置“影评人推荐”单元，发现、推介和扶持具有市场潜力的优秀青年人；推荐“影评人推荐”单元，选出优秀影片进行展映，发掘国内外优秀新导演，扶持青年影人；设立“注目未来”单元，捕捉电影潮流，鼓励电影原创；与戛纳电影节、美国电影协会等机构合作设立“中国新影人基金奖”“MPA 大奖”，支持新人参与国际交流；设立“项目创投特别大奖”“最具商业潜力奖”，鼓励项目创投，扶持电影新人。

闭幕式：打造光影盛宴

第六届北京国际电影节闭幕式，除了公布“天坛奖”各大奖项之外，法国著名女歌手伊莲娜、著名演员容祖儿、音乐才子常石磊及其他领域的多位艺术家一起组成了“重量级表演嘉宾团”，配合双层影像投影、全息投影技术等 7 种世界顶尖影像技术的混合使用，打造“北京范、国际范、专业范、艺术范”的梦幻盛典。在典礼最后还设立了神秘的特别彩蛋，带给观众们一次科技与艺术结合的全方位惊喜，回归电影本质，以影像打动人心。

《“奥运之城 冰雪邀约”2017BTV 跨年环球歌会》打造每年一度冰雪盛宴

青少·海外节目中心

《“奥运之城 冰雪邀约”2017BTV 跨年环球歌会》于 2016 年 12 月 31 日 19：30首播，节目时长 3 小时 45 分钟。BTV 北京卫视与 BTV 青年频道并机直播。

《“奥运之城 冰雪邀约”2017BTV 跨年环球歌会》的主题是“奥运之城，冰雪邀约”。歌会以冰雪为主体元素，以冬奥为串联线索，以“冰雪精灵的冰雪奇幻秀”的故事线为依托，用“冰雪邀约，友谊梦想，奥运接力，共享共赢”4个元素组建歌会整体架构。

此次的跨年歌会不但揽获那英、张信哲、黎明、崔健、孙楠、杨坤、古巨基等一众歌坛前辈，以及罗志祥、萧亚轩、张杰、魏晨、大张伟、关晓彤等人气偶像，还别出心裁地跨界邀请郎平、惠若琪、丁宁、秦凯、何姿、申雪、赵宏博等体坛巨星，打造文体两圈跨界融合的潮流现象。歌会以“奥运之城，冰雪邀约”为主题，在跨年中融入鲜明的冬奥元素，就是要打造每年一度的冰雪盛宴，助力2022年北京—张家口冬奥会。张艺谋首度跨界挂帅真人秀节目《跨界冰雪王》，并携张静初、左小青、林更新、曹格等8位节目嘉宾提前亮相跨年歌会也成为一大惊喜。除了国内大咖云集，“环球”歌会还邀请10余位国际重量级歌手加盟，两届格莱美音乐奖的最佳流行男歌手得主迈克尔·波顿、澳大利亚爵士乐歌手蕾恩卡·克莉帕克、欧洲歌唱大赛冠军芒斯·赛默洛以及14岁美国天才少女莱希·沃克均实力献唱，素有“冰上沙皇”之称的俄罗斯花滑运动员普鲁申科、被誉为加拿大最伟大的体育明星之一的科特·布朗尼等倾情出演。

《“奥运之城　冰雪邀约”2017BTV跨年环球歌会》是北京电视台举办的第一年跨年晚会，第一小时同时段收视率排名位列第一，全国35城收视率排名第二。此次的跨年环球歌会在整体上展现了多元性及国际性，在业内树立了标杆，彰显了国际视野，成就了众多跨年演唱会中的一枝独秀。

纪录片《融通之路》展现“一带一路”风貌

青少·海外节目中心

由BTV青年频道承制的10集纪录片《融通之路》于2016年12月19日、20日、21日、26日、27日的23：10播出2集，每集30分钟。

作为北京电视台的重点项目，10集纪录片《融通之路》致力于用电视手段、纪录片语言传播“一带一路”倡议，以古今丝路上的贸易为主线，把握并彰显传统陆海丝绸之路沿线国家互联互通，实现经济共荣、贸易互补、民心相通的时代脉动。

在时间轴线上，本片以张骞通西域为开篇，讲述陆上和海上两条丝绸之路的兴衰，直至今天“一带一路”的宏伟蓝图，纵贯两千年；在地理轴线上，本片派出摄制组分赴中亚、欧洲等多个国家，用生动的镜头捕捉现实细节，还原历史故事，用鲜活的人物、真实的生活展现丝路风情。

纪录片《融通之路》力图通过对时空轴线的交错组合，全方位、跨时空展现“一带一路”风貌，讲述贸易改变世界的故事。

中央民族大学资深教授、吉尔吉斯共和国国家科学院外籍院士胡振华说：

“（本片）定会起到重要的‘民心相通’宣传作用和收到很好的社会效益，它也定能进一步增进中国人民与丝路沿线国家、地区人民之间的传统友谊，有助于新丝绸之路经济带的建设。”

《中国宗教》杂志社社长刘金光认为：“总体看，思路清晰，文笔简练，紧扣主题，对丝绸之路的解析历史感强，视野开阔，史料扎实，准确，具有现实指导意义。”

著名经济学家、中银国际研究公司董事长、中欧陆家嘴国际金融研究院联席院长曹远征表示：“全片谋篇恢宏大气，具有让历史告诉未来的穿透感。史料翔实，也接地气，有说服力。”

北京新媒体集团揭牌成立

新媒体发展中心

2016年4月12日，北京新媒体集团及其所属北京新闻媒体有限公司、北京时间股份有限公司在北京电视台新媒体大厅举行揭牌仪式。北京市委常委、宣传部部长李伟，中宣部改革办主任黄志坚，中国记协书记处书记祝寿臣，中央网信办新闻传播局副局长孙凯出席仪式并为3家公司揭牌。“北京时间”网站及其移动客户端产品于当日同步亮相，北京新媒体集团联合北京市16区、全国14省区市共同发起参与、历时三季的大型互联网慢直播——“北京时间花开中国”也正式拉开帷幕。

北京广播电视台以其新媒体业务板块为基础，与市文资办共同出资，合力组建“北京新媒体集团”。按照“一个平台、多点突破”的新媒体发展思路，集团汇集全市媒体资源于统一平台，发挥网上主流媒体作用。与此同时，集团与互联网平台级企业奇虎360在资本层面深度合作，合资成立“北京时间股份有限公司”，与集团旗下“北京新闻媒体有限责任公司”形成整体合作模式，利用北京电视台及市属主流媒体强大的内容资源，共建包括“内容、渠道、平台、服务”在内的互联网媒体生态系统，打造北京市互联网科技孵化基地。

北京新媒体集团的组建走出一条媒体融合发展的开创性路径：以北京网络广播电视台为基础平台，依托北京电视台独特的视频内容优势，与奇虎360科技有限公司的渠道优势相结合，以强强联合实施内容生产与技术研发双轮驱动，以强大的流量助推新闻视频资讯传播，快速占领信息传播的制高点，赢得舆论的主动权、主导权。北京新媒体集团是全市支持新媒体发展的一个平台，将与北京电视台彻底剥离转制，确保市场化运作，激发其强大活力，最终反哺北京电视台，服务于全市传统媒体。

为迎接新闻视频资讯迅猛发展的未来，北京新媒体集团定制了“北京时间”APP。作为一款以视频资讯为核心的新闻客户端，“北京时间”将以新闻直播、云记者、短视频为突破口，强调差异化，用“永无止境”的全新理念打造视频领域的特殊产品。

“北京时间”整合全球权威媒体、数万家优质自媒体内容，有刷不完的新闻资讯，用户可以像刷“朋友圈”一样“刷”新闻。利用智能新闻资讯推荐系统，依托360 大数据平台，“北京时间”随时为用户智能推荐图文、视频和直播，能看、能听、能互动，打造千人千面的手机电视台，用专业新闻视频团队做深度内容支持。

在自媒体时代，“北京时间”还为广大用户提供展示自我的平台，传播优质正能量的内容就可能拥有成为大 V 的机会。通过海量自媒体频道的自由上传，大家可以做自己发布内容的主编，体现创作应有的价值。

纪录片《北京礼物》展现北京文化古韵之美

生活节目中心

由北京市旅游发展委员会主办，北京电视台承办的第 13 届“北京礼物”旅游商品大赛经过近 3 个月的严格筛选和专家评议与群众评选，选出传统工艺类、特色食品类、创意生活类和主题景区类 4 大类礼物获金银铜奖。为了让更多的人感受北京文化的古韵之美，北京市旅游发展委员会又联手北京电视台，对评选出的“北京礼物”进行拍摄，以纪录片《北京礼物》和综艺秀等多种方式将获奖作品背后鲜为人知的创作理念、创作经历、真实故事呈现于世人面前，展示出中华民族勤劳奋进的优秀品质。纪录片《北京礼物》共 5 集，于 2016 年 12 月 12 日在生活频道晚间黄金档播出，该片以精致的画面语言、深厚的文化内涵、先进的制作技术获得业内人士和观众赞誉。

纪录片《北京礼物》采取的是 5 集联播的形式，有效形成了递进式的放大效应。5 期的平均收视率为 0.42%，每期收看人数 5.4 万人，累计到达观众达 94 万人，形成了十分可观的社会影响力。《北京礼物》兼具人文性与高颜值，用干净精致的镜头语言，充分展示了博大精深的北京文化。从统计数据上看，25 ~ 34 岁的年轻观众、大学以上高学历观众更加喜爱这部作品，显示其高品质的文化定位。

为了更好地宣传环保理念，在节目播出前一天，《北京礼物》联合时下流行的 ofo 共享单车，举办了主题为“蔚蓝北京，骑行有礼”的骑行地面活动，将 20 件有故事、有温度的北京礼物借生活频道主持人阿龙和骑行大使之手，送给市民，在宣传《北京礼物》品牌的同时也让保护环境、共筑蓝天的理念深入人心。

为丰富观众的视觉体验，纪录片《北京礼物》融入了时下流行的 VR 技术，观众使用手机进行扫码即可看到北京礼物的立体化 VR 呈现效果。观众在看故事的同时也参与到更加多元化、有趣味的节目互动之中。

BTV 生活参与承办广场舞大赛

生活节目中心

为了丰富首都人民的精神文化生活，给热爱广场舞的市民一个展现自我的舞台，让大家尽情“斗舞”，由中共北京市委宣传部、北京市文化局、北京电视台联合主办，北京文化艺术活动中心、BTV 生活节目中心、各区文委文化馆联合承办的“舞动北京”全民广场舞大赛于 2016 年 6 月 22 日启动，7 月 25 日起在 BTV 生活频道播出。这一活动的举办在北京城的大街小巷掀起了一股跳广场舞的“旋风”。

“舞动北京”全民广场舞大赛，在大兴、海淀、朝阳、怀柔等区设立 18 个赛区。海选阶段进行 48 场比赛，参赛队伍 700 多支，共计 2 万多人。比赛当中，不仅现场观众一饱眼福，而且还在“北京时间”APP 上同步直播，吸引 150 多万人次通过网络观看广场舞大赛，实现了“让全北京的人一起跳”的目标。

网络投票是广场舞大赛的主要形式，也是选手进入决赛的一个重要关口。参赛队伍一边紧锣密鼓地排练舞蹈，一边为自己摇旗呐喊积攒人气。“舞动北京”自 7 月 25 日开通网络投票互动渠道以后，网络投票人次达到 1600 多万。

“舞动北京”广场舞大赛经过 3 个月热烈的现场斗舞与网络投票，共有 200 支队伍进入初赛阶段。9 月 26 日至 30 日，从 200 支队伍中选出 30 支队伍进入复赛。初赛的赛制采用的是时下流行的导师、选手互选模式。“舞动北京”邀请了广场舞界的大咖张巍、向前、王广成、饶子龙、蒋雅頔作为本次比赛的 5 位导师，参赛队伍根据抽签顺序进行展演，展演结束后接受导师举牌，如果有一位导师举牌，则该队顺利进入该导师战队；如果有两位及以上导师举牌，则队伍自主决定加入喜欢的导师战队；如果没有导师举牌，则遗憾离场。到了总决赛，请来北京舞蹈学院硕士生导师、北京舞蹈学院学术委员会副主任潘志涛，北京舞蹈家协会副主席阮兰玉，国家一级导演、中国教育协会舞蹈教育专业委员会副理事长孟艳组成评审团，进行决赛评审，从而提高了广场舞大赛的专业性和权威性。

2016年《文明旅游 “袋”动中国》全媒体融合直播

生活节目中心

《文明旅游“袋”动中国》是由首都文明办、北京市旅游委、北京电视台发起，BTV生活、江苏城市、湖北经视、河南都市、山东齐鲁、陕西都市青春、青海经济生活、云南都市以及拉萨广播电视台等9省区地面频道共同主办的大型媒体公益行动。《文明旅游“袋”动中国》于2016年9月28日启动，10月7日结束，这也是该公益活动第三次在“十一”黄金周期间联合全国媒体共同开展。活动期间除各大新闻资讯节目的集中报道之外，在《北京时间》《一直播》《凤凰旅游》《腾讯旅游》等网络媒体和直播平台还发起了“9城9景9小时”“#一米风景#明星直播”“#一米风景#走遍世界”等主题直播活动。统一发出“一点改变 创造无限可能”的全民倡议，提出“你脚下的一平米就是世界的每平米”的口号，号召民众参与到文明旅游公益行动中来。在“十一”黄金周期间，9省区电视台著名主持人，关晓彤、王姬、何云伟等明星以及4000多位导游和网友参与直播活动，整个活动宣传覆盖近4亿人群。

“9城9景9小时”启动，首次大规模全媒体融合直播。本次《文明旅游“袋”动中国》采用时下流行的“网络直播+电视”互动相结合方式，上午9点开始，由9省区著名主持人相继在全国9大著名景点，进行9小时的网络直播接力，完成活动的盛大开启。当天，首先由北京电视台主持人阿龙在北京的北海公园进行第一个小时的直播。直播过程中，阿龙幽默风趣的与网友互动，并且讲述景点背后的人文故事。而在随后的8小时直播中，相继由江苏城市频道的主持人范娜在南京夫子庙、河南都市频道主持人刘雯在嵩山少林寺、湖北经视频道主持人子亮在武汉户部巷、山东齐鲁频道主持人书匀在济南趵突泉、青海经济生活频道主持人洪凯云在青海祁连山、云南都市频道主持人程纲在昆明大观楼、陕西都市青春频道主持人杨程菲在西安大唐芙蓉园以及拉萨广播电视台主持人璞珍在拉萨大昭寺等地持续进行。全国各地的网友通过《北京时间》APP、《一直播》《凤凰旅游》《腾讯旅游》《荔枝网》《齐鲁在线》同步观看和互动，当天直播结束后统计，多平台共有500多万网友观看。

明星“公益大使”联袂开直播，为文明旅游走遍世界。《文明旅游“袋”动中国》作为一个持续了3年的公益行动，也不断吸引着那些热心环保、关注环境的明星和公众人物参与，在过去的两届活动中，包括王祖蓝、张信哲、关晓彤、冯远征、王潮歌等一众明星倾力参与，宣传文明旅游的公益理念。而2016年的“十一”黄金周，除关晓彤、何云伟再度加盟之外，还吸引了王姬、高丽雯、于明加、李林、徐小枫等演艺明星倾情参与。在这个黄金周，他们分别在新浪微博、《一直播》中发起直播为公益代言。关晓彤在接受北京电视台生活频道《生活2016》采访时表示：“文明旅游是一个公民最基本的修养，尤其是作为中国这样一个旅游大国的公民，应该有更高的文化素养。自己经常出国旅游，对一些不文明现象特别有感触，这一次也将通过网络直播的方式跟大家互动，用亲身经历传递公益理念。”

除此之外，由北京市旅游委评选出的“十大文明旅游公益大使”、首都机场安检人员、上百位来自世界各地的导游们以及4000余名网络主播，也加入到此次黄金周《文明旅游“袋”动中国》的网络直播接力，为广大网友直播国内以及全球著名旅游景点的实时状况，无论是在北京、上海还是英国牛津大学、日本广岛、瑞士雪山、法国诺曼底、德国柏林都有活动参与者的身影，让网友跟随镜头，走遍世界。

发起热门话题“一米风景”号召全民参与。在2016《文明旅游“袋”动中国》启动时，还同时发布了本次活动的网络话题“一米风景”。这一话题的具体涵义是“千里之行，始于足下，无论到哪里旅游，每个人走过或驻足的一平方米组成了这个世界的一平方米。只要我们每个人身边的一平方米是文明的，这个世界就会变成最美的风景。”而网络直播的构图，刚好是身边很近的区域，更符合“一米风景”的理念。新浪微博话题“一米风景”，多次成为热门话题，阅读量超过1.1亿。

全媒体矩阵传播掀起黄金周公益风暴。《文明旅游“袋”动中国》通过前两年“十一”黄金周的不断宣传，已经成为全国范围的一大公益品牌。据北京电视台生活频道赵彤主任介绍，“袋”动中国是全国第一个由省级电视台联合发起的公益活动，参与活动的电视台，也由开始时的6家，达到了2016年的9家。活动的影响力在逐年扩大。而本次持续10天的“直播黄金周”中，9省区电视台各大王牌栏目共播出相关报道47条，包括人民日报、中新社、中国青年报、京华时报、北京新闻、每日文娱播报等20余家媒体对活动进行了报道，北京时间、一直播、腾讯旅游、凤凰旅游等媒体平台的直播共有4900万次观看，整个活动宣传覆盖近4亿人群。电视媒体、网络媒体及直播平台如此大规模融合尚属首次，掀起了一场2016年“十一”黄金周文明旅游的公益风暴。

《金牌夺宝》聚焦奥运

体育节目中心

2016年里约奥运会期间，北京电视台体育节目中心推出奥运特别节目《金牌夺宝》，这档被冠以“主题式谈话类竞猜互动”大型直播节目一经面世，就受到广泛关注。

在每天105分钟的直播节目中，奥运冠军、演艺明星、资深体育人、体育记者、少年学子、名牌主持人等10位嘉宾齐聚现场，评析赛况，互动答题，畅聊奥运。许多奥运热门话题，如孙杨失金落泪、傅园慧表情包爆红、颁奖仪式的错版国旗、田径赛场重赛风波等，都在直播节目中通过多种形式进行了点评分析。

奥运冠军滕海滨、张楠以及篮球明星巴特尔的参与，也从奥运亲历者的角度丰富了节目的内容。

史上最萌机器人Ola作为神秘嘉宾，首次在电视直播节目中实现了人机对话，它机智幽默的语言风格和大数据背景的知识储备让节目增色不少。

另外，节目中还穿插了多姿多彩的桑巴舞、奥运击缶、歌曲演唱、花式篮球、跆拳道等表演，风格多样、精彩纷呈，从别样的角度弘扬了奥运的主题。

奥运特别节目《金牌夺宝》有一句宣传语："您与里约奥运会，只差一部手机的距离"。这也成为这档奥运直播中最大的创新亮点。通过微信"摇一摇"功能，电视观众与节目进行互动。贯穿始终的多次摇奖环节让观众产生心理期待，同时积极参与到节目之中，真正实现了传统媒体和移动端双屏融合。

电视端和移动端平行推进，电视观众在直播进行过程中参与互动，这就要求节目内容和技术支持要进行密切配合。

在节目内容上设置了难度适中而答案又往往出乎意料的问题。还设置了主题为"奖牌榜重要还是金牌榜重要"的辩论赛。在最后一期奥运总结篇，设置了"里约奥运，看中国突破""眼泪在奥运赛场，不代表悲伤"等5个主题的讨论内容，观众积极参与表达他们的心声。

这次《金牌夺宝》的直播采用了全新的新媒体电视互动模式，在整个节目过程中贯穿全民参与"摇一摇"与电视互动的直播形式，电视观众通过手机"摇一摇"功能进入答题界面后，可以与现场嘉宾共同参与完成答题任务，场外观众的参与数据实时呈现到电视直播画面上，做到了让电视机前的观众和直播现场紧密地连接在一起。

节目直播过程中还能显示实时在线人数，吸引更多观众加入其中。每次答题之后实时显示场外观众选择答案的比率，提高了节目悬念感和互动性。在节目直播过程中，为表现出色的嘉宾点赞，最终评选出本场人气王，提高了观众的参与度。弹幕功能的实现，吸引更多观众在平台社区中表达观点。

伴随里约奥运赛场的各项赛事如火如荼地进行，每晚直播的《金牌夺宝》美誉度和影响力也是蒸蒸日上，观众积极参与。每天在互动平台都会有两三万观众进行互动答题，参与互动累计达到30万人次，参与"摇一摇"总人数超过10万人，社区发帖11万条。

北京动画亮相昂西动画节

动画节目中心

由北京市新闻出版广电局主办、北京电视台卡酷少儿卫视和卡酷传媒有限公司共同承办、国内知名动漫企业参与的“北京·动画梦”专场活动2016年6月15日至17日亮相法国昂西国际动画电影节。活动期间，北京代表团在动画节现场核心区域设置展位，对国产顶级动画作品进行展览推介、签约交易；举办“北京·动画梦”主题沙龙，与各国动画行业管理和产业发展人士就动漫创作、发行合作等项目进行深入交流。

昂西国际动画节是世界上最早的动画节，被誉为“动画奥斯卡”。其下设动画长篇、动画短片、电视动画等奖项。动画节包括面向儿童观众的露天上映会、主题作品企划展览、商业动画洽谈会、主题商业论坛等多项活动。

本届国际动画节全球共有来自63个国家、555家参展商参展，设立55个精英展台。北京市新闻出版广电局首次以政府名义派人员赴法国昂西出席展会，既为了与各国同行交流沟通，拓展动画交易市场，也为了拓宽国产原创动画视野和领域，助力中国动画更快、更好地融入世界舞台进行积极探索。

在本次昂西动画节上，北京代表团在动画节核心区域设置近百平方米推介展位。展厅设计创意来源于“中国动漫　世界之窗”的寓意，结合中国优秀的传统文化及价值观，呈现出北京动漫越聚越厚的实力和影响。整个展台以展示窗口为主，结合中华元素，配以灵动而新颖的展示形式，给人一种身临其境之感。展台造型截取“中国红”穿插其中，以胶片画面来体现动画的主题。展台内部主背景墙的箭头造型和顶部参展公司的胶片画面，代表中国动画一直在进步。背景墙上的蓝色线条和造型，代表中国动画融合现代科技，把中国特色与现代科技结合在一起，创造出具有中国特色文化，又能让世界各地朋友欢迎的艺术效果。

展位包括接待区、展示区、洽谈区3个功能区。展示区按照不同内容和不同主题进行编排，对卡酷少儿、印迹动画、光盒力量、怪物世界等国内知名动漫原创企业及中国原创最高水准的动画精品进行展示。通过海报、宣传片等，向国外的制片人、出品人同行专家展示国产动画的全新面貌。

这次展出，北京代表团将北京的30多部优秀动画作品带到节展现场进行推介，包括卡酷少儿原创出品的《我的朋友猪迪克》《西游记的故事》《戚继光》《美食大冒险》《欢乐北极星》等。其中卡酷少儿原创出品《我的朋友猪迪克》成为动画形象上的突破之作，打破了国产动画专注于传统美术的设计质感，在创作思维上开始凸显更加前卫和国际化的样态，得到了来自美国 AWN 公司出版人的大加赞赏。由卡酷少儿卫视和印迹动画共同制作出品的定格偶动画《欢乐北极星》异军突起，“星”光夺目，最终获得加拿大 Brain Power studio 动画制作公司，法国 Planet nemo 发行公司，美国 AWN 动画公司的认可，并完成购片签约。《欢乐北极星》从灵感来源、制作工艺，到故事策划、形象设计，都符合了一流的国际化标准和品位，前来观展的法国巴黎大区电影委员会市场部经理，特别关注这部作品在法国发行播出的可能性，表达了“欢迎来法国”的国际交流愿望。法国著名创意动画公司的总监特意专访了《欢乐北极星》的制作工艺，在他看来，定格偶动画的技术就像中国古老的瓷器一样，非常经典，却又十分时髦，他甚至用了“a la mode”（法语，意为时尚的）这个词来形容。由光盒力量出品的《图腾领域》也备受关注，来自法国及欧洲其他地区，以及印度和新加坡的发行商均有合作意愿。《怪物世界》与法国最大的动画公司 Teamto 达成战略合作意向，好莱坞编剧也加盟了怪物动漫原创项目。

“北京·动画梦”主题沙龙活动以“展示”和“交流”为两大主要环节贯穿，尤其是北京专场“北京·动画梦”主题沙龙，成为当天最具吸引力的活动，是一场名副其实的“重头大戏”。各个动漫公司的负责人对重点推介的作品，做了详细的演说和展示，吸引了众多海外发行商、制片人等前来交流沟通，商讨合作发行事宜。

《卡酷幼儿园》注册节目商标

动画节目中心

卡酷少儿早间品牌栏目《卡酷幼儿园》的节目 Logo 和卡通形象鸡鸡喳，于 2016 年 6 月正式成为国家工商管理总局商标局注册在案商标。这是卡酷少儿有史以来第一个注册的节目商标，也使该栏目拥有了受法律保护的文化产品。

《卡酷幼儿园》作为最受欢迎的早间低幼类节目，内容设置非常接地气，推出了“亚明讲故事”和“英语 ABC”等备受孩子和家长喜爱的节目板块，并且在暑假举办“童声飞扬”唱歌活动，主持人和“鸡鸡喳”走进近百所幼儿园，面对面和小观众互动，通过丰富多彩的地面活动零距离“服务”到观众，拥有了良好而强大的群众基础，栏目的品牌价值得到考验和证明。从 2014 年开始，《卡酷幼儿园》就启动了栏目注册商标和吉祥物注册商标的行动。经过两年的努力，终于获得成功，使《卡酷幼儿园》和栏目形象“鸡鸡喳”成为被法律保护的文化产品。

《卡酷幼儿园》注册节目商标的成功，对该栏目的健康发展具有重要意义。首先，两个商标的品牌营销等，因为受到了法律保护，会吸引到更多的商业投资，如：出售商标使用权、联合经营、购买专利、经营特许等，为栏目的发展带来更多的经济利益。

从受众角度看，基于栏目本身的定位，《卡酷幼儿园》对应的消费群体更多的关注点在儿童培养和教育产业，所以具有良好口碑和专业认知的品牌，无异于给孩子和家长吃了一颗“定心丸”，同时对于卡酷少儿卫视这个平台，更是如虎添翼，从内容到格局，更显优质和专业。

从商家的角度看，品牌影响力和公信力是投资者的首选条件，《卡酷幼儿园》商标注册成功，可以吸引更多投资者前来投资。

第六届《北京喜剧幽默大赛》举办

文艺节目中心

2016年11月，第六届《北京喜剧幽默大赛》在北京电视台大剧院拉开帷幕。秉承“推新人、出新作，选拔民间喜剧幽默人才”这一宗旨，本届大赛全面改版升级，在不拘喜剧门类，不拘年龄，不拘一格选择喜剧达人的尝试上走得更远。

亮点一：多地电视台强强联手，影响力覆盖全国

《北京喜剧幽默大赛》经过多年深耕，业已成为全国喜剧赛事的重要品牌，积累了众多忠实粉丝。第六届《北京喜剧幽默大赛》由北京电视台携手北京市文联、济南广播电视台、石家庄广播电视台、长春广播电视台、青岛市广播电视台联合主办。与兄弟电视台共享选手资源、节目资源，使《北京喜剧幽默大赛》品牌影响力不断扩大。本届大赛共收到来自祖国各地以及海外选手的报名作品近500件，大赛组委会经过修改打磨，优中选优，最终确定30件作品入围。

亮点二：全年龄段选手参赛，200位观众评委打分

本届《北京喜剧幽默大赛》为寻找更多鲜活的喜剧作品，挖掘更多民间喜剧达人，不设任何门槛，选手不分专业业余，作品不限样式形态，相声、小品、搞笑才艺、脱口秀、滑稽表演同台竞技。正所谓“地不分南北、人无论老幼，平等竞争、只拼实力”。这其中有来自全国知名喜剧团体中的新面孔，比如嘻哈包袱铺、西安青曲社、开心麻花都有选手入围，也不乏北京观众熟悉的老面孔，比如陈印泉、郭阳、郭亮、李寅飞、叶蓬、Tina、闫佳宝等，他们都是多次参赛的老选手。

本届大赛的评委有相声表演艺术家刘伟、牛群，喜剧演员杨蕾、买红妹，主持人那威、王为念，他们坐镇大赛现场，为每位选手和作品做出点评。现场200位观众构成的大众评委具有最终的决定权，嘉宾评委只能为心仪的作品拉票，如此公开公平的评分方式，体现出“老百姓满意的作品才是好作品”。

亮点三：两段式赛程紧张刺激，赛制调整悬念倍增

第六届《北京喜剧幽默大赛》又一个显著特点就是新人辈出、新作涌现。往届进入总决赛的名额是20组选手和作品，而本届大赛作品的数量和质量都更上一层楼，进入总决赛的选手和作品扩充为30组。

在赛制和播出形式上本届大赛也有创新。往届大赛每期都有的嘉宾展演环节留给选手。另外，8场决赛调整为两段式赛程，即每场5组选手比赛，前6场为晋级赛，每场5进2，胜出的12组选手再进行7、8两场淘汰赛，每场6组淘汰3组。最后胜出的6组再进行争夺一、二、三等奖的排位赛。新的赛程赛制既考验了选手的真实水平，保证了比赛的公平，同时又悬念倍增、紧张刺激。

亮点四：喜剧幽默大秀周末见，欢乐加倍到春节

以往作为北京电视台年底的一道饕餮盛宴，《北京喜剧幽默大赛》采取的是6加1的播出形式，即6场总决赛，1场颁奖礼，在元旦前后持续播出。第六届《北京喜剧幽默大赛》相比往届规模更大，精彩翻倍。新老结合的阵容、花样翻新的喜剧样式、密集不断的包袱笑料、一针见血的精彩点评、10场高潮迭起的比赛……让它成为当之无愧的喜剧幽默大秀。因此本届大赛改为容量更大、播出周期更长的季播节目体量，10期节目于11月13日开始，在BTV文艺频道每周日的晚间19点35分播出，播出持续到2017年春节前。

第六届《北京喜剧幽默大赛》共奉献10场喜剧饕餮宴，其中8场总决赛和1场排位赛，每场90分钟，最终的颁奖盛典延长到120分钟，让观众在2016年终岁尾之际，笑个过瘾，乐个痛快。

中国接入互联网22年主题活动“4·20互联世界　共享未来”举办

文艺节目中心

2016年4月17日晚，由中国互联网发展基金会、北京电视台联合举办的“4·20互联世界　共享未来”中国接入互联网22年主题活动，在大兴星光视界中心3600平方米演播室录制。

1994年4月20日，中国通过一条64k的国际专线，全功能接入国际互联网，正式开启了互联网时代。此次中国互联网发展基金会联手北京电视台推出“4.20”互联网主题活动，从网络“丰富百姓生活”“改变百姓生活”“引领百姓生活”三个维度对22年来中国互联网的发展进行回顾和展望。

中国互联网发展基金会理事长马利、国家网信办网络社会工作局局长章勋宏、北京市委副秘书长、宣传部副部长严力强、北京电视台总编辑王珏、北京电视台副台长李岭涛等到录制现场观看了演出。春妮、悦悦、曹扬、陈竞、吴大维、贾玲、孟一组成强大主持群，徐静蕾作为推广大使为整场活动摇旗呐喊，参与活动的明星有费玉清、许巍、古巨基、陈志朋、胡彦斌、霍尊、张碧晨、关晓彤，以及当红的韩国歌手黄致列、巴西歌手 Marcela Mangabeira、美国童星 Lexi Walker，还有时下的网络红人，以及通过网络改变自己生活的百姓代表。

该项目从启动到录制只有 40 天时间，策划、制作和宣传任务艰巨，时间非常紧迫。文艺节目中心接到任务后迅速调配人员组建导演组、制片组和宣传组，同时与京视卫星公司深度对接，共同研究节目招商方案。常规情况下，一线演员的档期基本在 3 个月甚至半年之前就已确定，导演组加大艺人统筹力度，兵分三路寻找适合晚会气质的演员，几乎联系了所有一线演员，反复沟通演出的重要性，电话不知打了多少个，直到录制前两天才敲定了最后一位出演明星。另一方面，总导演孙勤带领导演组成员抓紧时间深入互联网企业学习新观念，挖掘新亮点，希望为观众呈现出一台别具一格具有互联网思维的晚会。

“4·20”互联网主题活动有几方面创新：一是首次创新性使用 3600 平方米演播室，舞台进行 360 度无死角设置与拍摄，充满挑战但视觉效果颇佳。二是为了使互联网的“未来感”“科技感”贯穿活动始终，使用虚拟空间的概念结构舞台，第一次将虚拟观众席技术作为舞美一部分在晚会中使用，第一次使用数控魔方，根据环节与气氛需要随时重组魔方形状，改变舞台格局，带给观众时尚震撼的视听感受；现场摇大奖与电视机前观众摇一摇同步进行，互动感极强。三是大胆使用互联网手段，实时与观众互动，弹幕、大数据、摇周边，这些都不是摆设，你的想法随时体现，台上台下无障碍沟通，就连明星下一首歌唱什么都是观众说了算，真实互动，打破传统意义的晚会表现形式。四是以演播室在线互动实现录播节目的直播形式播出。节目在录制之后，于播出当天在演播室进行互动在线包装，既保证了播出安全又实现了直播效果，是一次有益的尝试。

节目创收方面，京视卫星公司在短时间内签到活动独家冠名“Blive 直播”，赞助商“京东”“首农”“唯品会”以及各项配合节目使用的高端奖品无人飞机、智能弹跳车、平衡车等。在北京电视台各部门的配合支持下，文艺节目中心有序高效地推出了“4·20”互联网主题晚会。

书香中国　文字飞舞

——2016《书香中国》暨北京阅读季启动

文艺节目中心

2016 年 4 月 12 日下午，2016《书香中国》暨北京阅读季启动仪式在房山举行。本次 2016《书香中国》暨北京阅读季启动仪式由国家新闻出版广电总局、北京市政府共同主办。北京电视台文艺频道具体承担策划、导演、录制工作。

中宣部、国家新闻出版广电总局、财政部、教育部、文化部、全国总工会、共青团中央、全国妇联、中央军委政治工作部的代表，各省、自治区、直辖市新闻出版广播电视、文化艺术界和社会相关各界的代表，北京市委、市政府、北京市新闻出版广电局、北京阅读季成员单位和北京市各区县委宣传部、文化委员会的代表，以及北京房山区的大中小学师生和市民代表一千余人参加了启动仪式。国家新闻出版广电总局副局长吴尚之、北京市人大常委会副主任孙康林为2016《书香中国》暨北京阅读季致辞。启动仪式上还举行了“书香之家”颁奖仪式，代表着全国1000个“书香之家”的33名获奖者上台领奖。本次启动仪式由北京电视台主持人春妮和中央电视台主持人康辉共同主持。

启动仪式上还举行了精彩的群众诵读活动，由216名大中小学学生组成学生诵读团与全场千余名嘉宾、观众和朗诵艺术家、表演艺术家、播音员、主持人共同诵读了《诗经》《论语》、唐诗、现代诗歌、散文等经典名篇，瞿弦和、陈铎、虹云、任志宏、孙晓梅，北京电视台主持人罗旭、陈竞、雅琪等以“领读人”的身份参加了诵读活动，和现场群众一起登台诵读。

本次活动的亮点是以“文字飞舞”为创意的启动仪式，当国家新闻出版广电总局副局长吴尚之，北京市人大常委会副主任孙康林，国家新闻出版广电总局出版管理司司长周蕙琳，中宣部出版局副局长张拥军，中共北京市委副秘书长、宣传部副部长严力强，北京市新闻出版广电局局长、北京市广播电视台台长李春良，中共房山区委书记曾赞荣共同按下启动开关时，两个巨大的大屏幕和5个十几米高的投影幕组成的影像系统同时呈现出腾飞的文字，印刷体、书法体、篆文体等不同的字体在《中国梦》音乐的伴随下，烘托出“阅读点亮中国梦”的主题。

该节目于4月23日世界读书与版权日前，在北京卫视、北京电视台文艺频道和中央电视台播出。

《文化京津冀》三地同播讲述中国故事

文艺节目中心

由北京市文化局、北京电视台共同主办，由北京电视台文艺节目中心拍摄制作的系列文化专题片《文化京津冀》2016年10月28日在北京电视台文艺频道正式播出。具体播出时间，首播：每日11：50，重播：当日15：55和次日07：55。

系列文化专题片《文化京津冀》共100集，每集3分钟。该片以微纪录片的形式，第一人称的视角，平和亲切的风格，勾勒文化人物，展现文化风貌，表述文化事件。以短小精悍的篇幅，描绘京津冀文化全貌。该片由北京电视台文艺频道、河北电视台公共频道、天津电视台导视频道共同参与摄制并播出。

京津冀地缘相接、文化一脉，是中华文化中资源丰富、底蕴深厚、特色鲜明、文化发展最具活力的重要地区之一。系列文化专题片《文化京津冀》将目光聚焦京津冀三地文化活动、文艺演出、文化创意产业、非物质文化遗产、民俗旅游等方面，全方位立体化及时在京津冀三地电视台同步播出，以实际行动全面落实“京津冀文化协同发展”规划。

现已制作完成的影片包括：公益图书馆篱苑书屋、文化公益组织 Treep 树旅行、高晓松的杂书馆、书法名家名作进校园、北京料器、北京鸽哨、文创黑马 3D 打印、声音博物馆、动物标本制作、北京砖雕、民族宫蜡染展、古琴演奏传承人邓红、京式旗袍传统制作技艺、古琴制作大师田双坤、绣花鞋制作技艺、彩塑脸谱、智化寺文物交流博物馆京音乐、北京绢人、传统植物染料染色、荣宝斋的木版水印、葫芦壁画、北京艺展会等数十个选题。内容、题材涵盖京津冀文化的各个层面。

京津燕赵，文脉相通，地域文源深、文脉广、文气足、文运盛。系列文化专题片《文化京津冀》以文化人物身上蕴含的文化情怀为独特切入点，通过展现文化名家、文化大家，以及具有不平凡故事的普通文化工作者内心蕴藏的文化热情、文化痴情，以及为京津冀文化发展所作的突出贡献，来勾勒今天文化大发展大繁荣的京津冀文化全貌。

财经频道“双创节目带”精彩亮相

财经节目中心

随着《创业北京》《影响者》等系列新上节目的播出，财经频道 2016 年的重点项目——双创节目带由此诞生，这也是全国电视媒体唯一一档以“双创”为主题的日播节目带。

当下，“大众创业、万众创新”的浪潮激荡人心，创新驱动创业，创业带动就业被认为是新常态下的新引擎。为贴合时代脉搏，引领社会热点，突出频道定位，体现媒体责任，2015 年以来，财经节目中心一直在筹划一档双创节目带。2015 年年中，台领导曾带领财经频道主任及部分制片人走访了中关村创业大街，在创业最活跃的地方寻找灵感与模式，研究财经频道加强双创节目的创新思路。接下来的半年多时间里，频道以《北京发布》《谁在影响我》为主创团队开始多方调研，仔细观看和研究了与投资和创业相关的近 20 档美国、英国、以色列等国家的创业节目，认真研究和分析大量以创业投资为核心内容的网络上的创业节目，将电视的可视性与投融资创业领域的专业性相结合，前后拿出 4 版节目方案。几经打磨之后，节目通过了台编委会的审议。5 月 9 日起，由新上原创节目《创业北京》《影响者》以及既有栏目《财富故事》等共同构成的双创节目带正式播出。

该节目带最大的特色是围绕投资人、创业者、创业项目、创业产品、创业人才、创业故事等展开，将创业生态圈与电视节目结合成新的平台资源，并形成电视的互盈模式。

其中，周一至周三播出《创业北京》，分别设立子栏目《提问投资人》《创业听我说》《品智生活》。Ted 讲演形式的《提问投资人》是一档国内顶尖的投资经验分享节目，嘉宾有炙手可热的投资大佬，有活跃的中生代，有投资新锐，还有耀眼的明星投资人，他们分享自己的投资故事和经验，给予创业者与想成为天使投资人的人最真诚的谏言和指引。

《创业听我说》邀请知名创业者，主要讲述自己的创业事故，围绕荣誉、艰辛、困惑三个关键词，讲述自己的创业人生。

《品智生活》作为一档创业项目真人秀节目，主要介绍智能硬件和 O2O 项目，而这档节目除了要打造专业的智能产品平台，也要向消费者介绍一种更时尚、更有品位的生活方式。

周四播出创客类节目《影响者》，节目聚焦新生代创客，话题不仅围绕在一个人和一个公司，而是更深入更系统地看待一个行业的转型。同时以创客 + 智客团 + TED 演讲为表现形式，让《影响者》耳目一新。

在严峻的媒体竞争环境下，具有一定窄众性质的双创节目带必定会面临较大的收视压力。但财经频道认为，这档节目的推出是主流媒体社会责任的体现，是财经频道专业符号的代表，是频道迈向高站位、大视野、有格局、有品位的发展目标的态度。

真诚的情感　永恒的记忆

科教节目中心

2016 年 4 月 23 日 13：30，北京电视台 600 平方米演播室里弥漫着一种久别重逢的期待，24 位响当当的艺术家汇聚科教频道《记忆》栏目的录制现场，静候节目的开始。这些老艺术家绝大多数已近耄耋之年。有人戏称，上世纪国内半个演艺圈的大腕云集于此。

为参加这期特别的节目，郭兰英、李谷一、李光曦、雷恪生、谢芳来了，耿莲凤、陈爱莲、罗天婵、卞小贞、万山红来了……而他们中的 23 位，却又不是本场录像的主角。这些在任何场合都可以成为绝对主角的艺术家们，此次甘当“绿叶”，远道而来，只为了给“他”当一次配角。他们中的很多人主动“报名”参加节目录制，并参与策划、积极配合。那么，又是谁有这么大的魅力可以让这么多老艺术家为之捧场呢？

“他”，就是柳石明，曾经以一首《一个美丽的传说》而唱响中国的歌唱家。80 高龄的柳先生，现疾病缠身，已隐退多年。这期节目的重点并非他的艺术成就，老艺术家们最想说的是，柳石明 80 年的好人一生。在录像现场，李谷一念念不忘的是一次演出中柳石明的“救命之恩”，啧啧称赞的是柳石明坚持为老母亲洗脚的孝子之道。柳石明说：“我特别喜欢这期节目的标题，叫《好人柳石明》，我一生不想做什么歌唱家、艺术家，只想做一个好人。”87 岁的郭兰英在录像结尾的时候，深情地喊出了“老天有眼，让他再活 80 年!”

3 个半小时的录制，《记忆》的大门打开，浮现出一段段鲜为人知、感人至深的往事，岁月如歌，情怀如海，掌声不断。

这次录像，虽说是在周末，《记忆》栏目 3 位负责人王未央、白红洁、左博加上几乎全组成员倾力而出，大家体贴周到的照顾和精确专业的安排得到老艺术家们的认可。第一期节目播出以后社会反响强烈，栏目组紧接着又剪辑播出了第二期。《好人柳石明》一时间被很多刊物报道，中国歌剧院门口的报亭有关此事的报纸一抢而空。这次活动也给久病在身的柳石明带来了鼓舞，这么多人对他的关心爱护，更坚定了他与病魔抗争的信心。

柳石明的故事进入编导的视野，成为《记忆》栏目的选题并非偶然。做一个有“温度”有“态度”的节目，是栏目组的共识。正是本着这种共识，栏目组在晚间黄金时间的激烈竞争态势下，不忘初心，在主题的选择、节目的策划、视觉的呈现上，以情怀为己任，以创新为驱动，才有了这期节目的精彩呈现，以及口碑和收视的双丰收。

技术管理和新技术应用

2016年北京电视台技术工作盘点

北京电视台总工程师　田　方

2016年，北京电视台技术部门圆满完成安全播出、节目生产与技术保障等各项任务。

2016年10月18日，北京电视台新闻频道、影视剧频道开始高标清同播，全台播出频道由15个（11标、4高）增加到17个（11标、6高）。17个频道共播出节目12.8万小时，顺利完成北京市“两会”、春节、全国“两会”、G20峰会、国庆节等累计72天的重要安全播出保障期的安全播出工作。全年记入事故8起，累计停播时长224秒，停播率约0.17秒/百小时，是新台建立以来北京电视台安全播出工作取得的最好成绩，远低于总局62号令中一级电视中心≤5秒/百小时的要求。

2016年，制作全年应收3.52亿元，实收2.81亿元，与2015年基本持平；全年外协支出1.1亿元，较去年略有增长，其中英特维完成3600万元，约占1/3。

大型制播活动主要包括2016年新年倒计时、环球春晚、主春晚、第六届北京国际电影节、奥运会报道等。转播车出车共403场，其中直播279场、录播124场。转播技术团队走出国门，承接了里约奥运会乒乓球国际公共信号制作任务。

2016年，全台生产网节目日均首播量约800条，时长约138小时；媒资累计储存高标清节目约109万条，时长约27万小时；储存高标清资料约83.8万条，时长约96.5万小时。

新媒体业务包括“北京时间”、IPTV等，2016年度累计保障生产内容12.2万条，总时长达到1.8万小时。平均日生产量407条，时长约61小时。

进行台外直播活动供电保障累计416小时，配合完成3次外电倒闸，更新综合楼“北京电视台”台标灯，更新分体空调约60台，更换新台址15部电梯反绳轮轴承。

2016年，北京电视台继续推进智慧媒体、新闻改造等重大项目的实施。整合生产网、办公网和新媒体系统技术资源，集中力量推进智慧媒体项目建设。目前，主体建设项目已基本完成，项目整体完成质量基本达到预期技术要求。其中智能化数据中心机房、新闻蓝光盘塔、生产网私有云平台、智慧媒体云计算、云存储、云管理平台等项目已投入试运行，并在电视节目生产、新媒体内容制作等业务场景展开深入试用；大数据基础平台已开始为台内部分业务系统提供基础数据存储和计算环境，部分上层应用如移动OA、智慧党建等都产生了较好的业务推广和应用效果。积极组织开展融合新闻业务系统建设项目的规划建设，成立专项工作小组，组织制定项目实施时间表，开办项目进展周报督办进程。根据新闻中心需求进行技术方案的制订，配合计财部进行资金申请。

现“新闻节目视觉呈现系统—舞美设计与施工”项目已顺利开标，新闻节目融合制播系统项目于2017年2月下旬开标。

北京电视台技术部门在充分学习研究总局、市广电局“十三五”规划的基础上，历时一年多、修订33版，成稿约1.4万字，完成了北京电视台技术系统“十三五”科技规划的编写工作，并提交台党委审议通过。《规划》全面梳理了“十二五”期间技术工作及技术系统现状，对面临的形势和机会、存在的问题和不足进行了分析，制定了发展的指导思想、基本原则和目标，从“安全、融合、管理、创新”4个方面明确了主要任务、重点项目以及保障措施，为北京电视台未来5年的科技发展指明了方向。

面对人员工作积极性不高、新业务扩展乏力的困难，研讨提出“创收—激励”的运营思路，尝试利用现有技术资源拓展业务，创造效益增量，建立一条“创收—激励”的渠道，反哺技术安全保障和新技术创新应用。2016年，北京电视台技术部门积极推进与北京新媒体集团的技术合作洽谈，促进了4月12日至10月11日半年的过渡期内，有关技术合作合同的签订，合同金额共计约163万元。针对10月12日后的技术合作，提出了整体承接的一揽子合作思路，包括基础能耗、技术设备维护保养、技术支持保障共三方面，概算总金额约1466万元/年，目前正在梳理框架协议。

北京电视台制播网从2016年4月开始进行制播网运维方式变革，按照ITSS（信息技术服务标准）运维架构，将原来以经验为基础的被动式、竖井式运维模式，根据系统特点和业务现状进行科学横向整合，剥离直播模块，将原有的主干网、媒资网、生产网横向整合成基础资源层、系统应用层和业务服务层，将原生产网、办公网、新媒体系统的安全服务进行整合。通过进行制播网运维三层架构调整，缓解运维人员短缺的困难，提高运维质量和效率。

2016年，北京电视台技术部门制定出台《关于资产管理员变更的管理规定》《关于部门间技术设备资产调转的管理规定》《北京电视台技术设备资产退库管理规定》等制度。2016年组织对全台30余个部门4万余件技术设备进行了盘点，进一步推广了全台条码和ID管理体系。对北京电视台30年来遗留的大量老旧设备和账务继续进行清退工作，近一年共申报7批价值2000万元的报废设备，其中6批已经完成审批、回收的工作。

2016年，北京电视台技术部门共组织开展各类安全播出检查近20次，组织各类技术培训110余次，累计参与人员1830余人次；组织各类业务演练20余次，累计参与人员230余人次。其中，在6月组织进行的62号令及实施细则的培训，首次覆盖到节目部门，近200人参加了学习；组织开展“播出安全评比周”活动，在参评的6个技术部门的32个科组中，评选出14个“优秀安播集体”。

2016年北京电视台新技术应用情况

总工程师办公室

一、全媒体演播室建设与应用情况

北京电视台新台址现建有两个全媒体演播室，一为科教频道直播栏目《法治进行时》使用的演播室，该演播室于2015年在原演播室基础上进行全媒体化改造而成，每天完成一小时的直播任务，节目中包含微信微博互动、网络电视会议、新闻4G连线直播、后台互动数据管理等全媒体元素，是北京电视台首个真正意义的全媒体演播室。该演播室2016年对相关互动功能完成更新与升级，提升了观众的参与度并加强了后台客户数据的管理。另一全媒体演播室为演播楼401演播室，该演播室于2016年底建设完成，其演播现场包含实景舞美与虚拟绿箱两部分，既可分别完成不同类型的节目录制又可以通过整体设计完成虚实结合的节目效果。该演播室配备背景大屏幕一套，播报三联屏一套及各自的大屏内容包装软件，可实现传统素材画面、视频的播放，同时还可以实现微博微信、网络视频音频等互动信息的实时大屏呈现以及多屏之间的调度与互动。另外，实景区也包含了一块虚拟大屏的绿箱背景，可实现实景中的虚拟大屏效果和虚拟景物出屏的震撼效果。演播室的绿箱部分可制作纯虚拟节目，展现实景无法实现的视觉环境和景深效果以及特殊效果，现有卫视的《档案》《我是大医生》《生命缘》等栏目在此进行虚拟节目的录制。

另外，与全媒体演播室配套建设的演播室专用无线网络、无线视频传输、轨道机器人、虚拟演播室等子系统也都投入使用，先后参加了《跨年歌会》《BTV春节联欢晚会》等大型节目的录制。

二、云制播网络系统建设与应用情况

北京电视台云制播网络系统建设是北京电视台现有全台网络化制播体系改造的第一步，它基于云计算架构，以节目制作与演播业务需求为主导，以两个老旧制作系统更新换代为契机，采用私有云架构进行制播网络系统的建设，为后续制播体系的全面改造开展探索尝试工作。

满足广电行业需求、适配北京台应用场景的私有云架构。

云制播网络系统建设按照云架构IaaS、PaaS、SaaS三层，设计实现了基础资源层、平台服务层和应用工具层三部分，两个子项目群按层级进行解耦和分包招标，并选取PaaS层中标厂商作为项目群的总集成商。设备选型过程中，采用了不同厂商的计算、交换、存储设备，以便积累各种设备的使用经验。分包采购的模式使得项目群有多家集成商参与，台方主导下的各集成商互相协作、技术攻关是本项目的难点之一。系统在SaaS层重点实现了虚拟桌面方式的非编等应用软件的工具化重构。系统在PaaS层重点完成了电视业务逻辑的抽象、提取和实现，将业务逻辑抽象为融合资源库、统一流程驱动、媒体处理能力服务、对外接口服务等平台级服务。提供自服务门户完成资源和能力的统一灵活管控。系统在 IaaS 层重点实现了 SDN + VXLAN + NFV 的安全网络交换环境和 GPU 资源池化。系统采取同城异地的部署模式，在大北窑台址集中部署了基础资源层、平台服务层，在苏州街台址部署了应用工具层以及最小化的应急备份模块，实现了同城异地的应用工具访问和数据中心级别灾备。苏州街台址用户接入区的工作人员通过远程桌面方式与大北窑台址数据核心区的计算资源建立连接，使用大北窑台址存储资源上的视音频素材以及数据库等各种平台级服务开展远程节目生产工作。

为电视台网络化节目制播体系的升级转型提供有效途径。

北京电视台现有制播体系是基于 SOA 面向服务架构为基础进行设计建设的，分为主干平台和应用系统两个部分。主干平台包含基础网络平台、业务支撑平台两个组成部分，是整个制播体系的基础架构，所有应用系统均建立在该平台之上。基础网络平台提供互联互通的物理链路；业务支撑平台构建和定义各种互联标准、规范和方法，应用系统据此进行数据互通和业务交互。应用系统按照所提供业务支持的性质分为生产制作型和共享服务型两类。前者包括新闻、体育、综合、包装等网络，后者包括媒资管理、演播共享、信号收录、总编室编播等网络。总编室编播系统与播出系统之间依据主干平台制订的互联标准，建立了独立、专用的节目送播接口；主干平台通过高安全区与办公系统相连，提供了制播体系的外部数据交互接口。

北京电视台现有制播体系从业务功能实现角度涵盖了几乎所有台内节目生产工作流程，包括演播室录制和播出、内容采集、后期编辑、文稿处理、节目编排、数据存储和媒体资产管理等诸多环节。在此基础上，全台制播业务实现了全面、完整的数据化、网络化、流程化和高清化。这种各个应用系统独立建设和运行的竖井式架构具备明确的运行边界，对安全防护、故障判断非常有利，但在资源共享、统一调配、流程优化、承接新业务等方面受到极大制约。而且 2008 年启用的最早一批后期制作系统已经运转 8 年以上，软硬件设备急需更新换代。

两个子项目建设的系统按照相对独立的平台级服务进行部署，即两朵系统完整、架构同型、配置异构、独立运行的制播私有云；同时，系统对外作为原有网络化节目制播体系的一部分接入主干交换平台，实现互联互通和业务交换。这样，可以通过系统的规划、实施和运行过程，为台内原有技术体系的私有云化积累经验，并在未来的升级转型过程中在这两朵制播私有云基础上进行选择性的扩展，最终完成整个体系的转化过程。因此，本项目为北京电视台现有全台网络化制播体系的改造和发展验证一种既前瞻跨越又稳妥可行的高安全低成本解决方案。

在项目建设过程中我们解决了一系列疑难问题，诸如瘦客户端在虚拟桌面的工作模式下出现异常色块、画面撕裂问题；非编软件在虚拟化计算资源上运行不稳定、声话不同步问题；集中上下载帧精度问题等等。

系统建成投入使用后解决了生活节目

中心、财经节目中心、科教节目中心等现有制播业务需求。采用高性能生产站点，增加了存储空间；素材上载格式多样，缩短上载时间；减少了打包、渲染的时间，提高成功率，提高节目制播效率；在不同业务之间实现站点、存储资源的灵活调配；制播平台内站点具有多样性、部分站点具有包装功能、上监功能；优化流程，流程类型优先级区别对待，保障重点和时效性高的节目。

系统建成投入使用后我们还打破了过去一个系统运维团队从软硬件维护到应用业务支持一条龙的运维模式，采用业务支持运维、系统服务运维、基础资源运维三个互相支持又相对独立的运维组织架构，每个团队在自己所负责的领域做到各有专长，以达到提高运维质量和运维效率的目标。

开展超高清、VR 等电视新技术应用实践。2016 年，首次运用超高清技术试验录制《2016 年北京电视台春节联欢晚会》；完成超高清纪录片《最后的沙漠守望者》摄制；开展 VR 的技术研发与内容摄制实验。

关于采用“16∶9 标清”播出方式的研究

播出部　程　宏　王　麒

国内标清电视宽高比格式统一采用 4∶3的比例，在 16∶9 宽高比的平板电视屏幕上显示，会变得失真，将严重影响到用户的收视体验。广告公司也在不断反映他们精心制作的高清版电视广告，在标清频道播出时发生严重变形，降低了广告传播价值。在平板电视已然成为家庭主流显示设备的今天，我们经过调研后建议在高标清同播频道，标清信号采用挤压下变换模式进行播出，以提高标清电视用户的收视体验。

一、采用“16∶9 标清”播出方式的必要性

在我国电视信号由标清向高清转换的过程中，高标清同播的形式是一个重要的过渡环节。前期为了照顾广大 CRT（显像管电视）用户，高标清同播频道在高清下变换时选择切边或者信箱的格式，来满足 CRT 电视 4∶3 的显示需要。但是随着平板电视日益普及，特别是北京地区，电视用户发现在一个 16∶9 的平板电视中，标清信号以 4∶3 的形式成像会发生较大的变形，会严重影响到用户的收视体验。

针对这种情况，特别是在平板电视已然成为家庭主流显示设备的今天，我们有必要采用挤压方式的下变换，即标清节目采用 16：9 画幅比例进行播出。

以往我们主要采用的是切边模式或信箱模式，这是根据在高标清同播中，标清素材占据相当大的比例且 CRT 电视还处于主流地位。但是经过这些年的发展，高清素材比例已经处于绝对主力地位且画幅为 16∶9 的平板电视已经成为主流。现在采用切边模式与信箱模式下变换方式画面变形严重，缺陷便显露无遗了。而采用挤压方式下变换，即采用 16：9 画幅比例进行播出，这样将保持原高清构图，不产生任何变形。

二、“16:9 标清”播出应用的相关调研

我们经过调研，了解到香港在高清下变换方面做出了有益的尝试。香港采用 DMB 国标方式发射的数字节目有两套高清节目（亚洲高清台、高清翡翠台），是 16:9 的；老四台（本港、翡翠、明珠、国际）、翡翠 2 台和互动新闻台等 6 套都是香港本地原创节目，是标清且是 16:9 节目。

央视体育及央视电影频道也较早采用标清 16:9 的下变换方式进行播出。2015 年元旦前，央视中文国际频道和英语新闻频道实现了标清 16:9 播出。2015 年 8 月起，CCTV2、CCTV3、CCTV7、CCTV8、CCTV9、CCTV12 采用 16:9 压缩模式播出。随着央视的跟进，地方电视台也做了部分尝试，比如东南卫视、厦门卫视、金鹰卡通卫视等全国覆盖频道均已经采用标清 16:9 的格式播出。2015 年 9 月，安徽卫视也加入此行列。北京电视台的 BTV 体育在 2015 年采用了标清 16:9 的格式播出。湖南地面频道也采用了标清 16:9 的格式播出。2016 年 3 月，辽宁卫视采用了标清 16:9 的格式播出（辽宁卫视为高标清同播频道）。CCTV－1 除《新闻联播》等新闻节目外，主要节目已经采用了标清 16:9 的格式播出。2016 年 7 月，东方卫视采用了标清 16:9 的格式播出（东方卫视为高标清同播频道）。2016 年 8 月底，湖南卫视采用了标清 16:9 的格式播出。

三、“16:9 标清”项目实施后产生的主要效益

提高 BTV 电视用户的收视体验、满意度和舒适度。

提升广告画面的感染力，扩大广告商的收益。

高标清都统一采用 16:9 的构图，可减少高清、标清节目之间的互相变换，降低节目生产成本。

“16:9 标清”方式的核心内容是在高标清同播频道中的高清节目下变换到标清时，采用挤压的模式，使得该标清节目在平板电视机上能被左右拉伸为 16:9 全屏、无变形的画面。BTV 体育和 BTV 影视已采用了这种播出方式，取得了良好的观看效果，提高了观众的收视体验。

超高清实战之路

——4K版纪录片《最后的沙漠守望者》诞生记

制作部 赵新生

一、缘起

2015年1月，北京电视台相关人员前往新疆和田帮助和田电视台完成整体形象包装，这是北京电视台的援疆项目。大家在交流中，发现了一个很好的纪录片题材——在塔克拉玛干沙漠深处有一个与世隔绝生活了400多年的神秘部落：生活在达里雅布依的克里雅人。他们是西藏古格王朝的后裔？是2000年前的古楼兰人的一支？还是沙漠土著民族？他们的生存环境、生活状态，都激起了制作人员强烈的好奇心。于是，北京电视台总工办、制作部联合北京新纪实、日本NHK、和田电视台一起开启了长达一年的超高清纪录片之旅。

由于北京电视台从2009年承接天安门8∶1大屏幕制作开始，在4K上有坚实的技术和人员储备，也由于制作团队20余年的频道、节目包装经验，以及在节目创新研发上不懈的追求，多个工种经过资料发掘、题材论证、团队整合、资金筹措，《最后的沙漠守望者》项目得以实施。

二、艰难的行程

2015年春节之后4个月的各种协调顺利完成。5月份先期考察的3人团队做了详尽的故事整理、路线考察、人物记录，形成了近万字的脚本资料，《最后的沙漠守望者》进入拍摄阶段。五方人员沿着克里雅河深入沙漠腹地230多公里，经历两天的长途跋涉，才能到达目的地达里雅布依乡政府驻地。在这个流动性沙漠中，地形地貌会不断变化，一路上所见只有起伏的沙丘、沼泽、河滩和盐碱地，现代化的通讯工具是失效的，老司机都是凭着经验在开车，如果被困于沙漠中，会威胁到生命安全，不能指望救援，一切都要靠自己、靠团队的智慧解决。

从2015年5月第一次踏进达里雅布依开始，创作团队经历了4个季节，50多度的温差，7次进入塔克拉玛干腹地。夏天在没有遮拦的沙丘上赶路被烈日晒伤；正午站在红柳土坯的房顶上拍摄热到中暑；被无处不在的蚊子、跳蚤以及那些不知名的小虫叮咬；而冬天干冷的空气、冰硬的床板、只能用来刷牙的盐碱水，一切不利因素都要克服。和纪录到浓郁的大漠风情的风光素材比起来，这些付出都是值得的。

三、精选的设备

首先，危险的路况与改装的交通工具是拍摄设备的制约因素，有限的太阳能板是当地唯一的电力来源，供电极不稳定，因此类似于SONY F65自重重、体积大、功耗高的4K摄影机只能舍弃。另外，沙漠中恶劣的自然气候，沙尘暴、高浮尘、50度的昼夜温差，很容易造成CMOS的损耗，需要频繁更换的成套ARRI Master Prime定焦组电影镜头被排除在外。再则，语言沟通是拍摄过程中的最大障碍。拍摄跟不上节奏，容易滞后，这就需要便于长时间记录的多机位灵活机动的4K设备。最后，灯光配置几乎为零，95%依靠自然光拍摄，这就需要充分利用不同机型的Log模式记录的优势，分别兼顾室内外的大光比与低照。

由于以上这些严苛因素，要求设备选型遵循小型、隐蔽、便携、易用、省电或便于常规充电原则，轻型三脚架加变焦镜头，小型设备能够单兵独立拍摄。可以用挂载、遥控等非常规方式，以最高的使用效率来纪录片中丰富的人文故事与独特地理风情。

综合以上客观条件和选型原则，创作团队最终选用了11种设备。采用一台SONY F55搭配安琴轻型变焦镜头组，作为主机位，录制4KXAVC 25P；一台SONY FS7搭配28－135mm变焦镜头，作为辅助机位，录制4K XAVC－I 50P；一台A7S2搭配大三元镜头组，作为兼顾低照与灵活性的机动机位，录制4K XAVC 25P；以上设备保证人文、对话记录拍摄和常规环境、场景记录。两台A7R2、一台1DX、一台5D2、两台尼康D5200，搭配Canon 14mm、8－15mm、16－35mm，尼康18－55mm等广角镜头，用于风景延时摄影、入夜村庄星空视频拍摄。搭配24－70mm及70－200mm镜光用于风光、花絮等影像拍摄。大疆“悟”及“精灵”航拍器一主一备，拍摄沙漠风光、古城遗迹、村落生活等4K航拍视频。两台Gopro4以悬挂、车载、手持等方式记录婚礼、生产、仪式等活动行进镜头，同时解决空间狭小的室内记录。松下FZ1000摄像机超远距离记录自然的人文状态，以及带有情趣的村落生活，抓拍生动的动植物细节。

四、优化的实战流程

前期策划，4K拍摄，DIT，4K制作。

项目设立后，经过资料检索、前期实地踩点和人物考察，导演组形成大致的故事梗概和拍摄方向，并制订了详细的分季节拍摄计划，目的是真实深入地呈现达里雅布依人面对现代生活是走出去还是留下来的矛盾与纠结。随着日常生活的发展，记录人物、故事、风光、环境等生存状态和突发事件。

前期拍摄，分为人物、采访、风光等若干组，出发前对摄制格式做统一的规范，在拍摄中最大限度地分配好每天可动用的人员，并充分利用翻译、司机等作为拍摄助手。由于题材涉及内容广泛，片中主要人物众多，语言沟通滞后，以增加机位，增大片比来保证素材记录的完整。

DIT及双备份。DIT是从电影流程里引入的新工种，在《最后的沙漠守望者》中DIT的工作内容有4项：首先，DIT考虑存储卡的可续航能力、适用机型的特点、机位的拍摄内容等因素，制订出现场使用的最优解决方案。其次，DIT在多机型拍摄中，将不同机型的画面风格匹配好，并在调色软件中完成基础匹配。再则，在恶劣的环境中，DIT做好数据双备份与有效素材登记、录入、整理，保障数据安全。最后，DIT协助导演对当天所拍摄的素材进行预览审看和测试调色，让导演对图像的最终效果建立一个宏观的概念。

4K 制作。4K 影像数据较之高清大了数倍，对机器的性能也就有了更高的要求。为此配备了三台苹果新版垃圾桶 Mac Pro，配置 6 核 3.5GHz 主频的 Intel Xeon E5 处理器，搭配雷电高速存储，每台设备承担不同的任务，DIT 数据处理、逐格校色，维吾尔语翻译、校对，故事粗编、剪辑各一台，包含 Smoke 剪辑，达芬奇数字校色，Lightroom 延时摄影校色生成等多个后期软件，以及拍摄的 12T 数据素材的不同格式，分别对应不同的机器组合使用，生成、整理、编辑、剪辑、特效、调色。完成第一阶段后，进入精编，统一字幕、包装、调色、配音配乐，输出成片。

五、充实的收获

在一年的制作拍摄周期中，创作团队收获了记录达里雅布依宝贵的 12T 数据、110 多小时的影像素材、5 部不同功能的成片，也收获了丰富的实战经验。实现了坚实的技术储备，完善了系统化的前后期流程，锻炼了高效协作的全方位团队，在超高清的路上随时整装待发。

分工协作　有条不紊

——《上菜 3》后期制作流程揭秘

制作部　张墨一　沙　静

生活频道《上菜》已经播出的前两季节目，评价颇高。第三季《上菜》即《上菜 3》要打造一档不一样的真人秀美食纪录片。2016 年 4 月，制作团队接到每集 60 分钟共 10 集的制作任务，6 月正式进入后期机房，10 月 15 日开播第一期，12 月 17 日播完全部 10 集，后期团队始终绷着一股劲，全力以赴。

一、后期 DIT 介入，节省宝贵制作时间

4 月起由后期团队 DIT 工种介入进行素材备份整理工作，在 6 月正式进入后期阶段前要保证素材目录脉络清晰，从而为顺利完成后期制作做好充分准备。各分集纪录片部分的素材按照每集名称、拍摄地点、拍摄时间分类导入及备份素材。“超级厨房”部分素材，按照拍摄日期、店家名称、菜品名称、机型进行分类。超级单品发布环节的素材类似于演播室节目形式，但是没有涉及 CCU 切换台等相关环节，由单机进行机内记录，共 16 台机位，按照机位号进行分类。其中，在“超级厨房”拍摄阶段使用的 C500MARKII 记录的 4K 素材，使用的是 RAW 的 CANON 序列帧进行文件记录，文件格式是奇数帧和偶数帧分开存储的。导入到“制作岛”后进行了一次序列帧转换为 ProRes4444 视频文件的操作。

素材拍摄后节目组导入单硬盘存储，然后拿到机房进行上载。素材上载时进行分类整理。之后将整理好的素材进行二次备份。这样本地的“制作岛”内存有主备两套素材。原始导入的单硬盘里有一套素材。素材导入、分类、整理、备份操作后，再分发给各集的制作站点进入后期制作环节。

二、素材剪辑复杂度高，通力协作有条不紊

6 月份进入后期制作环节，真正的制作挑战来了。

由于素材采用了多种拍摄设备，记录的分辨率、质量、编码格式种类各异，包括 MXF、MOV、MP4、序列帧、逐格、航拍等拍摄素材及格式。素材量之大创了台内历年季播节目之最，平均到每一集的素材量将近 10TB。考虑到制作系统的兼容性，规避素材上下变换多次编解码造成成片质量损失，保证剪辑、调色、包装到出成片最好的画面质量，参考当前的主流制作系统，后期团队决定使用 Adobe Premiere 进行制作。

《上菜 3》集美食、纪录片、真人秀于一身，有故事、有情节、有细节。导演组对于后期制作提出了很高的要求，力求最终呈现给观众的是电影一般的品质感受。10 集《上菜 3》共 6 个分集导演，其中 2 人每人 1 集，4 人每人 2 集。根据分集排序，共 6 个制作人员参与制作。共使用了 5 台苹果站点和 5 台 PC 站点。其中 1 台苹果站点进行后期调色，1 台 PC 站点作为字幕机，其余 8 台非编站点进行后期剪辑。

三、包装、调色、字幕精心设计

正片部分基本剪辑完毕，接下来需要设计制作包装和字幕，导演组要求简洁的包装风格，最终左下角放置“吃在北京”的图标，右下角放置《上菜 3》的图标。分集片名放在画面右侧竖排居中位置。人名条和提示条的风格就是依照《上菜 3》节目图标来设计的。半透的白色衬底简洁得体。不会抢镜头又看着比较舒服。字幕的选择是放在 2. 35∶1 的遮幅之上，模仿电影的效果，字号字体区分于传统电视节目，无黑边，只是给了一个较浅的投影。让字幕不会被镜头的背景色吃掉导致看不清的问题发生。

整片的调色颇费周折。导演组要求不要高对比度、高饱和，要清新自然、风格稍冷的调子。制作团队把整个节目进行打包后，输出 XML 表给到调色环节，同时生成一条视频参考文件，这样可以最大程度保持画质。调色师按照导演组的要求反复试验，一个画面一个画面的抠，终于达到满意效果。

第一集《面对》制作近 3 个月终于完成，打造出《上菜 3》整个片子的风格基调。后续各集以第一集作为参考，陆续制作出来。之后，后期制作组还应导演组要求制作了各类播出宣传片，包括网络播出版、卫视播出版及其他播出版本。制作团队通过《上菜 3》真人秀美食纪录片的创作，梳理和优化了复杂节目制作流程，为 BTV 特效制作团队承接大型季播项目积累了经验。

大型纪录片《西藏》整体视效创作经验分享

制作部 匡 葵 吴 波

为庆祝西藏自治区成立50周年，由北京市委宣传部与西藏自治区党委宣传部联合策划，北京电视台、西藏电视台联合制作6集大型系列纪录片《西藏》。北京电视台制作部特技科全面负责整体视觉呈现和特效制作。纪录片《西藏》通过独特的视觉表达和视觉设计，让观众体会到一个充满吸引力和温度的秘境。

北京电视台制作部设计团队充分尊重西藏的传统文化和宗教信仰，立足于西藏本土特色，创意性设计影片的视觉效果体系。影片整体色调以喇嘛红、金、黑为主，这样的色彩搭配体现出华丽、厚重、民族特色浓厚的多彩西藏气质。

在LOGO设计过程中，设计团队筛选了大量的元素和素材，经过反复论证，最终确定以坛城唐卡的造型灵感来进行创作，并大胆的衍生出相关视觉标志。坛城是以立体或平面的方、圆等几何形塑绘神像法器，表现诸神的坛场和宫殿，比喻佛教世界的结构，是藏传佛教修炼者不可少的工具。

在大型纪录片《西藏》整体视效动画设计上，设计团队尊重历史，尊重民族，尊重史料，致力于让所有视觉创意设计既符合国家情怀又展现西藏独有的风格，使影片呈现出大气、华丽和浓郁的西藏气质。

在纪录片《西藏》的前期拍摄过程中，拍摄团队一次又一次努力无限接近这个古老文明的真相，记录下许多珍贵影像。西藏系高海拔地区，对人和机械设备要求也更为严苛。拍摄中投入上百人的团队及大量高性能专业设备，进入布达拉宫西大殿、十三世达赖喇嘛圆寂处、西藏地区第一座宫殿雍布拉康、罗布林卡内十四世达赖的会客室等多处“秘境”进行实地拍摄，最终拍摄了一大批珍贵、精美的素材，并整理、积累了大量第一手鲜活资料，形成了创作这部影片良好的基础。

制作团队在后期视觉效果创作当中，巧妙实现了实景拍摄和特效制作两方面的流畅转换，做到棚内棚外的无缝式衔接，并利用独具西藏特色的唐卡、壁画等作品的形态转化成创意动画设计，使庞大深奥的西藏历史，在节目中变得通俗易懂，让史料、文物生动形象起来。

制作团队在做演示历史照片特技动画时，通常采用照片分层三维动画的手法制作动态镜头，这样就避免了传统照片呈现方式的生硬和呆板。这种手法能让平面的二维老照片和资料，重新散发活力。在处理西藏农民领到土地证的这组镜头时，画面中的农民大爷是制作团队在相关资料上扫描的影像照片，经过后期技术将这个农民大爷抠像出来，并用三维技术合成到麦穗的背景中，同时修复了大爷手中原本不清晰的土地证，从而让影片画面更加干净，主体更加明确，更加形象地体现出新西藏推翻封建农奴制度，农奴翻身做主人的巨大变化。

在纪录片《西藏》的创作中，由于大量的历史故事和历史事件并没有太多的视频影像资料，所以很多时候只能依靠后期制作团队将遗留下的照片和图片进行动画制作，团队设计了大量还原历史史料场景的演示动画，这些演示动画分成宗教故事和历史事件两个不同的美术风格。

在制作索南嘉措活佛转世传说这段演示动画时，制作团队采用了宗教故事的美术风格。这个故事讲述的是藏传佛教特有的神秘传承方式——活佛转世，因此整体视觉上以唐卡和壁画的色彩、基调、质感作为照片动画的美术参考。在具体的制作中，先找到与这个传说相关的唐卡图像资料；接下来，对堆龙德庆县县貌进行唐卡风格的电脑绘制和画面修补，还原县城的绘画场景；之后将壁画里面的人物进行抠像、合成、修复；同时制作彩虹等场景元素；对背景进行修复和重新拼合让场景更完整；最后在动态制作的时候利用山形遮挡关系进行转场设计。

历史事件演示动画风格，多用于历史照片资料和战争场面的演示。照片资料动画制作方式与宗教故事类美术风格的制作方式一样，没有太多的差异，仅在美术风格上有所不同。不过战争场面动画制作上会有些不同之处，主要在于气氛和节奏营造上的差异。一是在层次上，历史事件中主体人物一定要明确，做到层次分明。二是在气氛上，尽量增加爆破、烟花等动态元素，做到色彩和动态元素相结合的气氛渲染。三是在运动轨迹上，要做到动静相宜，明确镜头 A 点到 B 点的位置关系。每个镜头至少要有一个元素是一直有动画，这样显得画面不呆板。四是在镜头运动时，尽量不要让元素遮挡镜头以防止视觉错乱感。

西藏是神圣国土、圣洁之地。6 集大型系列纪录片《西藏》涉及 3 大主题，事关主权、人权、宗教，既宏大高远，又见微知著，因此在视觉设计制作的过程中需加倍谨慎，容不得半点含混、模糊。制作部特技科设计团队始终以尊重藏民族生活习惯和宗教信仰为出发点，完整准确地表达了纪录片的主题思想，同时带给观众一个新奇的视觉之旅。

典型经验

把握新闻传播规律　做好重大主题报道

——北京电视台纪念长征胜利80周年主题报道经验

北京电视台总编辑　王　珏

继大型纪录片《红军不怕远征难》、系列报道《寻踪长征路》等掀起北京电视台纪念红军长征胜利80周年高潮以来，2016年11月，北京电视台又推出文献纪录片《征途——数字中的长征故事》，多部重磅作品在观众中引发强烈反响。在这次“致敬历史　承继精神”的重大主题报道当中，北京电视台认真贯彻落实习近平总书记系列重要讲话精神，充分发挥本台在内容生产创作方面的优势，全力统筹整合全台资源，组建精干报道团队，将学习、践行、弘扬伟大长征精神结合起来，通过系列报道、特别节目、大型纪录片、爱国影视剧展播、宣传片等多种方式，引领广大观众重温那次改变中国命运的伟大远征，用长征精神洗涤心灵，体现了首都主流媒体的责任担当。通过策划实施报道，我们在认识应用传播规律和制定宣传报道策略等方面获得了宝贵经验，报道队伍得到了锻炼，相关频道和栏目的品牌价值也得到了提升，为今后更好地完成重大主题宣传报道任务打下了坚实基础。

一、抓住节点造声势，精心设计宣传周期和节奏

为更好地引导观众学习伟大长征精神，我们有意拉长了宣传周期，并根据重要节点来调整节奏，基本实现了提前启动、迅速升温、凸显高潮、持续发酵的设计思路。

按照上级领导部门统一部署，北京电视台纪念长征胜利80周年宣传报道从9月中下旬启动，在每个重要宣传节点上，都推出有分量的报道，通过宣传节奏和力度的变化引导观众关注宣传内容。比如9月26日是红一、四方面军会师的纪念日，北京电视台在这一天推出大型系列新闻报道《寻踪长征路》，以日平均首播2条的报道量，在北京卫视和BTV新闻频道的《北京新闻》《北京您早》《特别关注》等多档新闻栏目中滚动播出。该系列报道吸收了史学界的最新研究成果，从党史、军史、战史的大视野下看长征，着力挖掘长征途中鲜为人知的细节。报道组分派4路记者前往江西、贵州、四川、云南等地展开前期采访拍摄工作，寻访当年红军走过的路线，拍摄重点历史遗迹，采访当地史学家、见证者以及守护这些红色遗址的历史工作者。年轻的新闻主播孙扬和邬晔纬、记者李小兵携同国防大学长征史学专家刘波教授，采用国际流行的野地寻访的报道方式，并肩踏上长征路。两代人的视角交融碰撞，既彰显权威性，又突出时代感，长征精神的薪火传承借此诠释。截至10月25日，该系列报道总量达62

篇，播出整整一个月。

10月21日，纪念红军长征胜利80周年大会在京隆重举行，习近平总书记出席大会并发表重要讲话。北京卫视频道直播了《纪念红军长征胜利80周年大会》，《北京新闻》等各档新闻栏目及时报道《纪念红军长征胜利80周年大会》以及首都各行各业党员、群众代表现场聆听习近平总书记重要讲话的情况。

为持续营造宣传氛围，保持宣传热度，除各档新闻栏目积极播发有关部门和社会各界举办的长征胜利80周年纪念活动的动态报道外，北京电视台还在全台各频道推出9个版本的主题宣传片，以“长征，一直在路上”作为统一的宣传语，展现人民军队辉煌历程，解读伟大长征精神内涵；在北京卫视频道红星剧场推出革命题材电视剧《好家伙》和长征题材献礼剧《红色护卫》等力作；在卡酷少儿频道展播《戚继光》《最可爱的人》《寻找英雄——小淘气长征记》等爱国题材动画片，以及《铁道游击队》《小兵张嘎》《鸡毛信》等观众耳熟能详的爱国主义教育电影。

二、精心设计内容布局，实现精准传播、分众传播

我们在策划这次主题报道时，对预期受众进行了细分，从他们易于接受的角度，根据其知识结构、兴趣爱好等因素去把握报道的内容、形式和风格，进行精准传播、分众传播，同时注意发挥引领和提升作用，在形式上和传播手段上争取吸引更多高层次受众和年轻受众，力求通过大众传播、人际传播和口碑传播的结合，增强宣传效果。

把握受众需求，细化受众群。我们针对知识水平较高的年轻受众推出了3部高端纪录片：在北京卫视频道推出9集大型系列纪录片《红军不怕远征难》，该片采用电影化拍摄手法，全景再现了波澜壮阔的长征历程，通过真实生动的故事细节诠释出伟大长征精神的内涵；在BTV纪实频道推出系列纪录片《震撼世界的长征》，该片以国际化视角和国际主流叙事理念对长征历程进行了解读；在BTV财经频道推出系列文献纪录片《征途——数字中的长征故事》，该片通过挖掘统计各种重要数据，开辟了解读长征的全新角度。同时，我们结合品牌栏目定位和受众爱好推出了多个特别节目，比如为军史和军事装备爱好者制作了《军情解码》特别节目《绝处逢生》，详细讲解“湘江血战”“突破乌江”“四渡赤水”等红军长征途中的经典战例；为历史爱好者制作了《文化之约》特别节目《致敬长征》，讲解长征中的重要历史节点；为文艺爱好者制作了《光荣绽放》特别节目《对话歌剧<长征>剧组》，介绍阎维文等歌唱家创作歌剧《长征》的心得体会；为阅读爱好者制作了《书香北京》特别节目《长征——不忘初心，继续前行》，介绍军旅作家王树增创作纪实文学作品《长征》的心路历程。

打造多层次传播矩阵，扩大宣传效果。为提升宣传效果，我们通过统筹整合各频道各栏目资源等方法，使各节目彼此配合、相互宣传。比如，在系列报道《寻踪长征路》开播后，在BTV新闻频道《锐观察》栏目推出了特别节目《从雪山草地到天安门》，邀请本台参与《寻踪长征路》报道的记者与国防大学教授刘波、解放军少将罗援等人一道进行访谈，分享报道心得。在大型纪录片《红军不怕远征难》开播前，BTV青年频道《北京客》栏目为其做了预热报道；节目首播后，科教频道《记忆》栏目又推出特别节目《一条你不知道的长征路》。上述两个节目均邀请了《红军不怕远征难》执行总导演吴志勇和刘晓彤、讲述人谭江海和石凉等主创人员介绍了长征故事和他们重走长征路的见闻与感受。

拓展传播平台，加强与新媒体互动合作。新媒体平台在广大网友、特别是青年网友中具有强大影响力。因此，我们积极尝试运用各种新媒体传播互动手段来扩大宣传效果，弘扬伟大的长征精神。《红军不怕远征难》首播当天，节目话题“青春与梦想的远征”登上微博热门话题榜第一名，并登上PC端、手机客户端双端推荐位，备受关注，当日即收获话题阅读量214.6万，讨论量7.6万，截至10月22日，该话题阅读量超过3700.08万。该片播出期间，我们首次尝试网络同步互动直播，即在电视端播出的同时，在哔哩哔哩弹幕网、花椒直播网两个新媒体平台进行同步播出，此举打通了多个播出渠道，形成了传播合力。截至10月22日，花椒直播平台“纪录片《红军不怕远征难》直播”观看及回看总人次超过100多万。众多网友对节目和讲述人产生强烈兴趣，踊跃互动，形成了长尾效应。

三、树立精品意识，创作“思想性、艺术性、观赏性有机统一的优秀作品”

我们在创作《红军不怕远征难》时，始终保持精品意识，力争艺术化地展现长征时期艰苦卓绝、浴血奋战的恢弘历史场景与革命者真挚感人的革命理想与爱国情怀。

伟大长征精神是对心灵的滋养和洗涤。我们在创作中始终坚持人文取向，坚持用贴近群众的视角创作，在宏大叙事中体现对生命价值和革命理想的认识与思考，在讲述长征故事、解读伟大长征精神的过程中，引领观众感受信仰的力量，获得精神共鸣，承继奋斗的信念，从而寻找到人生意义和方向。

《红军不怕远征难》是北京卫视频道普及人文历史知识的品牌栏目《档案》最新推出的纪录片作品，用真切感人、细腻入微的笔触描绘出恢弘的长征历史画卷。该片的特色是大胆创新电视艺术手段，让观众产生身临其境的“穿越感”，获得亲身触碰历史、感受历史的体验。

创新叙事模式和电视艺术表现形式。该片的叙事方式可以概括为：启发式开端、故事化结构和情感化表达。所谓启发式开端，是在每集一开场便设置悬念，引起观众强烈探究的心理；所谓故事化结构，是将历史事件自身的逻辑链条拆解，再依据故事化的讲述目的进行重组，在不影响历史真实性的前提下提升戏剧冲突；所谓情感化表达，就是注重历史人物的情感架构和心理解读，同时在叙述中利用讲述人的主观表达，突出故事的人情味。具体来说，该片在以下方面取得了创新和突破。

在叙事者（讲述人）的设计上，该片设置了双讲述人，让叙事者跨越身份，连接故事“内”与“外”。熟悉《档案》节目的观众都知道，石凉和谭江海都是节目的讲述人，但两人从未在一部片子中同时出现过，直到这部《红军不怕远征难》第一次实现了“双讲述人”的突破。两人各司其职，石凉担当复现场景中的讲述人，站位历史亲历者的角度，进行第一人称叙事。比如，“战士”石凉会出现在红一军团第二师第四团的急行军队伍中，一边奔向泸定桥，一边沿路讲述“急行军任务紧迫，来不及照顾伤员，只能把他扶到路边，等医疗队来救治，我们一刻不能停下脚步”。这种主观视角的表达，令观众对情感的接受感同身受，创造出心理层面上的真实通感。另一边，谭江海担任现实场景中的讲述人，站在从今天回溯历史的宏观视角，进行整体性叙事。

在叙事时间上，该片没有使用常见的线性叙事，而是采用双重叙事时间，使其既是当代，又是当年。两名讲述人各自牵引一条时空线索，在故事情节中巧妙转化、自然过渡，在双时空融合推进的过程中，创造出奇特而迷人的时空转换效果。

在叙事手段上，该片注重用观众易于理解的时间顺序和因果逻辑性来讲述每一个故事，注重营造具有强烈真实感的细节和场面，让每一段故事都显得张力十足、引人入胜。在场景营造上，该片大量使用CG技术还原真实场景，将现实中无法拍摄到的场景和特效完美地呈现在荧屏上。

由于在上述方面实现了突破和创新，沉寂多年的历史终于“活”了起来。为了创作这个节目，《红军不怕远征难》主创人员沿着红军的战斗足迹，几乎把长征路线完整地重走了一遍。他们从江西于都出发，途经广东、湖南、广西、贵州等14个省区，翻过崇山峻岭，渡过湍急江河，穿越雪山草地，祭扫了100多处红军烈士纪念碑和无名烈士墓，采访了200多位长征亲历者、见证人和红军后代，用将近一年的时间完成了这部史料翔实、饱含激情的电视作品。

北京电视台推出系列报道、专题片《春潮》

新闻节目中心

2016年2月21日至26日，北京电视台《北京新闻》栏目播出大型系列报道《春潮——习近平总书记2·26视察北京两周年》；19：30，北京卫视又隆重推出6集同名系列专题片。两个系列的开播，正值习近平总书记到中央主要新闻媒体调研，召开新闻舆论工作座谈会后的第三天，是北京电视台以实际行动践行习近平总书记对新闻舆论工作要求的具体体现，形成了强大声势和良好的宣传效果。

领导高度重视，全力支持系列报道。作为习近平总书记视察北京两周年后，北京的总结之作、献礼之作，题材特别重大，意义非凡。各级领导对此高度重视，市委常委、宣传部部长李伟多次对报道的内容、形式和播出提出具体要求；市委宣传部副部长严力强多次召开会议，听取报道情况，并亲自审看了所有稿件和片子，提出了非常具体和细致的意见；市委宣传部新闻处一方面协调了本市各相关部门的采访，同时还协调了天津和河北有关部门的采访。正是在市委宣传部领导和相关部门的全力支持下，各项采访工作才得以顺利推进。

北京电视台始终对这一报道高度重视，调集全台力量投入创作。李春良台长多次提出具体报道要求，反复听取报道组工作进展汇报，对稿件逐字逐句进行修改；王珏总编辑严格审查宣传片和成片，不断提出修改意见。在播出方面，北京电视台同样体现出讲政治、讲大局的意识和风范。北京卫视晚间时段历来以电视剧和综艺节目为主，此次《春潮》专题片，安排在北京卫视每天19：30的晚间黄金时段，紧随《新闻联播》之后首播，达到了非常好的传播效果。

《春潮》独辟蹊径，创新了政论片的创作模式。在整个创作过程中，面对重大的政论题材，报道组避免高举高打的创作方式，而是从百姓的视角、从真实的生活入手，丝丝入扣地讲好北京发展变化的故事，开创了政论片的全新创作模式。

用最精美的画面展现两年来的北京形象。用画面展示变化、用画面印证发展。《春潮》的画面力求精美，用镜头表达完整细致。首先，报道组主动寻找生动鲜活的故事线索，力求画面具有独家性。在有限的时间、经费、人员的条件下，依然每天派出4～5个摄制组迅速展开拍摄，近八成的拍摄组每天拍摄12个小时以上。节目开拍时，正值北京最冷的时候，摄制组在户外有时一待就是10多个小时。有的画面因为天气、光线等原因（例如延时拍摄），还会单独再安排人员专门进行补充拍摄。

在镜头设计上，为了能够使得画面表意功能更强，同时带给观众独特的视觉感受，编导们在拍摄中积极想办法，采取了比照视频资料拍摄等方式，进行同景别再现拍摄，将过去与现在的画面实现无缝衔接。

报道组同时发挥电视台画面资料积累丰富的优势，调出了数十个小时的资料画面，优中选优使用在节目中，如北京城市的优美镜头、城市的地标性建筑、空中看美丽北京的航拍镜头、不同地点不同光线下的延时摄影的特效镜头等，这些都极大地丰富了画面，呈现出不一样的视觉效果。

此外，节目中还展现了一些鲜为人知的画面，如去年年底北京行政副中心开工建设以及天坛医院整体搬迁至丰台花乡后的医院新址，这些都是首次向社会公开。

用最精准的手段展示两年来北京的变化。围绕习近平总书记视察北京两周年这个重大主题开展报道，所有的节目必须“精准表达”。于是，报道组查阅了大量文件讲话、文字资料，包括学习了习近平总书记视察北京的讲话精神、有关京津冀协同发展重大战略的讲话要求，研读了《习近平治国理政》一书，将习近平总书记治国理政新思路、新理念、新实践与两年来北京的实践紧密结合。与此同时还学习了政府工作报告、市委十一届七次、八次全会决议以及市委主要领导相关的一系列讲话，认真领会精神，理清脉络体系，只有这样才能找准定位、制作到位。

文稿是报道的灵魂，作为一个政论题材的节目则要求更为严谨、规范。因此，表述、字句的推敲，成为了报道组最为谨慎细致的工作之一，在写作、配音、特效制作的每一个环节都不忘严格、细致的反复校对文稿中所涉及的数据。

专题片的配乐是专题片的气质代言。

对于《春潮》来说，一部宣传大政方针的专题片，既要大张旗鼓的表达立场观点，烘托主旋律，也要与观众产生共鸣，做到声声入耳，由情入理，春风化雨。于是，在配乐的选择上也是几番琢磨。在宏大叙事与温情细语之间寻找着平衡点。整部片子的音乐见微知著，宏大而温情，为整部专题片在情感表达上增色加分。

用最精心的策划解读总书记视察两周年对北京的影响。《春潮》的总策划是市委宣传部，北京电视台将其具体细化落实。在创作过程中，报道组按照各级领导的指示要求，力求节目全面、准确、生动，宣传效果入眼、入脑、入心。

为了尽可能地覆盖广泛，报道组采访了北京市及天津市、河北省近 30 位委办局一把手或负责人，采访群众、创业者、专家学者近 30 人。专家学者中，国务院参事、中央财经大学教授刘桓从香港返京后马上接受了采访；82 岁高龄的王世仁老先生作为北京历史文化名城保护委员会专家顾问也欣然接受了报道组的采访。

在文稿的表述上，节目做到从大处着眼、小处着手。雨儿胡同的环境变化、市民公交出行的不断便利、行政副中心从无到有的建设……这些都将政策的落地、人物细腻情感的变化、故事的细节巧妙地融合到一起，从而将一部政论片做得有血有肉，见情入理，整部专题片的内容精准、到位，表达鲜活、生动。通篇有今昔对比，有翔实的数字说明，有各级政府的举措，也有百姓的心声。

在事例的选择上，报道组求实求新。全球第三大计算机厂商中科曙光其生产制造业务外迁天津的例子是报道组深入挖掘出的。这是北京疏解非首都功能中，将优质资源疏解到津冀地区的有力说明。2016 猴年春节，北京市烟花爆竹燃放大幅下降，PM2.5 浓度下降 18%，这一数字是播出前得到的，报道组将这一细节作为最新事例补充在报道中。

用最精准的数据回应两年来百姓的关心关注。对于《春潮》这种类型的政论专题片来说，成果数据的展示是非常重要的。在视觉特效效果上，《春潮》也做出了很多努力，寻求突破。报道组一反往常高举高打的视觉表现形式，而是利用水彩画的绘画风格，使用更加清新的色彩笔调去勾勒展现主体内容。使得整个特效表达更加轻松、柔和、充满生机，使得画面春意盎然，更加紧扣“春潮”的主题立意。

同时，在片中特效数据呈现方式上，主动摆脱了以往单纯的柱状图、饼状图、曲线图的简单表达方式，而是引入了更加生动、形象的动画表达，同时配以简洁直接的数据呈现，将政府数据发布做得直观明晰、生动有趣。整部 6 集专题片共完成 11 个片中特效动画，时长更是超过了 420 秒。

节目引发强烈共鸣和巨大社会反响。系列报道和专题片播出后引发了强烈共鸣和巨大社会反响。

在习近平总书记视察时去过的雨儿胡同，居民庄保说，这几天一直在收看北京电视台的《春潮》，心情特别激动，总书记视察仿佛就像发生在昨天一样。这两年胡同变化很大，环境越来越好。居民刘正春说，我在这里住了几十年了，去年，街道引进了物业，管理规范了，垃圾也分类了，生活在这里感觉越来越幸福。

因习近平总书记提出了京津冀协同发展重大国家战略，通州区承担起建设北京市行政副中心的任务。区域定位的全新变化，带来了使命责任的巨大变化。观看了《春潮》之后，通州区广大党员干部感同身受。通州区宣传部干部刘伟说，作为通州区的干部切身感受到，这两年在非首都功能的疏解中，通州区传统产业升级明显加快。通州税务局干部马京玲说，作为行政副中心更要提升公共服务水平，税务工作是窗口单位，今后的工作要求要更高，要提供更多形式的服务，提升服务水平。

北京文史馆馆员、北京历史文化学者赵书评价说，《春潮》一片详细地讲述了习近平总书记到北京怎么部署，北京如何贯彻落实的，记录下了对老百姓生活方方面面的影响，都详细地讲述出来了。看了之后心里感觉特别温暖，的确是春潮涌动。这两年，北京发生了这么大的变化，我们处在这么一个伟大的历史时刻，真是很幸福。

北京市记协原副主席宗春启说，节目概括全面，让老百姓明白了，北京的变化是怎么来的，有点、有面、有数字、有说服力，凝心聚力。看了节目让我对北京未来发展更有信心了。

弘扬工匠精神　紧扣时代特点　创新传播形式

——新闻中心“幸福绽放”主题宣传活动亮点多

新闻节目中心

“幸福绽放”作为北京电视台《北京新闻》节目“五一”劳动节的品牌新闻活动，从 2011 年到 2016 年已连续实施了 6 年。6 年间，创新是支撑“幸福绽放”新闻行动发展的不竭动力与核心竞争力，在社会上产生了广泛影响力。2016 年“幸福绽放”新闻行动再度创新，采用“微电影报道 + 单口相声网络微视频 + 幸福绽放微信表情包”的立体传播模式，形成了电视、手机、电脑三屏互动的传播声势和传播力量，使“劳动最光荣”“劳动最幸福”的社会主义核心价值观深入人心。

一、切中要点，诠释工匠精神的当下重要意义

工匠精神可以说与普通劳动者是息息相关的，与“五一”劳动节的理念也非常契合。“幸福绽放”每年“五一”都会在《北京新闻》推出以首都劳动者为核心，以“劳动创造幸福”为主旨的主题新闻报道。2016 年根据新的形势，节目的报道主题定义为“工匠精神”，很好的呼应了当下的社会热点。在 5 集的报道中，錾刻工艺大师、中药药师、无人机研制人员、新能源样车装调工、高压线电力巡线工这 5 位首都普通劳动者的事迹充分体现了精益求进、严谨求实、专注坚持、专业敬业的工匠精神，也诠释了工匠精神在首都经济社会发展中的重要意义。

同时新闻报道还使用了纪录片的表现形式，唯美的镜头、精彩的同期声，再加上高度契合当下发展理念的工匠精神，“幸福绽放——工匠精神”系列报道赢得了高收视，对于《北京新闻》的收视率拉动作用明显，平均收视率提高了15%。

二、紧扣时代主题，展现首都发展特点

随着首都“四个中心”战略定位进一步明确，京津冀协同发展作为国家战略正式开始实施，首都未来发展方向也愈发明确。“幸福绽放——工匠精神”系列报道针对这一情况也作出了自己的改变。在选取5位报道人物时，突出了北京作为文化古都和发展高精尖产业的双重属性。在报道中，观众既能看到具有3000多年历史的錾刻工艺和中药博大精深的文化内涵，也能感受到无人机制造、新能源车研发等代表首都未来发展方向的高精尖产业的美好前景。这种人物的交叉报道方式，既体现了北京作为文化古都的历史厚重感，又展现了北京作为国际大都市的发展活力。

三、创新传播形式，主题报道嫁接新媒体

作为传统电视媒体的“五一”主题宣传报道，如何能够将声音传递到新媒体领域，其实“幸福绽放”多年来一直做着不断尝试。2014年“幸福绽放”制作了“五一快闪”主题宣传片，新颖的宣传形式在网络上收到了良好的宣传效果；2015年，一部题为《城市里的超级英雄》的“幸福绽放”主题宣传微电影，同样感动了万千网友。而在2016年，北京电视台新闻中心和北京新媒体集团紧密合作，联合推出了以相声剧形式为基础的《日遇五牛人》主题宣传片。该剧通过相声演员何云伟的单口相声，将5位首都杰出劳动者的工作与人体的5种感官结合，新颖的表现形式成功地在互联网和新媒体领域宣扬了工匠精神。

5月1日晚，主题宣传片在“北京时间”APP上线后，腾讯、优酷、土豆、爱奇艺、凤凰网等商业视频网站纷纷转载，同时结合市总工会在微博客户端的推送，在互联网世界形成了强大的工匠精神宣传声势。截至5月2日晚，仅仅一天时间在“北京时间”APP上宣传片点击量已经超过30万，各主要商业网站也有破万的点击量，而在微博端视频点击量已经达到近60万次，总计有两万多网友点赞，目前视频网络视频点击量已经超过100万。

通过北京电视台新闻节目和北京新媒体集团的携手合作，“幸福绽放——工匠精神”主题宣传片在电视屏幕、电脑屏幕、手机屏幕“三屏”间实现了良好的互动，“五一”劳动节主题宣传的声音也传递得更加高远。

除了视频传播，2016年“幸福绽放”还联合北京新媒体集团制作了“五一”劳动节表情包，通过在微信系统中的人际传播，实现了主题宣传精神点对点的传播新模式。

全媒体对话一把手　开创政府形象传播新形式

新闻节目中心

在市政府办公厅统一部署下，2016年北京“两会”期间，北京电视台新闻节目中心与北京城市广播、千龙网、首都之窗、北京发布、BRTN联合推出《市民对话一把手》系列访谈节目。从1月23日至28日先后邀请市规划委、市市政市容委、教委、文化局、卫计委、医改办、环保局、交通委、商务委、科委、发改委以及通州区政府的一把手，走进北京电视台两会前方演播室与市民互动交流，这也是本次两会报道中最具现场感、时效性和互动性的专栏。

专栏内容方面：《市民对话一把手》分为《加强北京城市副中心建设》《加强城市精细化管理》《建设健康北京》《深化医药卫生体制改革》《加强科技创新中心建设》《加强全国文化中心建设》《推动教育公平优质发展》《提升生活性服务业品质》《提升空气质量》《缓解交通拥堵》以及《“十三五”规划详解疏解非首都功能》12期节目，紧紧围绕北京四大中心建设和百姓关注度最高的医疗、教育、交通、环保等焦点问题展开。

节目播出方面：《市民对话一把手》在BTV北京卫视和BTV新闻频道播出，先后在晚间黄金时段19:40—20:10《直播北京》首播，在次日BTV北京卫视《北京您早》和BTV北京卫视《特别关注》当中播出精编版，形成规模化、立体式的传播模式。首播时长为30分钟左右，从1月23日至28日期间，共播出6期节目，首播累计时长超过180分钟，首播+重播累计总时长超过360分钟。同时，在北京电视台最重要、收视率最高的栏目《北京新闻》当中进行内容提要和节目预告，充分调动BTV新闻宣传平台资源，让代表、委员、普通观众能够在全天不同时段收看到节目。

节目收视方面：《市民对话一把手》在1月23日至29日播出期间（含29日重播），取得了较好的收视表现，在节目播出期间，平均每期累计收视率达到6.32%，平均占有率超过37%，从第1期到第6期，收视率呈现逐步递增的状态，对宣传“两会”精神、传递主流价值观、促进市委市政府各项工作的开展起到了积极的推动作用。

受众覆盖方面：《市民对话一把手》系列报道在BTV北京卫视和BTV新闻频道分别播出，覆盖全国31省市，收视人群覆盖率超过8亿观众。北京地区覆盖所有区县，在全国、全市最大范围内及时传递北京“两会”精神，建立市委市政府公开、及时的政策发布平台，树立政府高效、透明的办公形象。

受众分析方面：《市民对话一把手》系列报道涉及内容广泛，包括百姓关注度最高的医疗、教育、卫生、环保、交通等社会问题，又涉及科技、文化、城市规划、经济发展等高端话题，收看人群涵盖社会各阶层，其中高中知识层次以上的受众超过 55%，大学知识层次以上的受众超过 40%，节目在社会主流人群中受到广泛关注。《市民对话一把手》具有以下特点：

一、全国首创“一把手”形象宣传片

以前，市民与各委办局一把手一般很难接触到，更别提认识和了解了，因此，市民与一把手之间的对话是相对虚无的，要想实现真正的对话，必须深入了解这些一把手是谁，什么性格，分管什么工作。因此，这次主创团队为每一位一把手创意制作了有针对性的、个性化的全媒体宣传片，12 位委办局“一把手”走进北京电视台的摄影棚完成了拍摄、录制工作，这在全国的政府形象传播中属于首创。在宣传片的创意、制作阶段，报道团队求新求变，摒弃以往政府宣传的传统套路，不仅展现百姓贴心人、人民好公仆的良好形象，还展现了一把手自身的人生追求和职业理想，让每一位“一把手”更加具有亲和力和感召力。

宣传片总时长 90 秒，于 1 月 13 日至 28 日在 BTV 北京卫视、BTV 新闻、BTV 文艺、BTV 科教、BTV 影视、BTV 青年、BTV 财经、BTV 生活、BTV 卡酷等 12 个频道同时播出，累计播出次数超过 1000 次，累计播出时长超过 90000 秒，最大程度上向全国、全市观众进行了宣传推广。与此同时，由电视台制作的宣传片同步在北京城市广播、BRTN 网站、BTV 大媒体、首都之窗、千龙网、北京发布等多个平台播出。据不完全统计，《市民对话一把手》宣传片的播出次数超过 12000 次，成为 2016 年首个播出超过 10000 次的宣传片。

二、全国首次搭建市民与官员之间的全媒体互动平台

《市民对话一把手》首次实现了电视、广播、PC、手机移动端的全媒体直播，这在“两会”报道方面是历史性突破，实现了媒体和受众全覆盖。

从策划阶段，《市民对话一把手》就通过北京电视台、北京电台、千龙网、首都之窗、北京发布、BRTN、BTV 大媒体多个平台进行问题征集，尤其对市民关心的话题，例如交通、医疗、教育、环保、商业等领域更是明确问题的指向性，将具体问题和访谈内容通过全媒体平台进行发布，并通过微博、微信、热线、PC 端等平台进行问题征集，征集范围包括各个年龄层次，既有热衷上网的年轻群体，也有通过热线咨询的中老年受众，确保问题类型全面，也保证节目服务于大众的目标需求，实现了全媒体有机结合。在之后的专题制作、结构搭建、文稿撰写等方面都考虑到各种不同平台传播的需求，真正做到了从形式到内容上的全媒体呈现，让整体报道条理清晰、层次分明、互动真实。

三、全方位打造权威性和服务性兼具的直播节目

本次 6 天 12 期的节目先后邀请到了市发改委主任卢彦、市规划委主任黄艳、通州区区长岳鹏、市市政市容委主任孙新军、市文化局局长陈冬、市交通委主任周正宇、市商务委主任闫立刚、市医改办主任燕瑛、市教委主任线联平、市卫计委主任方来英、市科委主任闫傲霜和市环保局总工程师于建华做客北京电视台两会演播室，就市民最关心的民生话题、2016年北京发展问题进行解读和介绍。《市民对话一把手》既要解答市民关注的焦点问题，又要确保回答的导向性、权威性和准确性，能够为市政府各项工作的开展起到积极影响。

访谈嘉宾的量级均为北京市各大委办局的主要负责人，对于各自领域所涉及的访谈内容、导向把握、政策走向均具有绝对权威性，尤其对于市民关心又具备一定争议和风险话题的整体把握精确、全面，在为观众答疑解惑的同时不偏离政府宣传口径。比如：在《缓解交通拥堵》访谈当中，节目组先后就市民最关注的“采暖季是否实施单双号”“今年是否征收拥堵费”“如何解决停车难问题”和“摇号如何解决久摇不上”等问题进行访谈报道；再比如在《提升空气质量》一集当中就“红色预警的标准是什么?”“机动车单双号真能缓解空气质量吗”等问题进行访谈。

为了让访谈效果不仅能满足观众需求，又能正面疏导百姓情绪，还可以为政府工作的顺利开展起到积极宣传作用，BTV报道团队提前20天就开展相关策划，与被访者进行反复沟通，尤其对于一些“敏感话题又不得不问”的问题更是谨慎对待，一个环节一个环节核实、一个数字一个数字核对，确保问题和回答的精准，力争在访谈过程中回答得准确、全面、翔实、正面。

四、全力为市民与一把手打造一座沟通的桥梁

在节目内容策划和直播呈现过程中，报道团队一改原有编导中心制和主持人中心制的思路，将更多的发言机会留给市民，报道团队更多的是扮演传递者和聆听者的角色。

以前，在制作节目过程中，基本依托于编导对于节目的策划和构思，从电视人的视角去考虑问题和策划专题制作，主持人更多承担的是报道组的主观倾向，这在一定程度上脱离了受众意愿。此次《市民对话一把手》在策划过程中，编导首先搭出节目框架，将更多的精力放在对于征集问题的筛选和统计上，将市民最关心、百姓最关注的问题放到节目当中。与此同时，与“一把手”充分沟通，了解委办局对于百姓关注焦点的解决、实施等情况。在做到满足百姓需求的同时，积极正面引导话题走势，配合政府工作，做到既平等对话、塑造政府官员的亲民形象，又“帮忙不添乱”促进市委市政府各项工作的积极开展。

五、全媒体传播营造节目影响力

专题制作向来是电视台的优势，为了确保节目制作精良，在确定拍摄内容和采访对象之后，导演和摄像进行前期踩点，了解拍摄人物和拍摄环境，制订详细的拍摄脚本，为了达到画面最佳效果，向电视台制作部动画科借调大量北京城市宣传片素材，确保视听语言的精良。12期对话，共制作40多个小专题，镜头数量达到5000个以上，丰富、全面地展现了节目内容。

为了达到最佳传播效果，除了在前期拍摄中注重多机位、多角度呈现，在后期制作方面更是精益求精，节目团队先后录制了12期《数据看北京》，全部采用宣传片的拍摄和制作效果，利用北京电视台最新的特技棚进行录制，通过背景制作、前景展现、数据图表、模型合成、动画制作等技术手段，将市委市政府2015年取得的成绩、2016年的工作重点以及“十三五”期间要完成的目标通过数据的形式进行了形象、直观的表达，节目制作完成后，新媒体单位还专门节选每期节目中的大数据部分，单独成片组成“数据看北京”系列。

《市民对话一把手》一经播出，在社会范围内引起广泛反响。在北京会议中心，市委书记郭金龙和市政协主席吉林认真收看了新闻频道播出的两集《市民对话一把手》专题；市人大常委会主任杜德印在观看《市民对话一把手》后，向编辑记者竖起大拇指，他说“这个节目好，我们政府部门的一把手，过去在广播里和听众对话，现在上电视和观众面对面，对于规范政府决策程序，建设法治政府，树立政府良好形象都有很好的作用”。1月23日节目播出第一天，市委常委、宣传部长李伟专门询问了《市民对话一把手》节目情况，并表示看了节目宣传片和预告片，感觉《市民对话一把手》融合播出非常好，展现了党和政府的良好形象。

以青春祭奠青春　以长征铭记长征

——北京电视台大型纪录片《红军不怕远征难》创作经验

卫视节目中心

为纪念红军长征胜利80周年，北京市委宣传部策划、北京电视台北京卫视《档案》栏目摄制的9集大型系列纪录片《红军不怕远征难》从2016年10月17日起，每晚19：30黄金时间在北京卫视播出。节目播出后在全社会引发强烈反响。中国社会科学院新闻所世界传媒研究中心秘书长、副研究员冷凇说：“《红军不怕远征难》解决了世界电视发展创新中纪实和剧情无法融合的困境与瓶颈，开创了以纪录片的方法呈现剧情化设计的电视语汇。它符合全年龄段、全媒体的欣赏。在这部片子里，专家看抉择，精英看精神，百姓看情感，青年看震撼，孩子看故事，电视人看幕后，朋友圈看揭秘。这部片子一定会引领世界电视的一个创新史。”

用一种青春祭奠另一种青春

用一段长征铭记另一段长征

2015年10月17日，北京卫视《档案》团队《红军不怕远征难》摄制组在长征出发地——江西于都举行了记录片的启动仪式。整整一年时间，摄制组重新走过这条牵引着中国历史进程的漫漫征途，在每一寸刻骨铭心的遗迹现场寻找当年的踪迹，记录今天的容貌。他们查阅档案，对话亲历者，寻找任何可以还原历史的真实资料，记录那些倾注血泪的长征故事。他们首创“双讲述人”的方式，在历史现场拍摄、在复现场景拍摄，只为将档案中的长征与心灵上的长征，原原本本地讲述出来。

《档案》栏目总制片人、《红军不怕远征难》总制片人、总导演吕军介绍说："由于长征的历史几乎没有被记录在真实的影像中，稀缺的照片和不到两分钟的视频无法支撑600分钟的篇幅。而80年以来的关于长征的影视作品是它山之石。《红军不怕远征难》以历史记载和亲历者回忆录为真实准绳，希望突破对长征历史艺术创作的视觉惯性，选择符合史实，减少艺术加工和臆想的拍摄手法，再现拍摄尽量还原历史的影像。在'美'与'真实'的选择中，选择'真实'。同时建立一个与长征历史相吻合的'天地人'的视觉系统。"

长征是红色东方的青春组歌。80年前，中央红军开始长征的86000多人，指挥员的平均年龄不到25岁，战斗员的平均年龄不到20岁，14至18岁的战士占到了队伍的四成，他们是革命理想最年轻的捍卫者，也是红色政权最青春的建设者。

80年后，一批与他们年龄相仿的年轻人，沿着他们当年走过的路，开始了另一次长征。《红军不怕远征难》导演组的平均年龄不到30岁，从江西于都出发，他们途经广东、湖南、广西、贵州、云南、四川、甘肃、宁夏、陕西等14个省区，翻越都庞岭、老山界、娄山关、乌蒙山、夹金山、岷山、六盘山，渡过潇水、湘江、乌江、赤水、金沙江、大渡河，穿越松潘大草地，祭扫了100多处红军烈士纪念碑和无名烈士墓，采访了200多位长征亲历者、见证人和红军后代。

《档案》栏目主编、《红军不怕远征难》执行总导演、总撰稿吴志勇回顾整个过程时说："我特别要感恩这次重走长征路，我们走过的每一个和长征有关的地方，遇到的每一个和长征有关的人，听到的每一个和长征有关的故事，直到现在我都历历在目，它们带给我的震撼和感动远远超过书本带给我的震撼和感动。在路上的很多时候，我们都有一种强烈的表达欲望，想把感受尽快写成文字，传达给更多的人。"

这群年轻的纪录片人，在将近一年的调研与拍摄中，重塑着80年前一群同龄人的故事。从未有一部描写长征的作品，以"青春"为焦点，10岁的刘福昌、17岁的郑金煜、19岁的石长阶、22岁的邓诗方……这些你可能从未听说过的名字成为这部纪录片的绝对主人公，为总共9集长达540分钟的纪录片灌注进青春的理想、朝气、无畏和质朴。而"在路上"的创作方式也回归纪录片的原点，从原点出发，从初心开始，尝试用更加新锐和独特的电视语汇，展开这段青春的对话。

在档案深处还原真实历史
在叙事之间解读长征精神

《红军不怕远征难》摄制组通过档案揭秘和影像叙事相结合的方式，探索了一种突破传统的"非虚构"创作。

档案，是故事的灵魂。《红军不怕远征难》摄制组通过实地调研，以及对长征亲历者、见证人和红军后代的采访，发掘出了100多份从未或较少被关注到的史料档案。

有一些档案是正本清源的重要文献，比如摄制组找到了1934年9月，也就是长征前夕出版的《红色中华》杂志，里面刊登了张闻天写的一篇社论，其用意是向敌人释放烟幕弹为转移争取时间，是经过策划准备的战略转移。

有一些档案是转折关头的重要决策，比如1934年湘江战役前，红五军团团长董振堂和政委刘伯承手写给红34师的一份作战命令，命令他们要作后卫力量掩护全军过江。

有一些档案是饱蘸情感的历史见证，比如19岁的红军战士石长阶在长征前夕写给父母、却没有寄出的4封家书。比如红军战士为了向一户藏民家庭购买青稞充饥，插在田地里的一块刻着借据的木牌。

北京市党史研究室副巡视员刘岳表示："该片突破了以往纪录片的节目形态和表达方式，在立意确立、素材挖掘、呈现手法上，进行了全新的尝试，具有以下三个特点。一是用'心'诠释长征精神；二是新素材讲活老故事；三是创新手法贴近观众。长征被誉为'地球上的红飘带'，纪录片《红军不怕远征难》为这条'红飘带'又增加了一抹传承的亮丽。长征虽已远去，但红军用鲜血和生命铸就的长征精神，为中华民族的前行提供着源源不断的精神动力。新长征之路就在脚下，实现中华民族伟大复兴的中国梦，更加需要激情燃烧的青春，不忘初心的梦想追求。"

故事，是档案的延伸。大型系列纪录片《红军不怕远征难》用叙事的方式还原了一个个血肉丰满的人物形象，从多个角度讲述长征的故事。

这里有亲历者的角度。纪录片着重讲述了将近100位长征亲历者的故事，每个故事都浸透血泪。有些是党和军队的领导人，比如彭德怀在部队穿越松潘大草地的时候，由于饥寒交迫，献出了自己一路骑乘的大黑骡子给战士们充饥，下达命令的他却不忍直视牲口的目光。有些是连名字都叫不全的普通战士，比如红五军团第37团的炊事班长"老刘"，由于跟随部队三过夹金山，不幸牺牲在山顶的严寒中，贴身手绢里还裹着他留下的党费。

这里有敌对者的角度。比如通过蒋介石的多封电报和书信，读出了他在围剿红军的过程中几次胜券在握、喜形于色，但事后又因国民党的"窝里斗"而导致计划落空，愤恨难平的心理。比如纪录片讲述了1931年国民党第二十六军起义的过程，刻画出同样一群二十出头的国民党年轻士兵，不满国民党政权置抗日救国于不顾、坚持"剿共"的行为，愤然挺身揭竿而起，最终被收编为红军第五军团，在长征中立下赫赫战功。

这里也有旁观者的角度。在长征的途中，哪里有人民群众，哪里就是工农红军的根据地。《红军不怕远征难》用鲜活的语调，讲述了一个个拥军爱国的老百姓。比如抢渡于都河时，江西老表刘次垣把自家老宅的门板悉数拆除，给红军搭浮桥。比如10岁的湖南少年刘发育，在湘江边看到了顺流而下的战士尸体，如今已经93岁的他清楚记得当年给一名奄奄一息的红军战士喂水的场景。比如瑞金的谢桂生，半个世纪用生命保护一块红军烈士纪念塔的残片，让历史的丰碑得以在原地重建。

《红军不怕远征难》用掷地有声的史料构建出轮廓立体、面目清晰的历史格局，又用饱含温度的笔触还原血肉丰满的人物，让主旋律纪录片的创作视角回归普通人，为平凡者树碑，用细节来说话，成为这部纪录片触动人心的关键。

《红军不怕远征难》是北京电视台北京卫视献礼长征胜利80周年的纪录片，

也是致敬青春的纪录片，更是一部致敬信仰的纪录片。信仰清晰，道路才能坚定；信仰清晰，革命才能成功；信仰清晰，青春才能无悔。北京卫视大型纪录片《红军不怕远征难》在北京卫视播出，值得欣慰的是，越来越多的年轻观众守候在电视机前，与80年前的那群年轻人一起踏上征程。

为人民树一座丰碑

——北京电视台大型纪录片《解放——人民的选择》创作经验

卫视节目中心

由北京市委宣传部策划、北京电视台卫视节目中心《档案》栏目承制的5集大型纪录片《解放——人民的选择》，于2016年6月27日至7月1日在北京卫视播出。该片以“人民的选择”为主题，通过解密珍贵档案、发掘尘封影像、寻访历史见证人、全面实景拍摄等方式，展现“人民创造了历史，历史选择了中国共产党来领导人民、造福国家”的历史论断。该纪录片首播后引发社会各界关注。《人民日报》《北京日报》《北京晚报》《北京青年报》《今晚报》等20余家平面媒体对该片进行重点报道；新华网、央视网、搜狐、新浪、网易、法晚网等各大网站均对该片开播进行重点推送；国家新闻出版广电总局宣传司评价“《解放——人民的选择》立足历史、关照现实、放眼未来，通过讲故事、讲细节的方式，突破性地把‘人民的选择’这个主题说透了，可以说是一次巨大的成功。”

老历史与新视角
——听人民自己讲述“人民的选择”

《解放——人民的选择》聚焦历史的大多数，也就是人民大众的身上，从而避免了传统主旋律纪录片“英雄史诗”般的叙事框架，找到了新的创作视角和档案素材，不仅描绘了中国共产党领导下的人民解放的历史河流，更描绘出了组成这条历史河流的每一朵跳动着的浪花。

《解放——人民的选择》采访了上百位各界人士，涵盖各阶层人民的代表。通过人们的亲口讲述，真实地还原历史。这其中，既有民革中央副主席、郑洞国将军的长孙郑建邦，第七届全国人大常委会副委员长赛福鼎·艾则孜的女儿赛少华，闻一多烈士的儿子闻立雕等知名人士，也有刘胡兰烈士的家人、“南京路上好八连”的老战士、库尔班大叔的女儿、上海市劳动模范杨富珍、投诚的国民党军老兵等历史亲历者，同时还有国际共产主义战士阳早、寒春夫妇的儿子阳和平等国际人士。在众多历史见证人的采访中，可以清晰地看到：中国的各阶层人民，首先是选择了自己命运的解放，进而要实现民族的解放和国家的富强，而当时只有中国共产党，才能带领他们达到这一目的。

军事科学院战略研究部原部长姚有志对《解放——人民的选择》给予了充分肯定："《解放——人民的选择》是这些年来《档案》创作的重大题材作品中很成功的一个，作为向建党95周年献礼的大片当之无愧。中国人民解放战争实际上就是觉醒觉悟的亿万人民群众和100多万人民子弟兵紧密团结、紧密结合、紧密配合所进行的历史性选择，最终取得了历史性的胜利，这个是没有异议的。"

老档案与新发现
——珍贵文献影像还历史本来面目

《解放——人民的选择》创作项目组在中央档案馆、中国第二历史档案馆，以及数十家省、自治区、直辖市档案馆的大力帮助下，调集上百份大部分属于镇馆之宝的珍贵文献，以力透纸背的真凭实据，直面那段岁月，还历史本来面目。尤其值得一提的是，创作组与美国圣智学术机构旗下的盖尔出版社达成合作，从多达40000页的美国解密档案子集——《中国内战时期的中美关系》中，精挑细选并援引大量第三方原文档案，如《美军观察组向美国国会提交的报告》《宋美龄与马歇尔会谈实录》、美国披露并点评的《国民政府五年计划》等等，为主题提供了强有力的佐证。

《解放——人民的选择》创作组与中国电影资料馆达成合作，甄选出近100分钟从未或绝少播映过的历史胶片，其中很多是国民党政府的制片厂摄制的，比如《国民党六中全会》《蒋介石60寿辰》《中美商约签订》《攻占延安时期的国军为人民服务处》等等。而通过这些真实的影像，可以清晰地看到，长期以来被三座大山压迫和奴役的中国广大劳动人民，终于在自己的选择中解放了自己的命运，获得了首先作为人，进而作为国家主人的尊严。

大写实与小写意
——全面实景拍摄重返历史现场

《解放——人民的选择》创作组走出摄影棚，跨越17个省、自治区、直辖市，130多个县乡村镇，辗转10万公里，完成48处实地外拍讲述，引领观众重返历史现场，足迹走遍江河山川、沙漠雪原。从大雪压境的黑龙江到赤日炎炎的塔克拉玛干沙漠，从革命旧址陕北米脂县杨家沟的黄土高原到云南西双版纳的澜沧江边……该片通过重返历史现场的创新呈现，打破了观众和历史的距离感，营造了身临其境、感同身受的情境。

大场景、大写实的实地拍摄之外，《解放——人民的选择》节目组还尝试了"静物拍摄"等全新的写意手法。如果说这部纪录片中使用到的影视再现、插画动画、三维合成以及虚拟植入特效、航拍等技术手段是为了从大场景带入历史，那么这种"静物拍摄"在小细节带入历史方面，无疑取得了极佳的效果。如在陕西省清涧县枣林则沟村拍摄的石碾子磨玉米面的镜头，再现了当时这里的老百姓为毛主席磨玉米面做饭的情景，让人感慨"任历史沧海桑田，人民的选择始终如这石碾子一样坚如磐石"。这些器物、物件就像一个个历史故事的讲述入口，把观众带入"彼时彼刻""那情那景"。正如中国社会科学院世界传媒研究中心副研究员冷淞所说："以小切口来展现大历史，纪录片《解放——人民的选择》创了一个新标杆，这是非常可贵的。"

北京卫视《跨界歌王》实现六大创新

卫视节目中心

北京卫视推出的原创大型明星跨界音乐节目《跨界歌王》，在2016年5月28日至8月20日每周六21点播出。该节目共播出13期，北京地区平均收视率5.04%，刷新北京卫视本地季播节目收视纪录；全国35个城市平均收视率1.51%，刷新北京卫视全国季播节目收视纪录，其中，4期节目单期收视率位列省级卫视同时段第一。

《跨界歌王》的节目模式是由北京卫视中心原创设计，实现了六个方面的创新：

一、突破模式界限，开启音乐节目4.0时代

如果说将《超级女声》《中国好声音》为代表的“草根选秀”视为音乐节目1.0时代，以《我是歌手》为代表的专业歌手PK视为音乐2.0时代，以北京卫视《最美和声》为代表的星素组合PK视为音乐3.0时代，那么《跨界歌王》开创的跨界明星PK模式，标志着音乐节目4.0时代的开启。从《最美和声》到《跨界歌王》，北京卫视模式创新的原因来自大众对于“突破自我”的价值诉求，将这种价值诉求与音乐梦想相结合，便衍生出《跨界歌王》的节目创意和“王者无界”的节目理念。

二、实现从“去星化”到“造星化”的人物塑造

顶级明星，既是节目吸引眼球的最大看点，也是跨界精神的最佳体现。《跨界歌王》展现了他们从“去星化”到“造星化”的完整过程。有媒体统计过，参加《跨界歌王》的14位明星身上“影帝影后”的头衔加起来超过了40个，但唱歌都不是他们的专业，这些光环与荣誉，在跨界舞台上就成为了无形的压力。于是，观众能够在节目中看到刘涛因为紧张尴尬笑场，看到王凯、白百何跟不上乐队节奏频频失误，看到秦海璐面色凝重地坐在地上，看到很多人从试唱间里黯然离场。李光洁说过一句话：“来跨界歌王，就是要敲掉自己的壳。”正是这种破壳而出的历练，让明星们经历了一次跨界重生，让观众和粉丝们看到超越音乐之上的精神力量。

三、营造殿堂级音乐享受，向跨界精神致敬

《跨界歌王》能够在大剧院完成录制，是节目理念得以实现的重要保证。因为大剧院的专业舞台，顶级的视听效果，以及由资深音乐人捞仔指挥的管弦乐团和现场乐队，这些超越传统演播室的音乐元素，为歌手们营造出超一流的演唱环境，給他们传递出这样一个信号：这不是一次普通的节目录制，而是值得每个人全力以赴的音乐圣殿。

四、突破空间界限，打造三度空间的进阶体验

为了呈现跨界歌手的进阶和心理转

变，节目组将大剧院打造出“试唱空间”“表演空间”“真我空间”的三度空间布局。

“试唱空间”的布局充分体现了“去明星化”的功能定位，仅容一人站立的圆形舞台、单调的灯光效果、简单的乐器伴奏，一切都为呈现出最质朴状态下的演唱水平。

成功升上“表演空间”的歌手，体会到的就是殿堂级的音乐享受。第一度空间和第二度空间的“视觉反差”，契合了选手跨界成功，实现突破的心理转变。

“真我空间”包括休息室、走廊和选手的私人空间。《跨界歌王》记录的不仅是选手光芒绽放的瞬间，更是破土生长、生根发芽的过程，为节目增添了触动人心的情感细节。

五、音乐剧表演形式，还原演唱艺术的综合魅力

《跨界歌王》第一次将类似于音乐剧的表演形式搬上电视节目舞台，这是对音乐节目视听样态的一次升级和回归，让“演唱”重新回到“表演+唱歌”的综合艺术形态，极大地提升了音乐表现的层次感和欣赏度。从表演设计，到舞美搭建，再到摄像剪辑，每个环节都达到甚至超越了大型晚会的技术要求。

六、剧情化歌曲演绎，激发选手情感张力

选择音乐剧形式，通过故事化的剧情编排，将跨界歌手的个人经历和情感融入歌曲中，极大地丰富了歌曲的内涵。同时，边演边唱的方式能够发挥跨界明星们的表演功力，帮助他们建立起对音乐舞台的熟悉度，激发他们的表现欲望。比如，考虑到秦海璐是学京剧出身，栏目组特意为她选择了《北京一夜》这首融合了京剧唱腔的流行歌曲，并且在舞美设计上，邀请了一位刀马旦演员扮演秦海璐年少学戏的形象，还在歌曲高潮段落加入了京剧绝活“踢枪”的表演。这样的用心创意打动了秦海璐，她为了练好踢枪，把脚踝都踢肿了，这也成为感动观众的细节之一。

《跨界歌王》的成功，不仅体现了栏目组的创新精神，还反映了栏目组的“工匠精神”。

在《跨界歌王》的录制中，“极致”是一种渗透到团队所有人心中的本能反应。比如在半决赛第二场的时候，小沈阳要身着军装在战场情景中演唱《兄弟》，真人秀总导演宫鹏发现小沈阳脚上的军鞋太新了，不真实，但这是一个连特写都很难给到的角度，宫鹏却坚持叫停了彩排，在小沈阳的鞋上撒了一层灰。

音乐总监捞仔老师是《跨界歌王》当之无愧的“无冕之王”，总共改编了123首歌曲，相当于10盘专辑的歌曲量，这些歌曲在音乐平台上创造了5700多万的收听量，这意味着每7个中国人中就有一个从影迷变成了歌迷。捞仔老师接受采访时讲过这样一个故事，刘涛作为《跨界歌王》中最勤奋的选手之一，经常为了选歌的事半夜给他打电话。一天夜里1点多钟，他接到刘涛电话说想换歌，但明天就要彩排了，他不想换，可刘涛坚持觉得自己驾驭不了原定歌曲，于是他就让她在电话里唱了一遍，发现原定的歌的确不适合刘涛，于是就从床上爬起来连夜改编了刘涛选的新歌，一直到早上5点把新的编曲交给了她。

有一期节目给很多人留下深刻印象，

那就是宋丹丹蹲在大屏幕后面，听儿子巴图演唱《当你老了》，丹丹老师泪流满面，她说这是她最幸福的时刻。这个片段也成为当期收视率的峰值。而这动心一刻，来自栏目组的用心投入，他们在得知丹丹老师将在录像期间过生日后，精心为她准备了这个难忘的生日礼物。

同样让人印象深刻的，还有陈松伶在演唱《那个男人》时，她老公陈铎在舞台上送给她的最深情的告白。这个片段的背后是栏目组了解到陈松伶与陈铎的恋爱故事，于是将他们初次见面的西班牙广场搬上舞台，又用沙粉画的形式画出了两个人的肖像。这些用心，是《跨界歌王》能够打动观众的力量所在。

用电视手段推动中华文化传承

——北京卫视播出大型文化季播节目《传承者》

卫视节目中心

2015 年 11 月 14 日至 2016 年 2 月 6 日，每周五 21 点，北京卫视播出大型文化类季播节目《传承者》，被国家广电总局评选为 2016 年第一季度全国创新创优节目。在 13 期节目中，共有 53 项来自全国各地的非物质文化遗产项目登上《传承者》舞台。4 位传承大使与 10 位青年代表从中推选出 8 项非物质文化遗产于同年 6 月代表中国登上联合国的舞台，让中国的传统文化赢得世界尊重。

一、用原创精神深耕文化厚土，寻找民族复兴的文化自信

2014 年是中国加入联合国《保护非物质文化遗产公约》组织的第 10 年，中国目前有 38 项非物质文化遗产项目被列入联合国保护名录，位列世界第一。然而，一些非物质文化遗产正面临着无人关注、无人继承的尴尬现实。北京卫视希望用电视人的自觉，引领观众寻找民族复兴的文化自信。2014 年 1 月，《传承者》项目正式立项。两年多的时间里，项目从创意到研发，从题材到内容，从呈现到赛制，全部由一支平均年龄不到 30 岁的本土团队原创完成。

二、用极致艺术呈现文化遗产，释放传统文化的流行基因

要呈现传统文化的魅力，就要回到孕育文化的土壤中，成为一名文化研究者和田野调查者。2014 年《传承者》立项以后，项目组立即启动了“概念孵化”“选题摸底”“外拍调研”三项前期工作。在一年多的时间里，编导们深入全国 23 个省、市、自治区，实地寻找采访 80 多个非物质文化遗产项目，以一对一服务的方式采访了将近 1000 名传承人，拍摄了超过 30 部的微电影纪录片，搭建起了一套非遗文化检索、研究、保存的影像资料库，并从中选定 53 项非物质文化遗产登上《传承者》舞台。

作为一档原创节目，《传承者》没有成熟模式可以借鉴，这是一次“独创思维”驱动下的系统性研发。指导研发进程的是节目的核心主旨——“让经典再度流行”，以及三大定位——“真挚情怀，真诚致敬，真实争鸣”。

跨界嘉宾和代际沟通，引发文化思考和观点交锋。《传承者》选择的嘉宾希望体现出文化积淀、历史厚重和情感联系。陈道明具有的高端文化气质和主流价值定位，王纪言具有的文化学者精神和人文知识广度，范明具有的普通大众情怀和互动体验热情，侯佩岑具有的女性情感视角和台湾同胞亲缘，让4个人的组合非常符合节目的气质定位，在录制中亦庄亦谐，包容有度。

“传承大使”赋予节目在知识与气质上的延展度，同时还引入一条代际线索带来观念上的纵深感。栏目设立了一支“青年观察团”，由10名来自不同行业的80后、90后组成。在《传承者》的舞台上，来自不同年龄段的传承大使和青年观察员之间，观点交锋，思想碰撞，彼此影响，交流融合。

有一期节目录制的是国家级非物质文化遗产——稷山高台花鼓。在讨论环节，一名青年观察员认为，这样的群体节目没有焦点，出不了个人明星，不利于文化的传播。而陈道明则用自己的一段经历反驳了他的观点。陈道明说他在天津人艺跑了7年的龙套，7年里一句台词都没有，但人们之所以能记住一部戏里的主角，正是因为有无数配角在背后奉献着同样伟大的演出，那些我们无法记住面孔的大多数才是传统文化能够传承下去的基础。

这样的思想交锋是栏目组希望看到的，自由表达的背后是青年人对传统文化的关注与思考，只有关注才能了解，只有了解才能喜爱，比质疑更可悲的是漠视，《传承者》就是要听到年轻一代真实的声音。

多元选题和灵活赛制，促进文化之间的交流与融合。在《传承者》的舞台上，来自天南海北的非物质文化遗产，延伸到历史、军事、经济、社会、礼仪等方方面面，让观众看到了中华传统文化的博大精深，铺展开中华民族的历史画卷，让观众既能看到大师，又能看到绝技，更能看到文化背后的民族大义。

节目的原创性也带给栏目组可以根据实际情况自由调整的灵活度。《传承者》最初的赛制设计是通过竞争淘汰的方式，选出一到两项传统文化项目登上联合国的舞台。但在实际接触中，栏目组意识到这些文化遗产，每一项都是独一无二的，无法比较更无法替代。于是，栏目组放弃了淘汰替换的原有赛制，而是让观察团中意的所有项目都能留在舞台上。既保留了两组观察团相互“争抢”好节目的竞争形式，又给予所有文化项目相同的尊重和机会。

为了把尽可能多的项目展示给世界，《传承者》打破了项目展示的独立性，通过艺术创作的手法让具有相同元素的项目进行融合，将两三种非遗文化编入一场表演中，比如由霍童线狮、广东醒狮和提线木偶共同完成的“三狮狂舞”；比如由泰州石锁、津门重刀和嘉兴掼牛组成的“尚武之风”等，在丰富视觉表现力的同时，也促成了传统文化的交流与融合。

真实还原和极致舞美，展现传统文化

的魅力与活力。《传承者》为了将这些遍布大江南北，深藏于山野之间的文化技艺搬上演播室，既要真实还原传统文化的固有魅力，又要通过声光电等现代手段去激发传统文化的新活力。在呈现的过程中，安全、真实、精彩是3个核心要素。

苗族有“上刀山”的传统技艺，一把大刀长18米，而舞台总长不过20米，每次装卸大刀都需要20多名工作人员，装卸一次最少10个小时的时间，而节目呈现不过短短的10分钟，整个彩排录制期间，这把大刀安全无误地装卸了3次，由于大刀重达3吨，为保证演出顺利，栏目组改造了舞台的承重结构，传承人在表演之后说这是他踩过的最稳的一把刀。

为了展示维吾尔族达瓦孜的高空绝技，节目组找来叉车代替木桩固定钢索；为了展现胡姬花花生油的传统压榨工艺，节目组租用了两个食堂翻炒了300斤花生；为了让20只猴子能够舒服地参加演出，栏目组准备了800个儿童尿片，解决猴子上厕所的问题。

电视搭台，文化唱戏，正是这些极致的还原与呈现，古老的中华技艺在当代舞台上焕发出全新的艺术魅力。

三、用文化笔墨描绘民族精神，诠释中华民族的文明与价值

中华传统文化的价值不仅在于它独有的艺术形式，更在于它蕴含了中华民族的传统价值观。《传承者》聚焦中华传统文化，其用意是用文化的笔墨描绘出中华民族的精神面貌，传递出文化背后的核心价值观。浙江的高竿船技，表演者在一根毛竹之上翩然起舞，这是江南地区对桑蚕文化的崇拜，毛竹之上的舞蹈是对蚕吐丝剥茧的模拟，象征着中国人民对自然的感恩和对勤劳的崇尚。作为国家级非物质文化遗产的咏春拳，其武学的本质在于“主防而不主攻，克敌而不伤敌”的理念，体现了中国人以和为贵的处世哲学。霍童线狮拥有1300年的历史，20多公斤的狮子，由几十根绳索相连，要靠五六个人一起动手才能演出一场大戏。嘉宾陈道明称赞霍童线狮，不仅在技艺上精彩绝伦，更重要的是体现了中国传统的宗亲文化和世代相传的协作精神。内画鼻烟壶，在方寸之间勾绘天地，让它的艺术价值超越使用价值，成为向世界展现中国水墨画记忆的重要载体。常氏家族，四代传承相声技艺，至今家中诞生了13位相声表演艺术家。观众熟知的最为老一辈相声大师——“小蘑菇”常宝堃天资聪慧，29岁时到朝鲜战场慰问志愿军战士，不幸牺牲在敌人的轰炸中。兄弟常宝华、儿子常贵田接过担子，日后继续奔走在祖国的边防哨所慰问演出，甚至通过电话为“猫耳洞”里的官兵送去过笑声。常家满门拥军，18人参军入伍，这一切都浓缩为常家的四字家训——“感恩，报国”。同样，广西桂林，刘三姐的故乡，黄婉秋18岁出演电影《刘三姐》，从此投身于“刘三姐歌谣”的文化传承中，从一个人到一家人，如今70多岁的黄婉秋带着儿孙三代依旧传唱着那些歌颂正义、善良与勤劳的歌谣。

为什么这些延续了千百年的传统文化，在今天依然能够让人们热泪盈眶？因为在文化的背后有一群不问功名、不计得失的传承人，像守护生命一样守护着祖先的文化，踏实、干净、执着、勤劳。

电视创作同样需要这样的人，只要我们心中自觉坚守着价值传播的责任与底线，我们做出的节目就永远不会缺少精神，就永远不会失去风骨。就像《传承者》嘉宾陈道明说的："只有文化首都才能做出这样的文化节目，感谢北京卫视让我能够参加这样一档节目"。

匠心独具　BTV春晚连续三年蝉联收视率、微博互动、微信互动三项核心数据第一

文艺节目中心

2016年2月8日大年初一，北京卫视、湖南卫视、江苏卫视、东方卫视和天津卫视等多家卫视上演了年度重头戏——春节联欢晚会。在这场激烈的收视竞争中，2016年北京电视台春节联欢晚会以其独有的风格赢得关注，连续3年蝉联收视率、微博互动、微信互动三项核心数据第一。其中，北京地区收视率高达22.06%，市场份额57.71%，这意味着北京地区近六成的电视观众锁定了北京台春晚。全国35城收视率2.08%，市场份额6.34%，也创历史新高，蝉联省级卫视春晚三连冠，并位居省级卫视同时段收视率榜首。北京卫视在大年初一赢得全国省级卫视全天排名第一。同时，北京台春晚的微博互动、微信互动双双破亿。

2016年北京电视台春晚围绕"家家好，国家好"的主题展开创作，节目设计中饱含家庭元素，风格上更接地气，晚会现场营造出喜庆、热烈而又亲切的家庭氛围，强调每一个家庭的小幸福才聚成了整个国家的大幸福。这场匠心独运的晚会，饱含深情，充满正能量及大情怀，在猴年首个夜晚赢得了一致喝彩。

一、大数据反映电视与网络满意度

2月8日大年初一晚播出的2016年北京电视台春节联欢晚会再度收获喜人收视成绩，在2015年春晚广受各界赞誉的基础上又有新的跃升。根据索福瑞数据统计，北京地区北京卫视收视率15.32%，文艺频道5.29%，青年频道1.45%，合计收视率22.06%，市场份额为57.71%，创北京电视台历年春晚收视新高。全国35城收视率2.08%，市场份额为6.34%，也创历史新高，蝉联省级卫视春晚三连冠，并位居省级卫视同时段收视率榜首，北京卫视在当天赢得全国省级卫视全天排名第一。具体数据表现为：在春晚收视高企的有力带动下，北京电视台台组2月8日当天在北京地区收视率达到7.68%，市场份额为45.47%；晚间时段（18：00－23：00）收视率更是达到21.16%，市场份额首度突破60%，达到60.49%，创下2008年采用央视－索福瑞数据以来北京电视台晚间收视新纪录。其中，北京卫视当日北京地区市场份额达到22.6%，同样是2008年以来单日份额最高峰；文艺频道当日份额为8.18%，排名仅次于北

京卫视，位列北京地区所有频道第二位，也是2010年以来频道单日市场份额峰值；2月8日，北京卫视35城市全天时段和晚间时段以3.723%、5.238%的高份额位居所有省级卫视第一位，分别超出排名第二的卫视10.6%、23%。

北京电视台春晚微博互动占据头把交椅，初一当天“北京台春晚”话题持续占据微博小时榜首位，晚会播出后“北京台春晚”话题位居24小时榜单中所有春晚类第一名、综艺榜第一名。晚会播出的同时通过微信摇一摇参与互动的观众人数达19272817人，摇一摇次数41902080次，在当天各卫视春晚中赢得双项第一，页面访问1.1亿次。共发出礼包价值1.5亿元，其中神州专车发出礼包金额超过1亿元，大众点评发出礼包金额接近5000万元。

二、大美品质促成大格局内容设计

一台晚会成功与否的决定性因素是观众是否乐于接受，北京电视台春晚充分调动观众的收视热情，观赏性强。整台晚会笑声不断，掌声不断，感动不断。节目中的各种始料不及，时时给观众带来惊喜。

香港著名演员吴镇宇给观众们带来很大惊喜，普通话“很不流畅”的他跟相声演员李菁合作相声《吴李取闹》，内容上完全延续北方相声的创作风格，吴镇宇一身绿底大花长袍，红色运动鞋，与李菁一身红底大花西装大胆搭配，这组时尚、大胆的造型也的确在第一时间给观众们留下了深刻印象。北京台主持人悦悦和相声演员高晓攀也合作了一个小品《倒叙爱情》，上演了一段爆笑又充满甜蜜的“青春爱情”。歌唱家王洁实跟何云伟、王玥波、应宁合作表演相声《告猴儿》，创造出不少流行金句。“嘻哈五虎将”表演的极具现实性的《相亲公园》，引发了大批“剩男剩女”父母的共鸣。不苟言笑、蔫头蔫脑、絮絮叨叨，这是脱口秀演员方清平独特的表演风格，2016年的北京台春晚上，方清平继续带来“冷面”风格，几乎一分钟一个包袱，脱口秀《我的理想》引发无数北京人情感共鸣。白凯南同样是北京台春晚的常客，他这一次的表演是一个升级版的“脱口秀”，既有变装、又有歌舞，甚至TFBOYS的《左手右手》也被他全新演绎，各种年轻时尚的潮元素不一而足。

2016年北京台春晚延续了几年来该台春晚中的情感线索——和你的亲人在一起。2016年的春晚舞台上，很多表演嘉宾都是一家人一起上春晚。三位“萌爷”杨洪基、李光羲、刘秉义在演唱《摇篮曲》的时候，三位老人的孙女与他们同台演唱，这样的天伦之乐、温暖亲情，让观众无不感动。付笛声、任静夫妇也带上儿子付豪一起演唱了两个人的经典歌曲《知心爱人》，同时大屏幕上配合播放出一家人在20年里的合影：从一对夫妻到三口之家，付豪从襁褓中的婴儿到翩翩少年，岁月的变迁中，爱让一个家庭变得如此丰富和动人。观众亚洲之星说：“看北京台春晚我竟然感动得热泪盈眶。”观众张莉在微信留言：“给北京台春晚点个赞！这是一台给老百姓看的晚会。”

北京台春晚近年来在情感点上的设计已经成为一种独有的艺术风格。正如中国传媒大学电视与新闻学院院长、教授高晓虹说：“大年初一，北京台春晚亮相荧屏，为我们烹制了一道立足北京、辐射中华、传承文化、互动四方的文化盛宴，塑造了一部色彩浓郁、民心所向、传播力强的艺术作品，这不是一场简单粗浅的‘全民狂欢’，而是巧妙地将家国情怀融入其中，将民众的生活感知带入了一个公共的、集体的共鸣空间，使晚会本身成为现代国家和人民大众互为关照、水乳交融的情感仪式。”

美轮美奂的节目呈现是北京台春晚的一大特色。北京台春晚并不是第一次在BTV大剧院进行录制，而这次的舞美将大剧院的后台、耳台甚至观众席都变成了春晚的舞台，整个剧院呈现出前所未有的近3000平方米的录制面积。春晚的核心舞美营造出了天宫的感觉，随着舞台的全面打开，延伸的舞台部分因为增加了观众圆桌座席，让整个春晚的现场虽然开阔却充满了融融暖意。同时，此次春晚在舞台上设置了9大升降台，在节目中切换使用，让整体舞台在空间上充满层次感、错落有致。如此大刀阔斧的对剧院进行创新，是近年春晚中史无前例的。而在舞蹈《真假美猴王》中，世界街舞冠军肖杰与出身梨园世家的裘继戎以华美的红白造型美猴王“斗舞”，从禅意的柔韧到历练的酷帅，全然不同的舞蹈风格实现了无缝的自然衔接，节目中结合了高科技的虚拟影像制造的虚幻景象，既有深邃的夜空的打造，也有虚实结合的武打碰撞，配合升降机械组成的台型变化，延伸了舞台的纵深感和空间感，实现了以假乱真亦真亦幻的多维立体效果。此外，邱思婷与那威表演的《天鹅湖》，虽然是往年北京台春晚将高雅艺术与喜剧效果的混搭风格的延续，但是邱思婷作为享誉世界的德国慕尼黑巴伐利亚国家大剧院首位签约华裔女舞蹈家、被西方媒体誉为东方天鹅公主，她塑造的白天鹅兼具女王与精灵的气质，在混搭的节目中将唯美演绎到了极致。

纵观整台晚会，北京台春晚的原创节目比重超过80%，语言类节目均为原创，多数歌舞均为原创，演唱的歌曲大多根据晚会所需重新填词创作，重新编配，推陈出新，人物访谈、主持人串联均以小品化、戏剧化、节目化呈现，整台晚会让观众耳目一新。

北京台春晚开场的《一镜到底》在开播前已经被媒体炒热，正式开播露出真容时，这段3分钟的表演的确不负众望。作为本次春晚主持人，张卫健在一段《齐天大圣孙悟空》的经典台词后，唱着R&B从后台的安检处、走过演员化妆间的通道直至走入大剧院的演员入场口，这个过程中，张卫健还完成了4次变装，全程3分钟由斯坦尼康不停机跟拍，可谓真正的“一镜到底”。最后，张卫健出现在春晚观众席上，随着他一句“蟠桃盛宴开始了”，北京台春晚的大幕徐徐拉开，春晚正式开始。这样的晚会设计没有先例，而张卫健作为主持人功能被最大化，这3分钟的镜头里其实包含了整场晚会主要节目、主要演员等要素。许多观众在看完这段节目后表示，真是要屏气凝神，一眼也不容错过。

三、演员为节目服务，节目为结构服务，一切为主题服务

北京电视台春晚保持了惯有的深厚文化底蕴风格，有情有趣，而在演员的邀请和节目的设计上却别具匠心。在众星云集的大年初一夜，北京电视台春晚同样也是群星璀璨却还称不上大腕云集，相比仅打“明星牌”单纯以星光吸引观众，北京电视台春晚更偏重以节目本身来取胜。分析比较，北京电视台春晚能赢得观众的喜爱有以下几点原因：

北京台春晚在整体设计上的理论是：演员为节目服务，节目为结构服务，而所有元素要为主题服务。在北京电视台春晚主题明晰："家家好国家好"。晚会以百岁老人的生活、心愿等直接切入，先声夺人，确立温情的主基调，晚会进行过程中贯穿不同家庭的温暖情结，有小家、有民族团结的大家、有国家，自然阐释出"国是家的国、家是国的家"的命题，这些情节也构成了晚会的情感点，亲切、生动、感人。最后，晚会以歌舞《家家好国家好》结束，前后呼应，主题贯穿始终。

从节目的创意上，从编曲到节目内容，都在突出整场晚会的主题，比如《丝路情丝》：习近平总书记在2013年提出建设"新丝绸之路经济带"和"21世纪海上丝绸之路"的倡议，强调相关各国要打造互利共赢的"利益共同体"和共同发展繁荣的"命运共同体"，这一跨越时空的宏伟构想，从历史深处走来，融通古今、连接中外，顺应和平、发展、合作、共赢的时代潮流，承载着丝绸之路沿途各国发展繁荣的梦想，赋予古老丝绸之路以崭新的时代内涵，戴玉强、魏松和莫华伦被誉为中国"三高"，这次他们在北京电视台春晚上演唱的《丝路情思》正是一首表现"一带一路"的歌曲。这首歌是本次北京电视台春晚重新编创的歌曲，融合了陕北民歌《天下黄河九十九道弯》和意大利的著名歌剧《图兰朵》中《今夜无人入睡》和《走向胜利》的旋律，从民歌到美声，用中国大鼓作为衔接和过渡，于磅礴大气中又有娓娓道来，意大利歌剧殿堂级的表演融入了本土化接地气的内容。这首歌旋律动听，可谓一曲难忘，丝绸之路是中国走向世界之路，也是世界看向中国的渠道，这首歌将历史感与爱国情怀都蕴含其中，既有民族性也有世界性。重新编创的主导者是本次春晚的总导演孙仝，这位毕业于中国音乐学院歌剧系的电视人，以对音乐的娴熟运用，以民族与歌剧的和谐混搭，以三个高亢美声的嘹亮引吭高歌，唯美地诠释了"一带一路"的宏大主题，令人叫绝。

两位百岁老人的相聚成为本场晚会最强催泪弹：一位是来自新疆的百岁老奶奶，一位是家住北京的喜欢导演家庭春晚的百岁爷爷。106岁的新疆奶奶有两个愿望：一个是看天安门，一个是上春晚。当她走上舞台翩翩起舞，许多观众都热泪盈眶。两位历经一个世纪风雨的老人，一次跨越数千公里的相聚，北京电视台春晚在那一刻凝聚了无数人的感动。在这个环节中，还有一个可爱的维吾尔族女孩也引起了观众的注意：如克亚木·麦提赛地。如克亚木曾是辽宁舰上一名光荣的女兵，她的曾祖父是当年骑着毛驴上北京、被毛主席亲切接见的民族团结典范人物库尔班·吐鲁木大叔。从北京到新疆、从百岁老人到风华少女、从民族团结人士到援疆干部，一个节目、数代人，连接起全中国各民族大团结的深情厚谊。观众人生如棋留言说："因为老父亲生病，所以今年过年一直没有心情。但是今晚的北京台春晚着实让我异常感动。亲切亲民的串联方式，环环相扣的导演逻辑，各个精彩、接地气的节目让人超级受用。而正能量的融入也是非常自然，让人觉得这才是真正的过年，这才是真正的春晚。"

四、整合优势资源汇聚明星打造朴实节俭晚会

北京台春晚虽然汇聚了众多明星，但

是同时也做到了不高价请明星，坚持了节俭办春晚的原则，而这正得益于北京电视台对自身优势资源的整合。

《最美和声》《我是演说家》《音乐大师课》是北京电视台几档王牌季播节目，都取得了良好的社会反响和收视效应，其节目导师萧敬腾、张卫健、曹格等也成为本届春晚锁定的明星嘉宾。同时，北京电视台文艺频道积累了丰富的文艺资源。小品《哎呀妈呀》就是脱胎于文艺频道2016年的最新一档喜剧小品综艺季播节目《哎呀妈呀》，这个由李伟建、包胡尔查、秦天等人主演的节目小品巧妙地呈现了北京成功申办冬奥会、京津冀协同发展等大事，贴近现实，关照现实。外形酷似Kimi的钢琴神童罗小特与郭峰表演的《野蜂飞舞》赢得了观众在网上的一片叫好。罗小特是从北京电视台文艺频道《我家有明星之天才宝贝追梦春晚》中脱颖而出的小演员，别看他小小年纪只有8岁，但台风激情四射，老艺术家阎肃当时是这个节目的评委，他向同为评委的春晚总导演孙仝力荐这个小选手，于是罗小特成为两人共同挑选的首位春晚小明星。

在语言类节目上，文艺频道可以说将其得天独厚的资源发挥到了极致。《北京喜剧幽默大赛》已经成功举办了5届，苗阜、王声、李菁、何云伟、曹云金、刘云天、方清平以及“嘻哈五虎将”都是从这项赛事走出的选手。开播3年的《脱口而出》开创了微喜剧栏目形态，而今年北京电视台春晚的广告真人秀正是由该形态发展而来。

春晚代言人黄渤从十几年前的“北漂”到今天的“影帝”，其成长与北京电视台结下了深厚的情谊。文艺频道的《每日文娱播报》几乎是从黄渤出道起，就一路记录了他演艺生涯的点点滴滴，而黄渤更是对该栏目及北京电视台都报以真情，对于各项公益活动总是竭尽所能，不讲条件、不计报酬。去年的文艺频道《每日文娱播报》10周年活动中，在外地拍戏的黄渤曾专程赶回北京，不辞辛苦为栏目拍摄了宣传片。黄渤所具有的满满正能量正符合了北京这座城市积极进取、可以打拼、可以圆梦的城市气质。此番携手北京电视台，出任北京电视台春晚推广大使，在春晚启动之日起，就努力为北京电视台春晚拉高人气。跟黄渤一样，贾乃亮早在春晚合作前，曾多次参与北京电视台的节目，也曾多次与李小璐、贾云馨一家三口一块儿接受专访，并担任“文艺青年e起来”活动代言人。文艺频道凭借多年积累的影视明星资源，为此次北京电视台春晚能够实现明星云集却又朴实节俭打下了坚实的基础。

中国传媒大学新闻传播学部教授、影视创意与媒体运营研发中心副主任郎劲松在评价北京台春晚时说，本土艺人、本色出演、本位传播，体现出文化的自信和生活的温度。春节是传统节日，春晚应体现民族文化和传统文化特色。相比各电视台春晚的“明星大PK，砸钱大比拼”的土豪气，北京电视台显示出从容自信的大台气质，以本土艺人主打，以北京人喜闻乐见的艺术形式为主，特别是注重了老中青的代际传承、老北京的文化传播，表达出对家庭、对国家的深情。

五、广告时间被巧妙“隐形”

2015年，北京电视台春晚广告真人秀雏形初步形成，这种广告形式在2016年春晚上得到了强化，俨然形成了节目与广告经营深度融合的成功案例。2016 年北京电视台春晚开创了北京台春晚招商之“最”：在客户合作数量上，2016 年有 4 家合作客户：独家特约神州专车、战略合作伙伴北京现代、电商合作伙伴苏宁易购和特别支持合作伙伴莎普爱思，在投入量级上，这些企业鼎力支持，创收大幅增长，达到新高。据统计，2016 年北京电视台春晚的广告收益达到了 4100 万元。

北京电视台春晚在经营上的巧思，源自于 2015 年北京电视台春晚专门为晚会开发的“语速达人”比赛活动，在春晚播出 3 个小时期间参与语速挑战的观众达 289257 次，每秒约 50 人次挑战，累积达 16 万条语速挑战，短时间内迅速达到 APPStore免费下载榜前列，成功地为“北京现代”做了节目定制。2016 年，广告节目定制已获得有效的收益，这样的广告植入方式，更加受到广告主的青睐。2016 年的北京电视台春晚，在《野蜂飞舞》节目中，将现代汽车的速度概念自然融入，既令人印象深刻又有助于节目本身的表现需求。

此外，在以往的春晚中，广告时段实际上成了观众“中场休息”的时段，这一传统在本次春晚得以颠覆，成为新的收看热点。春晚广告上演真人秀，由喜剧演员重新编排演绎，这样的做法既提高了广告的可视性，又提高了春晚语言类节目的丰富性。神州专车作为 2016 年北京台春晚独家特约播映广告商，甚至不惜放弃硬广告而全力投资春晚，正是因为看好春晚为广告商家带来的实际利益。在晚会上，由方清平表演为神州专车量身打造的一段贯口，一气呵成，非但不会引发观众对植入广告的反感，反而以这样坦诚的设计赢得了掌声，成了晚会亮点之一。百媒网执行总裁田涛评论说：“为北京台春晚的广告真人秀点个赞，与节目环境相融的创新广告形式，是非常好的创新尝试。也许可以预测，2016 年，各种创新形式的广告传播会大行其道，特别是节目和活动之内的各种新形式，会拿走时段广告和展示类植入广告的份额。”

六、宣推打造“亿”概念春晚

早在 2016 年北京电视台春晚开播之前，全国观众已经在各个端口率先感受到了其春晚带来的春晚预热。

与北京电视台春晚深度合作的手机热门 APP 用户均破“亿”；春晚内容覆盖户外人群过“亿”；春晚宣传推广 PC 端触达用户过“亿”；春晚互动手机摇一摇访问破“亿”。

中国传媒大学新闻与电视学院教授高晓虹评价北京台春晚时说：多屏互动的媒介环境创造了新的收视行为，改变了家庭成员对于共同事件的参与和体验，以至于全家看春晚却各有各的方式。就北京台春晚而言，一方面，它仍然保持了电视传播的表达优势，另一方面，晚会也认识到了电视线性传播的制约和限制，通过网络在线直播、微博话题送祝福、抢红包发福利等方式，引导观众使用不同平台、不同渠道参与春晚互动。

在实践的基础上创新

——季播节目《哎呀妈呀》创新简述

文艺节目中心

北京电视台文艺节目中心于2016年1月全新推出的喜剧小品综艺季播节目《哎呀妈呀》采用全明星阵容演绎中国家庭故事，每期围绕一个社会热点话题上演爆笑小品，其间邀请明星嘉宾、心理医生、律师等不同行业的人来做客，一起热烈讨论。在欢快的笑声中，一个个令人困扰的问题被一一化解。创新的节目形式、巧妙的节目串联方式，以及丰富实用的节目内容，在当前众多的综艺节目中独树一帜。

《哎呀妈呀》一共12期节目，1—4月期间每周日19：35播出，每期70分钟。《哎呀妈呀》以最高收视率2.97%、平均收视率1.75%、平均占有率4.64%的战绩，在文艺频道众多节目中脱颖而出，成为收视黑马。之后，该节目形式很快被他台效仿。

对于低成本制作的地面频道季播节目，如何进行节目创新？如何获得收视和口碑双丰收？一直是导演在创作中努力寻找的突破口。

一、样态创新，把脉北京观众

在2016年度北京广播电视台节（栏）目创新奖的终评会上，中国社科院新闻所世界传媒研究中心秘书长冷凇说：“《哎呀妈呀》是多年未见的情景喜剧的重磅回归”。北京人对国内第一部大型情景喜剧《我爱我家》有着深刻的记忆，该剧于1993年首播40集，1994年续播80集，之后无数次复播依然有观众追随。情景的意思就是“我不是真的”，假定性很强，喜剧的目的是要给观众带来笑声。实际上，喜剧在核心本质上是相通的，但是在形态上是不断调整和与时俱进的，《哎呀妈呀》正是抓住了这一点，在坚持喜剧创作规律的基础上，进行形态和创作手法上的创新，以及电视综艺化改造，呈现给观众一个小品加室内剧相结合的新的艺术表现形式。

二、选角创新，跨界表演有惊喜

地面频道没有雄厚的资金支持，无法请来时下当红的一线明星参演。《哎呀妈呀》避开先天不足，巧妙选用与北京电视台常年合作且观众非常熟悉的嘉宾出演角色，也解决了演员之间的默契问题。剧中有7位固定角色，相声演员李伟建饰演妈妈李小花，一个典型的北京聪明老太太，在即将到来的73岁坎儿上，“她”对有些事会很较真儿；歌唱家王洁实饰演大儿子王大实，一位离异的中年男人，没什么存款，身边还带着一个半大不小的孩子，再婚成为老大难问题；音乐人包胡尔查饰演二儿子王小彪，性格直爽，行侠仗义，身边美女如云，却谁也看不上，40岁不着急结婚；主持人秦天饰演三儿子王小天，蔫儿主意多，严重妻管严，在妈和妻子的矛盾中长期受着夹板气；青年演员宋宁饰演三儿媳妇小宁，一位时尚女性，爱美，不善家务，经常与婆婆智斗；歌手王菲菲饰演咖啡厅服务员菲菲，这位来城市工作的农村姑娘一直暗恋着老板王大实，希望有一天修成正果。这些演员都来自文艺频道《我家有明星》栏目，除秦天是节目主持人外，其他几位在节目中是帮助素人圆梦的梦想助力团成员。他们经过多年的合作，能够互相补台，配合顺畅，经常能碰撞出新的火花，为节目不断增添惊喜。孙女琪琪选用的也是与他们有过多次合作的 BTV 少年传媒学院 11 岁学生方子麒。人们常说一个小家庭就是一个社会的缩影，这些角色都是当下社会生活中的代表性人物，观众很容易产生共鸣。

除了这 7 位固定成员外，每期还加入不同的影视明星、歌星和喜剧明星参演，如李勤勤、沈丹萍、胡月、王为念、那威、张海燕、何云伟等；还有从文艺频道历届喜剧幽默大赛中脱颖而出的观众喜爱的十余位喜剧演员加盟助演，如陈印泉、侯振鹏等；还有时下最热门的行业专家参与节目串场，或答疑解惑或积极引导，如律师、心理咨询师、营养专家、警察等；演员阵容立体丰富，有很强的可视性。节目还大胆尝试启用群众演员，面向社会征集喜爱表演的观众，根据小品剧情需要安排角色，为栏目的宣传起到积极作用，这又是另一种尝试和创新。

三、忠于原创，关照现实生活

《哎呀妈呀》播出 12 期节目，一共创作 48 段小品，每段小品取材于真实生活，接地气、有亲切感，努力做到以小见大、发人深省。

《哎呀妈呀》2015 年 10 月底正式建组，11 月开始创作，12 月首次录制，时间紧任务重。全组坚持一个不变的原则，就是要创作出贴近现实生活的原创作品。导演深入生活，了解当下百姓最关心的事情，之后定主题，再与编剧团队设计小品。

四、场景创新，营造无限可能的公共空间

在情景剧中，公共空间的打造尤为重要，有了公共空间才能让这里的人物多元化，让故事丰富化。电视情景喜剧《我爱我家》的公共空间是客厅，《东北一家人》的公共空间是达达杀猪菜馆，《候车大厅》的公共空间是火车站候车大厅。《哎呀妈呀》同样营造了一个公共空间——咖啡厅，体现出简单的复杂性。这个空间分两种，一种是小概念空间，一种是大概念空间。

先说小概念空间。这家咖啡厅由剧中主人公李小花（72 岁北京老太太）主持工作，出资人是她和她的三个儿子，所以大家都是股东，都说了算，再加上儿媳妇、老大的前妻、孙女，这个空间是属于一家多口人的，因此，相关人等的亲朋好友都会出现在这里。

再说大概念空间。咖啡厅每天来来往往各色人等，有警察、小偷、明星、专家……人物多元化。看似简单的一家咖啡厅，总能发生让人始料未及的各种奇葩故事。

五、形式创新，戏内戏外巧间离

《哎呀妈呀》以喜剧小品的表演形式进行全片串联。节目由 4 段小品和 5 段串场构成，运用戏内戏外的间离手法，为观众提供有益的思考和指导。小品演绎生活中发生在人们身边的熟悉事儿，而串场部分则用间离的手法，虚实结合，让专家或明星参与到戏中，针对小品中的事件客观说出自己的看法。综艺节目在表现娱乐性、艺术性的同时，兼顾新闻性和民生性，并提供可借鉴的解决方案，也是一种有益的尝试和创新。

六、舞台调度创新，360 度全景观看

《哎呀妈呀》360 度无死角的场景设计新颖别致，围合式舞台一分为二，一半是咖啡厅串联区，以抛出问题和解答问题为主；一半是小品表演区，用喜剧形式再现生活故事。分工明确，结构清晰，用镜头的调度巧妙衔接两个区域内容，让观众一目了然。另外，《哎呀妈呀》在节目创意之初，还为广告预留了多个植入点。比如：可以冠名的不只是《哎呀妈呀》栏目，还有戏中的这家咖啡厅；可植入三个儿子的工作单位；咖啡厅的吧台可摆放饮料、食品等各种快销品；小品里的道具植入，大到汽车、楼盘，小到纸巾、书包等。

综上所述可以看出，《哎呀妈呀》的创新绝不是凭空想象得来，所谓创新，是创意上的大胆设想，操作上的小心求证，创新是在实践中充分论证后的果断行动，也许就是 99% 的继承加上 1% 的改革，《哎呀妈呀》基于此而产生。

在节目播出的 3 个月里，北京市新闻出版广电局节目监控日报中多次提及《哎呀妈呀》，对该栏目的创新点和积极向上、服务百姓的节目内容给予充分肯定，北京市委宣传部有关领导也给予鼓励和赞扬。2016 年 3 月，《哎呀妈呀》获得中国电视艺术家协会、电视文艺委员会颁发的“电视文艺创新栏目奖”，2016 年 9 月，《哎呀妈呀》获得 2016 年度北京广播电视台“栏目创新银奖”。

2016BTV 卡酷少儿动画春晚焕发别样光彩

动画节目中心

《2016BTV 卡酷少儿动画春晚》2 月 4 日至 6 日播出。这台系列春晚以“好玩儿 hold（猴）不住”为主题，打造音乐人偶舞台剧《童话奇趣夜》、游艺晚会《游乐园奇幻夜》、全三维动画盛典《圆明园奇妙夜》3 场创意新奇的狂欢盛典，首次用游戏闯关形式串联舞台剧、首次汇集动漫明星混搭演绎、首次将迪士尼花车巡游搬上电视荧屏、首次将圆明园盛景在电视上进行动画复原。以“混搭、跨界和分享”为关键词的动画春晚，3 台风格迥然不同，充满情怀又不失童趣，参与度极高，在各大卫视春晚中焕发出了别样的光彩。

3 场晚会北京地区 4 岁 + 平均收视率为 0.85%，4 ~ 14 岁目标观众收视率为 2.75%，全国 35 城市 4 岁 + 平均收视率为 0.39%，4 ~ 14 岁平均收视率为

1.62%。首场《童话奇趣夜》播出同时段4~14岁观众收视在北京所有频道排名第一，在全国各卫视频道中排名第一；全龄收视在所有卫视频道排名第二；第二场《游乐园奇幻夜》播出同时段4~14岁观众收视在全国所有卫视频道排名第二。

这次动画春晚首次开通“手机摇一摇”互动形式，在动画春晚播出期间实时手机互动人数近200万人，微博话题在线阅读人数达1050.3万人，讨论量近2万条。同时，《人民日报》《京华时报》《北京晚报》《娱乐信报》、新华网等多家媒体也对2016年卡酷少儿动画春晚进行了多角度报道，搜狐视频动漫频道、腾讯视频生活频道、土豆优酷动漫频道对该届春晚相关视频进行首页置顶推荐。本届动画春晚彰显三大特色：

一、内容设计：混搭与情怀

传统与时尚元素的混搭。2016年是猴年，猴子对中国人来讲有一种特殊的感情，势必与孙悟空相联系，所以猴年的动画春晚将传统民俗与时尚元素巧妙混搭，形成一种独树一帜、不失和谐的独特风格。比如在这场动画春晚中，卡酷原创设计了一个叫“火猴”的卡通猴子形象，这个形象的面部设计以京剧脸谱为参考，穿着一身唐装，充分体现中国传统文化元素；同时设计了赛亚人一样的发型和小黄人一样呆萌的身材比例，又让这个形象充满了现代审美特征。在最后一场《圆明园奇妙夜》中，这只火猴穿梭于圆明园各大场景，唱着《金箍棒》神曲，带领猪猪侠、机甲勇士等一众动漫明星大开脑洞混搭亮相，形成一场春节大狂欢。

在《圆明园奇妙夜》中全三维的圆明园盛景还原，更是首次在电视荧屏亮相。圆明园是我国园林艺术的经典集合，是中华文明和世界文化结合的瑰宝，圆明园文物十二兽首铜像也是中国传统生肖文化的象征。这次动画春晚一方面严格尊重历史事实，咨询历史专家，查阅文献资料，保证圆明园最负盛名的海晏堂、大水法和方壶胜境的场景复原符合历史，一方面又在还原图的基础上赋予动漫元素。比如海晏堂舞台布满神秘机关，台前长长的阶梯时而成为多彩的灯光走廊，时而变为钢琴的琴键；大水法的舞台被设计为童话城堡，这里的魔法喷泉可以“点物成活”，具有厚重历史感的场景重现勃勃生机。

在第二场《游乐园奇幻夜》中，节目与节目之间通过“快闪”的方式串联，卡酷春晚原创设计了一套极具时尚感、节奏鲜明活泼的“猴舞”，在北京天坛、北海、鸟巢、香港金紫荆广场、珠海长隆海洋王国等多地展开了快闪活动。不止是卡酷的主持人和小演员，还有围观路过的小朋友、大爷大妈、京剧院里专业的京剧演员都参与到快闪当中，以最热烈最活跃的方式，跨地域、跨领域、跨时代的元素融合，传承了动画春晚团圆的传统。

服务全龄观众的情怀与追求。动画春晚虽然是为小朋友专门打造的晚会，但始终以服务全龄观众、营造全家共同观看的春节团圆气氛为目标，在晚会中融入老、中、青各代人的情怀与回忆。

在3场春晚当中，有猪猪侠、开心宝贝这些小孩子心目中最顶尖的动漫明星；有EXO、吴莫愁这样青少年喜欢的人气偶像；有超级玛丽、愤怒的小鸟、水果忍者等80后、90后津津乐道的童年游戏；有《我爱你中国》《保卫黄河》这些老一辈人听到会热血沸腾的经典歌曲，动画春晚让每一个人都能在这里寻找到曾经有过的童真和梦想。

同时在春晚的内容设置上，始终充满着勇气、团结的正能量，比如在第一场《童话奇趣夜》中，虽然是主打游戏对战的舞台剧，但是并没有英雄主义的孤身作战，而是将国产动漫经典人物集结包装，打造了国产动画的“正义者联盟”，代表正义、代表能量、代表原创精神，引领孩子们的智慧和勇气，最终正义战胜邪恶，只为了一场团团圆圆的年夜饭。

二、表现形式：创新与跨界

本届动画春晚除了内容设计，在表现形式上是独具匠心的。特别是游戏舞台剧《童话奇趣夜》和游艺晚会《游乐园奇幻夜》这两场，通过跨界融合的思路，在晚会形式上进行了全新的尝试。比如《童话奇趣夜》跳脱出舞台剧传统演绎方式，挖掘出了人偶舞台剧可以“玩起来”的新基因，将游戏闯关引入表演。整场晚会以童话故事为基础，用孩子们最喜欢的游戏闯关方法串联，囊括了动作闯关、技能对战、歌舞PK、格斗比拼等游戏类型，正反方游戏角色对战闯关，让晚会不仅好看还好玩。而《游乐园奇幻夜》突破了传统综艺节目的空间局限，把舞台搬到了亚洲知名的游乐园，所有的明星表演都是在游艺设施上进行，就连节目之间的串联也采取无缝衔接的形式，主持人的串场，都是在游乐设施上“尖叫”着完成的。

三、互动手段：多屏与分享

2016年的动画春晚，首次引入手机“摇一摇”互动功能，借助各场的侧重点，实现极具参与感和互动性的双屏互动。

卡酷少儿动画春晚的“摇一摇”并不单纯是摇手机送红包这样简单，而是通过摇手机的方式让小朋友完全参与到春晚的内容进展当中，让观众们的动漫情结，在晚会中变为情节。比如在第一场《童话奇趣夜》中，当剧中主角和经典游戏角色对战时，观众可以摇起手机为剧中“正义者联盟”增加能量，为闯关加油；在第二场《游乐园奇幻夜》中，小观众们可以通过微信“摇一摇”玩看图猜字游戏，把各场的主持人猜出来；在第三场《圆明园奇妙夜》的动漫明星大秀上，小观众通过摇手机可以为心爱的动漫人物鼓掌或送花，让这场晚会在孩子们的参与中热闹起来。3场春晚“摇一摇”浏览观众达630万人，其中近180万名观众为自己喜欢的动画人物送花点赞，参与到晚会游戏互动之中。

在动画春晚的宣传过程中，卡酷还专门结合新媒体的互动传播规律，设计了“测测你是西游记中的谁”H5测试、“童年中的动画”采访短片、“除了压岁钱还能给孩子什么”话题讨论等线上内容，以卡酷少儿动画春晚为纽带，让所有的观众在收看春晚之外，还能获得分享的快乐和过节的感悟。如“除了压岁钱还能给孩子什么”话题微博阅读量达到448.7万，讨论8955条，社会榜排名第二，总榜排名第五。有网友评论道：“陪伴是最好的礼物，其实孩子想要的很简单”“好想和我爸妈来场说走就走的旅行”“作为大人，应该做的是多和孩子沟通，明白孩子在想些什么，才能更有力量去融入他们!”……

中国社会科学院世界传媒研究中心秘书长、副研究员冷凇博士评价“卡酷少儿动画春晚充满想象力、富于创造力、极具诱惑力，在创新上达到‘六跨’：跨年龄层、跨动漫类别、跨古今时空、跨多元文化、跨文艺形态、跨多屏互动，在没有奢华投入和超级明星的前提下，以最高性价比打造了一场合家欢的视觉盛宴。动画春晚中蕴含的‘积极、健康、想象、智慧、勇敢’的价值观描绘了少年逐梦的影视艺术图景，成为中国梦青春化的重要体现”。

北京电视台推出抗美援朝动画片《最可爱的人》

——忠于历史　真切感人

动画节目中心

66年之前的1950年10月，伟大的中华儿女在邻国朝鲜的土地上打响了一场抗击侵略、保家卫国的战争；66年之后，同样是在10月，这段可歌可泣的历史首次以动画的形式被搬上荧幕，重现战火纷飞的岁月里志愿军战士的动人故事。

我国首部以抗美援朝为主题的动画片《最可爱的人》于10月18日18：30在BTV卡酷少儿卫视隆重推出。该片由卡酷少儿原创出品，以小朋友们所喜爱的动画片形式，用14集的篇幅生动讲述了7个真实的抗美援朝英雄故事，再现了66年前中国人民志愿军为保家卫国浴血奋战的雄浑与悲壮。

《最可爱的人》以写实的风格重现真实的历史，以新颖的形式传承民族的精神，在商业化和娱乐化成为潮流的当下，这部作品的问世，展开了一场跨时代的历史现实对话，为动画界带来一股质朴怀旧的清风。

忠于真实，修复历史原貌

真实，以及对于真实严苛的追求，是《最可爱的人》令人印象深刻之处。作为首部以写实风格展现抗美援朝历史的动画作品，《最可爱的人》在对历史的考据和对细节的还原上可谓下足了功夫，在许多方面都可以说“超越”了动画。片中所提到的无论是为受伤战士找水的白衣天使王清珍，还是以一支不带瞄准镜的老式步枪毙敌200余人的狙击之王张桃芳，或者“暗夜奇兵张魁印”中再现的世界军事院校经典案例“奇袭武陵桥”“登高英雄杨连弟”中描绘的钢轨架浮桥奇迹工程，都是真实存在于朝鲜战场之上的人物与故事。

为了最大限度地尊重史实，动画导演组邀请历史专家和军事专家多次召开研讨会，查找、考据了大量历史资料，对美术设计、史实细节精准度把关，不管是志愿军和美军制服、钢盔、肩章使用，夜袭时间是满月还是缺月、主角是否拥有瞄准镜等，都一一请教专家。片中小到一片草地、一个茶杯，大到一条河流，乃至我军和敌军当时使用的武器、飞机、坦克、火车等，都是参考军事专家提供的史实资料，用全

3D 制作而成，就连飞机上一个铆钉的位置、材质、颜色，都和真实的一模一样。

勇于创新，打造七部“动画微电影”

历史战争题材的作品比比皆是，但在它们中间，《最可爱的人》仍显出独树一帜的闪光之处。因为一方面，它选取动画这种最具时代感的表达方式，运用最新的技术，代表时代的声音；另一方面，它讲述的是一段严肃的往事，传达的是我们民族传统之中最崇高的精神和力量。

曹小卉教授将《最可爱的人》称为“一部独特的历史题材动画”，是讲给年轻一代的情怀和历史。在这些观众面前，动画所具备的优势是不言而喻的：它生动活泼，富有时代感，充满感染力，是孩子们最容易接受的形式。但如何用这种年轻人喜闻乐见的方式把故事讲好，把英雄主义和爱国主义的厚重主题表现得当，这都是摆在制作组面前的挑战。

《最可爱的人》在形式上的突破，体现在结构和格局上的大胆创新。不同于一般历史题材作品的单核情节和单线展开，《最可爱的人》选择 7 位英雄，做成了 7 个完整独立的故事。好像 7 个微电影一样，有机结合成一体，组成整个抗美援朝的历史画卷。北京电影学院教授赵宁宇表示：“这在过去是非常罕见的，也是动画片在结构设计上更加成熟和灵活的表现。”

而在每一部“微电影”之中，制作组也都精心安排了巧妙的结构。如枪王张桃芳的故事中，张桃芳计算杀敌数目的计数，是这个故事的一条隐线，同时又形成了具有内在韵律感的叙事节奏；在《约定》的故事中，朝鲜小姑娘送给志愿军战士刘恩忠的瓶中小鱼也成了贯穿全剧的线索，小鱼的动静暗喻情节的起伏和人物情绪的波动，共同勾勒出故事的起承转合。

以小见大，用“人”见证历史

《最可爱的人》的创作背景是宏大的历史事件，角度却是以“人”的事迹为出发点，而这些人物和他们的故事，最大的特征就是质朴而感人。虽然他们都是英雄人物，但英雄们的非凡之处，却都是由平凡的细节来展现的。

和一般历史题材作品主要关注前线的战士不同，这部作品的镜头所对准的，既有奋勇杀敌的战斗英雄，也有修桥铺路的后方功臣，还有救死扶伤的医护人员。每一个人物都在不同的位置上为这场战争的胜利作出不可磨灭的贡献，同时，也以各自不同的视角见证这场战争的全貌。正因为角度的多样和角色的多样，整部作品显得非常丰满而立体。而这些人物和他们的故事，最大的特征就是质朴而亲切。虽然他们都是英雄人物，但英雄们的非凡之处，却都是由平凡的细节来展现的。这部作品中的人物对话、表情处理、性格塑造、军民鱼水情的表达，都给人一种贴近真实的感觉。除了作为主角的英雄之外，故事中的配角就连反派也都有血有肉。拼命也要保护自己笔记本的“书呆子”，青涩内向又逞强的“小瓦匠”，机灵活泼的朝鲜双胞胎兄弟，甚至是美军傲慢的精英狙击手，鲜明的形象无不跃然于荧屏之上。

另外，片中许多细节的处理，比如枪王张桃芳用以纪念他的连长的一靴子弹壳，或是空战之王赵宝桐的故事中代表英烈的飞机模型，又或是白衣天使王清珍在为受伤战士找水时邂逅的那只小松鼠……都是在展现抗美援朝战场的另外一面。看完这部动画片，孩子们既能够在炮火纷飞里找到英雄气概，同样也能够走近志愿军战士作为鲜活个体的美丽心灵，真切地感受到他们的“可爱”之处。

该给孩子们讲述怎样的故事？这本身就是一个具有时代意义的问题。像《最可爱的人》这样主旋律、正能量，能够传递国家和民族精神的作品，无疑应当成为这个问题的首选答案。那么，如何把这样的故事更好地讲给孩子们听？《最可爱的人》用面向历史的情怀和紧扣时代脉搏的手法，交上了一份优秀的答卷。

《最北京》

——行走中的相声　北京人的乡愁

科教节目中心

2016年，《最北京》在外景拍摄、演播室设计、语言风格的坚守等方面进行了形式上的创新，在选题的遴选、主题的提炼与深化等方面进行了宣传思路上的创新，创作出了《灌肠犹余香　乡愁似个长》《京腔味正浓　音韵犹余香》《温暖忆出行　百姓公交情》《秋凉忆冷食　消暑趣事多》《悠悠老酒馆　绵绵怀旧情》等一批风格独特、京味十足的优秀作品。在2016年度北京广播电视台节（栏）目创新奖评选活动中获得了“栏目创新金奖”，在北京电视台2016年优秀节目评选活动中获得了“优秀栏目奖”。《最北京》2016年共播出48期，最高收视为1.81%，平均收视为1.1%。科教频道《最北京》栏目，于2015年元旦开播，播出时间为每周日晚8点，节目时长50分钟。开播两年来，《最北京》迅速度过了初创、磨合时期，逐渐在观众中树立了口碑和影响力。

《最北京》是一篇含义隽永、温暖感人的散文

散文的最大特点是“形散神不散”，所谓《最北京》的“形”，栏目组定义为“行走中的相声”。“行走”，指的是以外景嘉宾主持李然为代表的走街串巷、即兴调侃的户外体验真人秀的节目模式。近两年来，镜头中的李然，走遍了北京城的大街小巷，有老字号，包括全聚德、天福号、六必居、稻香春、义利食品、爆肚冯等；有老商店，如虎坊路百货、赵府街副食店、永安路百货、大方百货等；有公园，如天坛、北海、龙潭湖、青年湖等；还有和北京人生活息息相关的一些行业、店铺，如老照相馆、老澡堂子、潘家园、后海等。节目内容基本涵盖了北京人日常生活的方方面面。“相声”，指的是节目的语言风格。在一个个现场，在隐蔽的镜头前，《最北京》捕捉到了一位位北京人真实、鲜活、风趣幽默的一面。

所谓《最北京》的“神”，栏目组定义为“北京人的乡愁”。正如节目中嘉宾所说，一般人的乡愁是空间性的，而北京人的乡愁是时间性的，是不可逆的。所以，《最北京》所要做到的就是，尽量用

“行走”，记录北京人的这些念想和精神的寄托。这一点正是《最北京》最大程度地引发观众共鸣、获得良好口碑的精髓之所在。

《最北京》是一段真实的北京普通百姓生活的影像记录

为了最大程度地保证嘉宾在现场聊天的真实性，节目组采取了隐蔽拍摄的方式，希望现场观众的表现更自然真实。事实证明，近两年时间《最北京》节目的现场采访、拍摄、剪辑播出的内容，是一部北京普通百姓口述实录的原生态生活纪录片。为了保持节目原汁原味的京味特色，在选题、拍摄地点、场景的选择上，节目组也倾向于有更多北京人活动的空间，确保聊天内容、语言风格符合节目组“百姓故事，胡同情怀”的定位。

《最北京》是一场平民化、世俗化的聊天

《最北京》的节目面貌和语言风格呈现出鲜明的地域文化特点。在《最北京》的每一期演播室里，艾宝良、潮东、李然，3 位不同年龄的北京侃爷三代同堂，用群聊脱口秀的方式，讲述各自的个体记忆，展现出节目的幽默气质、怀旧风格和人文情怀。演播室聊天与嘉宾现场体验段落有机结合，语言风格一脉相承，形式不落窠臼，三代人之间的观念碰撞、融合产生出的“熟人语境”和“客厅 + 餐桌氛围”，成为《最北京》独有的韵味。

群策群力　联席联动　打造身边“最美一米风景”

——2016 年暑期文明旅游主题宣传活动彰显四大亮点

生活节目中心

2016 年 7 月 6 日上午，“最美一米风景”2016 暑期文明旅游主题宣传活动，在北京电视台 41 层阳光大厅正式启动。活动由首都精神文明建设委员会主办，市委宣传部、首都精神文明建设委员会、市旅游委、市政府外办、市委教工委、北京电视台等 14 家提升首都公民旅游文明素质联席会议成员单位联合承办。

“最美一米风景”文明旅游主题宣传活动，旨在通过“你脚下的一平米，就是世界的每平米”的理念，引领广大游客在暑期出游时自觉自律、文明出行。启动仪式主会场，播放了“最美一米风景”活动宣传片——《你也是风景》，推出了针对暑期策划的两大特色活动，即“最美一米风景影像志集纳”和“一米直播计划”百名大学生记者报道团。首都文明办副主任韩龙彬、市旅游委委员赵广朝向北京电视台主持人高燕、影视明星张雪迎颁发了“最美一米风景”文明旅游主题活动形象代言人聘书；首都文明办主任滕盛萍按下寓示着活动主题“最美一米风景”的胶卷按钮，拍下第一张活动照片，活动正式拉开帷幕。

活动当天，除主会场外，还分别在市公安局出入境管理大厅、北京第二外国语学院、陈经纶中学嘉铭分校西校区、金融街街道社区、首都机场、北京西站、四惠交通枢纽、景山公园等设置了8个分会场。上午10点半，上千名志愿者、社区居民、游客、学生等在主会场和分会场同时喊出“一米风景——我最美”文明旅游口号，传递文明旅游理念，倡导文明旅游新风。中央文明办、国家旅游局、首都文明旅游联席会议各成员单位、各区文明办领导出席了活动。

亮点一：8大分会场 千人共同唱响“我是最美一米风景”口号

除北京电视台41层阳光大厅主会场外，还在8个分会场开展了内容丰富、形式多样的主题活动。陈经纶中学嘉铭分校分会场，165名整装待发即将远赴河南红色旅游胜地研学旅行的中学生们，通过绘画的形式，向大家展示了他们心中的“最美一米风景”；在出入境管理大厅，各岗位的公安民警整齐亮相，热情为市民办理相关手续，并耐心介绍出境时的文明旅游注意事项。参加活动的市民群众纷纷表示，这样的活动非常有意义，不仅能让自己更好地理解什么叫作文明旅游，也能增长不少出境游方面的常识。

近年来，有关“中国游客”的新闻时常见诸报端，个别中国游客的不文明行为已经影响了我国的国际形象。人们在旅游活动中的一言一行，不仅仅代表个人的文明素质，也是一个国家的形象、一个城市文明程度的标志。此次“最美一米风景”主题宣传活动，强调“千里之行，始于足下”，无论到哪里旅游，每个人脚下或走过或驻留的一平方米都是组成世界的一平米。只要我们每个人身边的一平方米是文明的，这个世界就是文明的。文明旅游，从我做起，从小做起，每个人的一点改变都将创造无限可能，让我们在旅行中把经过的每一平方米都变成最美的风景。

亮点二：14个部门联席联动 营造和谐的首都文明旅游环境

此次主题宣传活动，是一次检验14家成员单位联席联动工作成效的有益尝试和积极探索，旨在通过开展文明旅游宣传，传播文明旅游理念，倡导文明旅游新风。活动中，各部门结合自身实际，充分发挥职能优势，确保游客在旅游的每一个环节都能够得到有效的文明引导。文明旅游，不仅仅体现的是公民的文明素质，更能体现相关职能部门的服务水平，为此各联席会议成员单位也设计了不同活动的二维码，在各自的宣传平台上及时推送，市民群众扫码后，即可了解各单位的工作开展情况和活动信息。

而作为活动的承办方，生活频道《生活2016》栏目，在7月至8月持续开设“最美一米风景”暑期活动专栏。活动期间，采取与市民群众互动的形式，对各联席会议成员单位和各区的特色活动及工作推动情况，进行连续跟进报道。

亮点三：瞄准暑期出游高峰 推出两大特色活动

每年的暑期都是学生和家长出游的高峰期，据途牛旅游网2015年发布的《暑期旅游盘点报告与热度排行榜》相关数据显示，暑期国内游、出境游人次同比上一年分别增长了180%、380%，因此活动主办方针对出游群体特别定制了两大特色文明旅游活动，以吸引广大市民群众积极参与。一项是“最美一米风景”文明旅游影像志集纳。活动的主体以全市中小学生为主，通过汇集游客上传的“最美一米风景”照片，最终以影像志的形式呈现，并向社会发布。刚刚参加完高考的童星张雪迎作为北京市中小学生代表介绍了“影像志”活动的具体参与办法。另一项是“一米直播计划”。与“北京时间”网站合作，由招募来的100名大学生志愿者担纲云记者，并组成特别直播报道团，在为期45天的时间里通过“北京时间”APP对文明行为和文明游客通过网络直播的形式进行大力宣传。文明旅游公益大使、北京电视台十佳主持人高燕作为报道团特别成员在活动现场宣誓，将会用影像记录身边一米的文明风景。活动结束后，主办方从参与活动的市民群众中评选出50名优秀活动参与者，颁发“最美一米风景”荣耀徽章，纳入“最美一米风景”影像志，并直接参与首都文明办和市旅游委共同组织的“文明旅游达人”评比活动。

亮点四：开启全媒体矩阵式传播模式掀起文明旅游宣传高潮。

本次活动，通过传统媒体与新兴媒体的有机融合，积极打造多层次、多维度、多渠道、全覆盖的传播平台。除北京电视台以外，新浪微博、腾讯微信、人民网、今日头条等新媒体组成全媒体报道阵容。并积极利用北京市政府新闻办公室“@北京发布”、首都文明办“@文明北京”等政务新媒体平台，通过热搜、话题、分享、展播等各种传播方式，实时报道活动情况。此外，活动还吸引了北京新媒体集团“北京时间”强势加盟，提供网络直播、理念宣传、信息搜集等合作。同时，本次活动还邀请北京新媒体集团在大数据、互动以及用户导流方面提供有力支持。

首届“诚信北京”3·15晚会呈现五大亮点

财经节目中心

2016年3月15日18：30－20：00，首届“诚信北京”3·15消费者权益日晚会在BTV财经频道播出，当日首播收视率0.95%，市场份额3.14%，比前一周同时段提升了1.5倍。

作为一档时长90分钟的晚会节目，“诚信北京”3·15晚会是财经频道首次制作大规模的晚会型节目，经历了从无到有、从有到优的艰苦创作历程。这台晚会呈现五大亮点：

亮点一：叫响一个“诚信北京”品牌

栏目组本着不破不立的原则，大胆创新，一心要办一场“不一样”的315晚会。经过多方研究，最终将“诚信北京”的概念定位晚会主题，一改传统315晚会以负面曝光为主的节目样态，重在弘扬正能量，传递真感情。

“诚信北京”晚会主题一经提出，立刻得到了广泛回应。京粮集团、二商集团、三元集团等多家知名国企主动联系晚会栏目组，要求在晚会上发出自己的声音，用诚信为百姓的食品安全代言。共有十余家大中型企业参与录制，与晚会一起传播诚信理念，分享诚信故事，收到了良好的宣传效果。

亮点二：舞美设计恢弘大气

在舞美设计上，晚会创作组将老台800平方米演播室改造成星光基地“流动的光影”设计效果，打造了以中间LED大屏为主、两边异形屏为辅，观众席、侧屏整包的形式实现“汇聚、交流、大气、恢弘”晚会舞美设计，以庄重的红色、冷静的蓝色、轻快的绿色让晚会各版块呈现出明显的环境变化。主持区、发布区、表演区、T台颁奖展示区4区功能明确，带动观众的欣赏兴趣。组里美工信薇娜设计的LOGO、倒计时海报也为晚会的成功做出了贡献。

亮点三：创新联合宣传推广模式

本次晚会的又一大亮点就是创新的宣传推广模式。推广分三个阶段：预热期、立体宣传期、长尾效应期。晚会播出前，创作组组织了大量提前预热活动，2016年1月28日在首都博物馆召开了“我是诚信代言人”征集活动的启动仪式；2月初，“诚信北京”宣传片上线；2月28日，环绕北京二环路的“诚信北京”涂装巴士上路运营；3月12日，新媒体剧透式海报、微视频、论坛话题炒作开始；3月15日晚8点后，调查内容解密、推广。

亮点四：锻造一支80后“3·15突击队”

财经频道各个栏目都存在人手紧缺的状况。3·15创作组整合优势资源搭建了5人团队：制片人韦嘉从《首都经济报道》抽调，两名编导姚舜禹、董棠从《理财》和《首经》抽调，配合一位音乐新媒体编辑周可夫、美工技术信薇娜、财务王凯组成了一个项目组。这个团队平均年龄30岁，85后成为中坚力量，项目执行的过程也是财经频道培养青年创新骨干的过程。“年轻、敢闯、敢拼”成为这支“3·15突击队”的标配。

亮点五：财经3·15晚会——品牌“整合营销”的有益尝试

在50天时间内酝酿筹备、制作播出一台大型晚会并有积极反馈，这是315创作组运用了“整合营销”的创新方式所取得的必然效果。

一是三大渠道效果整合。2016年3月15日晚18：30－20：00，北京电视台财经频道首届“诚信北京”315消费者权益日晚会顺利成功播出。从网络直播来看，爱奇艺独家网络视频直播访问量实现了426667人次，晚会通过优酷土豆、爱奇艺、腾讯等网络视频碎片化传播突破100万级别，实现了北京电视台除春晚外历史性的突破。晚8点晚会结束后，调查图文置顶推送搜狐、360、网易等主流门户网站达到8家。另外，从直播手机互动端来看，据天脉公司统计，晚会直播互动“摇线索”90分钟节目10点位一共有107112访问量，派发5台钢琴、20个水滴摄像头、20万个诚信勋章。这在财经频道首次打开摇电视窗口，没有用户体验和习惯的前提下，实属难得。

二是广告营收创新整合。北京电视台办“3·15晚会”尚属首次，品牌没有认知度、知名度，广告运营部门短时间招商困难。因此，项目组为京视电广找来代理商，筹集了150万元的广告经费（包括软植和硬广），实际晚会花费为100万元，只使用了广告费的三分之二，为项目实现了盈利。这是财经频道首次采用广告代理的模式运作节目，并取得了制作和盈利双赢的效果。

三是从产品为核心到受众为核心的转变。对“3·15晚会”这个品牌来说，破题很关键。以往“3·15”都是以产品为导向的，这个产品就是调查。但是，“诚信北京”在呈现方式上不可能由负面曝光来完成，由于时间紧、任务重、人手少、底子薄等客观条件所限，BTV财经“3·15晚会”只能按照整合营销理论，以消费者为核心。整合营销必须考虑到如何与消费者沟通，消费者和品牌之间有更多的“联络点”或“接触点”，“1+1”模式由此诞生，即一个调查配合一个衍生节目，让接地气、有趣、有意义的节目成为晚会亮点。街头魔术、讽刺相声、破坏试验应运而生。让消费者在日常消费中擦亮双眼，破除迷雾，理性消费、智慧消费、聪明消费。事实上，晚会的高收视也和这些环节的设置密不可分。

四是宣传推广整合。此次晚会最大的亮点是全方位、立体式的宣传推广整合营销的成功。晚会宣传分为“前期预热期、品牌推广期、产品静默期、‘狂轰乱炸期’、长尾效应期”，并且分为传统媒体传播和网络传播两大块。

里约奥运会的金牌电视转播制作团队

——记北京电视台里约奥运会乒乓球公共信号制作

体育节目中心

凭借多年的体育节目制作经验，成为奥运会的电视转播制作团队，北京电视台在2008年北京奥运会就做到了，当时参与的是奥运足球、排球比赛的公用信号转播制作，但作为奥运电视转播制作团队参与在国外举行的奥运会的转播制作，国内的地方电视台之前还从没有过。

2016年里约奥运会，北京电视台实现了这一突破，再次成为奥运电视转播制作大团队的一员，我们派出的44人制作团队为本届奥运会总共制作了96场、180小时高质量的乒乓球赛事电视信号。我们转播的男、女单打和团体决赛工作得到奥运会电视转播机构OBS的高度认可，特别是转播东道主巴西队的比赛得到了国际乒联的高度赞扬。

一切源于实力，BTV体育频道在国内体育电视制作方面良好的口碑以及在北京奥运会足球、排球项目制作上的优异表现赢得了奥运会电视转播机构OBS的肯定，被OBS确定为里约奥运会乒乓球项目的转播制作团队，与广东电视台的团队共同完成所有乒乓球项目比赛的电视转播信号制作（所有决赛都由北京电视台负责制作）。

在被确定成为里约奥运会的电视制作团队之后，北京电视台领导以及体育中心都高度重视，组建了高质量的团队，按照奥运制作标准流程，每个工作岗位进行平时学习、研讨，并利用中国乒乓球俱乐部超级联赛转播制作的机会练兵。为了提高水平，还远赴福建、山东，进行了多次集中赛会制演练。

北京电视台乒乓球公共信号团队一行44人，分5批于当地时间8月3日全部抵达里约。从7月30日第一批成员抵达里约后，大家不顾旅途劳累，立刻投入到机位搭建、调试和演练中。前几天每天6~7个小时，人到齐后的8月4日，从早上9时到晚上10点，经过10多个小时的最后磨合和信号测试，奥运会乒乓球项目公共信号制作准备就绪。8月5日虽然是奥运会的开幕日，但团队成员还是进行了最后的演练。正是因为在专业和细节上充分的准备，北京电视台的奥运团队在里约之后的赛事信号测试制作中一气呵成一次通过，得到PQC（奥运电视质量控制中心）的高度评价。

乒乓球比赛设有男女团体和男女单打共4个项目，从8月6日至17日在名为Rio Centro-Pavillon 3的体育馆举行。北京电视台全体人员住在媒体二村，到赛场车程40分钟左右。工作时两个导演团队在同一辆转播车上各自进行不同的两场比赛的信号制作，狭窄的转播车空间被分隔成前后两个区域，大家往往要在狭窄的工作区域里奋战几个小时。

为北京台奥运制作团队配备的转播车来自西班牙。使用别人的转播车进行制作对于北京电视台的制作团队来说是经常的事，但使用国外的转播车这是头一回，而且对方的部分设备和型号我们在国内从未使用过，但扎实的专业基本功让北京电视台奥运制作团队很快就熟悉了西班牙转播车各项设备的操作。

乒乓球比赛时间长、强度高，172名选手在4张球台上轮番上阵，一场接一场，一个接一个，而转播的机位是不变的，要一直盯着，只有在场间休息的几分钟里，跑着上个厕所、吃两口饭。最艰难的是前几天，乒乓球预赛前几天每天的比赛从早上9点到晚上11点，按照奥运会的电视制作标准流程，开赛前3小时各工种要就位，也就是说早上5点就要从媒体村坐车出发到比赛制作场馆（单程车程在40~50分钟），而制作完回到媒体村已经深夜12点。每天的睡眠时间只有4个小时，而此时许多人根本还没有倒回时差。高强度的工作虽然让人精疲力竭，好几个人都出现身体不适，但大家都共同克服了，没有因此影响到制作。

熬过这段时间之后，随着比赛进程不断深入，各个制作岗位的合作越来越默契，也渐渐少了最开始的紧张，转播制作进行得更加娴熟和高效，共完成乒乓球项目中的96场赛事，将奥运乒乓球赛场上精彩热烈的比赛场面全面、生动地展现给了全世界。北京电视台在里约奥运会的电视制作经历展示的是实力，收获到的是满满的自信，大家已经把目光投向了2020年的东京，以及在家门口的2022年北京冬奥会。

《欢乐二打一》

——融竞技性、趣味性、娱乐性为一体

体育节目中心

《欢乐二打一》是北京地区唯一一档扑克益智竞技类节目，是2016年北京电视台体育频道收视率最高的常规性栏目。周一至周五17：55首播，每期节目时长50分钟。2016年北京地区全年收视率为2.43%，单期节目收视率达到3.75%。该节目在北京地区享有广泛的赞誉和知名度，稳定上升的收视率显示这个节目正处在黄金发展期。

《欢乐二打一》以传播健康、文明、向上的扑克益智竞技项目为宗旨，活跃首都电视观众的业余文化生活为目标，推动传统电视媒体内容生产向新媒体互联网前段延伸融合，历年来进行了大量创新型发展。节目注重竞技性、趣味性、娱乐性的高度统一，赛制规则制定科学合理、通俗易懂、贴近百姓，同时也兼顾公开、公平、公正原则，内容环节设置照顾到全人群的收视特点，真正做到了全人群覆盖和老少皆宜。《牌局解析》等板块为国内同类型节目首创和独创。在《欢乐二打一》的带动下，合作网站的用户数以几何倍增长，从开播时同时在线不足10万人已经发展到同时在线212万人。

《欢乐二打一》的比赛采用了电脑平台的比赛方式，选手通过电脑软件直接进行比赛。同时对比赛过程实时录制，让比赛的进程更加直观，电视观众也能从中感受到比赛的紧张和刺激。在包装形态上，《欢乐二打一》进行了突破和创新，选手比赛实时画面与电脑牌局实现了完美结合。选手在比赛时真实的状态通过先进的包装手段，直接展现在牌局界面上，让比赛的过程更加生动真实，电视观众可以更好地欣赏比赛的全过程。

《欢乐二打一》充分利用多媒体平台，从选手选拔到节目内容宣传采用了全方位的推广模式，微信公众平台、官方微博、官方网站、海选网站同步上线，让节目在新媒体的环境中更好地生存和发展。节目在播出的同时，观众可以扫描节目中的二维码，用手机下载比赛客户端，就能在手机上随时随地参加比赛。微信公众平台成为另外一个节目宣传阵地：每场优秀选手评选、了解比赛咨询、获取比赛客户端下载链接、与其他观众交流观赛心得等，更多的功能让观众在看比赛的同时参与节目互动，让比赛成为百姓自己的比赛。

深入开展“两学一做” 扎实推进从严治党

党委办公室

北京电视台在“两学一做”学习教育中，坚持“突出责任落实，加强组织领导”“突出形式多样，创新学习平台”“突出抓常抓细，实现常态有效”“突出支部作用，深化教育成果”“突出以知促行，践行党的宗旨”，巩固拓展党的群众路线教育实践活动和“三严三实”专题教育成果，全面推进从严治党向基层延伸，“两学一做”学习教育各项工作取得较好成效。

一、突出责任落实，加强组织领导

党委高度重视，强化统筹管理。北京电视台党委高度重视“两学一做”学习教育，成立了台“两学一做”学习教育领导小组和领导小组办公室，召开“两学一做”动员会，进行深入细致的思想发动和工作部署，加强组织领导，强化工作统筹，坚持服务中心、围绕大局，把学习教育同做好各项工作结合起来，做到两手抓、两促进。

坚持领导带头，抓好中心组学习。“两学一做”学习教育开展以来，北京电视台党委中心组开展集体学习18次，先后学习了《中国共产党章程》《党委会的工作方法》《中国共产党纪律处分条例》《中国共产党党员领导干部廉洁从政若干准则》《中国共产党问责条例》《十八届六中全会公报》等文件精神；开展交流讨论3次，分别围绕“对党忠诚，做合格党员”“严守纪律，做合格党员”和“务实担当，做合格党员”开展学习交流，畅谈思想认识，明确改进计划，形成了良好的学习教育氛围；台领导班子坚持以上率下，带头做表率，执行双重组织生活制度，以普通党员身份参加支部学习和讲党课活动54次。

认真剖析问题，坚持边学边改。北京电视台党委认真分析研究党建工作存在的问题，瞄着问题去、对着问题走，紧密联系实际，坚持边学边改，结合开展巡视反馈意见整改落实工作，台领导班子成员深入分析查找北京电视台党的建设和改革发展存在的突出问题，针对19项具体工作，明确了整改落实工作方案。

二、突出形式多样，创新学习平台

北京电视台现有党员近1500名，分属在63个党总支、党支部，许多工作岗位实行不定时工作制，台党委充分利用北京电视台技术优势，自主设计了“智慧党建”APP，把党支部建在网上，把广大党员联在线上，实现了学习教育的信息化、党员服务的便捷化和党员教育的常态化。

目前，北京电视台已经建立起较为科学的“智慧党建”内容分层管理办法，全台各党支部在“智慧党建”建立了“公众号”作为党支部学习教育平台，每一个党员都可以加入“公众号”“工作圈”，交流思想，沟通信息，分享经验，凝聚共识。全台性的重要通知、学习内容、典型宣传、党员管理、调查统计都可以通过“智慧党建”有关平台及时发送、统一管理，有效地把基层党组织聚了起来，让广大党员动了起来，使党建工作活了起来。未来，“智慧党建”APP还将在“党费收缴”“生活服务”“业务支持”等功能方面进行扩展完善，使之成为党建工作的有力助手。

三、突出抓常抓细，实现常态有效

在深入开展“两学一做”学习教育中，台党委十分注意利用各种学习教育手段和多媒体技术，组织多种生动活泼、形式多样的学习交流活动，增强学习教育的吸引力和感染力，确保学习教育的常态化、有效性。特别是利用“智慧党建”这个平台，把严肃的学习教育内容变成广大党员喜闻乐见的形式，寓教于乐，严肃活泼，在内容推送上，让广大党员觉得有用，启迪思想；学习形式上让广大党员觉得有趣，乐于接受；话题设置上让广大党员乐于表达，激荡思想，营造了良好的学习教育氛围。台党委在APP上开设“重要通知”“学习园地”“精彩推荐”等专版，先后策划《名词概念我知道》《中国共产党章程》解读、《十八届六中全会公报》等，及时传达上级有关要求，定期推送有关学习信息；全台各党支部通过“支部公众号”，积极主动反映本支部“两学一做”学习教育情况。截至12月底，“智慧党建”APP总访问量达24000余次，“支部公众号”推送各类学习教育信息近950条，工作圈、即时通讯消息1500余条。

为实现“两学一做”学习教育常态化，台党委先后策划了一系列活动，做到“月月有计划、周周有安排”，不断深化学习教育效果。一是利用台内网“党建之窗”、“党建视频”党员教育网站，开辟学习专题，组织在线答题活动，引导督促党员干部学在日常，学在经常；二是组织举办青年创新成果展示评比。鼓励广大青年员工立足岗位做贡献，实施青年创新工作站常态化运行管理和青年创新项目市场孵化实施办法，以项目创建促人才建设，创新青年人才培养机制，营造求索创新的良好氛围；三是组织开展“共产党员献爱心”活动。广大党员、入党积极分子和群众积极响应，踊跃参与，全台捐款人数1178人，共计捐款111160.50元；四是完成基层党组织换届选举、党费收缴专项检查、党组织关系排查清理、违法违纪党员排查清理和党员信息核查工作等基层党建7项重点工作任务，确保各项工作平稳顺利完成；五是在各基层党组织广泛开展“两个规范”大讨论的基础上，形成北京电视台两个规范的讨论稿，进一步组织全台广大党员进行讨论，统一思想认识，使广大党员进一步明确合格党支部建设规范要求，进一步明确合格党员行为规范标准；六是抓好学习宣传贯彻十八届六中全会精神，组织全体党员认真学习十八届六中全会公报，在学懂弄通、入脑入心上下功夫，在学深学透上出实招，对“学”这个基础常抓不懈。积极做好宣传报道工作，不断把学习贯彻六中全会精神推向深入，把握正确导向，精心组织宣传，形成舆论声势。

四、突出支部作用，深化教育效果

全台63个党总支、党支部根据学习教育实施方案，落实工作责任，把握工作节奏，严密组织各项活动，确保全体党员近1500人全覆盖，通过开展集中学习、交流研讨、辅导讲座、特色党日活动等各项活动总计600余次，营造了增强党性修养、忠诚党的事业、发挥模范作用的浓厚氛围，收到了很好的效果。

坚持“三会一课”，集中学习讨论。各党总支、党支部深刻领会基层党组织在“两学一做”学习教育中的重要作用，创新方法，注重实效，坚持“三会一课”制度，充分利用部门例会时间，及时传达上级有关要求、组织集体学习，确保学习教育常态有效；各党支部以集中学习教育为主，从工作实际出发，按科室、分小组或成立临时党组织等形式，落实学习教育任务，保证学习教育全覆盖、经常化、有收获。老干部党总支和各退休职工党支部从退休职工党员的实际出发，采取“送学习资料上门”“定点值班”等方式为老党员发放学习材料，充分利用退休党员“微信群”传达学习教育要求，组织分享交流学习体会，保证“两学一做”学习教育覆盖到全体退休党员。

开展党课活动，锤炼党性修养。各党总支、党支部在推进学习教育过程中，注重发挥基层党组织政治引领、凝心聚力、围绕中心、推动发展的重要作用，十分注重把学习教育同实际工作相结合，同频共振、互为促进。“七一”前后，各党支部集中开展讲党课和学习研讨活动，许多党支部书记、支委带头，优秀党员率先垂范，紧紧围绕“抓党建，促发展”的主题，引导党员坚定理想信念，提高党性觉悟，发挥先锋作用，交流分享，深入研讨，统一认识，提高觉悟，促进工作，收到了很好的效果。“两学一做”学习教育开展以来，支部书记、普通党员讲党课79场。

组织专题研讨，交流经验体会。按照“两学一做”学习教育方案，三个专题学习结束时，全台各党支部均要进行专题交流讨论，分享在“对党忠诚”“严守纪律”“务实担当”的学习心得和经验体会。特别是11月以来，全体党支部按照计划开展了“合格党支部建设规范”“合格党员行为规范”两个大讨论，广大党员积极发言，结合工作实际和“两学一做”学习教育，畅谈支部建设规范和党员行为规范。通过讨论，使广大党员明确了党支部建设的主要工作和任务，进一步明确了党员行为准则。目前北京电视台已初步形成了“北京电视台党支部建设规范”和“北京电视台合格党员行为规范”的讨论稿，组织全体党员对讨论稿进一步交流讨论，不断完善“两个规范”，进一步坚定理想信念，提高党性觉悟，为党在思想上、政治上、行动上的团结统一夯实基础；收集了党员个性化承诺，采取各种方式在支部内部进行公示，形成模范带头效应，把“建强支部、严管党员”的工作目标落到实处。“两学一做”学习教育开展以来，各基层党组织先后开展各类交流讨论186次。

撰写学习心得，分享学习感悟。在“两学一做”学习教育过程中，广大党员干部把学习心得和体会落实在笔上，记录在纸上。在每个专题交流讨论后，各党支部均要求党员撰写学习心得，把学习教育的所感、所想记录下来。卫视节目中心《档案》节目编导吴志勇以《筑牢信仰基石　凝聚强大力量》为题，结合《解放——人民的选择》纪录片的摄制工作，撰写心得感想，认为党员要结合“两学一做”学习教育，把握机遇、破解难题，以只争朝夕的精神，保持干事创业、开拓进取的精气神，才能努力创造出经得起实践、人民和历史检验的新业绩。“两学一做”学习教育开展以来，各党支部累计上交学习心得体会270篇。

*组织特色活动，开展学习教育。*在“两学一做”学习教育中，许多党支部组织党员走进革命历史纪念馆，瞻仰革命遗址；参观国家博物馆、军事博物馆、抗日战争纪念馆，重温党的历史；走进工厂社区、武警部队，感受奉献精神。通过组织开展特色党日活动，广大党员干部更加深刻地体会到对党忠诚、严守纪律、务实担当的重要性，广大党员的理想信念进一步坚定，自身素质进一步增强，模范作用进一步发挥，党支部的凝聚力、战斗力不断提升。

*开展廉洁教育，增强党纪意识。*为加强党风廉政建设和反腐倡廉教育，部分党支部组织参观廉政教育基地、看守所，观看廉政教育纪录片，通过多种方式，教育党员干部坚守党风廉政建设的“生命线”，永葆廉洁本色。通过参观学习，提高广大党员干部对党风廉政建设重要性的认识，使党员干部树立正确的权力观、地位观、利益观，进一步增强廉洁自律意识，做到警钟长鸣、持之以恒，永葆共产党员的高风亮节，筑牢拒腐防变的思想道德防线，为进一步深入开展“两学一做”学习教育工作奠定坚实的思想基础。

五、突出以知促行，践行党的宗旨

各支部坚持围绕中心工作抓党建，把“两学一做”学习教育活动与做好本部门重点工作任务结合起来，与展示党员形象结合起来，与发挥模范作用结合起来，做到学习教育与日常工作有机融合、相互促进，两手抓、两不误，使教育活动更加深入实在。

*亮明党员身份，示范引领带动。*在“两学一做”学习教育中，全台各党支部以“亮明身份、公开承诺、示范带头、接受监督”为主要内容，根据岗位特点和工作实际自主创新活动方式，教育引导党员在任何岗位、任何地方、任何时候、任何情况下都铭记党员身份，立足岗位、履职尽责。通过组织党员在重大活动佩戴党员徽章，设立党员先锋岗、党员示范窗口、党员责任区等方式开展承诺践诺活动，主动接受党内监督和群众监督，做群众的标兵模范。计财部党支部设立了“党员先锋岗”“党员示范窗口”，让每一名党员强化身份意识、展现党员风采；财经节目中心党支部党员作出了“我是党员，亮明身份，请你监督”的承诺，把党的纪律、党员身份摆在前面。

*开展公益活动，展现良好形象。*在广泛开展“两学一做”学习教育的同时，很多党总支、党支部积极参与到社会公益和志愿服务活动中，以实际行动传递正能量，把“做合格党员”落到实处。新闻节目中心党总支组织“带本书给家乡的孩子”第四季大型公益活动，以“重走长征路”为主题，由大学生“捎书信使”将3万余册爱心图书送往瑞金、遵义等8个长征路线上的老区小学；新闻编辑部党支部和制作部第四党支部组织了为中小学捐赠图书活动，与同学们一起分享读书感受和座谈成长经历；动画节目中心党支部走进首都儿科研究所，建立“卡酷幼儿园图书角”，和孩子们一起共度儿童节；制

作部员工董晨阳同志因病去世，制作部党总支利用“智慧党建”APP组织捐款，全台员工积极响应倡议，慷慨解囊，共计捐款9万余元，表现了BTV员工团结友爱、互帮互助的大爱精神。

发挥模范作用，促进创新发展。自“两学一做”学习教育开展以来，广大党员立足本职岗位，充分发挥先锋模范作用，在重大新闻转播、报道中冲在一线，极大地推动了部门工作和电视台各项重点工作的开展。在里约奥运会乒乓球转播、G20新闻报道、“天涯共此时”大型跨年新闻行动、抗美援朝动画片《最可爱的人》制作推广过程中，广大党员干部时刻铭记党员身份，践行合格党员标准，以身作则，以知促行，关键时刻挺身而出，身先士卒，做好表率。经过学习教育活动，广大党员干部的素质不断提升，党组织凝聚力和战斗力不断增强，在电视产业创新发展中起到了突出作用。

立足岗位做贡献　创新实践促发展

办公室

北京电视台“两学一做”学习教育活动启动以后，办公室党支部组织全体党员积极投入到“两学一做”学习教育中，按照时间表扎实推进各个环节，确保各项工作落到实处。同时，组织开展“我想对党说”红色经典诵诗会，以诗抒怀、追忆历史、面向未来，创新“两学一做”学习教育形式；充分利用北京电视台自主研发的“智慧党建”APP互动交流平台，及时发布学习动态，分享学习心得，切实把思想建设抓在日常、严在经常。

一、立足岗位做贡献，扎实推进“两学一做”学习教育

“两学一做”基础在学，关键在做。如何做一名合格党员？办公室党支部带头发挥先行、先导、先锋作用，坚守忠诚、干净、担当底线。积极号召支部党员立足岗位做贡献，狠抓落实、末端见效，把“两学一做”的关键扎扎实实“做”在综合协调管理服务的职能中，“做”在服务全台改革发展的实践中。

立足岗位做贡献，不断提升专业水平和履职能力。办公室办文办会周密统筹，有章法有实效，有力服务了全台日常运转需求。信息工作内外联动，有增效有亮点，获得市委宣传部、中央电视台等单位的高度评价和荣誉表彰。外事管理严格规范，有力度有执行，确保了全台干部职工出访安全。内网建设不断完善，有探索有优化，契合了全台的中心工作。法律事务求善立新，有总结有突破，切实服务了内容生产和改革发展大局。通讯保障探索新路，有拓展有延伸，圆满完成了各项重大直播任务。医疗服务以人为本，有重点有强化，密切关照了干部职工的身心健康。

立足岗位做贡献，精细追求工作高标准。办公室文件流转细心登记分类，及时分办落实，根据相关部门需求急事急办、特事特办，切实服务到位。档案工作立足各部门特点，采取层级化管理，主动对接重点部门，点对点答疑解惑。舆情服务决策力度加大，设专人专岗搜集整理新版《舆情速览》，每日关注主流门户动态，每月汇总台情台务数据。合同审核流程标准不断完善，进一步扩大合同范本覆盖范围，全面梳理全台近年来各类诉讼案件，通过有针对性的研判分析提升了法律风险防控能力。

立足岗位做贡献，不断强化责任意识。2016 年上半年，办公室共计接待各级领导来宾交流访问 50 余批次，500 余人次。总机坐席上半年总接话量超过 8 万件，协助相关部门办理通讯业务 3 万余件。96168 栏目热线接听来电 68 万件，配合各栏目解答咨询 2500 余人次，为全台大型活动提供线索建议 2. 2 万件，并举办“学雷锋开放日”活动，邀请 30 余位观众体验热线坐席工作。结合媒体职业特点，新增职工体检筛查项目，定期邀请三甲医院知名专家来台坐诊，就常见病、多发病提供个性化、专业化的指导。

立足岗位做贡献，不断激发创新精神。举办 BTV“文化沙龙”，邀请知名艺术家“走进来”，丰富充实职工精神文化生活。开设 BTV“书香园地”，创新职工阅读模式，倡导书香文化氛围。主办 2015 年度公文信息培训，讲座角度新颖、内容实用，有效提升了全台公文信息工作水平。组织上半年工作总结暨下半年工作务虚会，克服时间紧、任务重的困难，优质高效完成了会务组织、材料收集、会场安排、发言准备、信息报送等各项工作。申报青年创新项目课题，积极推进移动办公、即时通讯、移动内网等应用模块上线测试，被台党委授予“优秀青年创新工作站”称号。

二、在“两学一做”中探索“职能”辩证法

在立足岗位做贡献的过程中，办公室履职尽责，创新思辨，妥善把握“职”与“能”的关系，探索形成了以“职”之所限谋“能”之所达、以“职”之所专辅“能”之所通、以“职”之所常促“能”之所新的管理服务机制。

围绕中心、服务大局，做好信息报送，服务领导决策，是办公室的重要职能之一。办公室与全台各部门建立了重点信息通联机制，及时搜集、汇总、整合相关内容，通过《北京电视》《宣传系统快报》《信息专报》等传统渠道和央视《电视决策参考》、北京市新闻出版广电局《北京广播影视》等延伸渠道，每年平均报送大型宣传报道、特色荧屏亮点、机制手段创新等综合信息和深度信息上千条，有力地宣传了北京电视台的品牌形象和工作成效。

组织机构

组织机构

中共北京电视台委员会

书　记：李春良

副书记：王　珏、韦小玉、彭司海

委　员：田　方

北京电视台领导班子成员

李春良　北京电视台党委书记
　　　　北京电视台台长

王　珏　北京电视台党委副书记
　　　　北京电视台总编辑

韦小玉　北京电视台党委副书记
　　　　北京电视台常务副台长

彭司海　北京电视台党委副书记
　　　　北京电视台纪委书记

田　方　北京电视台党委委员
　　　　北京电视台总工程师

朱　江　北京电视台副总编辑（2016年8月30日免）

王　澎　北京电视台副台长

李岭涛　北京电视台副台长

艾冬云　北京电视台副总编辑

徐　滔　北京电视台副总编辑

共青团北京电视台第六届委员会

书　记：陈　庆

副书记：洪　聿　王　寅

委　员：张宇明　张恺轩　吴秋辰

机构设置

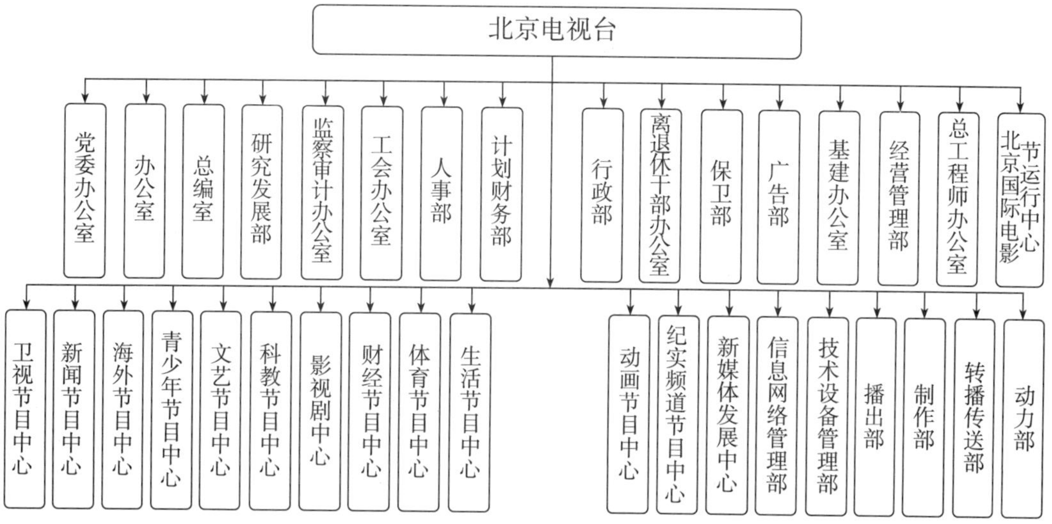

备注：内部机构：办公室—史志办、监察审计办公室—招投标管理工作办公室
　　　青少年节目中心、海外节目中心，在台内合并为青少·海外节目中心

北京电视台在职中层干部名单

序　号	姓　名	部门及职务
1	毕　江	北京电视台副总工程师
2	郝　洪	党委办公室主任
3	孙书明	党委办公室副主任
4	宋　莲	办公室主任
5	王　昕	办公室副主任
6	李　晗	办公室副主任
7	史椰森	总编室主任
8	高　譪	总编室副主任
9	刘　虎	总编室副主任
10	林　平	总工程师办公室主任
11	王立冬	总工程师办公室副主任
12	徐志军	总工程师办公室副主任
13	秦新春	研究发展部主任
14	马克燕	研究发展部党支部专职书记
15	李文升	研究发展部副主任
16	刘晓隽	研究发展部副主任
17	周久兰	监察审计办公室主任
18	周志豪	监察审计办公室副主任
19	钱　毅	工会办公室主任
20	李迎军	工会办公室副主任
21	杨建忠	人事部主任
22	高　扬	人事部副主任
23	陈　冬	人事部副主任
24	孙成刚	计划财务部主任
25	汪　红	计划财务部副主任
26	王京梅	计划财务部副主任
27	王开平	行政部主任

续表

序号	姓名	部门及职务
28	纪　勇	行政部副主任
29	卢英锁	行政部副主任
30	钟　强	保卫部主任
31	赵修明	保卫部副主任
32	马世飞	保卫部副主任
33	张　红	广告部副主任
34	冯　平	基建办公室主任
35	张宇青	基建办公室党支部专职书记
36	朱晓宇	基建办公室副主任兼招投标管理工作领导小组办公室主任
37	孙洪斌	经营管理部主任
38	戴巧玲	经营管理部副主任
39	买剑平	经营管理部副主任
40	马　宏	卫视节目中心主任
41	李利影	卫视节目中心副主任
42	程　军	卫视节目中心副主任
43	邵　晶	卫视节目中心副主任
44	张　庆	新闻节目中心主任
45	周永萍	新闻节目中心新闻编辑部主任
46	王　毅	新闻节目中心新闻编辑部副主任
47	徐京玲	新闻节目中心副主任兼要闻采访部主任
48	张晓鲁	新闻节目中心要闻采访部副主任
49	丁晓阳	新闻节目中心副主任兼社会新闻采访部主任
50	袁　朴	新闻节目中心社会新闻采访部副主任
51	刘　民	新闻节目中心副主任兼新闻评论部主任
52	黄　瑨	新闻节目中心副主任兼新闻专栏部主任
53	李大功	新闻节目中心综合管理部主任
54	袁子勇	青少年节目中心主任
55	陈　晔	青少年节目中心副主任
56	姚大禹	青少年节目中心副主任

续表

序　号	姓　名	部门及职务
57	张　苏	青少年节目中心副主任
58	潘全心	文艺节目中心主任
59	李　兰	文艺节目中心党总支书记
60	齐建彤	文艺节目中心副主任
61	庄小红	文艺节目中心副主任
62	杜　研	科教节目中心主任
63	张　宾	科教节目中心副主任
64	王　勇	科教节目中心副主任
65	张　恒	影视剧中心主任
66	郭跃进	影视剧中心副主任
67	严　澍	影视剧中心副主任
68	朱礼庆	影视剧中心副主任
69	宗燕红	财经节目中心主任
70	岳　民	财经节目中心副主任
71	白　平	财经节目中心副主任
72	焦少波	体育节目中心主任
73	邱大卫	体育节目中心副主任
74	宋健生	体育节目中心副主任
75	王少华	体育节目中心副主任
76	赵　彤	生活节目中心主任
77	刘学军	生活节目中心副主任
78	任友红	生活节目中心副主任
79	白艳军	生活节目中心副主任
80	张　帆	动画节目中心主任
81	史月光	动画节目中心副主任
82	周　方	动画节目中心副主任
83	严　崴	纪实频道节目中心副主任
84	赵　波	纪实频道节目中心副主任
85	王　方	播出部主任

续表

序　号	姓　名	部门及职务
86	刘宏亚	播出部副主任
87	金　强	播出部副主任
88	郑　星	制作部主任
89	王　浩	制作部副主任
90	孙海峰	制作部副主任
91	朱雨稼	转播传送部主任
92	韩士聪	转播传送部副主任
93	王晓龙	动力部主任
94	刘　颖	动力部副主任
95	侯宏炜	动力部副主任
96	刘晓光	技术设备管理部主任
97	章泽群	技术设备管理部副主任
98	周旭辉	信息网络管理部主任
99	李　湧	信息网络管理部副主任
100	李　程	信息网络管理部副主任
101	赵福明	负责史志办工作
102	闫军才	史志办公室副主任
103	刘绍芬	老干部工作办公室主任
104	孟传妍	老干部工作办公室副主任
105	齐学耕	北京卡酷传媒有限责任公司总经理
106	刘方平	北京电视产业发展集团总经理
107	牛振青	北京京视卫星传媒有限责任公司董事长
108	赵峥铮	北京京视电广传媒有限责任公司总经理，北京京视传媒有限公司总经理（兼）
109	曹　征	新纪实（北京）传媒投资有限公司总经理
110	许建海	紫禁城影业公司总经理
111	李雅涛	行政部主任助理
112	宗　昊	正处级干部（援藏干部）
113	翟　涛	副处级干部（援疆干部）
114	马国颖	副处级干部（借调干部）

（截至 2016 年 12 月 31 日党委办公室）

北京电视台科级干部

序号	部门	姓名	职工编号	性别	职务名称	职务级别
1	总工程师办公室	叶晋卿	1076	女	科长	正科级
2	总工程师办公室	赵宏伟	0649	男	科长	正科级
3	总工程师办公室	周宏	1051	男	科长	正科级
4	总工程师办公室	尹言	1196	男	副科长	副科级
5	总编室	黄晋	0940	男	科长	正科级
6	总编室	李鹏	1227	男	科长	正科级
7	总编室	李昕	0634	男	科长	正科级
8	总编室	连燕青	1079	女	科长	正科级
9	总编室	罗丽红	0535	女	科长	正科级
10	总编室	孙湘源	1276	男	科长	正科级
11	总编室	田爱民	1627	女	科长	正科级
12	总编室	王华	1742	女	科长	正科级
13	总编室	周红	1631	女	科长	正科级
14	总编室	于煊	1166	女		副科级
15	总编室	丁军	0576	女	副科长	副科级
16	总编室	苏小兵	1142	女	副科长	副科级
17	总编室	高爽	WPT0043	女	副科长	副科级
18	总编室	张桂花	1017	女	副科长	副科级
19	总编室	刘五洋	1468	女	副科长	副科级
20	转播传送部	姜世杰	0174	男	科长	正科级
21	转播传送部	杨梓江	0242	男	科长	正科级
22	转播传送部	叶志云	0252	男	科长	正科级
23	转播传送部	郝纪	1622	男	副科长	副科级
24	转播传送部	康金平	0171	男	副科长	副科级
25	转播传送部	刘燕伟	0170	男	副科长	副科级
26	转播传送部	谢苏文	0432	男	副科长	副科级
27	转播传送部	谢原	0251	男	副科长	副科级

续表 1

序号	部门	姓名	职工编号	性别	职务名称	职务级别
28	转播传送部	马捷	0833	男	副科长	副科级
29	制作部	陈嘉超	0948	男	科长	正科级
30	制作部	陈立强	0189	男	科长	正科级
31	制作部	崔歌平	0850	男	科长	正科级
32	制作部	韩烜	0247	女	科长	正科级
33	制作部	何旭	0471	男	科长	正科级
34	制作部	匡葵	0397	男	科长	正科级
35	制作部	李文军	1606	男	科长	正科级
36	制作部	刘伟立	1063	男	科长	正科级
37	制作部	覃刚	1219	男	科长	正科级
38	制作部	王建业	1425	男	科长	正科级
39	制作部	姚银壮	1038	男	科长	正科级
40	制作部	殷亮	1061	男	科长	正科级
41	制作部	余一华	0193	男	科长	正科级
42	制作部	张硕	1069	男	科长	正科级
43	制作部	章文博	1034	男	科长	正科级
44	制作部	周东红	1605	男	科长	正科级
45	制作部	左晶	1632	女	科长	正科级
46	制作部	陈志明	1577	男	副科长	副科级
47	制作部	冯耀华	0552	男	副科长	副科级
48	制作部	郭振渊	0949	男	副科长	副科级
49	制作部	韩正雷	1609	男	副科长	副科级
50	制作部	陆军	1610	男	副科长	副科级
51	制作部	石巍	0877	男	副科长	副科级
52	制作部	王江	0945	男	副科长	副科级
53	制作部	赵新生	0979	男	副科长	副科级
54	制作部	梁爽	1829	女	副科长	副科级
55	制作部	周海峰	0551	男	副科长	副科级
56	制作部	李勇	1218	男	副科长	副科级

续表 2

序号	部门	姓名	职工编号	性别	职务名称	职务级别
57	制作部	刘光辉	1056	男	副科长	副科级
58	制作部	孙大庆	0981	男	副科长	副科级
59	制作部	黄之为	1057	男	副科长	副科级
60	制作部	王倩	1618	女	副科长	副科级
61	制作部	王祎	1390	男	副科长	副科级
62	制作部	王冰	1371	女	副科长	副科级
63	招投标管理工作办公室	白希军	1292	男		正科级
64	影视剧中心	贾建华	1846	女	科长	正科级
65	影视剧中心	贾晋平	1718	男	科长	正科级
66	影视剧中心	李燕	1728	女	科长	正科级
67	影视剧中心	刘越峰	0935	男	科长	正科级
68	影视剧中心	杨凌一	1729	女	科长	正科级
69	影视剧中心	张立新	1629	女	科长	正科级
70	影视剧中心	张蕾	1441	女	副科长	副科级
71	研究发展部	刘锐	1436	女	科长	正科级
72	研究发展部	马英男	1452	男	科长	正科级
73	研究发展部	史兵	0433	男	科长	正科级
74	研究发展部	张宝生	0238	男		正科级
75	研究发展部	黄新荣	0137	男	副科长	副科级
76	研究发展部	李玲	1635	女	副科长	副科级
77	信息网络管理部	陈宇	1194	男	科长	正科级
78	信息网络管理部	冯新春	0827	女	科长	正科级
79	信息网络管理部	韩益亚	1217	男	科长	正科级
80	信息网络管理部	芮浩	1854	男	科长	正科级
81	信息网络管理部	孙波	0918	男	科长	正科级
82	信息网络管理部	王学奎	1813	男	科长	正科级
83	信息网络管理部	许之明	0842	男	科长	正科级
84	信息网络管理部	郑岩	1199	男	副科长	副科级
85	信息网络管理部	陈广鑫	1230	男	副科长	副科级

续表3

序号	部门	姓名	职工编号	性别	职务名称	职务级别
86	信息网络管理部	季民	1285	男	副科长	副科级
87	信息网络管理部	柴焱	WPT0115	男	副科长	副科级
88	信息网络管理部	赵涛	WPY1579	男	副科长	副科级
89	信息网络管理部	丁辰	1404	男	副科长	副科级
90	信息网络管理部	栾花	1928	女	副科长	副科级
91	信息网络管理部	宋琳	WPY0156	男	副科长	副科级
92	新闻节目中心	柏广群	0956	男	科长	正科级
93	新闻节目中心	陈楠	0571	女	科长	正科级
94	新闻节目中心	楚钊	1792	男	科长	正科级
95	新闻节目中心	代晓	1660	女	科长	正科级
96	新闻节目中心	董二兵	0178	男	科长	正科级
97	新闻节目中心	胡阳	1799	男	科长	正科级
98	新闻节目中心	李斌	0722	女	科长	正科级
99	新闻节目中心	李欣	0741	男	科长	正科级
100	新闻节目中心	林力	1649	女	科长	正科级
101	新闻节目中心	刘钊	1648	男	科长	正科级
102	新闻节目中心	马莉	0493	女	科长	正科级
103	新闻节目中心	史慎	0200	男	科长	正科级
104	新闻节目中心	宋扬	0916	女	科长	正科级
105	新闻节目中心	王晔	1212	男	科长	正科级
106	新闻节目中心	吴群	1094	男	科长	正科级
107	新闻节目中心	肖艳萍	1670	女	科长	正科级
108	新闻节目中心	颜匀	0806	女	科长	正科级
109	新闻节目中心	杨晓飞	1835	男	科长	正科级
110	新闻节目中心	伊国庆	0262	男	副科长	正科级
111	新闻节目中心	张文天	0853	男	科长	正科级
112	新闻节目中心	张耀	0702	男	科长	正科级
113	新闻节目中心	赵欣	1412	女	科长	正科级
114	新闻节目中心	朱晓梅	1254	女	科长	正科级

续表 4

序号	部门	姓名	职工编号	性别	职务名称	职务级别
115	新闻节目中心	徐志贤	0626	女	副科长	副科级
116	新闻节目中心	张若南	0165	男	副科长	副科级
117	新闻节目中心	卢晓南	0566	男	副科长	副科级
118	新闻节目中心	李颖	1657	女	副科长	副科级
119	新闻节目中心	刘婧	1486	女	副科长	副科级
120	新闻节目中心	张炜	0815	女	副科长	副科级
121	新闻节目中心	樊煜	1064	女	副科长	副科级
122	新闻节目中心	黄广	WPY0541	男	副科长	副科级
123	新闻节目中心	李光军	1802	男	副科长	副科级
124	新闻节目中心	梁雪松	1280	女	副科长	副科级
125	新闻节目中心	刘非非	1195	男	副科长	副科级
126	新闻节目中心	刘效	1252	女	副科长	副科级
127	新闻节目中心	田刚	1847	男	副科长	副科级
128	新闻节目中心	尹航	1040	男	副科长	副科级
129	新闻节目中心	国培源	1871	男	副科长	副科级
130	新闻节目中心	马迟	WPT0174	男	副科长	副科级
131	新闻节目中心	陈岳	1844	男	副科长	副科级
132	新闻节目中心	段忠俊	1702	男	副科长	副科级
133	新闻节目中心	杨洋	1782	女	副科长	副科级
134	新闻节目中心	尹磊	WPT0056	男	副科长	副科级
135	新闻节目中心	张民	0802	男	副科长	副科级
136	新闻节目中心	张妍	WPY0475	女	副科长	副科级
137	新闻节目中心	朱岩	WPY0474	女	副科长	副科级
138	文艺节目中心	段嵘	0567	女	科长	正科级
139	文艺节目中心	付德刚	0733	男	科长	正科级
140	文艺节目中心	高文曦	1241	女	科长	正科级
141	文艺节目中心	郭悦	1444	男	科长	正科级
142	文艺节目中心	孔洁	0646	男	科长	正科级
143	文艺节目中心	裴晓林	1707	男	科长	正科级

续表 5

序号	部门	姓名	职工编号	性别	职务名称	职务级别
144	文艺节目中心	盛启立	0527	男	科长	正科级
145	文艺节目中心	田歌	0141	女	科长	正科级
146	文艺节目中心	于瀛	0813	女	科长	正科级
147	文艺节目中心	赵楠	1239	女	科长	正科级
148	文艺节目中心	王炳川	0292	男	副科长	副科级
149	文艺节目中心	张文华	1111	男	副科长	副科级
150	文艺节目中心	顾杨	1284	女	副科长	副科级
151	文艺节目中心	杨行	WPY0473	女	副科长	副科级
152	文艺节目中心	李雪萍	1759	女	副科长	副科级
153	文艺节目中心	孙勤	1467	男	副科长	副科级
154	文艺节目中心	于东玉	WPY0470	女	副科长	副科级
155	文艺节目中心	刘朝晖	WPY1415	女	副科长	副科级
156	卫视节目中心	景林	1431	男	科长	正科级
157	卫视节目中心	李志兵	1019	男	科长	正科级
158	卫视节目中心	吕军	1417	男	科长	正科级
159	卫视节目中心	田天	1473	女	科长	正科级
160	卫视节目中心	郑蓉	1896	女	科长	正科级
161	卫视部目中心	李彬	0368	男	副科长	副科级
162	卫视节目中心	华剑雄	1690	男	副科长	副科级
163	卫视节目中心	黄炜	1206	男	副科长	副科级
164	卫视节目中心	王泓	1668	男	副科长	副科级
165	卫视节目中心	邢志国	0791	男		副科级
166	卫视节目中心	王寅	WPY2482	男	团委副书记	副科级
167	卫视节目中心	王璐	WPY0633	女	副科长	副科级
168	卫视节目中心	赵菁	WPY0721	女	副科长	副科级
169	卫视节目中心	李潇	WPY0963	女	副科长	副科级
170	卫视节目中心	林斐	1192	女	副科长	副科级
171	卫视节目中心	吴犁犁	1801	女	副科长	副科级
172	体育节目中心	曹晓磊	1741	男	科长	正科级

续表 6

序号	部门	姓名	职工编号	性别	职务名称	职务级别
173	体育节目中心	胡宁扬	1037	女	科长	正科级
174	体育节目中心	李长平	0236	男	科长	正科级
175	体育节目中心	林琛	1273	女	科长	正科级
176	体育节目中心	孙松	1148	男	科长	正科级
177	体育节目中心	田丰	1483	男	科长	正科级
178	体育节目中心	章玫	1750	女	科长	正科级
179	体育节目中心	赵华	1093	女	科长	正科级
180	体育节目中心	周欣	0643	男	科长	正科级
181	体育节目中心	高海宁	1344	男	副科长	副科级
182	体育节目中心	司虹	1145	女	副科长	副科级
183	体育节目中心	张洪	1457	男	副科长	副科级
184	体育节目中心	丁屹	1450	男	副科长	副科级
185	体育节目中心	金巍	1739	男	副科长	副科级
186	体育节目中心	王速	1791	男	副科长	副科级
187	体育节目中心	唐骏飞	WPT0120	男	副科长	副科级
188	史志办	胡泊	0377	女		正科级
189	生活节目中心	高燕	1662	女	科长	正科级
190	生活节目中心	霍雯	0572	女	科长	正科级
191	生活节目中心	李璐	1389	女	科长	正科级
192	生活节目中心	凌英	1088	女	科长	正科级
193	生活节目中心	刘春艳	1233	女	科长	正科级
194	生活节目中心	刘继东	0588	男	科长	正科级
195	生活节目中心	倪小康	1102	男	科长	正科级
196	生活节目中心	宋虹君	1731	女	科长	正科级
197	生活节目中心	王宏	0868	女	科长	正科级
198	生活节目中心	王昆	1228	男	科长	正科级
199	生活节目中心	王倩	1900	女	科长	正科级
200	生活节目中心	王蔚然	1379	女	科长	正科级
201	生活节目中心	许亮	1118	男	科长	正科级

续表 7

序号	部门	姓名	职工编号	性别	职务名称	职务级别
202	生活节目中心	黄殿琴	1730	女	副科长	副科级
203	生活节目中心	李翔	1658	男	副科长	副科级
204	生活节目中心	王昱斌	WPY2160	男	副科长	副科级
205	生活节目中心	吕丹	1901	女	副科长	副科级
206	生活节目中心	于莉	WPY0097	女	副科长	副科级
207	生活节目中心	刘星	WPT0098	女	副科长	副科级
208	人事部	唐乐平	1508	男	科长	正科级
209	人事部	江明慧	1876	男	副科长	副科级
210	人事部	吴峰	1788	男	副科长	副科级
211	人事部	张兰岚	1795	女	副科长	副科级
212	青少·海外节目中心	敖娜	1811	女	科长	正科级
213	青少·海外节目中心	郭巍	1838	男	科长	正科级
214	青少·海外节目中心	姜华	0478	女	科长	正科级
215	青少·海外节目中心	寇建国	1305	男	科长	正科级
216	青少·海外节目中心	李晓军	0925	女	科长	正科级
217	青少·海外节目中心	刘岩	0926	男	副科长	正科级
218	青少·海外节目中心	马嘉	0807	女	科长	正科级
219	青少·海外节目中心	沈澜	1340	女	科长	正科级
220	青少·海外节目中心	宋民	0761	男	科长	正科级
221	青少·海外节目中心	王赤	1915	女	科长	正科级
222	青少·海外节目中心	吴玮	1446	女	科长	正科级
223	青少·海外节目中心	徐剑	1067	女	科长	正科级
224	青少·海外节目中心	张弘	0647	男	科长	正科级
225	青少·海外节目中心	张立	0132	女	副科长	正科级
226	青少·海外节目中心	章向东	1794	男	副科长	副科级
227	青少·海外节目中心	徐春梅	0547	女	副科长	副科级
228	青少·海外节目中心	刘健辉	1653	女	副科长	副科级
229	青少·海外节目中心	崔笑田	0846	男	副科长	副科级
230	青少·海外节目中心	吴筠	1245	女	副科长	副科级

续表 8

序号	部门	姓名	职工编号	性别	职务名称	职务级别
231	青少·海外节目中心	张晓彦	1269	女	副科长	副科级
232	离退休干部办公室	梁爽	0780	女	科长	正科级
233	离退休干部办公室	文平	1146	女	科长	正科级
234	科教节目中心	董炬光	0614	男	科长	正科级
235	科教节目中心	穆彤	1032	女	科长	正科级
236	科教节目中心	彭皓	0379	男	科长	正科级
237	科教节目中心	施卫平	0104	男	科长	正科级
238	科教节目中心	陶继忠	1886	男	科长	正科级
239	科教节目中心	王丹英	1071	女	科长	正科级
240	科教节目中心	王壮壮	1419	男	科长	正科级
241	科教节目中心	许越	0559	男	科长	正科级
242	科教节目中心	杨韵仟	1033	女	科长	正科级
243	科教节目中心	杨子云	0534	女	科长	正科级
244	科教节目中心	李玉国	WPT0111	男	科长	正科级
245	科教节目中心	周波	WPT0071	男	科长	正科级
246	科教节目中心	白红洁	0931	女	副科长	副科级
247	科教节目中心	郑兵	0616	男	副科长	副科级
248	科教节目中心	刘佳	1858	女	副科长	副科级
249	科教节目中心	钟南南	WPY2340	女	副科长	副科级
250	科教节目中心	陈中颖	WPY0742	女	副科长	副科级
251	科教节目中心	冯旭	1406	男	副科长	副科级
252	科教节目中心	王丹	WPT0146	男	副科长	副科级
253	科教节目中心	王进平	0430	男	副科长	副科级
254	科教节目中心	王未央	WPY0126	女	副科长	副科级
255	科教节目中心	王晓	WPY0563	女	副科长	副科级
256	经营管理部	李建	0271	男	科长	正科级
257	经营管理部	李峪华	1149	女	科长	正科级
258	经营管理部	杨播	1676	男	科长	正科级
259	监察审计办公室	蒋效中	1176	男	科长	正科级

续表 9

序号	部门	姓名	职工编号	性别	职务名称	职务级别
260	监察审计办公室	郑欣	1796	男	副科长	副科级
261	技术设备管理部	贾玉升	0405	男	科长	正科级
262	技术设备管理部	李玲	0849	女	科长	正科级
263	技术设备管理部	王嘉	1576	男	科长	正科级
264	技术设备管理部	王克	1569	男	科长	正科级
265	技术设备管理部	张保军	0656	男	科长	正科级
266	技术设备管理部	刘顺平	1580	男	副科长	副科级
267	技术设备管理部	邹庆	0344	男	副科长	副科级
268	技术设备管理部	赵江怀	WPY0033	男	副科长	副科级
269	纪实频道节目中心	高国华	1461	男	科长	正科级
270	纪实频道节目中心	钱丹丹	0435	女	科长	正科级
271	纪实频道节目中心	秦蕾	1445	女	科长	正科级
272	纪实频道节目中心	王悦	1163	女	科长	正科级
273	纪实频道节目中心	俞恺	1162	男	科长	正科级
274	纪实频道节目中心	张洁	0936	女	科长	正科级
275	纪实频道节目中心	潘旭	1409	男	副科长	副科级
276	纪实频道节目中心	赵怡	1249	女	副科长	副科级
277	计划财务部	陈方	1469	女	科长	正科级
278	计划财务部	冯妍	1386	女	科长	正科级
279	计划财务部	李培云	0718	女	科长	正科级
280	计划财务部	李天莉	1448	女	科长	正科级
281	计划财务部	石慧	1518	女		正科级
282	计划财务部	史楠楠	1525	女	科长	正科级
283	计划财务部	赵景瑞	1519	男	科长	正科级
284	计划财务部	赵亚波	0598	男	科长	正科级
285	计划财务部	郭勇华	1523	女	副科长	副科级
286	基建办公室	董英秀	1907	女	女工委副主任	正科级
287	基建办公室	李学红	1437	女	科长	正科级
288	基建办公室	张向华	1769	男	科长	正科级

续表 10

序号	部门	姓名	职工编号	性别	职务名称	职务级别
289	基建办公室	周疆	1887	男	科长	正科级
290	行政部	崔国飞	1906	男	科长	正科级
291	行政部	崔子强	1870	男	科长	正科级
292	行政部	侯国强	0705	男		正科级
293	行政部	姜涛	0627	男	科长	正科级
294	行政部	李金明	1541	男	科长	正科级
295	行政部	李有成	1169	男	科长	正科级
296	行政部	曹京立	1543	男	副科长	副科级
297	行政部	朱洪	1553	男	副科长	副科级
298	行政部	马树军	1897	男	副科长	副科级
299	行政部	李国平	0142	男	副科长	副科级
300	行政部	孙建华	WPY2401	男	副科长	副科级
301	行政部	裴二利	0183	男	副科长	副科级
302	广告部	王晓薇	WPT0164	女	副科长	副科级
303	广告部	刘琪	1380	女	副科长	副科级
304	动力部	程毅	0677	男	科长	正科级
305	动力部	杜伟	0678	男	科长	正科级
306	动力部	方亦军	0307	男	科长	正科级
307	动力部	张焱	1559	男	科长	正科级
308	动力部	赵阔	0691	男	科长	正科级
309	动力部	左云彩	0894	女	科长	正科级
310	动力部	黄晓峰	0676	男	副科长	副科级
311	动力部	殷鹏	0679	男	副科长	副科级
312	动力部	苑宏伟	1563	男	副科长	副科级
313	动力部	张岩	0693	男	副科长	副科级
314	动力部	宋明防	0753	男	副科长	副科级
315	动力部	张勇	0688	男	副科长	副科级
316	动画节目中心	曾艺	533	女	副科长	副科级
317	党委办公室	高艺微	1408	女	科长	正科级

续表 11

序号	部门	姓名	职工编号	性别	职务名称	职务级别
318	党委办公室	蒋奕雯	1497	女	科长	正科级
319	党委办公室	陈庆	WPT0095	男	科长	正科级
320	党委办公室	洪聿	WPY2742	女	团委副书记	副科级
321	财经节目中心	鲍文	1651	女	科长	正科级
322	财经节目中心	陈栩	1268	女	科长	正科级
323	财经节目中心	韩梅	0426	女	科长	正科级
324	财经节目中心	李铁军	0156	男	科长	正科级
325	财经节目中心	宋北光	1191	女	科长	正科级
326	财经节目中心	王春元	1678	男	科长	正科级
327	财经节目中心	杨健	1663	男	科长	正科级
328	财经节目中心	范红军	1129	男	副科长	副科级
329	财经节目中心	谢燕秋	0934	女	副科长	副科级
330	财经节目中心	马旭	1701	男	副科长	副科级
331	财经节目中心	关月	1843	女	副科长	副科级
332	财经节目中心	马昊	1667	男	副科长	副科级
333	财经节目中心	司健	1479	女	副科长	副科级
334	财经节目中心	李玲	0911	女	副科长	副科级
335	财经节目中心	赵文涓	1867	女	副科长	副科级
336	财经节目中心	韦嘉	WPT0180	女	副科长	副科级
337	财经节目中心	常海龙	WPY0061	男	副科长	副科级
338	财经节目中心	郑长红	1277	女	副科长	副科级
339	播出部	安贵江	1594	男	科长	正科级
340	播出部	董秀琴	1161	女	科长	正科级
341	播出部	梁建华	1596	男	科长	正科级
342	播出部	刘威	0938	男	科长	正科级
343	播出部	刘新同	1597	男	科长	正科级
344	播出部	王进	0161	男	科长	正科级
345	播出部	王志华	1585	男	科长	正科级
346	播出部	武岳	1595	男	科长	正科级

续表 12

序号	部门	姓名	职工编号	性别	职务名称	职务级别
347	播出部	张皓	0393	男	科长	正科级
348	播出部	张宏斌	1598	男	科长	正科级
349	播出部	程宏	0658	男	副科长	副科级
350	播出部	褚存	1587	男	副科长	副科级
351	播出部	王辉	1602	男	副科长	副科级
352	播出部	杨建英	0212	女	副科长	副科级
353	播出部	张勃	0655	男	副科长	副科级
354	播出部	赵悦	1216	男	副科长	副科级
355	播出部	肖春艳	1262	女	副科长	副科级
356	播出部	于先靖	1134	男	副科长	副科级
357	播出部	王麒	1912	男	副科长	副科级
358	播出部	易钢	1601	男	副科长	副科级
359	保卫部	毕小兵	1009	男	科长	正科级
360	保卫部	李锐	0837	男	科长	正科级
361	保卫部	张建宁	0843	男	科长	正科级
362	保卫部	张毅	0630	男	科长	正科级
363	保卫部	王喜宗	1085	男	副科长	副科级
364	保卫部	戴晋军	0574	男	副科长	副科级
365	办公室	曹勇	0633	男	科长	正科级
366	办公室	李晓亭	0777	女	科长	正科级
367	办公室	刘海述	1910	男	科长	正科级
368	办公室	秦爽	1367	女	科长	正科级
369	办公室	王伟	1500	女	科长	正科级
370	办公室	王宇哲	1937	女	科长	正科级
371	办公室	贾岩	0828	女	副科长	副科级
372	办公室	李宇	1135	男	副科长	副科级
373	办公室	刘妍	0978	女	副科长	副科级
374	办公室	邢亚平	0731	女	副科长	副科级
375	办公室	兰巧	WPY2076	男	副科长	副科级

北京电视台人员情况

全台在职职工总数 3318 人。其中：在编人员 1247 人，派遣人员 2071 人。

政治面貌

政治面貌 / 人员	合计	中共党员	共青团员	其他
在编人员	1247	738	0	509

年龄情况

年龄 / 人员	合计	≤30	31～40	41～50	51～60	≥61
在编人员	1247	0	148	710	388	1

学历情况

学历 / 人员	合计	博士	硕士	大本	大专	中专	高中	初中及以下
在编人员	1247	3	121	1003	104	2	13	1

专业技术人员情况

技术职务级别 专业技术系列	初级（4）	初级（5）	中　级	副高级	正高级	未评聘	总　计
播音	16	1	18	5	5		45
档案管理	1			1			2
工程	24	3	92	93	7		219
会计	9		6	12			27
经济			31	10			41
审计			3				3
统计	1			1			2
图书资料	2		2				4
新闻	86		278	133	36		533
艺术	15		56	40	7		118
政工	16		9	10			35
其他						198	198
总计	170	4	495	305	55	198	1228

（截至 2016 年 12 月 31 日　人事部）

频道·栏目

频道·栏目一览表

总编室

频道名称	开办时间	播出时间	主要节目 栏目设置	2016 年新增 节目栏目
BTV 北京卫视	1979 年 5 月 16 日北京电视台开播。2012 年 1 月 1 日起综合频道标识由“BTV 北京”变更为“BTV 北京卫视”	06:00— 次日 06:00	周间:《养生堂》《档案》《生命缘》《时光缘》《怀孕爸爸》《熊猫奇缘》《暖暖的新家》《我是大医生》《幸福的味道》《暖暖的味道》《苗阜秀》《八八爸爸》《闪电大作战》《长大成人——我要上珠峰》《鲁豫的礼物》 周末:《跨界歌王》《跨界喜剧王》《传承者之中国意象》《音乐大师课》《我是演说家》《二胎时代》 大型纪录片:《解放——人民的选择》《红军不怕远征难》	《解放——人民的选择》《红军不怕远征难》《时光缘》《怀孕爸爸》《熊猫奇缘》《苗阜秀》《八八爸爸》《闪电大作战》《长大成人——我要上珠峰》《鲁豫的礼物》《跨界歌王》《跨界喜剧王》《传承者之中国意象》《二胎时代》
BTV 文艺	1988 年 12 月 30 日开播	06:00— 次日 02:00 左右	栏目:《每日文娱播报》《1810 我看行》《影视风云》《春妮的周末时光》《星夜故事》《脱口而出》《笑动 2016》《我爱我家》《我家有明星》《光荣绽放》《文化之约》《欢天戏地》《我爱书画》《综艺麻辣烫》《综艺万象》《欢乐微逗秀》 季播节目:喜剧小品综艺季播节目《哎呀妈呀》、音乐推理真人秀《隐藏的歌手》 晚会:“书香中国”“京张心连心”等 20 余档大型晚会及活动	《哎呀妈呀》
BTV 科教	1999 年 12 月 27 日开播,其前身为 1993 年 11 月 1 日开播的以教学节目为主的二十七频道	06:00— 次日 02:00 左右	栏目:《现场说法》《法治进行时》《第三调解室》《警法目录》《庭审纪实》《法治中国 60'》《您吃对了吗》《健康北京》《记忆》《最北京》《非常向上》《留学生》《非常幽默》《晚晴》	无

续表

频道名称	开办时间	播出时间	主要节目 栏目设置	2016 年新增 节目栏目
BTV 影视	1992 年 5 月 4 日开播。 2016 年 10 月 18 日，频道改为高标清同播	06:00— 次日 06:00	《首都剧场》	无
BTV 财经	2001 年 7 月 1 日开播	06:00— 次日 02:00 左右	栏目：《首都经济报道》《理财》《财富故事》《法眼看剧》《天下财经》《天下财经投资者说》《大牌价到》《创业北京》《总裁读书会》《影响者》《数说北京》《税收天地》《问鼎世界》《才高八斗》《拍宝》《财富晚间道》《品味消费在北京》	《大牌价到》《创业北京》《总裁读书会》《影响者》
BTV 体育	1986 年 12 月 30 日开播	06:00— 次日 06:00	栏目：《天天体育》《体坛资讯》《声声体育》《足球 100 分》《体育议起来》《快乐健身一箩筐》《欢乐二打一》《体坛荟萃》《体坛荟萃——篮球风情》 特别节目：全国扑克大赛、海洋沙滩狂欢节等群众性体育活动	无
BTV 生活	1996 年 11 月 8 日开播	6:00— 次日 2:00 左右	栏目：《健康到家》《快乐生活一点通》《食全食美》《生活 2016》《生活面对面》《美食地图·一探到底》《选择》《生活广角》《美食地图》《幸福厨房》《生活 +》《生活 + 家装攻略》《第一房产》《四海漫游》《我爱我车》《生活特供》《选择精编》《美食地图·一探到底美食汇》《特别定制》《我爱食全食美》《达人来了》（原名《健康到家》）特别节目：《上菜 3》《北京礼物》《美食地图之年货来了》《2016 北京国际车展〈我爱我车〉特别报道》《“舞动北京”全民广场舞大赛》《美食地图·一探到底》开播两周年特别节目“全是到底价”	《特别定制》《我爱食全食美》《达人来了》（原名《健康到家》）《上菜 3》《北京礼物》《美食地图之年货来了》《2016 北京国际车展〈我爱我车〉特别报道》《“舞动北京”全民广场舞大赛》《美食地图·一探到底》开播两周年特别节目“全是到底价”

续表

频道名称	开办时间	播出时间	主要节目 栏目设置	2016 年新增 节目栏目
BTV 青年	前身为 2002 年 1 月 1 日开播的 BTV 青少频道。2012 年 1 月 1 日起调整为青年频道,频道标识变更为“BTV 青年”	6:00— 次日 2:00 左右	栏目:《军情解码》《状元榜》《北京客》《书香北京》《谁在说》《青年探秘者》《不许不开心》 季播:《超强设计》 特别节目:《2016 年环球春晚》《“奥运之城 冰雪邀约”2017BTV 跨年环球歌会》《第六届北京国际电影节开幕式晚会》《融通之路》	《超强设计》《2016 年环球春晚》《“奥运之城 冰雪邀约”2017BTV 跨年环球歌会》《第六届北京国际电影节开幕式晚会》《融通之路》
BTV 新闻	前身为 2003 年 1 月 1 日开播的 BTV 公共频道。于 2011 年 1 月 1 日推出 BTV 公共·新闻频道。2012 年 1 月 1 日起调整为新闻频道,频道标识变更为“BTV 新闻” 2016 年 10 月 18 日,频道改为高标清同播	6:00— 次日 2:00 左右	栏目:《北京您早》《直播北京》《特别关注》《新闻手语》《红绿灯——平安行》《都市晚高峰》《北京新闻》《锐观察》《红绿灯》《晚间新闻报道》《这里是北京》《北京新发现》《有话就说》《美丽乡村》《北京议事厅》《都市阳光》《消费观察》《镜鉴》《人才》《怎么看》《党建进行时》 特别节目:《大西山》《寻踪长征路》《天涯共此时——见证者》《春潮》 大型直播:《关注强降雨 我们在行动》《跨越 2016》	《大西山》《寻踪长征路》《天涯共此时—见证者》《春潮》 《关注强降雨 我们在行动》《跨越 2016》
BTV 卡酷少儿	2004 年 9 月 10 日开播动画频道。 2007 年 1 月 1 日更名为卡酷动画卫视。 2012 年 1 月 1 日调整为卡酷少儿频道,频道标识变更为“BTV 卡酷少儿”	06:00— 次日 06:00	栏目:《大玩家》《闪天下》《卡酷幼儿园》《剧星派》《卡酷动物园》《穿越吧少年》《七色光》《凯叔讲故事》 特别节目:《最可爱的人》《童话大作战》《卡酷异想世界》《冷不丁旅行团》《BTV 卡酷少儿动画春晚 》	《大玩家》《穿越吧少年》《凯叔讲故事》《最可爱的人》《童话大作战》《卡酷异想世界》《冷不丁旅行团》

续表

频道名称	开办时间	播出时间	主要节目栏目设置	2016 年新增节目栏目
BTV 纪实频道	前身为 2008 年 7 月 30 日正式播出的奥运高清频道。2011 年 7 月 1 日全新推出纪实高清频道。2013 年 7 月，正式更名为“北京电视台纪实频道”。2014 年 6 月 8 日，正式上星播出，首播节目从开播时每天 3.5 小时调整为现在的每天 5.5 小时，全天播出时间也从开播时的 14 个小时调整为 20 个小时	6:00—次日 2:00	栏目:《影事》《纪实天下》《昨天的故事》《时尚印象》《奇妙之旅》《中国故事》《寰宇客》《探索》(原《奇纪实》)《纪录片影院》	无
长城平台北京电视台频道(国际频道)	2004 年 10 月 1 日开播	每天首播 7.5 小时、24 小时滚动播出	该频道以人文节目为主打，荟萃了 BTV10 个频道的精选内容，在长城平台上坚持“无电视剧纯自制栏目”播出。	无

其他：

1.《电视先锋榜》，各频道播出。 2.《BTV 电视购物》，BTV 财经播出。

优秀节目（栏目）、热播节目（栏目）

总编室

2016年，北京电视台29个优秀节目（栏目）是：

卫视节目中心：《养生堂》《我是大医生》《档案》《跨界歌王》《跨界喜剧王》《传承者之中国意象》《红军不怕远征难》《解放——人民的选择》

新闻节目中心：《北京新闻》《特别关注》《北京您早》《大西山》《春潮（专题片）》《中国梦365个故事》

青少·海外节目中心：《书香北京》《第六届北京国际电影节开幕式》《“奥运之城　冰雪邀约”2017BTV跨年环球歌会》《融通之路》

文艺节目中心：《每日文娱播报》《2016年北京电视台春节联欢晚会》《哎呀妈呀》

科教节目中心：《法治进行时》《最北京》

财经节目中心：《首届“诚信北京”315消费者权益日晚会》

体育节目中心：《欢乐二打一》

生活节目中心：《生活2016》（现改名为《生活这一刻》）

动画节目中心：《最可爱的人》《2016 BTV卡酷少儿动画春晚》

纪实节目中心：《时尚印象》

2016年度6个热播节目（栏目）是：

《跨界歌王》《传承者之中国意象》《红军不怕远征难》《2016年北京电视台春节联欢晚会》《“奥运之城　冰雪邀约”2017BTV跨年环球歌会》《最可爱的人》

29个优秀节目（栏目）（含6个热播节目栏目）具体情况如下：

1.《红军不怕远征难》

节目类别：纪录片

播出频道：BTV北京卫视

播出时间及节目时长：2016年10月17日至21日19：30播出，系列片共9集，每集60分钟。

节目内容及特色：

《红军不怕远征难》摄制组在一年的筹备拍摄周期内，先后前往广东、湖南、广西、贵州、云南、四川、甘肃、宁夏、陕西等14个省、自治区，翻越都庞岭、老山界、娄山关、乌蒙山、夹金山、岷山、六盘山，渡过潇水、湘江、乌江、赤水、金沙江、大渡河，穿越松潘大草地，祭扫了100多处红军烈士纪念碑和无名烈士墓，采访了200多位长征亲历者、见证人和红军后代。从1500多小时的视频素材中，制作出这部纪录片。

主创人员：

总制片人：吕军、孙浩

总导演：吕军

制片人：刘晓彤

执行总导演：吴志勇、刘晓彤

总撰稿：吴志勇

执行制片人：成诚

主编：赵廉、张乂

导演：马项媛、吴锰、赵宇、杨姗、游洋、孙君伟、张博

统筹：张蜜蜜

制片主任：赵然、陈涛

导演助理：江烜、李好、宋嘉溪、王思凡、赵一帆、马子乔、王薏楠

2.《解放——人民的选择》

栏目类别：纪录片

播出频道：BTV 北京卫视

播出时间及节目时长：2016 年 6 月 27 日至 7 月 1 日 22：08；系列片共 5 集，每集 60 分钟。

节目内容及特色：

献礼中国共产党建党 95 周年，由北京市委宣传部策划，北京电视台卫视节目中心《档案》栏目推出的 5 集大型纪录片《解放——人民的选择》，以“人民的选择”为主题，时间跨度集中于解放战争时期，通过揭秘珍贵档案、发掘尘封影像、寻访历史见证人、全面实景拍摄等方式，充分展现“人民创造了历史，历史选择了中国共产党来领导人民、造福国家”的历史论断。该系列纪录片被国家新闻出版广电总局列为重点扶持项目。

主创人员：

制片人：黄炜、孙浩

总导演：黄炜

执行制片人：郝霖

导演：胡杰、廖祎蕾、杜冰、许璐

助理导演：吴炳彦、张聪、宋晨阳、沈思然、崔鑫琳

制片：严彬彬

3.《跨界歌王》

节目类别：综艺类

播出频道：BTV 北京卫视

播出时间及节目时长：2016 年 5 月 28 日至 8 月 20 日每周六 21：08 播出，共 13 期，每期 100 分钟。

《跨界歌王》是北京卫视原创的大型明星跨界音乐竞技节目，以跨界明星的歌曲演唱为核心，传递出时代发展中大众对“突破自我”的价值诉求，体现“王者无界”的节目理念。遵循这一理念，节目的跨界设定从一开始就决定了“去星化”的前提。然后，跨界歌手们通过自己的努力重新征服观众和评委的表现，又完成了一次全新的“造星”过程。“去星化”与“造星化”的结合，打造出一个突破观众或粉丝固有印象的明星，也打造出一个诠释了“王者无界”精神内涵的强者形象。

主创人员：

出品人：李春良、胡刚、丁芯、史小东、宋歌、林卫平

总监制：王珏、徐滔

总制片人：王奕

策划：胡杰

监制：马宏、牛振青、李红山

技术监制：田方

顾问：夏陈安

制片人：董舸

执行制片人：吴翀锐

总导演：陈伟、马宏

执行总导演：宫鹏、赵菁、郭畅

音乐总监：捞仔
艺人总监：焦红艳
舞蹈总监：郭震
项目推广总监：郑蓉
宣传总监：吴魏煜

4.《跨界喜剧王》

节目（栏目）类别：综艺类
播出频道：BTV 北京卫视
播出时间及时长：2016 年 9 月至 11 月每周六 20：30，共 12 期，每期节目 100 分钟。
节目内容及特色：
《跨界喜剧王》邀请来自音乐界、演艺界、文化界、体育界、商界等各个领域的代表人物，在 5 位喜剧经纪人的帮助下，以喜剧的面貌进行跨界演绎，竞争年度跨界喜剧王的荣誉。节目突破传统喜剧表现形式，全力打造多元化中式幽默，让观众从笑声中感受各行各业的酸甜苦辣，以及笑对人生的生活态度。
主创人员：
孟梦、景思斯、曹扬、刘小溪、刘佳、李静

5.《传承者之中国意象》

节目（栏目）类别：综艺类
播出频道：BTV 北京卫视
播出时间及时长：2016 年 9 月 11 日至 12 月 4 日每周日 21：18，共 13 期，每期 100 分钟。
节目内容及特色：
弘扬中国传统文化是《传承者》一直以来的诉求，也是其品牌精神和内核所在。《传承者之中国意象》延续了第一季《传承者》的精神内核，继续致力于中国文化的传承。“意象”原本是指画外之意、象外之象。悠久深厚的中华文明蕴藏着万千种中国意象，拥有浪漫情怀的中国人为眼睛所看到的一切事物都赋予了丰富而细腻的情感，日月星辰、山川草木、亭台楼阁都拥有了意象。
主创人员：
执行总导演：郝竞波
导演：李想、杨李逸奕、张於、汲宣、裴尧、王美、刘韵、王凯、刘萌、张馨雨

6.《档案》

节目（栏目）类别：纪录片类
播出频道：BTV 北京卫视
播出时间及节目时长：周一至周三 22：35 首播，每期节目 50 分钟。
节目内容及特色：
《档案》栏目是北京卫视唯一一档历史纪录片栏目，《档案》作为揭秘性的讲述栏目，利用人类与生俱来的天性——好奇心，引起观众的追看与共鸣。栏目选题广泛而深刻，包括涉及中外交往和引起国际关注的内容；第二次世界大战以来，国际国内已经解密的高等级军事档案、公安档案、安全档案；与中国相关的近、现代国际关系等内容，通过解密档案中的历史秘密，探寻解读各种历史人物和事件的缘由脉络，告诉观众一个又一个惊人的事件和传奇背后的真实故事。节目形式以案件和事件现场实录回放为线索，首次披露国内大案要案、社会传奇、情感故事等；其内涵深外延广，节目贴近百姓生活，紧跟时代脉搏，展现人生百态，透视社会万

象。而最重要的是栏目在内容上力求原创的诉求：持续一致的栏目价值观，独到的视点和深度的挖掘。

主创人员：

制片人：吕军、黄炜

执行制片人：韩飞

主编：李丹、王蕴初、周凌姗

责编：侯璐

导演：王海、曲云鹏、赵宇、张雅琪、黄珊、刘晨雨、田青禾

主持人：梁植、赵岩松、谭江海

制片：王琳、王萧玄

后期：李明、孙鑫、闫龙娇

7.《养生堂》

节目（栏目）类别：生活服务类

播出频道：BTV 北京卫视

播出时间及节目时长：周一至周日17：35 首播，每期节目 60 分钟。

节目内容及特色：

《养生堂》始终秉承“献给亲人的爱”，致力于成为中国最大的全民普及健康课堂，引领中国电视健康栏目的传播语态。2016 年，栏目继续加大策划力度，推出院士系列、院长系列、中华医学会主委系列、国医大师、国家级名老中医系列，充分体现了栏目的权威性。栏目结合疾病防治日推出爱耳日、爱眼日、国际护士节、世界精神卫生日、世界卒中日、世界老年性痴呆病等多档特别节目，充分体现了栏目的公益性。2016 年 3 月《养生堂》播出了世界防治结核病日专题节目，世界卫生组织艾滋病、结核病防治亲善大使彭丽媛教授全程参与录制。

2016 年，《养生堂》继续丰富电视传播语态，融合案例分享、科学实证、动画演示、大型道具等多种手段，把复杂抽象的内容进行可视化呈现，把高深莫测的医学知识转化为通俗易懂的健康道理，把专业的医疗专家打造成为观众喜爱的科普明星。

主创人员：

制片人：田天、王泓、华剑雄

主编：刘哲、王孜

主持人：刘洪悦、刘婧、丁一玲

制片：冯琪玮

8.《我是大医生》

节目（栏目）类别：生活服务类

播出频道：BTV 北京卫视

播出时间及节目时长：每周四21：18 首播，每期节目 70 分钟。

节目内容及特色：

北京卫视全国独创的健康服务栏目《我是大医生》以打造全民明星医生的概念，以权威名医嘉宾团为核心竞争力。首次使用医生作为嘉宾主持人，通过意想不到的实证、互动等方式，向大众传播具有趣味性、实用性、科学性、权威性的医学知识；用活跃、直观、综艺的方式，解读人体的奥秘。把真实、活泼、亲切的医生形象呈现给电视观众。

主创人员：

制片人：吴犁犁、赵菲菲

主编：刘娓

主持人：悦悦

编导：胡月、杨威、闫一可、许栋、陈芊潼、杨彦君、王啸、杨懿丁、任天许、陈龙

9.《北京新闻》

节目（栏目）类别：新闻资讯类

播出频道：BTV 北京卫视、BTV 新闻（并机播出）

播出时间及节目时长：周一至周日 18：30，时长 25 分钟。

节目内容及特色：

《北京新闻》是北京电视台收视率最高、影响力最大的新闻栏目，是市委、市政府的主要宣传窗口，是北京市改革开放、经济发展、社会进步的重要展示窗口和宣传舆论平台。

栏目以“权威发布政策信息，悉心关怀百姓冷暖”为宗旨，以“准确、及时、严谨、规范”为准则，以“当天新闻当天首发”为传播理念，报道内容丰富全面，报道角度贴近百姓生活且有内涵，在追求时政新闻的严谨性、经济新闻的生动性、社会新闻的思想性的同时，不断扩大报道范围、延伸报道内容，给观众带来最便捷、最丰富、最关注、最有深度的资讯内容。

2016 年北京地区收视率为 6.37%，市场占有率稳定在 20% 以上。《北京新闻》曾连续两年获得中国新闻奖新闻编排一等奖，并多次获得中国广播电视奖、北京新闻奖、北京广播电视奖等奖项。栏目组曾获得“全国巾帼文明岗”荣誉称号。2016 年《北京新闻》新闻编排获得北京新闻奖二等奖。

主创人员：

责编：陈楠、李光军

编辑：石云、李晓军、崔菲、舒予

主持人：王晔、王小佳、聂一菁、陆放、孙扬、李扬薇、邬晔纬、马迟

10.《特别关注》

节目类别：新闻资讯类

播出频道：BTV 北京卫视、BTV 新闻（并机播出）

播出时间及节目时长：周一至周日 12：00 首播，每期节目 58 分钟。

节目内容及特色：

《特别关注》是一档综合性新闻栏目，自 2000 年 11 月 16 日开播以来始终坚持“关注社会发展、贴近百姓生活”的栏目宗旨。2016 年以来，《特别关注》由侧重本地民生，改版为全国卫视新闻定位。栏目凭借午间播出的时间优势，大量运用现场连线与回传，提高新闻时效，拓宽节目视野。除本地重大新闻及民生新闻外，重点关注国内、国际热点事件，与新华社、中国国际广播电台等国内外媒体合作，借助首都资源搭建权威平台，实现了首都、国内、国际新闻全覆盖。

主创人员：

责编：赵欣、李颖、段忠俊

编辑：尧弘、申京辉、方园、王欢、斯琴、陈军、刘瑶、周俊皓、李爽

主持人：曹一楠、桑朝晖、王巍、赵彬彬、范奕

11.《北京您早》

节目（栏目）类别：新闻资讯类

播出频道：BTV 北京卫视、BTV 新闻（并机播出）

播出时间及节目时长：周一至周五 7：00—9：00，每期节目 120 分钟（BTV 北京卫视、BTV 新闻并机播出）；周六、

周日7：00—8：30（BTV北京卫视、BTV新闻并机播出），8：30—9：00（BTV新闻）。

节目内容及特色：

《北京您早》是中国最早的一档早间电视新闻节目，自1991年7月30日开播以来，已经陪伴观众26年，收视率和占有率一直保持全国同时段首位。节目定位为"站在北京看世界"，在每天两个小时的节目时间里，以全球视角梳理国内外新闻，同时兼顾评论、气象、路况、生活服务等各种内容，节奏快、信息量大，为全国观众提供清晨最适合的新闻早餐。

2016年，《北京您早》北京地区两频道合计收视率为1.72%。栏目被推荐为2016年度北京优秀广播电视节目电视新闻类优秀栏目奖，曾在历年重大新闻直播及报道中获中国新闻奖、中国广播电视奖、北京新闻奖等众多奖项。2016年，圆满完成了G20杭州峰会、爱心长征路、北京市两会、《过年啦》春节系列报道等。由栏目组织策划发起的《带本书给家乡的孩子》大型公益活动已经成为北京电视台品牌公益活动，活动联合全国7家省市电视台将12万册爱心图书送到全国21个省市自治区的200余所边远地区小学，并成立23个BTV爱心图书室。该活动产生了良好的社会效益，2016年受到中宣部《新闻阅评》专题表扬，两次在《人民日报》要闻4版专题报道，并配发赞语"北京电视台利用媒体的力量搭建平台，让捐书者的爱心有处安放，让没有走出过大山的孩子们懂得生活不仅只有眼前，还有诗和远方。"

主创人员：

责编：马迟、刘非非、黄广

编辑：王金春、李苑、肖宬、李铁牛、王延军、王大伟、赵静、王怡、杨蔚莨、李娜、闫彩荣、王亦鹏

主持人：孙杨、邬晔纬、张默、张伟、孙天旭、李扬薇、西鸥、陆放

12.《大西山》

节目（栏目）类别：大型人文历史纪录片

播出频道：BTV北京卫视、BTV新闻、BTV纪实

播出时间及节目时长：BTV北京卫视、BTV新闻2016年11月26日至12月5日早8：30—9：00并机首播，共10集，每集30分钟。

节目内容及特色：

10集大型人文历史纪录片《大西山》由北京市委宣传部主办，海淀、石景山、门头沟、房山、昌平区委宣传部出资，北京电视台新闻节目中心制作，筹备、拍摄、制作将近千日，行程达数万公里，主创团队3年四季无休，前所未有地展开了一场电视人与大西山的多维度深度对话。北京作为六朝古都有很多名胜古迹，西山原本算不上名山，但对于北京这座城市而言却有着独特的意义。西山是太行山的一条支阜，从西方遥遥拱卫着北京城，古人称之为"神京右臂"。它不仅仅是一座自然之山，更是一座饱含着人文历史精华的山脉。《大西山》以纪录片手法将其作为讲述北京人文历史的载体，以西山的历史之大，人物之大，故事之大，吸引不同年龄、不同背景的观众认识、传承大西山文化，进而感受中华传统文化的精髓，坚定文化自信，树立大西山文化品牌。

主创人员：

王淳华、朱晓梅、卢晓南、甄梅、杨晓春、刘瑜、谭焱、许燕、王振

13.《春潮》

节目（栏目）类别：专题片

播出频道：BTV 北京卫视

播出时间及节目时长：2016 年 2 月 21 日至 26 日 19：30 首播，共 6 集，每集 15 分钟。

节目内容及特色：

《春潮》全集共分为：两年回首、大国首都、协同发展、城建之基、大城之象、科学治污 6 集。分别从城市定位、京津冀协同发展、城市规划、市政建设、环境治理 5 个方面，反映了在习近平总书记视察北京 2.26 讲话之后，两年来北京所取得的变化与发展，以及未来“十三五”时期的蓝图。

主创人员：

责编：成强、丁苏萍

撰稿：刘祺

编导：林天趣、李颖、武奕

摄像：金昌、王鹏、霍庆海

14.《中国梦 365 个故事》

节目（栏目）类别：微纪录片

播出频道：BTV 北京卫视、BTV 新闻、BTV 财经、BTV 生活、BTV 青年和 BTV 纪实频道

播出时间及节目时长：每周一、周四在北京卫视《北京新闻》首播，并于周二到周日在 BTV 财经、BTV 生活、BTV 青年和 BTV 纪实重播，每集节目 3 分钟。

《中国梦 365 个故事》是定位于“人文生态的真实记录，普通百姓的心灵之光”的系列人物“微纪录”作品，通过 3 分钟的体量，展现各行各业普通人的故事和命运，打造一部讲述当下中国百姓平凡故事的心灵史诗。本系列片以“讲述普通人的命运故事”为宣传策略，坚持不摆拍、不情景再现等原则，追求现场感、真实感，表现人物的同时，与当代社会背景勾连，从而将个人梦想与国家梦想相连接，使个人的心灵微光更具有我们民族笃信的核心观念和追求的恒久价值，同时，在策划、内容选择、表现形态、传播方式上都进行了创新。

用小故事和小人物讲述当下真实的、生动的中国社会。把个人与整个国家民族的发展、命运与现状联系在一起，实现了个人化叙事与国家民族叙事相结合。这种宣传策略是“讲好中国故事”的具体落实，有利于社会主义核心价值观和中国梦的广泛传播。

节目的拍摄对象涵盖了社会各阶层、各民族、各地域、各年龄、各职业，覆盖全国各省市区，兼顾全国 56 个民族、港澳台和海外华人。节目组远赴西藏、台北、上海、山东、四川、江苏、浙江、河南、云南、广西等地，展现了西藏的支教教师、贵州马背上的医生、加拿大归国的二战亚洲历史普及者、成都的私人博物馆创办人等许多鲜活的中国面孔，表现出普通中国人在大时代中的追求、经历与命运故事。人物年龄最大的有 95 岁的抗战老兵，最小的有正在上初中的盲人少女，70 后、80 后、90 后的人物均占有一定比例。

《中国梦 365 个故事》自 2013 年 12 月在《北京新闻》播出，至 2016 年底已

经播出 306 集。

主创人员：

吴群、王宇、李森、聂焱、李明、林天趣、尹谦、刘瑜

15.《第六届北京国际电影节开幕式》

节目（栏目）类别：综艺类

播出频道：BTV 北京卫视与 BTV 青年（并机播出），央视电影频道及其他卫视

播出时间及节目时长：2016 年 4 月 16 日首播，节目时长 101 分钟。

节目内容及特色：

《第六届北京国际电影节开幕式》由北京电视台青少·海外节目中心大型活动科承制，于 2016 年 4 月 16 日晚在北京雁栖湖国际会展中心成功举办。来自世界各地的国际知名电影节主席、驻华使节、电影人和电影制片机构、电影市场、论坛嘉宾代表以及新闻媒体等 1500 余人出席本届开幕式。晚会以“北京邀请你”为主题，在极致创意和唯美格调的光影盛宴中向全世界发出邀请——这个春天，来北京看世界最好的电影！开幕式分为“致时代”“致电影”“致北京”“致观众”四个篇章，以电影叙事和有故事的舞台为创作原则，歌舞汇演结合仪式典礼，完成 7 大评委亮相、评委会主席讲话、15 部入围影片推介、开幕式影片创作团队亮相等议程，整场晚会热烈、紧凑，散发着浓浓的京腔京韵与中华文化的风采。

主创人员：

总导演：段嵘

制片人：郝洁、石涛

技术制片人：程军

导演：李蓓、单岩柏

视觉总监：张蕊

导演组：张媛、关歌、徐士悦、曲冉、高淳溪

导播：殷鹤鸣

直播导演：贺兴无、张晓彦、吕敬、韩琳、齐萌、王轩

舞美制作总监：孙游、石悦

16.《“奥运之城　冰雪邀约”2017BTV 跨年环球歌会》

节目（栏目）类别：综艺类

播出频道：BTV 北京卫视与 BTV 青年（并机直播）

播出时间及节目时长：2016 年 12 月 31 日 19：30 首播，节目共 3 小时 45 分钟。

节目内容及特色：

《“奥运之城　冰雪邀约”2017BTV 跨年环球歌会》的主题是“奥运之城　冰雪邀约”。歌会以冰雪为主体元素，以冬奥会为串联线索，以“冰雪精灵的冰雪奇幻秀”的故事线为依托，用“冰雪邀约，友谊梦想，奥运接力，共享共赢”4 个元素组建歌会整体架构。

主创人员：

郭巍、龚鹏、朱沿延、张释文、石璐娃、岳月、王轩、马岩松、蒋苏华、李媛媛、周艳丽、曲冉、刘蜜、冯胜男、张惠君

17.《融通之路》

节目（栏目）类别：纪录片

播出频道：BTV 北京卫视、BTV 青年、BTV 新闻

播出时间及节目时长：首播时间为

2016年12月19日周一、20日周二、21日周三、26日周一、27日周二，每晚23：10起播出2集，共10集，每集30分钟。

节目内容及特色：

推进“丝绸之路经济带”和“21世纪海上丝绸之路”建设，是习近平总书记统筹国内国际两个大局，顺应地区和全球合作潮流，契合沿线国家和地区发展需要，立足当前、着眼长远提出的重大倡议和构想。

作为北京电视台的重点项目，10集纪录片《融通之路》致力于用电视手段、纪录片语言传播“一带一路”倡议，以古今丝路上的贸易为主线，把握并彰显传统陆海丝绸之路沿线国家互联互通，实现经济共荣、贸易互补、民心相通的时代脉动。

主创人员：

出品人：李春良

总策划、总监制：王珏

总制片人：袁子勇、张苏

总撰稿：宋民

总编导：王赤

责编：乔鲁京、吕敬、王任飞、段静欢

编导：徐士悦、余文、苏抒、耿珅、李东巍、朱彬、段静欢、谷悦欣

18.《书香北京》

节目（栏目）类别：专题服务类

播出频道：BTV青年

播出时间及节目时长：每周六、日20：30首播，每期节目45分钟。

节目内容及特色：

《书香北京》是北京电视台青年频道2010年倾力打造的唯一一档原创知识文化类谈话节目。《书香北京》始终以创新为目标，垂直细分打造专业化电视读书节目。在知识文化类节目中，《书香北京》异军突起，是上升势头、收视率和影响力最好的电视读书节目，成为业界为数不多的最具影响力读书媒体领航者。

栏目以社会热点话题为切入点，以书为载体，邀请各行业权威专家围绕书的核心价值进行解读。《书香北京》团队已制作500多期，邀请1000多位嘉宾，以书为载体，传递书香。

主创人员：

吴玮、白钢、吕楠、周清青、王洋、顾云鹏、陈立一、段静欢、马潇、佟美佳、于晓琳、李文文

19.《2016年北京电视台春节联欢晚会》

栏目类别：综艺类

播出频道：BTV北京卫视、BTV文艺、BTV青年

播出时间及节目时长：2016年2月8日19：35首播；节目共210分钟。

节目内容及特色：

2016年北京电视台春节联欢晚会主题鲜明，内容丰富，气势恢弘，场面宏大，有设计，有创意，有内涵，有温度，文化气息浓郁，营造的节日气氛热烈。

主创人员：

策划：李春良、王珏、艾冬云、潘全心

导演：孙仝、毕鲁克、许佳多、李婧

撰稿：张文天

摄像：楚孝义、冯晓峰、褚旭

20.《哎呀妈呀》

节目类别：综艺类

播出频道：BTV 文艺频道

播出时间及节目时长：2016 年 1 月至 3 月每周日 19：35，共 12 期，每期节目 70 分钟。

节目内容及特色：

《哎呀妈呀》是一档带有二度空间的情景式社会题材的喜剧节目，通过幽默的小品表演形式，再现人们生活中遇到的具有新闻性、普遍性、警觉性的问题，让观众收获快乐的同时，学会如何巧妙、智慧地化解矛盾。寓教于乐，服务百姓。演员的跨界表演、戏内戏外的巧妙间离、360 度舞台全景调度、场景的个性设计等，因其独特的创新形式，让《哎呀妈呀》在文艺频道众多节目中风格凸显，给观众留下深刻印象。

主创人员：

监制：潘全心、齐建彤

总导演：焦峰

导演：赵伟、唐月喜、龙舒、王杨、吴瑕、张蕊、王雅娟

责编：吴涛

制片主任：王炳川

艺人统筹：李木子、金京

21.《每日文娱播报》

节目（栏目）类别：新闻资讯类

播出频道：BTV 文艺频道

播出时间及节目时长：周一至周日 18：45 首播，每期节目 45 分钟。

节目内容及特色：

《每日文娱播报》自 2002 年创办以来，一直把“文化价值发现者”作为栏目口号，坚持“文化彰显品位”的理念，坚持弘扬社会主义核心价值观，坚持向观众传递正能量。《每日文娱播报》一直强调独家内容、独特视角、独到观点，在忠实记录文化娱乐事件现场的同时，力求从更深的层次进行分析，解读娱乐真相，发出不一样的声音，在文化娱乐界形成了强大的话语权和影响力。

主创人员：

责编：常群、王春华、徐立、蒋超、贾乃锐、宫璇

编辑：肖京文、陈姝燕、徐颖媛、孔慧

主持人：陈竞、陈阳、赵韦至、欧阳慧

22.《法治进行时》

节目（栏目）类别：新闻资讯类

播出频道：BTV 北京卫视、BTV 科教频道

播出时间及节目时长：周一至周日 12：00 首播，每期节目 55 分钟。

节目内容及特色：

《法治进行时》栏目于 1999 年开播已有 17 年，已经安全播出 6000 多期。《法治进行时》以独特的新闻视角、真实的现场报道以及鲜活的法治案例，打造了家喻户晓的品牌栏目。2016 年开始，栏目重点打造融媒体平台，多方了解电视观众和网络观众的需求，全面整合了微信公众号、企鹅号、头条号、栏目官方微博、徐滔法律服务网等网络平台。与腾讯、360、一直播、网易、北京时间等多方合作，实现了电视屏和手机屏真正的双屏互动。大量运用 4G 视频技术，使节目更具实效性。2016 年 11 月 11 日，法治进行时微信平台

全新推出，微信直播、地图实时视频爆料、律师和粉丝一对一实施互动，成为了栏目新媒体的主要特色。

主创人员：

制片人：陶继忠、钟南南、郭玉林、王丹

责编：刘井元、王建国、葛宏鹏、马良、王卓、潘旭

主持人：王振龙、张富丽

23.《最北京》

节目（栏目）类别：专题服务类

播出频道：BTV 科教频道

播出时间及节目时长：每周日20：00首播，每期节目 50 分钟（2017 年起增加至 60 分钟）。

节目内容及特色：

《最北京》是一档为北京人、北京城量身定制的专题节目。节目以老字号、老街区、老物件等为道具和场景，以现场隐蔽拍摄采访为手段，以演播室三人行的谈话为主要形式，在“寻访北京之最”的话题引领下，展示北京这座城市在城市生活方方面面的变迁，用京味语言的特点展现地域风情、文化，是科教频道周末晚间一档有味道、有情怀、有纵深，好看、好玩的节目。“京味、文化、传承”是《最北京》节目的最大特点；“胡同情怀、百姓故事”是《最北京》的节目定位；“行走中的相声、北京人的乡愁”是《最北京》的节目宗旨；“演播室脱口秀 + 户外真人秀 + 隐蔽拍摄”是《最北京》最主要的表现形式。

主创人员：

制片人：周波

责编：程文

编导：张爽、马枥鑫、刘峥、徐子淇

编辑：李爽

制片：赵明岩

主持人：关文平、夏婷

24.《首届“诚信北京”3·15 消费者权益日特别节目》

节目（栏目）类别：特别节目

播出频道：BTV 财经频道

播出时间及节目时长：2016 年 3 月 15 日 18：30 分首播，共 90 分钟。

节目内容及特色：

本着宣传诚信精神，传播诚信力量，表彰诚信楷模的目的，《首届“诚信北京”3·15 消费者权益日特别节目》以“诚信北京”为主旋律，以“商之诚信、人之诚信、城之诚信”为架构，避免以往一味打击过错行业企业单一监督格局，通过真假对比做到信息有用、观赏有趣、选题有料、消费有账！平衡在经济下行背景下来之不易的市场商业诚信氛围，将北京财经上升到中央格局层面，彰显首都媒体的主流价值观和新闻情怀。

主创人员：

监制：宗燕红

总导演：韦嘉

编导：董棠、姚舜禹、周可夫、信薇娜、王凯

主持人：李杰、张伟

25.《欢乐二打一》

节目（栏目）类别：益智竞技类

播出频道：BTV 体育频道

播出时间及节目时长：周一至周五 17：55 首播，每期节目 50 分钟。

节目内容及特色：

《欢乐二打一》是北京地区唯一一档扑克益智竞技类节目，是北京电视台体育频道收视率最高的常规性栏目。它以传播健康、文明、向上的扑克益智竞技项目为宗旨，活跃首都电视观众的业余文化生活为目标，推动传统电视媒体内容生产向新媒体互联网前段延伸融合，多年来进行了大量创新型发展。在节目中注重竞技性、趣味性、娱乐性的高度统一，赛制规则制定科学合理，通俗易懂，贴近百姓，同时也兼顾公开公平公正原则，内容环节设置照顾到全人群的收视特点，真正做到了全人群覆盖和老少皆宜。《牌局解析》等板块为国内同类型节目首创和独创。2016 年《欢乐二打一》北京地区全年平均收视率 2. 43% 。

主创人员：

制片人：孙松、李岩

编导：何泳芳、孟文、蒋雅妮、张冉、平平

主持人：张鹏、赜彤、陆姝

解说：金巍、李岩

26.《生活 2016》（现名《生活这一刻》）

节目（栏目）类别：生活服务类

播出频道：BTV 生活频道

播出时间及节目时长：周一至周日 18：30，每期节目 90 分钟。

节目内容及特色：

民生新闻为主体、资讯与服务相结合的生活资讯节目。它涵盖了播报、讲述、访谈、演示等多种样态，形成创新形态；综合新闻资讯和生活服务，形成创新内容。生活态区域化的演播室设计，大型道具全媒体新技术的综合运用，用生动有趣的形式传递新闻资讯与服务信息，传播主流价值观。该栏目既不同于宣传大政方针的正统新闻，又不同于之前偏低端、偏市井的民生新闻，节目热点多、服务实、节奏快、形态新，以民生为本，秉承平民视角，关注民生百态，绝不夸大负面问题、渲染负面情绪，而是积极地倡导健康的价值理念，促进社会进步和谐。

主创人员：

制片人及责编：高燕、刘春艳、张璐、汤军军、张楠、张劲松、杨苗、郭笑梅

编辑记者：张毓倩、康楠、张燕民、徐璐、查千、李浣、贾璇、余翔、刘艳飞、万臻、李建利

主持人：高燕、阿龙、吴冰、李向显、秦天

27.《最可爱的人》

节目（栏目）类别：动画片

播出频道：BTV 卡酷少儿频道

播出时间及节目时长：2016 年 10 月 18 日 18：30 首播，每集 13 分钟，共 14 集。

节目内容及特色：

由北京卡酷少儿卫视原创制作的“中国梦”爱国英雄主义动画片《最可爱的人》以家喻户晓的抗美援朝战役为背景，演绎中国人民志愿军激昂疆场的英雄故事。动画片共 14 集，每集 13 分钟，两集一个故事，讲述抗美援朝时期的 7 位典型英雄人物，相当于 7 部动画微电影。每个故事一个主题词：勇敢、机智、团结、顽强、创新等，展现出战争时期中华儿女的精神力量。

主创人员：

总导演：蒲文苑

执行导演：郭衍超、路漠、朱业、贾祎、高博、徐一超

编剧：赵宁宇、陈亮、陈澍玲、郝茹

统筹：冯焕斌、李严、汪莎莎

分镜设计：姜舒航、王佳琪

美术设计：张振宇、王佳琪、朴林海、杨阳

剪辑：路漠

配音导演：路知行

28.《2016BTV 卡酷少儿动画春晚》

节目（栏目）类别：特别节目（舞台剧/综艺晚会/动画片）

播出频道：BTV 卡酷少儿频道

播出时间及节目时长：2016 年 2 月 4 日至 6 日，一共 3 场，前两场时长 60 分钟，第三场时长 90 分钟。

节目内容及特色：

《2016BTV 卡酷少儿动画春晚》以“好玩儿 hold（猴）不住”为主题，打造音乐人偶舞台剧《童话奇趣夜》、游艺晚会《游乐园奇幻夜》、全三维动画盛典《圆明园奇妙夜》3 场创意出奇的狂欢盛典，首创用游戏闯关形式串联舞台剧、首次汇集最全的动漫明星混搭演绎、首次将迪士尼花车巡游搬上电视荧屏、首次将圆明园盛景在电视上进行动画复原。本次动画春晚以混搭、跨界和分享为关键词，用 3 台风格迥然不同、充满情怀又不失童趣、参与度极高的动画晚会，在各大卫视春晚阵营中焕发出了别样的光彩。

主创人员：

导演：李严、袁媛、李菲菲、王淳、王沛珊、杨瑒、杨钊、朱业

策划：张媛媛、王昭、王家慰、白辰荣、郭衍超

后期：宋超、李骁、张正一

视频包装：张天鹏、陈恒、陈笛、赵静、杨婉娟

主持人：赵舒婷、杨若天、刘一男、王雅婷、张体松、王奥

29.《时尚印象》

节目（栏目）类别：纪录片

播出频道：BTV 纪实频道

播出时间及节目时长：每周三21：00首播，每期节目 27 分钟。

节目内容及特色：

《时尚印象》栏目自 2014 年起正式落户北京纪实频道，这是一档以纪实风格的手法创作的纪录片化的栏目，以时尚的理念，挖掘和纪录那些观念时尚、行为时尚、作品时尚、成就时尚的人和事，挖掘和纪录的每个故事主体都秉承着“时尚的力量，时代的能量”的创作宗旨。每期节目通过记录他们不同凡响的创业经历、创作精神、时尚理念、生活方式，表现他们的一种创新精神和执着态度，同时也表现他们面临困难时的艰辛与不易。每一期节目都力求传递创意无限、积极向上、努力进取的正能量。

主创人员：

策划、制片人：钱丹丹

编导：齐芳、宋小鹏、冯阳、苗荟、刘岩、陈正

摄像：马勇杰、刘虎军

责编：高宇博

解说：郭煜

调研报告
收视调查

关于北京电视台网上舆论工作的调研报告

北京电视台总编辑　王珏

北京电视台作为首都重要的舆论宣传阵地，认真贯彻落实习近平总书记系列讲话精神，忠实履行职责使命，扎实做好新闻舆论引导工作，着力推动媒体融合传播。面对纷繁复杂的网络舆论格局，我们认识到，首都主流媒体必须坚持政治家办报办刊办台办网，坚持以人民为中心的创作理念，敢于亮剑，善于发声，不断提高复杂形势下把握正确舆论导向的能力。下面，我结合这次专项调研的主题，谈谈北京电视台关于加强首都网上舆论引导方面的基本情况，并就今后工作的思考和打算，与各位交流，欢迎指正。

一、北京电视台加强网上舆论引导的基本情况

（一）加强制度建设，规范网络传播

在节目内容安全方面，我台非常重视建章立制，先后出台《北京电视台节目内容安全管理规定》《节目终审人管理规定》《新闻宣传工作考评办法》等，明确了三级四级审片制、重播重审制等一系列规章制度，让采编人员有章可循。

在网络传播方面，2011 年以来，我台陆续制订了《北京电视台网络报道守则》《关于使用互联网公共信息平台的管理规定》《加强和规范微博客管理办法（试行）》《关于敏感时期确保内容安全的具体措施》等，明确规定，编辑记者使用互联网信息作为新闻线索时，必须查证信息来源，核实内容真伪，严禁使用未经核实的互联网信息，或以未经核实的网上信息为线索进行报道。同时，我台要求各部门加强对所属“两微一端”的内容管理。微博、微信所发布的信息不得违反法律法规、违反新闻宣传纪律、违反我台相关管理规定。

（二）强化全流程监管，确保内容安全

我台对各节目中心的内容安全情况进行常态化监督检查，定期公布各项宣传制度和管理工作落实情况，发现隐患立即提醒，发现问题督促改正，并根据制度追究责任，予以处罚；全台各频道实行重点选题申报制度，重大选题、重大直播计划随时上报市委宣传部；聘请阅评员加强对日常节目的监看工作，每周编辑发布阅评刊物，通过编前会点评、印发和内部网站发布等不同方式传达到每个中心。

（三）把牢新闻工作底线，严守媒体责任

在新闻宣传报道中，我台严把舆论导向，严格遵守宣传精神和宣传纪律，坚持做有价值观、有责任感的媒体。对于突发事件，我台严格按照宣传部有关规定，不追求负面爆料效应，在权威报道的基础上，通过议程设置引导舆论走向，服务而

不添乱，鼓劲而不泄气。

针对网络热点话题，我台《特别关注》连续多年推出“一辨真伪”专栏，对网络热传消息进行深度调查，以正视听，发挥了辟谣平台的作用，取得了积极效果。

（四）推进网台融合，加强全媒体报道

我台遵循互联网传播规律，坚持运用新媒体延伸工作手臂、拓展传播渠道，以内容优势赢得发展优势，同时在内容把关方面，新媒体与传统媒体秉持同一标准，切实做好正确导向全覆盖、无例外。

我台参与制作的《市民对话一把手》今年实现电台、电视台、网络电视台、网站、移动客户端等全媒体联合播出，更广泛地收集了市民意见，更有效地回应了市民最关切的问题。

目前全台各频道、栏目、热点活动、主持人的微信服务号共计100多个账号，连同北京电视台官方微信订阅号一起围绕热点事件开展互动传播，已成为全媒体报道中不可或缺的部分，在引领正能量话题方面积极发挥了自身优势。今年北京市两会期间，我们开发了一档原创新闻产品《速读两会》，基于手机移动端发布，将两会新闻视觉化，取得了良好的社会反响。

当前，新兴媒体对传统新闻媒体构成了巨大的冲击。新兴媒体的优势一方面表现在传播技术的领先与灵活；更为重要的是在体制、机制上相较传统主流媒体有着更为灵活、更具伸展性的空间，在内容口径尺度上面临更大的腾挪空间。在媒体融合过程中，我们要不断推动内容生产运营机制改革，同时又要坚持舆论导向不放松。下面，我再围绕这次调研课题，谈谈今后工作的一点想法。

二、今后工作的思考和打算

（一）制度建设和制度落实并重，构建自律与他律相结合的安全防控体系

中央领导同志多次提出，要把权力关进制度的笼子里。做好首都网络安全工作，同样离不开制度建设。上级主管部门要通过完善制度建设、加强制度落实和新闻阅评等各种方式，加强对新媒体和传统媒体的监管，防微杜渐，堵塞漏洞。媒体内部要建立健全舆论安全管理工作机制，同时依托政风行风热线，主动接受社会各界监督。今后，我台还将进一步建立健全目标责任综合评价体系，实现舆论引导与市场机制、社会效益与经济效益的统一。

（二）加强传统电视新媒体战略研究，形成与新媒体平台充分融合对接的全媒体工作模式

在市委市政府和市委宣传部领导下，北京新媒体集团及其子公司已经从电视台转制剥离。由于现在还处于磨合过渡期，希望北京电视台与北京新媒体集团能够互相支持，优势互补，共同建设跨媒介跨平台大编辑部，树立传统媒体向新媒体转型的新范本。

（三）加强全媒体人才队伍建设，提高新闻从业人员的责任意识

在媒体转型升级的时代背景下，包括北京电视台在内的传统媒体都面临着新媒体思维不足、人才流失的情况。为了适应媒体融合发展需要，我们还要进一步充实全媒体人才队伍，制订全媒体人才引进、培养、使用的计划，通过多元化培训手段，让传统媒体人才尽快掌握新媒体技术。

同时，定期开展马克思主义新闻观教育培训活动，将“三严三实”“一规一约”等内容内化于心，外化于行，进一步强化新闻工作者的社会责任和使命担当，切实提升新闻采编人员职业精神和道德水平。

（四）策划推出一批重大主题报道，激浊扬清，正本清源

随着社会转型，当前社会上存在一些错误观点、模糊认识、消极言论。首都主流媒体必须主动作为，牢牢把握新闻舆论的正确导向，在激浊扬清的亮剑交锋中澄清舆论、明辨是非，在正面宣传的感染鼓舞中成风化人、凝心聚力。

针对历史虚无主义思潮泛起，北京电视台曾经推出《正道沧桑》《伟大的抗美援朝》《解放》等大型纪录片，突出了“人民的选择”这一主题。今年下半年，围绕红军长征胜利会师 80 周年，我台将策划推出《长征》《征途》《长征记忆》等大型纪录片和专题节目，开展红色经典影视展播活动，坚定道路自信、理论自信、制度自信。

针对藏独、疆独势力的蠢蠢欲动，我台去年制作了大型纪录片《西藏》，获得中央领导同志的肯定；今年下半年，我台还将推出大型纪录片《新疆》，论述自古以来新疆是中国不可分割的一部分，彰显媒体担当。

另外，传统媒体担负着社会责任，社会效益优先，既要做公益，又要抓经营，以产业反哺事业，同时受到多重管理，约束较多。建议有关部门在政策等方面加强对传统媒体的扶持，促进传统媒体向新媒体转型升级。

牢牢坚持正确的舆论导向，是新闻舆论工作的灵魂和生命。今后，我台将以“首善媒体、大美品质”为发展定位，坚持导向立台、新闻立台，顺应互联网传播“移动化”“社交化”“视频化”的趋势，探索融合联动的多屏内容生产机制，在加快建设新型主流媒体进程中切实提高新闻舆论工作的传播力和影响力。

关于北京电视台2016年春节联欢晚会的调查与分析

研发部

北京电视台 2016 年春节联欢晚会全国 35 城收视率 2.08%，北京地区合计收视率 22.06%，北京卫视全天全国排名第一，全国同时段春晚收视第一。2016 年的北京电视台春晚，以“家家好国家好”为主题，用浓浓的家国情怀和北京特色为观众奉献上一道有创意、有温度、有笑声、有感动的新春视听盛宴。为了总结这次春晚的创作经验，听取观众特别是专家学者的意见，北京电视台研发部邀请本台的专家顾问对晚会进行全程观看，并对晚会的艺术特点和传播效果进行分析点评。

情感朴实的北京电视台春晚

喻国明（中国人民大学新闻学院教授、新闻与社会发展研究中心主任）：给北京电视台春晚点个大大的赞。春晚的立意必须回到这一民俗的“原点”上：阖家欢乐、辞旧迎新。家是基点，亲情友情爱情是它的呈现方式，底层的生活逻辑是它的精神血脉。北京电视台的春晚之所以被大家叫好就在于它情感朴实，不张扬不拔高。最可贵的，是里面有过年的传承里那些实实在在的东西：民俗，亲情，家长里短以及爱。这是一台给老百姓看的晚会。它的主题定位是准确的：“我的世界只有你，有你才叫家……”从北京电视台收视的火爆说明老百姓还是更多需要放松的文化产品消费，想传播还是要懂传播心理学，硬塞还不如不塞，润物细无声才是真正高手。

从容自信的大台气质

郎劲松（中国传媒大学新闻传播学部教授、影视创意与媒体运营研发中心副主任）：主题立意高。一部经典、两代猴王、三大主题，晚会既有京腔京味更有家国情怀。《西游记》是贯穿整台晚会的中华故事和经典场景，六小龄童和张卫健两代猴王以不同方式穿梭始终，特别是六小龄童作为最大悬念，让观众期待他的“大圣归来”，成为晚会的亮点和高潮，表现出向传统经典和向老艺术家致敬的高立意。文化北京、现代北京、国际北京是晚会的三大主题，同时将“一带一路”“中国梦”“京津冀协同发展”等内容在或国际化、或本土化的节目中画龙点睛地呈现，质朴中不失宏大，接天线与接地气相得益彰。

本土特色浓。本土艺人、本色出演、本位传播，体现出文化的自信和生活的温度。春节是传统节日，春晚应体现民族文化和传统文化特色。相比各电视台春晚的“明星大PK，砸钱大比拼”的土豪气，北京电视台显示出从容自信的大台气质，以本土艺人主打，以北京人喜闻乐见的艺术形式为主，特别是注重了老中青的代际传承、老北京的文化传播，表达出对家庭、对国家的深情。

创新意识强。开场别致，先声夺人，让观众“一见钟情”。开场由常见的演播室内景录播模式创新为演员入场过程的外景直播模式，带入感强烈，一镜到底，现场感和互动感十足，以长镜头吸引观众视线进入晚会现场。演播室现场“天上人间，共迎猴年”的蟠桃宴氛围扑面而来，以《西游记》的故事让观众立刻产生共同语境下的情感共鸣。另外，整台晚会突出联欢的喜庆和自在，节目编排起承转合自然流畅，舞台舞美不奢华却充满现代感和技术含量。

“大闹天空”的北京电视台春晚

陆地（北京大学新闻与传播学院教授、博士生导师、北京大学视听传播研究中心主任）：北京电视台的猴年春晚“猴”味十足。猴的特性主要有四：好动、多变、聪明、喜兴。这台春晚基本符合这些特性，自然可以“大闹天空”了。

满场猴戏。要想体现“好动”的特性，节目中没有“猴子”是不行的。但是，这些“猴子”是不可能从动物园牵来的，只能靠与“猴”有缘的人来实现。于是，北京电视台先是邀请了曾在影片《西游降魔》中饰演过孙悟空的黄渤披挂上阵，出任猴年春晚的推广大使，“上蹿下跳”。接着，分别出演1986年版电视剧《西游记》、1996年TVB版《齐天大圣孙悟空》中孙悟空形象的六小龄童、张卫健亮相，各逞“猴艺”。这还不够“好动”，于是，导演又安排京剧名角裘盛戎之孙裘继戎与世界街舞冠军肖杰合作了一段精彩的舞蹈——《真假美猴王》，乐翻全场。

四面埋伏。猴子的多变怎么在晚会上表现呢？北京台的春晚首先在舞台的不断变化上动起了脑筋，将传统晚会的一面舞台变成四面舞台、立体舞台。舞美将BTV大剧院的后台、耳台甚至观众席都变成了春晚的舞台，整个剧院近3000平方米都变成了节目现场，而且营造出了一种天宫的感觉。舞台上设置的9大升降台，好像9只灵活的猴子，上下翻飞，不但自身成为一景，而且让整个节目呈现出全方位而又错落有致的透视感。

锐意创新。猴子的聪明表现在节目上就是创新。京视猴年春晚的节目可谓是创意不断。最显著的特色就是“混搭”。比如，相声节目《吴李取闹》，偏偏把一个普通话都说不好、以形体演技为特长的香港著名演员吴镇宇和“京片子”李菁合在一起说学逗唱，“笑果”自然不错。以演唱校园歌曲蜚声中外的王洁实在春晚节目中“一反常态”，跟何云伟、王玥波、应宁等合作表演了相声《告猴儿》，果然“说得比唱得好”。

三位年过古稀的歌唱家李光羲、刘秉义、杨洪基一直是北京电视台春晚的常客，今年意想不到地唱了一首柔情似水的《摇篮曲》。老艺术家唱童谣，不但体现了一种对照和反差，而且显示了三位老者的艺术多样性。

在众多仙女簇拥下飘然而至的四大天王，原来竟是高矮胖瘦、参差不齐。巴特尔、何云伟、孙明明和陈龙往舞台上一站，一语不发，就赢得了满场的笑声。

至于猴子的“喜兴”，则在京视春晚对“家”的主题选择和舞台设计、服装、道具、音乐配置以及节目内容中，几乎无时不显、无处不现。

一台关注需求侧的猴年春晚

刘燕南（中国传媒大学传播研究院教授、博士生导师、受众研究中心主任）：北京卫视的猴年春晚带我们回到最原初的过年民俗：人情亲情接地气；温暖团圆大联欢。同样是主旋律，北京电视台的春晚，称得上是一台真正关注和适应需求侧的晚会，无疑更具正能量。

强调观众视角，突出“猴元素”传播。所谓观众视角，就是“观众想看什么”和“观众要看什么”两个关键。2016年猴年新春，盼望“大圣归来”是诸多观众的心之所愿。北京台在“猴”元素上做足文章：1986版《西游记》孙悟空扮演者六小龄童、TVB版《西游记》孙悟空扮演者张卫健、1995年《大话西游》中的唐僧扮演者罗家英以及2015年电影《万万没想到：西游篇》主题曲演唱者贾乃亮等，都作为演出嘉宾现身晚会。此外，相声《告猴儿》《新西游说》、舞蹈《真假美猴王》等节目都将“猴元素”浓墨重彩了一番。

最是感怀家国情。国与家的协调与统一，是中国人传统思维中最核心的价值图腾，猴年北京卫视春晚将“家是最小国，国是千万家”的理念放大，强调每一个家庭的小幸福聚成了整个国家的大幸福。晚会开始前播出的“百位百岁老人宣传片”，百人百岁，意蕴深远，隐含着祝福和祈愿。立足朴实的亲情，展现家国情怀的内在逻辑，用老百姓喜闻乐见的形式传递丰富的精神内核，是这台春晚的可贵之处。

无论是六小龄童章金莱后台再现“章氏猴戏脸谱”，还是《大宅门》剧组用小品加脱口秀的方式引出介绍“燕京八绝”的8位手艺继承者，包括北京琴书大师关学曾的孙女关晓彤、梨园世家京剧名角裘盛戎之孙、裘少戎之子裘继戎都在北京电视台春晚上演绎了经典。这些节目中透露出的恰恰是“家”的内涵与“国”之大义：传承——传承猴王精神、传承京韵文化、传承中国艺术……由此勾勒出一幅血脉相承、继往开来的家国新图景。

总之，北京台打造的猴年春晚，将“猴味儿”“京味儿”“年味儿”“人味儿”四味合一，呈现出一台接地气、关注需求侧的春晚。文艺本就是老百姓精神的火光，春节晚会这场盛宴更应成为引导精神前途的灯火。只有站在观众需求的角度，才能反映出中国老百姓最渴望的幸福百态。

丙申的盛宴，时代的欢歌

高晓虹（中国传媒大学电视与新闻传播学院院长）：大年初一，北京电视台春晚亮相荧屏，为我们烹制了一道立足北京、辐射中华、传承文化、互动四方的文化盛宴，塑造了一部色彩浓郁、民心所向、传播力强的艺术作品。

传递家国情怀的仪式化传播。北京电视台春晚以“家家好，国家好”为主线，我们看到，老艺术家携孙辈共同上春晚，中年歌唱家三口齐聚登舞台，追怀既往，感慨时光，唱响了“小家庭汇聚大幸福，家家好才能国家好”的时代旋律。这一晚，没有束之高阁的“汇报演出”，也不是一场简单粗浅的“全民狂欢”，而是巧妙地将家国情怀融入其中，将民众的生活感知带入了一个公共的、集体的共鸣空间，使晚会本身成为现代国家和人民大众互为关照、水乳交融的情感仪式。

凸显猴年京味的特色化传播。正值丙申猴年，北京电视台春晚以《师傅来了》打头阵，以六小龄童为“符号”，讲述章氏家族几代人的“猴戏故事”，将传统文化与猴年特色相呼应。此外，晚会聚焦北京的“前世今生”，不仅有“大宅门”的老朋友带来老北京的“燕京八绝”，也有90后的北京姑娘关晓彤唱起《前门情思大碗茶》。这可不是几张简单的“明星牌”，而是皇城记忆与时代发展的巧妙结合，是京城文化与现代传承的相得益彰。

聚焦百姓心声的人性化传播。在北京电视台春晚，106岁的新疆奶奶让人难忘。当主持人问及新年心愿，她说：看天安门，上春晚！电视画面上，百岁奶奶在儿孙的搀扶下登上天安门，又切回到舞台布景的艺术空间，老人情不自禁走上舞台献上了一段新疆舞……一个饱含深情的世纪老人，一个追求美好的边疆百姓，一个有血有肉的春晚人物让人肃然起敬。

多媒介共分享的艺术化传播。多屏互动的媒介环境创造了新的收视行为，改变了家庭成员对于共同事件的参与和体验，以致于全家看春晚却各有各的方式。就北京台春晚而言，一方面，它仍然保持了电视传播的表达优势，比如，“一镜到底”的戏剧化开场设计、灯光舞美打造的猴年蟠桃盛宴等。另一方面，晚会也认识到了电视线性传播的制约和限制，通过网络在线直播、微博话题送祝福、抢红包发福利等方式，引导观众使用不同平台、不同渠道参与春晚互动，初一下午，北京电视台春晚的微博访谈开讲10分钟，即冲入综艺榜第一名。新媒介为传统春晚注入了新的活力和趣味性。

想观众所想才是办好春晚的关键

于秀娟（国家新闻出版广电总局发展研究中心政策研究所副研究员）：根据央视索福瑞数据统计，2016 年北京卫视春晚在全国 35 城市的收视率为 2.08%，市场份额为 6.34%，创历史新高。而且收视率、微博互动、微信互动，三项核心数据第一，蝉联省级卫视春晚三连冠。

猴年主题欢乐祥和。2016 年北京电视台春晚多个节目围绕“猴”的概念，将多部《西游记》影视剧、多版孙悟空的演职人员请到现场表演节目，尤其是伴随几代人长大的美猴王扮演者六小龄童“大圣归来”现场变装，激发起观众对经典影视剧带来的美好回忆。港版“孙悟空”张卫健长达数分钟的开场说唱迅速将电视机前的观众带入现场欢乐的海洋，相声《告猴儿》《西游新说》，裘继荣、肖杰的舞蹈《真假美猴王》等，这些与“猴”有关的节目贯穿晚会、前后呼应，表现形式热闹、时尚且极具观赏性，致力于打造喜庆的节日氛围。春晚 Logo 也由“猴、2016”构成，猴的身体与数字融为一体，同时演化出祥云、寿桃等吉祥意象，生动活泼，寓意鲜明。

内容平实接地气。整台晚会内容设置以观众为上，既重明星效应，又重草根情怀；既重节目编排，又重舞美时尚。既请来萧敬腾等当红明星，又有新疆百岁奶奶等普通百姓；既有京剧、评弹等传统艺术，也有说唱、街舞等流行艺术。无论从演员选择还是节目编排设置上都能够做到兼顾不同年龄段观众的需求，无论是反腐题材还是情感题材都说出了百姓的心声，确实是一场为百姓举办的晚会。

情感设置温暖有爱。晚会抓住“家家好，国家好”的主题，将个人与社会、国家紧密关联。高晓攀、刘洪悦的爱情题材小品《恋爱倒叙》，嘻哈五虎将表演的《相亲公园》，看似小格局，其实真切自然，只有每个人的婚姻幸福、家庭稳固，整个社会才有可能安定和谐。春节是举家团圆的时刻，演职人员也希望能够和自己的家人共享天伦之乐。节目组安排杨洪基等老一辈艺术家和自己的孙辈共同登台演唱，付笛声、任静夫妇也带上儿子一起演唱经典歌曲《知心爱人》，这种安排既是配合主题表达的需要，也凸显了人文关怀。整台晚会的情感点设计张弛有度，有笑有泪，有起有伏，更关键的是无论笑泪、起伏，都发自观众内心深处，而不是隔靴搔痒。

艺术形式创新性强。本台晚会注重创新，艺术形式新颖。开头的“一镜到底”时尚、热闹，迅速营造欢乐气氛，大受年轻人的欢迎，考验演员功力的同时也折射出导演的创新精神。《野蜂飞舞》让 8 岁的小钢琴手与歌手郭峰比赛钢琴弹奏速度，节目运用数字技术，将难以具象化的声音、节奏呈现在 LED 屏上，凸显比赛的紧张气氛，引来观众们的一片喝彩。戴玉强、魏松、莫华伦三位男高音歌唱家演唱的《丝路情思》，融合了陕北民歌《天下黄河九十九道弯》和意大利歌剧的旋律，将东西方文化元素混搭。在晚会舞台的设置上，BTV 大剧院的后台、耳台甚至观众席都是本届春晚的舞台，360 度呈现，既保留了剧院春晚的仪式感，又打破了与观众之间的距离感。

北京电视台2015年频道定位分析及2016年频道定位规划方案

总编室

第一部分 北京电视台现有频道定位分析

为评估北京电视台频道定位情况，科学分析频道和栏（节）目设置的合理性，总编室于2015年12月对全台各频道定位与栏（节）目契合度进行了对比分析，以此研究数据为基础，总编室集中走访了专家学者、部分节目中心和经营主体，围绕未来频道定位和节目布局规划多方调研、征求意见，形成分析报告及建议如下：

一、评估说明

（一）频道定位依据

2011年9月，北京电视台在研究各频道2012年改版方案时，首次对频道定位进行全面梳理，采用频道定位的专业方法和具体案例，通过品牌愿景、使命、价值、定位、属性、承诺、个性、口号等，明晰频道定位。本报告采用的各频道定位及愿景，均以此次梳理的频道定位为依据。

（二）频道模式及栏目类别说明

分析频道定位，首先要厘清频道定位模式。北京电视台现有11个频道可分为4种频道定位模式。第一种是综合性频道，即北京卫视；第二种是根据节目内容类型进行专业定位，包括新闻、文艺、科教、财经、体育、生活、纪实7个频道；第三种是根据受众特征进行人群定位，包括青年和卡酷少儿两个频道；第四种是根据节目形态进行频道定位，即影视频道。

为了分析方便，对于第二种频道定位模式，我们将栏（节）目内容初步分为9类：新闻类、综艺类、法制类、科学教育类、财经类、体育类、生活服务类、人文类、其他类，进行频道定位契合度分析。对于第三种频道定位模式，我们主要根据受众特征，进行频道定位契合度分析。此外，对于北京卫视和影视频道，由于形态特殊，我们主要采取对比和定性分析。

（三）样本说明

本次分析对象为2015年北京电视台11个频道播出的180个栏（节）目 。

二、全台整体情况

（一）北京卫视

1. 频道定位及愿景

全能型新闻综合频道；首善媒体，大美品质。

2. 频道节目分布

北京卫视2015年共播出31个栏（节）目（含新闻类、生活服务类、人文类、综艺类）及电视剧（详见表格1）。

表格1 2015年北京卫视节目分布

栏（节）目内容类型	定位契合度	栏（节）目个数	年首播时长（分钟）	年首重时长（分钟）	首播占比	首重播占全天比
新闻类	契合	6	98345	98345	58.31%	18.71%
生活服务类	契合	7	32712	39761	19.39%	7.56%
人文类	契合	10	27156	34244	16.10%	6.52%
综艺类	契合	8	10458	22134	6.20%	4.21%
电视剧	契合			197235		37.53%

（注：首播占比为该类节目周首播时长与频道所有非影视剧节目周首播时长的比值；首重播占全天比为该类节目周首重播总时长与频道周播出总时长的比值。下同。）

3. 契合度评估

北京卫视为综合性频道，目前频道节目类型多样，布局广泛，节目设置具有差异性，体现出综合性特点，符合频道定位。

结论：北京卫视栏（节）目现状与频道定位契合度高。

（二）文艺频道

1. 频道定位及愿景

轻松、快乐、好看的文化娱乐频道；中国文娱传媒的领先者，娱乐文化的创造者，全媒体文化和娱乐的创造者。

2. 频道节目分布

文艺频道2015年共播出23个栏（节）目，含综艺类、新闻类、人文类、生活服务类（详见表格2）。

表格2 2015年文艺频道节目分布

栏（节）目内容类型	定位契合度	栏（节）目个数	年首播时长（分钟）	年首重时长（分钟）	首播占比	首重播占全天比
综艺类	高	19	126369	304095	80.69%	59.60%
新闻类	高	2	27195	54390	17.37%	10.66%
人文类	中	1	1470	1470	0.94%	0.29%
生活服务类	低	1	1570	4710	1.00%	0.92%

3. 契合度评估

综艺类和新闻类节目符合频道定位，属高度匹配，两者首播占比为98.06%，首重播占全天比为70.26%；人文类节目一档，属中度匹配；生活服务类节目一档，属低度匹配。

结论：文艺频道栏（节）目现状与频道定位契合度高。

（三）科教频道

1. 频道定位及愿景

没有“老师”的社会课堂；打造中国第一科教品牌。

2. 频道节目分布

科教频道2015年共播出15个栏（节）目，含科教类、人文类、新闻类、综艺类、生活服务类、法制类（详见表格3）。

表格 3　2015 年科教频道节目分布

栏（节）目内容类型	定位契合度	栏（节）目个数	年首播时长（分钟）	年首重时长（分钟）	首播占比	首重播占全天比
科教类	高	2	2662	3262	2.05%	0.73%
人文类	高	4	18580	36180	14.32%	8.06%
新闻类	低	2	40855	122565	31.50%	27.31%
综艺类	低	1	13717	13717	10.57%	3.06%
生活服务类	低	2	18100	36200	13.95%	8.07%
法制类	低	4	35803	66556	27.60%	14.83%

3. 契合度评估

科教类和人文类节目符合频道定位，属高度匹配，两者首播占比为 16.38%，首重播占全天比为 8.79%；

新闻类、法制类、生活服务类、综艺类不符合频道定位，属低度匹配，4 类合计首播占比为 83.62%，首重播占全天比为 53.26%。

结论：科教频道栏（节）目现状与频道定位契合度低。

（四）影视频道

1. 频道定位及愿景

24 小时播出影视剧精品的专业化影视频道；北京地区影视剧第一播出平台。

2. 频道节目分布

影视频道包括首都剧场、英雄剧场、家和剧场、星光剧场、电影时间，目前无自办栏目（详见表格 4）。

表格 4　2015 年影视频道节目分布

<table>
<tr><th colspan="2">剧场名称</th><th>定位契合度</th><th>每集时长（分钟）</th><th>栏（节）目个数</th><th>年首播时长（分钟）</th><th>年首重时长（分钟）</th><th>重播次数</th><th>首重播占全天比</th></tr>
<tr><td rowspan="2">首播剧场</td><td>首都剧场</td><td>高</td><td>45</td><td>4</td><td>65700</td><td>131400</td><td>1</td><td rowspan="2">43.83%</td></tr>
<tr><td>英雄剧场</td><td>高</td><td>45</td><td>2</td><td>32850</td><td>98550</td><td>2</td></tr>
<tr><td rowspan="2">重播剧场</td><td>家和剧场</td><td>高</td><td>45</td><td>5</td><td>82125</td><td>82125</td><td>0</td><td rowspan="2">34.44%</td></tr>
<tr><td>星光剧场</td><td>高</td><td>45</td><td>6</td><td>98550</td><td>98550</td><td>0</td></tr>
<tr><td>电影</td><td>电影时间</td><td></td><td>90</td><td>1</td><td>32850</td><td>65700</td><td>1</td><td>12.52%</td></tr>
</table>

3. 契合度评估

结论：影视频道现状与频道定位契合度高。

（五）财经频道

1. 频道定位及愿景

专业财经频道；中国第一个多维合作产业平台。

2. 频道节目分布

财经频道 2015 年共播出 20 个栏（节）目，含财经类、新闻类、生活服务类、其他类（详见表格 5）。

表格 5　2015 年财经频道节目分布

栏（节）目内容类型	定位契合度	栏（节）目个数	年首播时长（分钟）	年首重时长（分钟）	首播占比	首重播占全天比
财经类	高	15	83575	215505	60.86%	48.01%
新闻类	高	1	20460	40920	14.90%	9.12%
生活服务类	中	2	1260	3780	0.92%	0.84%
其他类	中	2	32030	64060	23.32%	14.27%

3. 契合度评估

财经类和新闻类节目符合频道定位，属高度匹配，两者首播占比为 75.76%，首重播占全天比为 57.13%。生活服务类和其他类属中度匹配，两者首播占比为 24.24%，首重播占全天比为 15.11%。

结论：财经频道栏（节）目现状与频道定位契合度高。

（六）体育频道

1. 频道定位及愿景

竞技体育、全民健身和都市气质；最具影响力的都市体育频道。

2. 频道节目分布

体育频道 2015 年共播出 10 个栏（节）目，含体育类、新闻类（详见表格 6）。

表格 6　2015 年体育频道节目分布

栏（节）目内容类型	定位契合度	栏（节）目个数	年首播时长（分钟）	年首重时长（分钟）	首播占比	首重播占全天比
体育类	高	8	39770	85160	54.92%	16.23%
新闻类	高	2	32640	52440	45.08%	10.00%

3. 契合度评估

体育类和新闻类节目符合频道定位，属高度匹配，两者首播占比为 100%，首重播占全天比为 26.23%。

结论：体育频道现状与频道定位契合度高。

（七）生活频道

1. 频道定位及愿景

具有首都特色、大都市风格，全面介绍北京人生活的电视专业频道；都市生活频道第一品牌。

2. 频道节目分布

生活频道2015年共播出23个栏（节）目，含生活服务类、人文类、综艺类（详见表格7）。

表格7　2015年生活频道节目分布

栏（节）目内容类型	定位契合度	栏（节）目个数	年首播时长（分钟）	年首重时长（分钟）	首播占比	首重播占全天比
生活服务类	高	18	156666	311673	96.65%	71.16%
人文类	中	3	2550	5370	1.57%	1.23%
综艺类	低	2	2880	6345	1.78%	1.45%

3. 契合度评估

生活服务类节目符合频道定位，属高度匹配；人文类属中度匹配；综艺类属低度匹配。高度和中度匹配节目首播占比为98.22%，首重播占全天比为72.38%。

结论：生活频道栏（节）目现状与频道定位契合度高。

（八）青年频道

1. 频道定位及愿景

青年人电视上的良师益友；青年成长坐标、青春动感平台、青年电视伙伴。

2. 频道节目分布

青年频道2015年共播出9个栏（节）目，因该频道是明确以15～34岁青年为主体受众的对象性专业频道，我们根据受众年龄特征将该频道的节目分为3类：青年类（15～34岁受众占比40%以上）、中老年类（15～34岁受众占比为20%～40%，中老年受众占比较大）、老年类（15～34岁受众占比20%以下，55岁以上受众约占50%）（详见表格8）。

表格8　2015年青年频道节目分布

栏（节）目受众年龄特征	定位契合度	栏（节）目个数	周首播时长（分钟）	周首重时长（分钟）	首播占比	首重播占全天比
青年类	高	0	0	0	0	0
中老年类	中	4	24420	51090	29.20%	11.38%
老年类	低	5	59200	187050	70.80%	41.67%

3. 契合度评估

青年类节目符合频道定位，属高度匹配；中老年类属中度匹配；老年类属低度匹配。高度匹配节目为0；中度匹配节目首播占比为29.20%，首重播占全天比为11.38%；低度匹配节目首播占比为70.80%，首重播占全天比为41.67%

结论：青年频道现状与频道定位契合度低。

（九）新闻频道

1. 频道定位及愿景

北京本土新闻信息的权威发布平台；首都最有影响力特色的新闻频道。

2. 频道节目分布

新闻频道 2015 年共播出 23 个栏（节）目，含新闻类、人文类、生活服务类、其他类（详见表格 9）。

表格 9 2015 年新闻频道节目分布

栏（节）目内容类型	定位契合度	栏（节）目个数	年首播时长（分钟）	年首重时长（分钟）	首播占比	首重播占全天比
新闻类	高	20	258245	374785	94.41%	81.54%
人文类	低	1	7130	21390	2.61%	4.65%
生活服务类	低	1	7110	14220	2.60%	3.09%
其他类	低	1	1040	2080	0.38%	0.45%

3. 契合度评估

新闻类节目符合频道定位，属高度匹配；人文类、生活服务类、其他类属低度匹配。高度匹配节目首播占比为 94.41%，首重播占全天比为 81.54%。

结论：新闻频道栏（节）目现状与频道定位契合度高。

（十）卡酷少儿频道

1. 频道定位及愿景

中国动画和少儿乐园；中国动漫和少儿节目第一传播平台。

2. 频道节目分布

卡酷少儿频道 2015 年共播出 10 个栏（节）目，因该频道是明确以少儿为主体受众的对象性专业频道，我们根据受众年龄特征将该频道的节目分为 3 类：显著少儿类（4～14 岁受众占比为 20% 以上）、不显著少儿类（4～14 岁受众占比为10%～20%）、非少儿类（4～14 岁受众占比为 10% 以下）（详见表格 10）。

表格 10 2015 年卡酷少儿频道节目分布

栏（节）目内容类型	定位契合度	栏（节）目个数	年首播时长（分钟）	年首重时长（分钟）	首播占比	首重播占全天比
显著少儿类	高	9	16306	16306	88.88%	3.11%
不显著少儿类	中	0	0	0	0	0
非少儿类	低	1	2040	2040	11.12%	0.39%

3. 契合度评估

显著少儿类节目符合频道定位，属高度匹配；不显著少儿类属中度匹配；非少儿类属低度匹配。高度匹配节目首播占比为 88.88%，首重播占全天比为 3.11%。

结论：卡酷少儿频道现状与频道定位契合度高。

（十一）纪实频道

1. 频道定位及愿景

文化走出去的前沿阵地；具有全球视野的纪实文化传播平台。

2. 频道节目分布

纪实频道 2015 年共播出 16 个栏（节）目，都属于人文类（详见表格 11）。

表格 11　2015 年纪实频道节目分布

栏（节）目内容类型	定位契合度	栏（节）目个数	年首播时长（分钟）	年首重时长（分钟）	首播占比	首重播占全天比
人文类	高	16	77178	246518	100%	49.02%

3. 契合度评估

由于纪实频道为根据节目形态进行频道定位，目前频道栏（节）目形态均为人文类纪录片或专题，符合频道定位。

结论：纪实频道栏（节）目现状与频道定位契合度高。

三、问题与分析

（一）北京卫视频道新闻类节目略显不足，电视剧排播体量过大，综艺及其他类型有待拓展

为便于进行对比分析，我们选择了与北京卫视在品牌定位、频道气质、竞争位次等方面都较为接近的上海东方卫视作为参照，将两频道的节目类型及播出体量进行了比对。可以看出，东方卫视新闻类、综艺类节目占比均高于北京卫视；生活服务类、人文类、电视剧占比低于北京卫视，特别是电视剧播出体量甚至不足北京卫视频道的 1/2。

表格 12　北京卫视与上海东方卫视节目分类播出量对比

（周首播时长：分钟，首播占比:%）

频道 \ 节目		生活服务类	人文类	新闻类	综艺类	电视剧类
北京卫视（2015 年周平均）	周首播时长	629	522	1891	201	3792
	首播占比	19.39%	16.10%	58.31%	6.20%	37.53%
上海东方卫视（2015 年上半年）	周首播时长	100	495	2427	430	1890
	首播占比	11.90%	14.34%	70.31%	12.46%	18.75%
上海东方卫视（2015 年下半年）	周首播时长	120	475	2427	1100	1890
	首播占比	2.90%	11.95%	58.59%	26.56%	18.75%

新闻、电视剧、综艺节目向来是省级卫视频道生存发展的“三驾马车”。从两频道对比可以看出，北京卫视新闻类节目体量略显不足，电视剧排播体量过大，综艺及其他节目品类有待拓展。

北京卫视频道一直坚持“新闻立台”，但以 2015 年播出模板为例，北京卫视仅有 6 档新闻类节目（含转播《新闻联播》），周首播时长 1571 分钟，首重播占全天比 15.59%；东方卫视共有 11 档新闻节目（含转播《新闻联播》），周首播时长 2427 分钟，首重播占全天比 24.08%；北京卫视频道新闻类节目播出量仍有待提升。

电视剧对频道收视及品牌提升作用依旧显著，但在政策、选剧、编排等方面存在较大不确定性，过度依赖电视剧，对打造平台的核心竞争力不利，且电视剧对于

北京卫视频道整体经营贡献未达预期。从数据看，北京卫视电视剧播出体量比东方卫视高出一倍有余，电视剧播出量明显偏高。

综艺节目近年来品牌价值与商业价值持续释放，对省级卫视影响力的建构和平台核心竞争力的打造发挥着越来越重要的作用，优质大型季播节目更是成为吸金利器，2015 年下半年上海东方卫视、天津卫视和江苏卫视综艺类节目播出量均相比上半年增长一倍（详见表格 12 ~ 14）。北京卫视综艺类节目规模总体偏弱，尤其缺少现象级季播节目。

表格 13　2015 年上海东方卫视、天津卫视、江苏卫视上下半年综艺类节目播出量对比

节目 频道	2015 上半年		2015 下半年	
	周首播时长（分钟）	首播占比（%）	周首播时长（分钟）	首播占比（%）
上海东方卫视	430	12.46%	1100	26.56%
天津卫视	398	17.06%	722	26.72%
江苏卫视	640	18.66%	1255	29.73%

此外，北京卫视节目构成虽呈现综合性特点，但多样化程度不够，除人文、生活服务类之外的节目类型尚有拓展空间。

（二）科教频道定位偏向“法制综合频道”，青年频道定位偏向“中老年人群”

从统计数据上看，科教频道、青年频道现有栏（节）目与各自频道定位严重偏离。

根据 2011 年确定的频道定位和改版目标，科教频道开辟晚间科教栏目带，增加科教气质。可从实际效果看，科教频道的科教类节目逐渐萎缩，目前只有《非常向上》和《留学生》，两档栏目首播占比为 2.05%，首重播占全天比为 0.73%，不足以支撑科教品牌；且频道节目类型横跨六大类，特别是法制类节目占比过大，广告吸附能力逐年减弱，科教频道已逐渐演变为以法制类节目为主的综合频道。

青年频道是于 2012 年 1 月开始，将“北京电视台青少频道”呼号变更为“北京电视台青年频道”，提出以“青年 + 国际”为定位，以“正值青春”为口号，打造青年人电视上的良师益友。而数据显示，频道目前收视最高的人群为 55 岁以上的老年群体，全频道没有受众特征显著为青年类的节目，收视主打栏目《谁在说》青年受众占比低于 20%，频道力推的主打节目《军情解码》受众也以 45 岁以上的中老年观众为主，频道栏目对频道定位的支撑明显不足。

（三）缺乏收视和收入贡献度高的支柱栏目

我台栏目很多，但存在栏目总量多与精品栏目少之间的矛盾，不能“少少许”胜“多多许”。根据 2012 年的一项统计，我台约 20% 的栏目完成了全台 80% 以上的栏目收视和栏目收入指标，这种现象符合二八定律，即 20% 的强势品牌，占有 80% 的市场份额；或者说企业 80% 的利润来自它 20% 的项目。二八定律的一个启示是：有所为，有所不为，优势资源要向强势品牌倾斜。

这几年我台的外部竞争环境和内部生态不断变化，但是二八现象基本还在延续，频道往往主要靠一两档主打栏目完成频道整体的创收和收视任务。2015 年，各频道自制常规栏目中，仅有《养生堂》《每日文娱播报》广告创收在亿元以上。各频道多数栏目，既无收视贡献，又无创收价值，可是又占据了很多资源。我台和中国传媒大学 2012 年共同发布的《北京电视台节目评价与改版报告》也指出，我台现有栏目需要瘦身。

（四）从经营角度看，各频道受众含金量偏低

从受众特征看，我台各地面频道受众重合度高，大部分观众年龄在 45 岁到 60 岁之间，受众老龄化趋势愈发明显。其中，生活、财经、科教、青年、影视 5 个频道 45 岁以上观众占比超过 50%。我台总体缺少适宜 15 至 24 岁人群和 25 至 34 岁人群收看的节目，而适宜 45 至 54 岁人群和 55 岁以上人群的节目数量明显偏多，超出了广告客户的需求，造成了资源浪费，如果能够使适宜 15 至 24 岁人群和 25 至 34 岁人群收看的节目增加到 10 个左右，将会大幅减轻《每日文娱播报》栏目的压力，为广告客户提供更多的选择，形成新的优质创收资源。

第二部分　频道定位和节目布局规划方案

频道定位事关电视台的品牌形象和可持续发展，第一个层面要注重内容属性，第二个层面要深挖市场属性，第三个层面要拓展服务属性。在全媒体新生态下，传统媒体面临着一系列观念冲击：一是从受众到用户的转变；二是从节目到产品到商品的转变；三是从内容到体验的转变；四是从传播到服务的转变。鉴于北京电视台现有实际情况，建议从频道布局、节目创新、经营探索三个层面进行全方位升级。

一、总体思路

1. 频道布局升级——建设平台，做稳用户

构建“1 + 1 + 1 + N”平台战略，即一个强势卫视 + 一个地面强政策性频道 + 一个地面强势综合频道 + 若干个专业频道。

2. 节目创新升级——细分市场，做好产品

推行“1 + N”产品战略，每个频道至少打造一个龙头节目，带动一个节目带参与市场竞争。

3. 经营探索升级——跨屏合作，做强终端

在传统广告运营之外，以 IP 为连接，开放合作，做强自有品牌的跨屏终端，将电视观众直接转化为新媒体的产品用户，重构传播价值生态链，实现全媒体融合发展。

二、工作重点

（一）继续打造强势卫视，面向全国市场争夺份额

1. 坚守大美品质，突出文化品位，做中国第一品质卫视频道。

从节目构成看，北京卫视目前人文类节目设置稍显不足，首都气质、文化品质欠缺。以同样主打人文情怀的浙江卫视为对比，在 2015 年 5 月 18 日至 24 日模板中，其人文类节目周首播占比达到 48.47%。建议北京卫视在目前的文化定位下加大优势资源挖掘，在提高新闻节目

体量及品质、丰富节目类型的基础上，进行原创优质节目的开发与深耕，推出更多有文化质感的节目，做中国第一品质卫视频道。

2. 所有节目群彻底摆脱本地化桎梏，致力打造全国影响力。

“去中心化”和“强调个性”是互联网时代的发展趋势，也是抢占全国市场的要求，过于强调本地特色反而会对招商形成掣肘。建议北京卫视摈弃“以我为尊”的中心观念，在节目打造上去除地域色彩，扩大外省市观众占比，放大北京卫视在全国的品牌形象和影响力。具体操作可以新闻节目的品质升级为引擎，带动频道面向全国、面向世界，在国内外重大事件中发出 BTV 声音。

3. 对卫视频道的整体投入向一线卫视看齐，敢于亮剑。

电视台已全面进入大片时代，虽然大投资并不等同于高质量，但当前被观众和广告商追捧的“现象级节目”无一例外都是大投资大制作，低成本拼凑式节目已很难在卫视竞争中立足。建议对卫视频道的整体投入向一线卫视看齐，确保新闻、综艺、电视剧三驾马车强势发力。

与此同时，要敢于亮剑，对收视排名靠后，无法形成产业联动的节目予以淘汰，人员自动纳入其他团队。

4. 每年全力打造一至两档现象级季播节目，迅速提升平台价值。

目前北京卫视缺少现象级支柱类节目，导致频道虽然排名很高，却缺乏与之相匹配的影响力和收入水平。业内对现象级节目的公认标准是：每期节目制作成本为千万元级别、全国收视率超过 2% 及创造综合价值亿元以上。希望北京卫视每年全力打造一至两档具有强大社会影响力和广告吸附能力的现象级季播节目，作为频道的支撑，托起频道的平台价值。

（二）以新闻频道为核心，打造地面强政策性频道

1. 整合全台所有政府性资源，集中在新闻频道统一运作。

新闻频道肩负政策发布和民意表达的重要功能，相比台内其他频道与政府联系更为广泛和密切，具有天然的政府性资源优势。建议新闻频道强化公共职能，凸现公益色彩，以地面强政策性频道的定位，整合全台政府性资源，统一运作形成合力，实现“内容高度整合、表现方式多元、资源全面共享”的目标。

2. 在新闻频道建立政府公关中心，负责调动新闻频道及全台资源，做好政府资源的引入和经营。

近一两年来，政府部门与媒体的项目合作需求有增多趋势，2015 年新闻频道在广告之外，通过活动合作创收三四千万元，其中很重要的一部分来自为政府提供公关传播服务，加上其他频道，每年引入的政府合作项目经费近亿元。建议在新闻频道建立政府公关中心，统筹调动新闻频道及全台资源，做好贴身服务，吸引更多政府资源。

3. 适当集中全台新闻类制作力量，加强新闻频道在文娱、法制、财经、体育等方面的传播时效和规模，提升新闻频道进行政府公关的全面实力。

目前全台新闻制作力量分散在新闻、文艺、科教、财经、体育、生活等多个节目中心，团队庞大却各自为战、力量分散。新闻频道每天生产量在 8 小时左右，仍无法满足播出需求，重播量近 12 个小

时。适当集中全台新闻类制作力量，可形成联动，增加有效产能，扩大有效供给，并能有效提升新闻频道进行政府公关的全面实力。

（三）以科教频道、生活频道为主体，打造一个地面强平台，发挥地面综合性频道的标杆作用

以上海新闻综合频道、山东齐鲁频道、广东珠江频道等为例，外省市强势地面频道往往走综合化发展的道路，形成本土集聚效应。我台科教频道、生活频道作为有专业特色的强势地面频道，拥有广阔的平台资源和市场前景，但任何一个频道都无法独自快速形成地面强平台，建议对两个频道进行整合改造，走综合化发展道路，汇集优势资源，着力打造一个地面强势综合频道。

1. 集中两个频道的优质节目资源，如法制、健康、美食、家装等。

根据频道现有节目配置情况，科教频道拥有科教、人文、新闻、综艺、法制类节目，品类丰富，品牌成熟，市场份额可观，已经具备综合频道属性。生活频道拥有优质的健康、美食、家装等节目资源，具有极强的地面贴近性，两个频道具备很强的互补性

2. 加大地面强综合的首播优秀电视剧的投入。

以综合频道属性考量，科教和生活频道在电视剧资源方面比较缺乏（科教频道主要为重播剧场，生活频道没有电视剧），如打造地面综合频道，需加大首播优秀电视剧的投入。

3. 整合两个频道既有新闻资源，打造本地最强民生新闻带。

在新闻资源方面，科教频道有法制类新闻栏目《法治进行时》和《法治中国60′》，生活频道有民生类新闻栏目《生活2015》，都是可以用来打造本地民生新闻带的优质资源。

4. 整合营销，打造5亿～10亿元级的地面强平台。

参照上海新闻综合频道、山东齐鲁频道、广东珠江频道等省级地面综合频道的经营情况，2014年和2015年3个频道总收入都在7亿元左右。我台科教频道、生活频道本身便具有很强的收视与经营潜力，生活服务类节目还可尝试探索电视+电商的盈利模式（如BTV优选），整合改造后，平台价值有望达到5亿～10亿元量级。

表格14　部分省级地面频道收入

频道	2015年收入	2014年收入
山东齐鲁	7.2亿元	7.4亿元
上海新闻综合	6.5亿元	9亿元
广东珠江	7.7亿元	8亿元

备注：部分频道上述数字中含有产业收入，仅供参考。

（四）打造N个特色频道，微调垂直定位，探索窄众化传播和营销，激发群狼效应

1. 依托资源优势，微调频道垂直定位。

（1）文艺等5个频道定位保持不变。

文艺频道、影视频道、生活频道、卡酷少儿频道、纪实频道的节目配置与频道定位契合度较高，频道定位可暂时保持不变。

（2）科教、财经、体育、青年频道定位宜作适当微调。

科教频道：建议频道定位逐步向“地面综合频道”转移，在减少频道法制节目占比的同时，增加其他类型节目配比，并重点提升晚间黄金时段的竞争力。

财经频道：目前一些节目名称和内容偏中老年受众，建议频道将定位调整为面向大众的专业财经频道，兼顾民生和专业，开放经营空间，盘活晚间经营节目定制带资源，真正体现“价值无所不在”。

体育频道：建议频道定位逐步向“休闲体育频道”转移。目前符合频道定位的主打栏（节）目是赛事转播，但随着资本涌入，赛事版权这两年一路飙升已呈现“高攀不起”的状态，赛事资源将无法成为体育频道未来优势所在。

青年频道：建议定位逐步向“国际化都市生活频道”转移，进一步拓展北京市场生活服务资源，主打都市时尚，走高端路线（瞄准目标：上海星尚频道），与地面综合频道（原生活频道节目资源）强调接地气、走大众路线，形成“高低搭配”的差异化定位。

2. 以时段为突破，进行窄众化传播和营销。

建议各频道以“时段”为突破口，进行窄众化传播和营销。即选取一个时段（45分钟以上），在不偏离频道垂直定位的前提下，打造“创新＋极致”的内容，通过窄众黏性将频道受众转化为用户，把节目内容直接转化为销售。

文艺频道：今年的新上节目《哎呀妈呀》表现亮眼，喜剧元素接地气又有服务性。建议频道放大该类节目资源，打造“哎呀”品牌系列，增加频道喜剧特质和影响力，并以该系列品牌为依托，探索演艺经纪。

科教频道：对法制节目进行“互联网＋”的升级，明星探案，跨屏播出，增强综艺感，带动中高端市场。此外可再做一两档有社会情怀的人文节目。

影视频道：影视频道观众偏向女性，关心民生、孩子教育等话题。建议利用频道丰富的影视资源和人脉，打造一档贴近热播影视剧的自制栏目或自制剧。

财经频道：建议开辟经营时段与电商深度合作，将经营元素做深做透，不仅做节目纵向植入，还要做产业横向延伸，如：每周末开放半天时间，面向年轻人做“跨屏＋跨行业”的电商平台；逢“双11”和“双12”等购物节，搭车做特别活动策划等，增加频道的时尚气质和经营空间，成为北京电视台在商品开发和产业带动上的试验区。

体育频道：建议频道借北京冬奥会和京津冀概念，培育打造京津冀跨地区具有影响力的赛事活动，充分利用奥运之城体育资源做好线下经营活动。

生活频道：建议重点扩张经营性节目，进一步探索“电视＋电商”的跨界融合，多屏共赢。目前，生活频道推出的“摇一摇”活动，创造盈收新增长点，延伸产业链；同时吸引年轻人群，提升了用户黏着度。

青年频道：建议可与旅行社、婚纱摄影等机构合作，根据需要开发生存挑战、户外旅游或婚恋等节目产品，做时尚品牌植入。

卡酷少儿频道：建议频道以原创动画品牌为引擎，加强频道品牌的全国推广，延伸动画节目产业链。

纪实频道：建议在电视版权销售和新媒体版权销售方面有所进展，为未来纪录片市场的井喷做好产品储备。

3. 矩阵作战，以群狼战术抢占市场。

所有特色频道充分发挥专业特色，通过细分受众，合理布局，共同打造适合BTV特色和气质的频道矩阵，以“多产品作战”的群狼战术扩大业务规模和市场份额，挤压竞争对手的生存空间。

第三部分 相关战略思考

近年来，北京电视台一直处在靠广告经营“一条腿走路”的状态，广告收入占到全台经营收入的90%以上。在从事业到市场的体制转型和跨界经营中，北京电视台亟待提升内容营销和跨屏变现能力，加强节目生产与广告经营的深度融合，建立多渠道的产销模式，扩展价值链。

一、对资源体系化运营探索的思考

以核心资源为纽带，打通供给侧和需求侧，探索“版权+品牌+跨屏终端+演艺经纪+资本运作”的体系化运营，在新的产业结构中挖掘价值增量，重构传播价值生态链，实现全媒体融合发展。

（一）依托政府性资源的政府公关服务体系

彻底改变现有政府性资源开发利用率低、内部管理散、服务水平低的局面，打造运行高效、管理集中、服务水平高的全新的政府性资源运营体系。

（二）基于公信力资源的品牌营销体系

维护主流媒体形象，捍卫主流媒体信誉，盘活媒体公信力资源并加以开发利用。

（三）融合跨屏终端资源的全媒体运营体系

“两微一端”的自媒体平台必须牢牢控制在我们自己手中，在现有格局下打造有北京电视台特色的全媒体资源运营之路。

（四）孵化人才资源的新型人力资源和演艺经纪运营体系

转换思路，打造以主持人、编导、制片人等可进行“网红”开发资源为核心的新型人力资源和演艺经纪运营体系。

（五）依托原创IP资源的全版权运营体系

升级已有的版权运营业务，参与IP资源开发和运营，即通过好的内容去聚集粉丝用户并通过粉丝用户去实现其商业价值。

（六）撬动产业资源的资本运作体系

成立基金公司，通过市场倒逼内部体制机制的变革，以资本市场的手段推动管理运营和战略拓展，再吸引资本注入，从而不断发展壮大。

二、对节目制作运营组织结构变革的思考

（一）打破壁垒，项目先行

目前北京电视台的节目制作运营主要以频道为单位，优点是“小而全”，灵活性强，这在电视台发展初期对于专业化频道的建设起到了积极作用。但随着媒体融合的深入，电视节目的频道概念越来越淡化，更多是以节目为抓手，进行跨屏、跨界、跨区域、跨行业的项目整合营销，反

向带动时段乃至频道的广告运营，节目已成为独立于频道的品牌资源。从资源配置角度而言，频道也日益成为节目研发的壁垒，分散了节目、技术设备、人力和财力等资源，影响到资源整合效益的发挥。

建议打破频道管理壁垒，围绕节目制作运营，引入项目型组织管理架构，即每个项目目标所需的所有资源完全分配给这个项目，专门为这个项目服务，专职的项目经理对项目团队拥有完全的项目权力和行政权力，在确保台级宏观调控能力的前提下，充分激发微观运营活力。

（二）政策倾斜，重点突破

从政策机制上看，全台可以通过考评体系的引导等，让人、财、物的投入既要向强势卫视倾斜，也要向强势地面频道倾斜，同时频道内要向骨干支撑节目倾斜，来辐射频道其他资源和节目，力争快速实现大到单一频道，小到单一栏目的局部突破。

三、对战略实施思想保障的思考

（一）加强培训，统一认识

统一思想认识始终是我们做好一切工作的前提。要通过培训等各种形式，让全体员工（包括最基层的工作人员）明确电视台的发展目标和战略部署，避免顶层意图跑冒滴漏，使全台上下统一思想、凝聚共识、形成合力，在统一思想中解放思想、上下联动、强力推进。据了解，黑龙江、山东、浙江电视台都非常重视员工培训，大规模培训活动常态化开展，北京电视台做得相对较少。

（二）市场倒逼，革新理念

1. 让IP意识深入人心。

增强IP意识，孵化自己的品牌。个性化时代，一定要打造个人品牌。用人带平台，用人带节目，用人带影响力，用人带人气。经营人和节目，打造人和节目，打造有个性的人和节目，打造能成为品牌IP的人和节目。

2. 让节目商品意识成为习惯。

要把节目制作成能够进入市场进行价值交换的商品，只有可交换，才是有价值的。要增加面向青年人群的内容产品，淘汰高投入、低产出的落后产能，为下一步的内容生产机制和广告经营改革奠定基础。

3. 让经营融合意识与内容生产水乳交融。

各频道、各栏目要逐步树立“经营产品”的意识，重视创意与营销的融合，节目制作要经营先行。可考虑在现场导演、角色导演之外设置商务导演（经理人），把擅长经营的人放到合适的岗位。有一些人节目制作能力不一定很强，但是公关能力很强，商业拓展能力很强。

以上分析建议难免疏漏，仅供参考。

附：北京电视台各频道及部分省级卫视节目分类播出量统计表

附件一：2015 年 BTV 北京卫视节目分类播出量统计表

（频道年播出时长：525600 分钟）

节目名称	类型	年首播时长（分钟）	年首重时长（分钟）	首播占比	首重播占全天比
北京您早	新闻类	40020	40020		
特别关注	新闻类	20996	20996		
北京新闻	新闻类	9125	9125		
转播新闻联播	新闻类	11234	11234		
法治进行时	新闻类	6570	6570		
军情解码	新闻类	10400	10400		
新闻类合计	6 个	98345	98345	58.31%	18.71%
大戏看北京	综艺类	830	830		
中国笑点	综艺类	420	420		
造梦者	综艺类	1684	5052		
音乐大师课	综艺类	1521	4563		
我的歌声里——卫健音乐时光	综艺类	770	770		
最美和声	综艺类	1570	4710		
歌手是谁	综艺类	1063	3189		
春妮的周末时光	综艺类	2600	2600		
综艺类合计	8 个	10458	22134	6.20%	4.21%
档案	人文类	7861	7861		
身边	人文类	3055	3055		
杨澜访谈录	人文类	1815	1815		
梦想合伙人	人文类	1120	1120		
光阴	人文类	7176	7176		
我是演说家	人文类	2142	6426		
妈妈听我说	人文类	770	2310		
传承者	人文类	632	1896		
杨澜访谈录——人生相对论	人文类	1545	1545		

续表

节目名称	类型	年首播时长（分钟）	年首重时长（分钟）	首播占比	首重播占全天比
这里是北京	人文类	1040	1040		
人文类合计	10 个	27156	34244	16. 10%	6. 52%
养生堂	生活服务类	21728	21728		
天下收藏	生活服务类	810	810		
我是大医生	生活服务类	3479	6958		
全是你的	生活服务类	3570	7140		
暖暖的新家	生活服务类	819	819		
幸福的味道	生活服务类	821	821		
上菜精华版	生活服务类	1485	1485		
生活服务类合计	7 个	32712	39761	19. 39%	7. 56%
节目播出时长合计		168671	194484		
电视剧合计			197235		37. 53%

附件二：2015 年 BTV 文艺频道节目分类播出量统计表

（频道年播出时长：510240 分钟）

节目名称	类型	年首播时长（分钟）	年首重时长（分钟）	首播占比	首重播占全天比
每日文娱播报	新闻类	16245	32490		
文娱午报	新闻类	10950	21900		
新闻类合计	2 个	27195	54390	17. 37%	10. 66%
笑动 2015	综艺类	21600	64800		
我爱我家	综艺类	2570	5140		
光荣绽放	综艺类	2570	5140		
影视风云	综艺类	2590	5180		
星夜故事	综艺类	2590	5180		
我家有明星	综艺类	3570	7140		
春妮的周末时光	综艺类	3570	7140		
欢天戏地	综艺类	2550	5100		
脱口而出	综艺类	3320	9700		
8090 说相声	综艺类	280	840		

续表

节目名称	类型	年首播时长（分钟）	年首重时长（分钟）	首播占比	首重播占全天比
笑星撞地球	综艺类	970	2910		
欢乐夏令营	综艺类	400	1200		
隐藏的歌手	综艺类	979	4895		
欢乐微逗秀	综艺类	6920	13840		
今晚 80 后脱口秀	综艺类	2000	8000		
午夜星歌榜	综艺类	26210	78630		
音乐风云榜	综艺类	8100	8100		
综艺麻辣烫	综艺类	21180	42360		
综艺万象	综艺类	14400	28800		
综艺类合计	19 个	126369	304095	80.69%	59.60%
文化之约	人文类	1470	1470		
人文类合计	1 个	1470	1470	0.94%	0.29%
我爱收藏	生活服务类	1570	4710		
生活服务类合计	1 个	1570	4710	1.00%	0.92%
节目播出时长合计		156604	364665		
电视剧			40590		7.96%

附件三：2015 年 BTV 科教频道节目分类播出量统计表

（频道年播出时长：448800 分钟）

节目名称	类型	年首播时长（分钟）	年首重时长（分钟）	首播占比	首重播占全天比
法治进行时	新闻类	19255	57765		
法治中国 60′	新闻类	21600	64800		
新闻类合计	2 个	40855	122565	31.50%	27.31%
非常幽默	综艺类	13717	13717		
综艺类合计	1 个	13717	13717	10.57%	3.06%
记忆 2015	人文类	13700	27400		
品味艺术	人文类	1350	2700		
最北京	人文类	2550	5100		
晚晴	人文类	980	980		

续表

节目名称	类型	年首播时长（分钟）	年首重时长（分钟）	首播占比	首重播占全天比
人文类合计	4 个	18580	36180	14.32%	8.06%
您吃对了吗	生活服务类	7080	14160		
健康北京	生活服务类	11020	22040		
生活服务类合计	2 个	18100	36200	13.95%	8.07%
现场说法	法制类	11103	22206		
第三调解室	法制类	17150	34300		
警法目录	法制类	2500	5000		
庭审纪实	法制类	5050	5050		
法制类合计	4 个	35803	66556	27.60%	14.83%
非常向上	科教类	2062	2062		
留学生	科教类	600	1200		
科教类合计	2 个	2662	3262	2.05%	0.73%
节目播出时长合计		129717	278480		
电视剧			123615		27.54%

附件四：2015 年 BTV 影视频道节目分类播出量统计表

（频道年播出时长：524640 分钟）

剧场名称	时长（分钟）	集数	年首播时长（分钟）	年首重时长（分钟）	重播次数	首重播占全天比
首都剧场	45	4	65700	131400	1	
英雄剧场	45	2	32850	98550	2	
首播剧场合计	2 个	6	98550	229950		43.83%
家和剧场	45	5	82125	82125	0	
星光剧场	45	6	98550	98550	0	
重播剧场合计	2 个	11	180675	180675		34.44%
电影时间	90	1	32850	65700	1	
电影合计	1 个	1	32850	65700		12.52%

附件五：2015 年 BTV 财经频道节目分类播出量统计表

（频道年播出时长：448860 分钟）

节目名称	类型	年首播时长（分钟）	年首重时长（分钟）	首播占比	首重播占全天比
首都经济报道	新闻类	20460	40920		
新闻类合计	1 个	20460	40920	14. 90%	9. 12%
天下财经	财经类	7520	15040		
天下财经投资者说	财经类	13300	26600		
税收天地	财经类	720	720		
财富故事	财经类	7030	21090		
理财	财经类	12250	36750		
理财周末版	财经类	4860	14580		
法眼看剧	财经类	6375	17975		
谁在影响我	财经类	840	1680		
北京发布	财经类	1110	2220		
财经锋汇	财经类	1150	3450		
才高八斗	财经类	2260	4520		
拍宝	财经类	4900	9800		
数说北京	财经类	1500	3000		
财富晚间道	财经类	19360	56880		
众筹梦想 2015	财经类	400	1200		
财经类合计	15 个	83575	215505	60. 86%	48. 01%
品味消费在北京	生活服务类	180	540		
美丽乡村好计划	生活服务类	1080	3240		
生活服务类合计	2 个	1260	3780	0. 92%	0. 84%
问鼎世界	其他类	980	1960		
电视购物	其他类	31050	62100		
其他类合计	2 个	32030	64060	23. 32%	14. 27%
节目播出时长合计		137325	324265		
电视剧			56340		12. 55%

附件六：2015 年 BTV 体育频道节目分类播出量统计表

（频道年播出时长：524640 分钟）

节目名称	类型	年首播时长（分钟）	年首重时长（分钟）	首播占比	首重播占全天比
体坛资讯	新闻类	12840	12840		
天天体育	新闻类	19800	39600		
新闻类合计	2 个	32640	52440	45.08%	10.00%
声声体育	体育类	10740	10740		
欢乐二打一	体育类	11850	35550		
体坛荟萃－篮球风情	体育类	1440	1440		
体坛荟萃	体育类	960	960		
足球 100 分	体育类	5250	5250		
体育议起来	体育类	2300	2300		
快乐健身一箩筐	体育类	7230	28920		
体育类合计	7 个	39770	85160	54.92%	16.23%
节目播出时长合计		72410	137600		

附件七：2015 年 BTV 生活频道节目分类播出量统计表

（频道年播出时长：438000 分钟）

节目名称	类型	年首播时长（分钟）	年首重时长（分钟）	首播占比	首重播占全天比
幸福厨房	综艺类	2295	4590		
幸福厨房健康餐大赛	综艺类	585	1755		
综艺类合计	2 个	2880	6345	1.78%	1.45%
咱爸咱妈的美好时代	人文类	300	600		
四海漫游	人文类	1980	3960		
拾说什刹海	人文类	270	810		
人文类合计	3 个	2550	5370	1.57%	1.23%
食全食美	生活服务类	6966	13932		
美食地图	生活服务类	2808	8424		
生活 2015	生活服务类	32760	98280		

续表

节目名称	类型	年首播时长（分钟）	年首重时长（分钟）	首播占比	首重播占全天比
生活面对面	生活服务类	7470	14940		
大城小事	生活服务类	1350	2700		
生活 +	生活服务类	2340	4680		
生活 + 家装攻略版	生活服务类	2340	4680		
我爱我车	生活服务类	2040	4080		
美食地图·一探到底	生活服务类	7500	15000		
第一房产	生活服务类	2340	4680		
健康到家	生活服务类	10260	20520		
这是为什么	生活服务类	5100	10200		
快乐生活一点通	生活服务类	7620	15240		
选择	生活服务类	17715	29190		
生活广角	生活服务类	15570	31140		
生活特供	生活服务类	31737	31737		
味道学院	生活服务类	450	1350		
上菜 II	生活服务类	300	900		
生活服务类合计	18 个	156666	311673	96.65%	71.16%
节目播出时长合计		162096	323388		

附件八：2015 年 BTV 青年频道节目分类播出量统计表

（频道年播出时长：448860 分钟）

节目名称	青年观众占比	年首播时长（分钟）	年首重时长（分钟）	首播占比	首重播占全天比
环球神奇炫	23%	420	840		
探索	22.1%	14130	28260		
北京客	20.3%	7620	15240		
状元榜	21.9%	2250	6750		
中老年类	4 个	24420	51090	29%	11%
军情解码	19.7%	18100	54300		
青年探秘者特辑－幕后	19.3%	9900	19800		

续表

节目名称	青年观众占比	年首播时长（分钟）	年首重时长（分钟）	首播占比	首重播占全天比
不许不开心	19.1%	7260	21780		
书香北京	18.6%	4590	13770		
谁在说	15.6%	19350	77400		
老年类	5 个	59200	187050	71%	42%
节目播出时长合计		83620	238140		
电视剧合计			118575		26.42%

附件九：2015 年 BTV 新闻频道节目分类播出量统计表

（频道年播出时长：459660 分钟）

节目名称	类型	年首播时长（分钟）	年首重时长（分钟）	首播占比	首重播占全天比
红绿灯—早间直播	新闻类	7290	7290		
红绿灯	新闻类	14358	57432		
北京您早（并机直播）	新闻类	43140	43140		
直播北京（1）	新闻类	60990	60990		
直播北京（2）	新闻类	24158	24158		
特别关注（并机直播）	新闻类	20996	20996		
都市晚高峰（直播）	新闻类	30485	30485		
北京新闻（并机直播）	新闻类	9125	9125		
锐观察（直播）	新闻类	15033	45099		
晚间新闻报道（直播）	新闻类	17650	52950		
新闻手语	新闻类	3460	3460		
美丽乡村	新闻类	1440	2880		
北京议事厅	新闻类	1000	2000		
有话就说	新闻类	2500	7500		
镜鉴	新闻类	1020	1020		
都市阳光	新闻类	2040	2040		
人才	新闻类	980	980		
怎么看	新闻类	660	1320		
党建进行时	新闻类	960	960		

续表

节目名称	类型	年首播时长（分钟）	年首重时长（分钟）	首播占比	首重播占全天比
消费观察	新闻类	960	960		
新闻类合计	20 个	258245	374785	94.41%	81.54%
这里是北京	人文类	7130	21390		
人文类合计	1 个	7130	21390	2.61%	4.65%
北京新发现	生活服务类	7110	14220		
生活服务类合计	1 个	7110	14220	2.60%	3.09%
极致	其他类	1040	2080		
其他类合计	1 个	1040	2080	0.38%	0.45%
节目播出时长合计		273525	412475		

附件十：2015 年 BTV 卡酷少儿频道节目分类播出量统计表

（频道年播出时长：524640 分钟）

节目名称	少儿观众占比	年首播时长（分钟）	年首重时长（分钟）	首播占比	首重播占全天比
卡酷幼儿园	45.50%	5258	5258		
闪天下	30.50%	2550	2550		
动画联盟	28.90%	1176	1176		
卡酷动物园	27.70%	1200	1200		
卡酷全卡通	27.10%	2048	2048		
剧星派	25.20%	1176	1176		
七色光	24.00%	2346	2346		
童心不停机	43.90%	240	240		
卡酷异想世界	35.70%	312	312		
显著少儿类	9 个	16306	16306	88.88%	3.11%
十分开心	9.60%	2040	2040		
非少儿类	1 个	2040	2040	11.12%	0.39%
节目播出时长合计		18346	18346		
电视剧合计			6885		1.31%

附件十一：2015 年 BTV 纪实频道节目分类播出量统计表

（频道年播出时长：502920 分钟）

节目名称	类型	年首播时长（分钟）	年首重时长（分钟）	首播占比	首重播占全天比
影事	人文类	1599	3198		
昨天的故事	人文类	1179	2358		
纪实天下	人文类	1419	2838		
时尚印象	人文类	999	1998		
奇妙之旅	人文类	999	1998		
中国故事	人文类	12400	62000		
寰宇客	人文类	17200	68800		
纪录片影院	人文类	4250	8500		
口述	人文类	7962	23886		
全景	人文类	3711	7422		
奇纪实	人文类	9400	28200		
奇趣自然	人文类	7820	23460		
纪录 360	人文类	3200	6400		
全纪实	人文类	4200	4200		
全纪实人物版	人文类	420	420		
时尚装苑	人文类	420	840		
人文类合计	16 个	77178	246518	100%	49.02%

附件十二：2015 年上海东方卫视节目分类播出量统计表

（周播出时长：10080 分钟）

取样时间：2015 年 5 月 18 日—5 月 24 日				取样时间：2015 年 12 月 21 日—12 月 27 日			
节目名称	类型	周首播时长（分钟）	首播占比	节目名称	类型	周首播时长（分钟）	首播占比
百里挑一	生活服务类	80		今天吃什么	生活服务类	70	
极致	生活服务类	20		我们十五个	生活服务类	30	
				极致	生活服务类	20	
生活服务类合计	2 个	100	11.90%	生活服务类合计	3 个	120	2.90%

续表

取样时间：2015 年 5 月 18 日—5 月 24 日				取样时间：2015 年 12 月 21 日—12 月 27 日			
节目名称	类型	周首播时长（分钟）	首播占比	节目名称	类型	周首播时长（分钟）	首播占比
潮童天下	人文类	120		潮童天下	人文类	120	
巅峰拍档	人文类	70		巅峰拍档	人文类	70	
两代会议厅	人文类	80		跟着贝尔去冒险	人文类	80	
女神新装	人文类	150		女神新装	人文类	150	
防务新时空	人文类	50		防务新时空	人文类	50	
东方全纪录	人文类	25		东方全纪录	人文类	25	
人文类合计	6 个	495	14.34%	**人文类合计**	6 个	495	11.95%
看东方	新闻类	840		看东方	新闻类	840	
东方大头条	新闻类	210		东方大头条	新闻类	210	
东方新闻	新闻类	420		东方新闻	新闻类	420	
转播中央台新闻联播	新闻类	210		转播中央台新闻联播	新闻类	210	
直播上海	新闻类	132		直播上海	新闻类	132	
东方直播室	新闻类	40		东方直播室	新闻类	40	
子午线	新闻类	150		子午线	新闻类	150	
双城记	新闻类	40		双城记	新闻类	40	
环球交叉点	新闻类	50		环球交叉点	新闻类	50	
娱乐星天地	新闻类	300		娱乐星天地	新闻类	300	
上海工匠	新闻类	35		上海工匠	新闻类	35	
新闻类合计	11 个	2427	70.31%	**新闻类合计**	11 个	2427	58.59%
金星秀	综艺类	120		金星秀	综艺类	120	
妈妈咪呀	综艺类	60		心跳 80 分	综艺类	150	
欢乐喜剧人	综艺类	85		中国梦之声	综艺类	150	
今晚 80 后脱口秀	综艺类	45		不朽之名曲	综艺类	270	
花样姐姐	综艺类	100		隐藏的歌手	综艺类	90	
时尚汇	综艺类	20		笑傲江湖	综艺类	300	
				时尚汇	综艺类	20	
综艺类	6 个	430	12.46%	**综艺类**	7 个	1100	26.56%
节目总合计		3452		节目总合计		4142	
电视剧 6 集		1890	18.75%	电视剧 6 集		1890	18.75%

附件十三：2015年天津卫视节目分类播出量统计表

（周播出时长：10080分钟）

取样时间：2015年5月18日—5月24日				取样时间：2015年12月21日—12月27日			
节目名称	类型	周首播时长（分钟）	首播占比	节目名称	类型	周首播时长（分钟）	首播占比
津晨播报	新闻类	420		津晨播报	新闻类	399	
12点报道	新闻类	180		12点报道	新闻类	156	
天津新闻	新闻类	195		天津新闻	新闻类	175	
转播中央台新闻联播	新闻类	210		转播中央台新闻联播	新闻类	210	
晚间新闻	新闻类	210		晚间新闻	新闻类	196	
HELLO天津	新闻类	100		HELLO天津	新闻类	100	
视实	新闻类	26		视实	新闻类	26	
新闻类合计	7个	1376	58.98%	**新闻类合计**	7个	1262	46.71%
爱情保卫战	综艺类	160		爱情保卫战	综艺类	413	
我们	综艺类	35		爱的正能量	综艺类	164	
宝贝你好	综艺类	45		我们	综艺类	31	
国色天香	综艺类	78		宝贝你好	综艺类	40	
星梦奇缘	综艺类	80		幸福来敲门	综艺类	74	
综艺类合计	5个	398	17.06%	**综艺类合计**	5个	722	26.72%
拾遗·保护	人文类	32		拾遗·保护	人文类	50	
中国人	人文类	30		中国人	人文类	24	
糖心家族	人文类	180		糖心家族	人文类	23	
时代智商	人文类	30		记住乡愁	人文类	140	
泊客中国	人文类	35		时代智商	人文类	26	
联合国在行动	人文类	50		泊客中国	人文类	24	
人文类合计	6个	357	15.30%	**人文类合计**	6个	287	10.62%
非你莫属	生活服务类	180		非你莫属	生活服务类	175	
				藏龙卧虎	生活服务类	54	
				生活巧帮忙	生活服务类	40	
				快乐老年帮	生活服务类	140	

续表

取样时间：2015 年 5 月 18 日—5 月 24 日				取样时间：2015 年 12 月 21 日—12 月 27 日			
节目名称	类型	周首播时长（分钟）	首播占比	节目名称	类型	周首播时长（分钟）	首播占比
生活服务类	1 个	180	7.72%	**生活服务类合计**	4 个	409	15.14%
锋狂实验室	科教类	22		锋狂实验室	科教类	22	
科教类合计	1 个	22	0.94%	**科教类合计**	1 个	22	0.81%
节目总合计		2333		节目总合计		2702	
电视剧类		5285	52.43%	电视剧类		5661	56.16%
				动画类		154	1.53%

附件十四：2015 年江苏卫视节目分类播出量统计表

（周播出时长：10080 分钟）

取样时间：2015 年 5 月 18 日—5 月 24 日				取样时间：2015 年 12 月 21 日—12 月 27 日			
节目名称	类型	周首播时长（分钟）	首播占比	节目名称	类型	周首播时长（分钟）	首播占比
新闻眼	新闻类	170		新闻眼	新闻类	170	
江苏新时空	新闻类	175		江苏新时空	新闻类	175	
转播中央台新闻联播	新闻类	210		转播中央台新闻联播	新闻类	210	
晚间新闻	新闻类	60		晚间新闻	新闻类	40	
新闻类合计	4 个	615	17.94%	**新闻类合计**	4 个	595	14.09%
芝麻开门	综艺类	120		极限勇士	综艺类	460	
星厨驾到	综艺类	50		芝麻开门	综艺类	70	
一票难求	综艺类	70		原来是你	综艺类	150	
前往世界的尽头	综艺类	70		世界青年说	综艺类	75	
我们相爱吧	综艺类	95		女婿上门了	综艺类	110	
世界青年说	综艺类	50		唱游天下	综艺类	165	
为她而战	综艺类	100		一站到底	综艺类	150	
一站到底	综艺类	85		加油小当家	综艺类	75	
综艺类合计	8 个	640	18.66%	**综艺类合计**	8 个	1255	29.73%
世纪战争	人文类	1160		船政学堂	人文类	300	

续表

取样时间：2015 年 5 月 18 日—5 月 24 日				取样时间：2015 年 12 月 21 日—12 月 27 日			
节目名称	类型	周首播时长（分钟）	首播占比	节目名称	类型	周首播时长（分钟）	首播占比
时代问答	人文类	25		互联网时代	人文类	340	
廉政时空	人文类	15		廉政时空	人文类	15	
热爱电视剧的人们	人文类	344		时代问答	人文类	50	
人间真情	人文类	30		热爱电视剧的人们	人文类	450	
看文化	人文类	20		人间真情	人文类	30	
				你所不知道的中国	人文类	595	
				看文化	人文类	20	
				时代风范	人文类	12	
				中国远征军	人文类	55	
人文类合计	6 个	1594	46.49%	**人文类合计**	10 个	1867	44.22%
万家灯火	生活服务类	210		万家灯火	生活服务类	250	
职来职往	生活服务类	90		职来职往	生活服务类	80	
非诚勿扰	生活服务类	100		非诚勿扰	生活服务类	110	
生活服务类合计	3 个	400	11.67%	**生活服务类合计**	3 个	440	10.42%
昆仑决	体育赛事	140		昆仑决	体育类	65	
体育类	1 个	140	4.08%	体育类	1 个	65	1.54%
大喜鲍	20	20					
招商热线	20	20					
其他类	2 个	40	1.17%				
节目总合计		3429		**节目总合计**		4222	
电视剧	71 集	3100	30.75%	电视剧	72 集	3080	30.56%
电影	2 集	210	2.08%	电影	3 集	290	2.88%
动画片	10 集	200	1.98%	动画片	11 集	165	1.64%

2016 年北京电视台节目收视情况调查

研发部

北京电视台节目收视一览表

数据包含日期：2016 年 1 月 1 日 – 11 月 25 日

序 号	栏目名称	播出频道	平均收视率（%）
1	北京新闻	北京卫视	5.22
2	法治进行时	科教频道	3.66
3	第三调解室（12：55）	科教频道	2.44
4	欢乐二打一	体育频道	2.41
5	养生堂	北京卫视	2.27
6	我是大医生	北京卫视	2.01
7	特别关注	北京卫视	1.82
8	北京您早	北京卫视	1.59
9	每日文娱播报	文艺频道	1.55
10	暖暖的味道	北京卫视	1.22
11	庭审纪实	科教频道	1.20
12	生活 2016	生活频道	1.17
13	体育议起来	体育频道	1.15
14	现场说法	科教频道	1.15
15	影视风云	文艺频道	1.15
16	我爱我家	文艺频道	1.15
17	春妮的周末时光	文艺频道	1.14
18	谁在说	青年频道	1.11
19	我家有明星	文艺频道	1.11
20	最北京	科教频道	1.10
21	星夜故事	文艺频道	1.10
22	选择	生活频道	1.02
23	红绿灯	新闻频道	1.00

续表

序　号	栏目名称	播出频道	平均收视率（%）
24	足球 100 分	体育频道	0.99
25	记忆	科教频道	0.98
26	警法目录	科教频道	0.97
27	美食地图·一探到底	生活频道	0.94
28	笑动 2016	文艺频道	0.94
29	天天体育	体育频道	0.93
30	光荣绽放	文艺频道	0.89
31	体坛资讯	体育频道	0.86
32	生活面对面	生活频道	0.79
33	法治中国 60′	科教频道	0.78
34	生活 2016 周末版	生活频道	0.76
35	美食地图·一探到底美食汇	生活频道	0.74
36	健康北京	科教频道	0.74
37	您吃对了吗	科教频道	0.74
38	非常幽默	科教频道	0.71
39	生活广角	生活频道	0.70
40	1810 我看行	文艺频道	0.70
41	食全食美	生活频道	0.69
42	我爱食全食美	生活频道	0.68
43	脱口而出	文艺频道	0.66
44	晚间新闻报道	新闻频道	0.60
45	拍宝	财经频道	0.59
46	军情解码	青年频道	0.58
47	幸福厨房	生活频道	0.57
48	理财	财经频道	0.57
49	穿越经典	青年频道	0.54
50	我爱书画	文艺频道	0.54
51	档案	北京卫视	0.53
52	快乐生活一点通	生活频道	0.50
53	都市晚高峰	新闻频道	0.48
54	四海漫游	生活频道	0.48
55	生活 +	生活频道	0.47
56	异想世界	卡酷频道	0.47
57	状元榜	青年频道	0.46

续表

序　号	栏目名称	播出频道	平均收视率（%）
58	生活特供	生活频道	0.45
59	首都经济报道	财经频道	0.44
60	万能朋友圈	青年频道	0.44
61	大家谈	新闻频道	0.43
62	综艺麻辣烫	文艺频道	0.43
63	青年探秘者	青年频道	0.42
64	综艺万象	文艺频道	0.42
65	有话就说	新闻频道	0.40
66	天下财经·投资者说	财经频道	0.40
67	锐观察	新闻频道	0.38
68	天下财经	财经频道	0.38
69	美食地图	生活频道	0.37
70	闪天下	卡酷频道	0.36
71	声声体育	体育频道	0.35
72	理财周末版	财经频道	0.32
73	留学生	科教频道	0.31
74	北京客	青年频道	0.31
75	你会怎么做	青年频道	0.31
76	这里是北京	新闻频道	0.30
77	卡酷动物园	卡酷频道	0.30
78	七色光	卡酷频道	0.30
79	健康到家	生活频道	0.29
80	我爱我车	生活频道	0.28
81	冷布丁旅行团	卡酷频道	0.28
82	婚姻大事	青年频道	0.27
83	生活+家装攻略	生活频道	0.25
84	财富故事	财经频道	0.25
85	数说北京	财经频道	0.25
86	北京客·留学圈儿	青年频道	0.24
87	快乐健身一箩筐	体育频道	0.22
88	kaku 少儿剧星派	卡酷频道	0.22
89	欢天戏地	文艺频道	0.22
90	非常向上	科教频道	0.21

续表

序　号	栏目名称	播出频道	平均收视率（%）
91	不许不开心	青年频道	0.21
92	凯叔讲故事	卡酷频道	0.21
93	穿越吧少年	卡酷频道	0.21
94	法眼看剧	财经频道	0.19
94	第一房产	生活频道	0.17
96	品智生活	财经频道	0.17
97	书香北京	青年频道	0.17
98	影响者	财经频道	0.15
99	大玩家	卡酷频道	0.15
100	欢乐微逗秀	文艺频道	0.15
101	达人来了	生活频道	0.14
102	创业听我说	财经频道	0.13
103	提问投资人	财经频道	0.12
104	才高八斗	财经频道	0.10
105	文化之约	文艺频道	0.09
106	问鼎世界	财经频道	0.08
107	总裁读书会	财经频道	0.07
108	大牌价到	财经频道	0.07
109	晚晴	科教频道	0.06
110	税收天地	财经频道	0.05
111	体坛荟萃	体育频道	0.04
112	kaku 幼儿园	卡酷频道	0.02

卫视节目中心节目收视一览

数据包含日期：2016 年 1 月 1 日 – 11 月 25 日

序　号	栏目名称	播出频道	平均收视率（%）
1	养生堂	北京卫视	2.27
2	我是大医生	北京卫视	2.01
3	暖暖的味道	北京卫视	1.22
4	档案	北京卫视	0.53

文艺节目中心节目收视一览

数据包含日期：2016 年 1 月 1 日 - 11 月 25 日

序号	栏目名称	播出频道	平均收视率（%）
1	春妮的周末时光	文艺频道	1.14
2	欢乐微逗秀	文艺频道	0.15
3	每日文娱播报	文艺频道	1.55
4	我爱书画	文艺频道	0.54
5	我家有明星	文艺频道	1.11
6	笑动 2016	文艺频道	0.94
7	星夜故事	文艺频道	1.1
8	影视风云	文艺频道	1.15
9	综艺麻辣烫	文艺频道	0.43
10	综艺万象	文艺频道	0.42
11	文化之约	文艺频道	0.09
12	我爱我家	文艺频道	1.15
13	欢天戏地	文艺频道	0.22
14	脱口而出	文艺频道	0.66

科教节目中心节目收视一览

数据包含日期：2016 年 1 月 1 日 - 11 月 25 日

序号	栏目名称	播出频道	平均收视率（%）
1	法治进行时	科教频道	3.66
2	第三调解室（12：55）	科教频道	2.44
3	庭审纪实	科教频道	1.20
4	现场说法	科教频道	1.15
5	警法目录	科教频道	0.97
6	最北京	科教频道	1.10
7	法治中国 60′	科教频道	0.78
8	记忆	科教频道	0.98
9	健康北京	科教频道	0.74
10	您吃对了吗	科教频道	0.74

续表

序号	栏目名称	播出频道	平均收视率（%）
11	留学生	科教频道	0.31
12	非常向上	科教频道	0.21
13	非常幽默	科教频道	0.71
14	晚晴	科教频道	0.06

财经节目中心节目收视一览

数据包含日期：2016 年 5 月 9 日 –11 月 25 日

序号	栏目名称	播出频道	平均收视率（%）
1	拍宝	财经频道	0.59
2	理财	财经频道	0.57
3	首都经济报道	财经频道	0.44
4	天下财经・投资者说	财经频道	0.40
5	天下财经	财经频道	0.38
6	理财周末版	财经频道	0.32
7	法眼看剧	财经频道	0.19
8	财富故事	财经频道	0.25
9	影响者	财经频道	0.15
10	总裁读书会	财经频道	0.07
11	品智生活	财经频道	0.17
12	创业听我说	财经频道	0.13
13	提问投资人	财经频道	0.12
14	问鼎世界	财经频道	0.08
15	才高八斗	财经频道	0.10
16	大牌价到	财经频道	0.07
17	数说北京	财经频道	0.25
18	税收天地	财经频道	0.05

体育节目中心节目收视一览

数据包含日期：2016 年 1 月 1 日－11 月 25 日

序号	栏目名称	播出频道	平均收视率（%）
1	欢乐二打一	体育频道	2.41
2	体育议起来	体育频道	1.15
3	足球 100 分	体育频道	0.99
4	天天体育	体育频道	0.93
5	体坛资讯	体育频道	0.86
6	声声体育	体育频道	0.35
7	快乐健身一箩筐	体育频道	0.22
8	体坛荟萃	体育频道	0.04

生活节目中心节目收视一览

数据包含日期：2016 年 1 月 1 日－11 月 25 日

序号	栏目名称	播出频道	平均收视率（%）
1	生活 2016	生活频道	1.17
2	选择	生活频道	1.02
3	美食地图·一探到底	生活频道	0.94
4	生活面对面	生活频道	0.79
5	生活 2016 周末版	生活频道	0.76
6	美食地图·一探到底美食汇	生活频道	0.74
7	生活广角	生活频道	0.70
8	食全食美	生活频道	0.69
9	我爱食全食美	生活频道	0.68
10	幸福厨房	生活频道	0.57
11	快乐生活一点通	生活频道	0.50
12	四海漫游	生活频道	0.48
13	生活 +	生活频道	0.47
14	生活特供	生活频道	0.45
15	美食地图	生活频道	0.37

续表

序号	栏目名称	播出频道	平均收视率（%）
16	健康到家	生活频道	0. 29
17	我爱我车	生活频道	0. 28
18	生活+家装攻略	生活频道	0. 25
19	第一房产	生活频道	0. 17
20	达人来了	生活频道	0. 14

青年节目中心节目收视一览

数据包含日期：2016 年 1 月 1 日 -11 月 25 日

序　号	栏目名称	播出频道	平均收视率（%）
1	谁在说	青年频道	1. 11
2	军情解码	青年频道	0. 58
3	穿越经典	青年频道	0. 54
4	状元榜	青年频道	0. 46
5	万能朋友圈	青年频道	0. 44
6	青年探秘者	青年频道	0. 42
7	北京客	青年频道	0. 31
8	北京客・留学圈儿	青年频道	0. 24
9	你会怎么做	青年频道	0. 31
10	婚姻大事	青年频道	0. 27
11	不许不开心	青年频道	0. 21
12	书香北京	青年频道	0. 17

新闻节目中心节目收视一览

数据包含日期：2016 年 1 月 1 日 -11 月 25 日

序　号	栏目名称	播出频道	平均收视率（%）
1	北京您早	北京卫视	1. 59
2	特别关注	北京卫视	1. 82
3	红绿灯	新闻频道	1. 00
4	北京新闻	北京卫视	5. 22
5	晚间新闻报道	新闻频道	0. 60
6	都市晚高峰	新闻频道	0. 48
7	大家谈	新闻频道	0. 43
8	有话就说	新闻频道	0. 40

续表

序　号	栏目名称	播出频道	平均收视率（%）
9	锐观察	新闻频道	0.38
10	这里是北京	新闻频道	0.30

卡酷节目中心节目收视一览

数据包含日期：2016 年 1 月 1 日 -11 月 25 日

序　号	栏目名称	播出频道	平均收视率（%）
1	异想世界	卡酷频道	0.47
2	闪天下	卡酷频道	0.36
3	卡酷动物园	卡酷频道	0.30
4	七色光	卡酷频道	0.30
5	冷布丁旅行团	卡酷频道	0.28
6	kaku 少儿剧星派	卡酷频道	0.22
7	凯叔讲故事	卡酷频道	0.21
8	穿越吧少年	卡酷频道	0.21
9	大玩家	卡酷频道	0.15
10	kaku 幼儿园	卡酷频道	0.02

获 奖

2016 年北京电视台节目获奖情况

总编室

（截至 2016 年 11 月 28 日）

序号	奖项名称	届 数	奖项等级	获奖作品或单项个人	参评项目	部 门
1	中国新闻奖	第 26 届	一等奖	《生命缘——请你替我活下去》	纪录片	卫视
2	中国新闻奖	第 26 届	二等奖	《历史传播中电视媒体的担当与创新——以北京卫视 <档案> 栏目为例》	新闻论文	卫视（徐滔、马宏、王寅）
3	中国新闻奖	第 26 届	三等奖	《锐观察——别让胡同味儿淡了》	电视评论节目	新闻
4	北京新闻奖	第 25 届	组织策划奖	《永远的丰碑——纪念中国人民抗日战争胜利 70 周年大阅兵》	组织策划	新闻
5	北京新闻奖	第 25 届	一等奖	《通向 2022》	现场直播	新闻
6	北京新闻奖	第 25 届	一等奖	《生命缘——请你替我活下去》	专题	卫视
7	北京新闻奖	第 25 届	一等奖	《“蜂鸟”振翅 中国的北斗导航芯片飞了》	短消息	新闻
8	北京新闻奖	第 25 届	一等奖	“中关村，创新引领中国”	系列报道	新闻
9	北京新闻奖	第 25 届	一等奖	《96 年历史的石景山热电厂为蓝天“告别北京”》	长消息	新闻
10	北京新闻奖	第 25 届	二等奖	《养生堂》	栏目	卫视
11	北京新闻奖	第 25 届	二等奖	《军情解码——探秘胜利日阅兵——空中方队训练》	新闻访谈	青少・海外
12	北京新闻奖	第 25 届	二等奖	《北京新闻》2015 年 7 月 31 日	新闻编排	新闻
13	北京新闻奖	第 25 届	三等奖	《他乡是故乡》第一集	专题	新闻
14	北京新闻奖	第 25 届	三等奖	《记忆 2015——我的爱人毛岸英》	专题	科教
15	北京新闻奖	第 25 届	三等奖	《我这五年》	系列报道	新闻
16	北京新闻奖	第 25 届	三等奖	《锐观察——别让胡同味儿淡了》	评论	新闻
17	北京新闻奖	第 25 届	三等奖	《这里是北京》	栏目	新闻
18	北京新闻奖	第 25 届	三等奖	《纪实天下》	栏目	纪实
19	北京新闻奖	第 25 届	三等奖	《都市晚高峰》2015 年 11 月 15 日	新闻编排	新闻

续表

序号	奖项名称	届　数	奖项等级	获奖作品或单项个人	参评项目	部　门
20	北京新闻奖	第 25 届	三等奖	《杨国庆，将南口战役遗迹保护进行到底》	专题	青少·海外
21	北京市优秀广播电视节目	2015 年度	优秀广播电视节目	《通向 2022》	现场直播	新闻
22	北京市优秀广播电视节目	2015 年度	优秀广播电视节目	《他乡是故乡》第一集	社教专题	新闻
23	北京市优秀广播电视节目	2015 年度	优秀广播电视节目	《记忆 2015——我的爱人毛岸英》	社教专题	科教
24	北京市优秀广播电视节目	2015 年度	优秀广播电视节目	《生命缘——请你替我活下去》	纪录片	卫视
25	北京市优秀广播电视节目	2015 年度	优秀广播电视节目	《伟大的贡献》第二集：暗夜星火	纪录片	卫视
26	北京市优秀广播电视节目	2015 年度	优秀广播电视节目	《西藏——神圣疆土》（上集）	纪录片	卫视
27	北京市优秀广播电视节目	2015 年度	优秀广播电视节目	《养生堂》	栏目	卫视
28	北京市优秀广播电视节目	2015 年度	优秀广播电视节目	《军情解码——探秘胜利日阅兵——空中方队训练》	新闻访谈	青少·海外
29	北京市优秀广播电视节目	2015 年度	优秀广播电视节目	《永远的丰碑——纪念中国人民抗日战争胜利 70 周年大阅兵》	组织策划	新闻
30	北京市优秀广播电视节目	2015 年度	优秀广播电视节目	《“蜂鸟”振翅　中国的北斗导航芯片飞了》	短消息	新闻
31	北京市优秀广播电视节目	2015 年度	优秀广播电视节目	《千名工人回家　交警保驾护航》	短消息	新闻
32	北京市优秀广播电视节目	2015 年度	优秀广播电视节目	《北京新闻》2015 年 7 月 31 日	新闻编排	新闻
33	北京市优秀广播电视节目	2015 年度	优秀广播电视节目	《中关村：创新引领中国》	系列报道	新闻
34	北京市优秀广播电视节目	2015 年度	优秀广播电视节目	《我这五年》	系列报道	新闻
35	北京市优秀广播电视节目	2015 年度	优秀广播电视节目	《96 年历史的石景山热电厂为蓝天“告别北京”》	长消息	新闻
36	北京市优秀广播电视节目	2015 年度	优秀广播电视节目	《锐观察——别让胡同味儿淡了》	评论	新闻

续表

序号	奖项名称	届数	奖项等级	获奖作品或单项个人	参评项目	部门
37	北京市优秀广播电视节目	2015 年度	优秀广播电视节目	《生命缘》特别节目——祈福·天津	新闻专题	卫视
38	北京市优秀广播电视节目	2015 年度	优秀广播电视节目	《这里是北京》	栏目	新闻
39	北京市优秀广播电视节目	2015 年度	优秀广播电视节目	《军情解码》	栏目	青少·海外
40	北京市优秀广播电视节目	2015 年度	优秀广播电视节目	《纪实天下》	栏目	纪实
41	北京市优秀广播电视节目	2015 年度	优秀广播电视节目	《都市晚高峰》2015 年 11 月 15 日	新闻编排	新闻
42	北京市优秀广播电视节目	2015 年度	优秀广播电视节目	《京韵情》	境外播出专题	新闻
43	北京市优秀广播电视节目	2015 年度	优秀广播电视节目	《青年创客的 O2O 之路》	境外播出长消息	青少·海外
44	北京市优秀广播电视节目	2015 年度	优秀广播电视节目	《杨国庆，将南口战役遗迹保护进行到底》	境外播出专题	青少·海外
45	北京市优秀广播电视节目	2015 年度	优秀广播电视节目	《小城崇礼变身冰雪运动天堂》	境外播出长消息	青少·海外
46	北京市优秀广播电视节目	2015 年度	优秀广播电视节目	《2015 年 BTV 卡酷少儿动画春晚》	动画节目	动画
47	北京市优秀广播电视节目	2015 年度	优秀广播电视节目	《传承者》	艺术片	卫视
48	北京市优秀广播电视节目	2015 年度	优秀广播电视节目	《2015 北京电视台春节联欢晚会》	综艺节目	文艺
49	北京市优秀广播电视节目	2015 年度	优秀广播电视节目	《“明月照人还”——北京电视台 2015 年中秋晚会》	综艺节目	文艺
50	北京市优秀广播电视节目	2015 年度	优秀广播电视节目	《2014 北京喜剧幽默大赛颁奖典礼》	综艺节目	文艺
51	北京市优秀广播电视节目	2015 年度	优秀广播电视节目	《脱口而出——歌咏比赛》	综艺节目	文艺
52	北京市优秀广播电视节目	2015 年度	优秀广播电视节目	《北京蓝天》MV	原创歌曲	总编室

续表

序　号	奖项名称	届　数	奖项等级	获奖作品或单项个人	参评项目	部　门
53	北京市优秀广播电视节目	2015 年度	优秀广播电视节目	《纪念抗战胜利七十周年系列宣传片》	广告节目	总编室
54	北京市优秀广播电视节目	2015 年度	优秀广播电视节目	《2015BTV 环球春晚》	歌舞节目	青少・海外
55	北京市优秀广播电视节目	2015 年度	优秀广播电视节目	《北京客——剧院魅影来了》	文艺专题	青少・海外
56	北京市优秀广播电视节目	2015 年度	优秀广播电视节目	《纪实天下——一起长大》	纪录片	纪实
57	北京市优秀广播电视节目	2015 年度	优秀广播电视节目	《拾说什刹海》	纪录片	生活
58	北京市优秀广播电视节目	2015 年度	优秀广播电视节目	《时尚印象——京城“板寸王”》	纪录片	纪实
59	北京市优秀广播电视节目	2015 年度	优秀广播电视节目	《窗口・海外中国文化中心》	纪录片	文艺
60	北京市优秀广播电视节目	2015 年度	优秀广播电视节目	《音乐大师课——同唱一首歌》	少儿节目	卫视
61	北京市优秀广播电视节目	2015 年度	优秀广播电视节目	《每日文娱播报》	文艺栏目	文艺
62	北京市优秀广播电视节目	2015 年度	优秀广播电视节目	《kaku 少儿剧星派》	文艺栏目	动画
63	北京市优秀广播电视节目	2015 年度	优秀广播电视节目	《第五届北京电影节开幕式》	综艺节目	青少・海外
64	北京广播电视台创新节（栏）目奖	2016 年	栏目创新奖金奖	《养生堂》	栏目创新	卫视
65	北京广播电视台创新节（栏）目奖	2016 年	栏目创新奖金奖	《最北京》	栏目创新	科教
66	北京广播电视台创新节（栏）目奖	2016 年	栏目创新奖银奖	《哎呀妈呀》	栏目创新	文艺
67	北京广播电视台创新节（栏）目奖	2016 年	节目创新奖金奖	《2016 北京电视台春节联欢晚会》	节目创新	文艺
68	北京广播电视台创新节（栏）目奖	2016 年	节目创新奖金奖	《生命缘——天使之约》	节目创新	卫视

续表

序号	奖项名称	届数	奖项等级	获奖作品或单项个人	参评项目	部门
69	北京广播电视台创新节（栏）目奖	2016 年	节目创新奖银奖	《西藏》	节目创新	卫视
70	北京广播电视台创新节（栏）目奖	2016 年	节目创新奖银奖	《首届“诚信北京”3·15 晚会》	节目创新	财经
71	北京广播电视台创新节（栏）目奖	2016 年	节目形态创新奖	《暖暖的新家》	节目形态创新	卫视
72	北京广播电视台创新节（栏）目奖	2016 年	节目形态创新奖	《我是大医生》	节目形态创新	卫视
73	北京广播电视台创新节（栏）目奖	2016 年	节目制作创新奖	《直击三元桥大修特别节目》	节目制作创新	新闻
74	北京广播电视台创新节（栏）目奖	2016 年	节目制作创新奖	《最后的沙漠守望者》	节目制作创新	制作部
75	北京广播电视台创新节（栏）目奖	2016 年	节目制作创新奖	《伟大的贡献》	节目制作创新	卫视
76	北京广播电视台创新节（栏）目奖	2016 年	主题宣传创新奖	《解放》	主题宣传创新	卫视
77	全国广播影视学术论文评选	第 14 届	二等奖	《用镜头展现“口述历史”的魅力》	内容研究类论文	总编室（赵京梅）
78	全国广播影视学术论文评选	第 14 届	二等奖	《北京电视台的新媒体发展之路》	决策管理及其他研究类论文	研发部（秦新春）

2016年北京电视台技术获奖情况

技术设备管理部

王选新闻科技奖人才奖

姓　名	奖项名称
田方	特别贡献奖

王选新闻科技奖优秀科技论文奖

论文名称	主要完成人	获奖等级
电视台视音频技术系统IP化发展随感	毕江	二等奖

中国电影电视技术学会“全国电影电视青年科技奖”

序　号	姓　名
1	王学奎
2	柴焱

第九届中国电影电视技术学会科技进步奖

序　号	论文名称	主要完成人	获奖等级
1	制播网运维服务管理研究	毕江、周旭辉、王学奎、李湧、王立冬、栾花、陈奇、吕少鹏	三等奖
2	北京电视台技术系统互联互通项目	毕江、周旭辉、李程、孙立国、张宇明、陈奇、张鹏宇、麻书城	三等奖

金帆奖

序号	类别		名称	主要完成人	等级
1	标清	新闻	北京新闻	孙辉、季红、田铭晖、石峰	二等奖
2			特别关注	李蕾、赵蕾、左晶、刘力维	二等奖
3	高清	专题	北京纪实——最后的沙漠守望者	赵宏伟、赵新生、何晓琳、夏新颖	一等奖
4			声音传奇	王申为、周宇、刁旺、许之明	二等奖
5		综艺	2016BTV 春节联欢晚会	张博、陈嘉超、崔蓓、付兵、卢薇、吕少鹏	一等奖
6			2016BTV 环球春晚	梁爽、郭丽宏、李鸣、梁辰硕、陈磊、栾花	二等奖
7		电视剧	《异镇》第 1 集	史文霞、蒋琬、贾贺翔、褚存、叶晋卿、殷鹏	一等奖
8			《金水桥边》第 1 集	贺佳、任战辉、王进、李立松、张鹏宇、张勇	二等奖
9		体育	2015－2016 年中国男子职业篮球联赛 北京首钢 VS 广东宏远	康金萍、李颖、许沛、王卫平、刘宏亚、郑律	一等奖
10			2018 年俄罗斯世界杯预选赛亚洲区小组预赛　中国队 VS 卡塔尔队	韩士聪、郝纪、刘来生、张宁、杨梓江、董秀琴	二等奖
11	高清音频	音频专题	声音传奇	姚银壮、杨宣军、谭小颖、陈姗	一等奖
12			北京纪实——最后的沙漠守望者	吴铮、张志杰、余勇平、刘伟	二等奖
13		音频综艺	2016BTV 春节联欢晚会	姚银壮、杨宣军、戴嵩松、彭钰文	二等奖
14			2016BTV 环球春晚	杨宣军、张晓晨、肖黎明、张宁	二等奖
15		音频体育	2015－2016 年中国男子职业篮球联赛 北京首钢 VS 广东宏远	张磊、齐伟、张洋、宋峥	三等奖
16			2016 年中国男子足球超级联赛 北京国安 VS 河北华夏幸福	马捷、王一明、李鹏、杨建英	三等奖
17	视频图形	视频短片	《西藏》	张金秋、杨光、周宏	二等奖
18			《永远的丰碑》9.3 阅兵	梁爽、王祎、张赓	三等奖
19		视频片头	《解放——人民的选择》北京卫视档案节目大型纪录片片头	黄锐、李红国、刘宇	三等奖
20			《西藏》北京卫视档案节目大型纪录片片头	欧阳三明、袁虹娟、郝丽萍	一等奖
21		演播室图形设计类	2016 北京电视台春晚宣传片	张晨旭、赵博、王春艳	二等奖
22			申冬奥宣布仪式宣传片《北京》	贺文林、郭豪珺、张勃	二等奖
23	灯光设计制作灯光综艺		2016BTV 春节联欢晚会	崔歌平、韩正雷、刘松	一等奖
24			2016BTV 环球春晚	覃刚、郭振渊、邓菲	二等奖

续表

序　号	类　别	名　称	主要完成人	等　级
25	美术设计制作美术综艺	2016 年第六届北京国际电影节开幕式	石悦、李玲、刘通	一等奖
26		2016BTV 春节联欢晚会	王工、余一华、曲瑞庆	二等奖
27	播出技术质量	赵悦、王都都、钮唯谨、黄帅、王晨、李维宁、何莹、王梦羽、岳海霞、尹言、王安琪、李卉、张伟、段然、杜伟		一等奖
28	金帆综合大奖	田方、毕江、郑星、刘晓光、王方、朱雨稼、周旭辉、徐志军、刘颖、李伟刚		

节目播出时间表

2016年北京电视台节目播出时间表

总编室

北京卫视节目编排方案

2016年1月4日起执行

时　间	星期一	星期二	星期三	星期四	星期五	星期六	星期日	周五、六时间
6：00：00	广宣1′						广宣3′	6：00：00
6：01：00	《法治进行时》（卫视版）18′							6：01：00
6：19：00	广宣1′						广宣4′	6：19：00
6：20：00	《养生堂》精华版35′						《电视先锋榜》30′	6：25：00
6：55：00	《早间气象服务》2′							6：55：00
6：57：00	广宣3′							6：57：00
7：00：00	《北京您早》120′					《北京您早》90′		7：00：00
9：00：00	广宣5′					广宣3′		8：30：00
9：05：00	《精品栏目荟萃》70′					《这里是北京》(少儿版)20′		8：33：00
						广宣5′		8：53：00
						《红星剧场》第一集(重播)39′		8：58：00
						广宣5′		9：37：00
10：15：00	广宣5′					《红星剧场》第二集（重播）39′		9：42：00
10：20：00	《红星剧场》第一集（重播）45′							
						广宣4′		10：21：00
11：05：00	广宣5′					《周五季播》精华版90′	《周六季播》精华版90′	10：25：00
11：10：00	《红星剧场》第二集（重播）45′							
11：55：00	广宣5′							11：55：00
12：00：00	《特别关注》58′							12：00：00
12：58：00	《午间气象服务》2′							12：58：00
13：00：00	广宣6′							13：00：00
13：06：00	《档案》精华版45′					《午茶剧场》第一集45′		13：06：00
13：51：00	广宣7′							13：51：00
13：58：00	《午茶剧场》第一集45′					《午茶剧场》第二集45′		13：58：00
14：43：00	广宣7′							14：43：00
14：50：00	《午茶剧场》第二集45′					《午茶剧场》第三集45′		14：50：00
15：35：00	广宣8′							15：35：00
15：43：00	《午茶剧场》第三集45′					《午茶剧场》第四集45′		15：43：00

续表

时　间	星期一	星期二	星期三	星期四	星期五	星期六	星期日	周五、六时间
16：28：00	广宣7′							16：28：00
16：35：00	《暖暖的味道》45′							16：35：00
17：20：00	广宣5′							17：20：00
17：25：00	《养生堂》60′							17：25：00
18：25：00	广宣5′							18：25：00
18：30：00	《北京新闻》、《天气预报》30′							18：30：00
19：00：00	转播中央台《新闻联播》30′							19：00：00
19：30：00	广宣3′							19：30：00
19：33：00	《红星剧场》第一集45′				《红星剧场》第一集39′		《红星剧场》第一集45′	19：33：00
20：18：00	广宣8′							20：12：00
20：26：00	《红星剧场》第二集45′				《红星剧场》第二集39′		《红星剧场》第二集45′	20：20：00
21：11：00	广宣3′30″				广宣4′30″		广宣3′30″	20：59：00
21：14：30	《大剧抢先看》1′30″							21：03：30
21：16：00	广宣3′				广宣3′		广宣3′	21：05：00
21：19：00	《周一920栏目带》70′（第一季《暖暖的新家》）	《周二920栏目带》70′（第一季《生命缘－怀孕的爸爸》）	《周三920栏目带》70′（第一季《八八爸爸》）	《我是大医生》70′	《周五大型季播节目》90′	《周六大型季播节目》90′	《周日920栏目带》70′	21：08：00
22：29：00	广宣6′						广宣	
22：35：00	《档案》50′			《周间季播节目》50′	广宣3′	广宣		
								22：38：00
23：25：00	广宣3′				《周五季播节目》（重播）90′	22：55《顶级赛事》125′	22：55《顶级赛事》125′	22：41：00
23：28：00	《春妮的周末时光》50′（至2016年3月）	《军情解码》45′						
0：38：00	《晚间气象服务》2′							
0：40：00	广宣3′							
0：43：00	《光阴》50′			0：43《好梦剧场》五集	《晚间气象服务》2′			0：11：00
					广宣3′			0：13：00
1：33：00	广宣3′							
1：36：00	《好梦剧场》五集				《好梦剧场》四集	《周六季播节目》重播90′	《周日920栏目带》70′重播	0：16：00
						广宣3′		
						《好梦剧场》三集		

文艺频道节目编排方案

2016 年 4 月 10 日起执行

<table>
<tr><th>时　间</th><th>星期一</th><th>星期二</th><th>星期三</th><th>星期四</th><th>星期五</th><th>星期六</th><th>星期日</th><th>时　间</th></tr>
<tr><td>6：00</td><td colspan="7">广宣时段 2′（宣传 2′）</td><td>6：00</td></tr>
<tr><td>6：02</td><td colspan="7">《笑动 2016》60′（重播）</td><td>6：02</td></tr>
<tr><td>7：02</td><td colspan="7">广宣时段 3′（宣传 2′+广告 1′）</td><td>7：02</td></tr>
<tr><td>7：05</td><td colspan="7">《我是大医生》（精编版）50′</td><td>7：05</td></tr>
<tr><td>7：55</td><td colspan="7">广宣时段 5′（《百姓文化录》3′+ 广告 2′）</td><td>7：55</td></tr>
<tr><td>8：00</td><td colspan="7">《欢乐微逗秀》20′（首播）</td><td>8：00</td></tr>
<tr><td>8：20</td><td colspan="7">广宣时段 5′（宣传 1′+广告 2′+公益 1′+宣传 1′）</td><td>8：20</td></tr>
<tr><td>8：25</td><td colspan="7">《周播节目日播联播》50′（重播）</td><td>8：25</td></tr>
<tr><td>9：15</td><td colspan="7">广宣时段 5′（宣传 1′+广告 3′+宣传 1′）</td><td>9：15</td></tr>
<tr><td>9：20</td><td colspan="6">《综艺万象》50′（重播）</td><td>《欢天戏地》50′（重播）</td><td>9：20</td></tr>
<tr><td>10：10</td><td colspan="7">广宣时段 5′（宣传 1′+广告 2′+公益 1′+宣传 1′）</td><td>10：10</td></tr>
<tr><td>10：15</td><td>《电视先锋榜》30′</td><td colspan="6">《文化之约》（编辑版）30′</td><td>10：15</td></tr>
<tr><td>10：45</td><td colspan="7">广宣时段 5′（宣传 1′+广告 2′+公益 1′+宣传 1′）</td><td>10：45</td></tr>
<tr><td>10：50</td><td colspan="7">《笑动 2016》60′（重播）</td><td>10：50</td></tr>
<tr><td>11：50</td><td colspan="7">广宣时段 5′（《百姓文化录》首播 3′+广告 2′）</td><td>11：50</td></tr>
<tr><td>11：55</td><td colspan="7">《1810 我看行》30′（重播）</td><td>11：55</td></tr>
<tr><td>12：25</td><td rowspan="3">《我爱书画》30′（重播）</td><td colspan="4">广宣时段 5′（宣传 1′+广告 3′+宣传 1′）</td><td colspan="2" rowspan="3">《脱口而出》30′（重播）</td><td>12：25</td></tr>
<tr><td>12：30</td><td colspan="4">《脱口而出》（20 分钟版）重播 20′</td><td>12：30</td></tr>
<tr><td>12：50</td><td colspan="4">广宣时段 5′（宣传 1′+广告 3′+宣传 1′）</td><td>12：50</td></tr>
<tr><td>12：55</td><td colspan="7">《周播节目日播联播》50′</td><td>12：55</td></tr>
<tr><td>13：45</td><td colspan="7">广宣时段 5′（宣传 1′+ 广告 2′+ 公益 1′+宣传 1′）</td><td>13：45</td></tr>
<tr><td>13：50</td><td>《欢天戏地》50′</td><td colspan="6">《综艺万象》50′</td><td>13：50</td></tr>
<tr><td>14：40</td><td colspan="7">广宣时段 5′（宣传 1′+广告 2′+公益 1′+宣传 1′）</td><td>14：40</td></tr>
<tr><td>14：45</td><td rowspan="2">《季播节目》70′（重播）</td><td>《我爱我家》50′（重播）</td><td>《光荣绽放》50′（重播）</td><td>《影视风云》50′（重播）</td><td>《星夜故事》50′（重播）</td><td rowspan="2">《我家有明星》70′（重播）</td><td rowspan="2">《春妮的周末时光》70′（重播）</td><td rowspan="2">14：45</td></tr>
<tr><td>15：35</td><td colspan="4">《欢乐微逗秀》20′</td></tr>
<tr><td>15：55</td><td colspan="7">广宣时段 5′（《百姓文化录》3′+广告 2′）</td><td>15：55</td></tr>
<tr><td>16：00</td><td colspan="7">《综艺麻辣烫》60′</td><td>16：00</td></tr>
<tr><td>17：00</td><td colspan="7">广宣时段 5′（宣传 1′+广告 3′+宣传 1′）</td><td>17：00</td></tr>
</table>

续表

<table>
<tr><th>时 间</th><th>星期一</th><th>星期二</th><th>星期三</th><th>星期四</th><th>星期五</th><th>星期六</th><th>星期日</th><th>时 间</th></tr>
<tr><td>17：05</td><td colspan="7">《笑动 2016》60′</td><td>17：05</td></tr>
<tr><td>18：05</td><td colspan="7">广宣时段 5′（宣传 1′＋广告 3′＋宣传 1′）</td><td>18：05</td></tr>
<tr><td>18：10</td><td colspan="7">《1810 我看行》30′</td><td>18：10</td></tr>
<tr><td>18：40</td><td colspan="7">广宣时段 5′（宣传 30″＋广告 4′＋宣传 30″）</td><td>18：40</td></tr>
<tr><td>18：45</td><td colspan="7">《每日文娱播报》45′</td><td>18：45</td></tr>
<tr><td>19：30</td><td colspan="7">广宣时段 5′（宣传 30″＋广告 4′＋宣传 30″）</td><td>19：30</td></tr>
<tr><td>19：35</td><td>《我爱我家》50′</td><td>《光荣绽放》50′</td><td>《影视风云》50′</td><td>《星夜故事》50′</td><td rowspan="2">《我家有明星》70′</td><td rowspan="2">《春妮的周末时光》70′</td><td rowspan="2">《季播节目》70′</td><td rowspan="2">19：35</td></tr>
<tr><td>20：25</td><td colspan="4">广宣时段 5′（宣传 1′＋广告 3′＋公益 30″＋宣传 30″）</td></tr>
<tr><td>20：30</td><td colspan="4">《脱口而出》（20 分钟版）20′</td><td colspan="3">广宣时段 5′（宣传 1′＋广告 3′＋公益 30″＋宣传 30″）</td><td>20：45</td></tr>
<tr><td>20：50</td><td colspan="4">广宣时段 5′（宣传 30″＋广告 2′＋回放 30″＋剧宣 30″＋广告 1′＋宣传 30″）</td><td colspan="2" rowspan="2">《脱口而出》30′</td><td rowspan="2">《我爱书画》30′</td><td rowspan="2">20：50</td></tr>
<tr><td>20：55</td><td colspan="4">《炫剧场》第一集 45′</td></tr>
<tr><td>21：40</td><td colspan="4">广宣时段 5′（宣传 30″＋广告 1′30″＋剧宣 30″＋预告 30″＋剧宣 30″＋回放 30″ ＋广告 1′）</td><td colspan="3">广宣时段 5′（宣传 30″＋广告 2′＋回放 30″＋剧宣 30″＋广告 1′＋宣传 30″）</td><td>21：20</td></tr>
<tr><td>21：45</td><td colspan="4">《炫剧场》第二集 45′</td><td colspan="2">《炫剧场》第一集 45′</td><td>《季播节目》70′</td><td>21：25</td></tr>
<tr><td>22：30</td><td colspan="4">广宣时段 5′（广告 1′＋剧宣 30″＋预告 30″＋广告 1′＋回放 30″＋剧宣 30″＋广告 1′）</td><td colspan="3">广宣时段 5′（广告 1′＋剧宣 30″＋预告 30″＋广告 1′＋回放 30″＋剧宣 30″ ＋广告 1′）</td><td>22：10</td></tr>
<tr><td>22：35</td><td colspan="4">《炫剧场》第三集 45′</td><td colspan="2">《炫剧场》第二集 45′</td><td>《每日文娱播报》45′</td><td>22：15</td></tr>
<tr><td>23：20</td><td colspan="4">广宣时段 5′（广告 1′＋宣传 2′＋下集预告 1′＋宣传 1′）</td><td colspan="3">广宣时段 5′（广告 1′＋宣传 1′＋剧宣 30″＋预告 30″＋宣传 2′）</td><td>23：00</td></tr>
<tr><td>23：25</td><td rowspan="2">《文化之约》30′</td><td colspan="3" rowspan="3">23：25《每日文娱播报》（重播）45′</td><td colspan="2">《每日文娱播报》45′（重播）</td><td>《1810 我看行》45′</td><td>23：05</td></tr>
<tr><td>23：50</td><td colspan="3">广宣 5′（宣传 2′＋广告 2′＋宣传 1′）</td><td>23：50</td></tr>
<tr><td>23：55</td><td rowspan="2">《每日文娱播报》45′（重播）</td><td colspan="2">《1810 我看行》30′（重播）</td><td>《欢乐微逗秀》30′</td><td>23：55</td></tr>
<tr><td>0：25</td><td colspan="3">0：10《1810 我看行》30′（重播）</td><td colspan="3">广宣 5′（宣传 2′＋《百姓文化录》3′）</td><td>0：25</td></tr>
<tr><td>0：40</td><td>《1810 我看行》30′</td><td colspan="3">0：40《脱口而出》（20 分钟版）20′（重播）</td><td colspan="2">《脱口而出》30′（重播）</td><td>《我爱书画》30′</td><td>0：30</td></tr>
<tr><td>1：10</td><td>《综艺麻辣烫》60′（重播）</td><td colspan="6">1：00《综艺麻辣烫》60′</td><td>1：00</td></tr>
</table>

续表

<table>
<tr><th>时 间</th><th>星期一</th><th>星期二</th><th>星期三</th><th>星期四</th><th>星期五</th><th>星期六</th><th>星期日</th><th>时 间</th></tr>
<tr><td>2：10</td><td>《我爱我家》50′（重播）</td><td>2：00《光荣绽放》50′</td><td>《影视风云》50′</td><td>《星夜故事》50′</td><td rowspan="2">《我家有明星》70′</td><td rowspan="2">《春妮的周末时光》70′</td><td rowspan="2">《季播节目》70′</td><td rowspan="2">2：00</td></tr>
<tr><td>3：00</td><td>《欢乐微逗秀》20′</td><td colspan="3">2：50《欢乐微逗秀》20′（重播）</td></tr>
<tr><td>3：20</td><td>《我是大医生》（精编版）50′</td><td colspan="6">《我是大医生》（精编版）50′（重播）</td><td>3：10</td></tr>
<tr><td>4：10</td><td>《笑动 2016》60′（重播）</td><td colspan="6">《笑动 2016》60′（重播）</td><td>4：00</td></tr>
<tr><td>5：10</td><td>《脱口而出》20 分钟版（重播）两遍</td><td colspan="6">《综艺万象》50′（重播）</td><td>4：50</td></tr>
<tr><td>5：50</td><td colspan="7">《欢乐微逗秀》（10 分钟版）10′</td><td>5：50</td></tr>
</table>

科教频道节目编排方案

<table>
<tr><th>时 间</th><th>星期一</th><th>星期二</th><th>星期三</th><th>星期四</th><th>星期五</th><th>星期六</th><th>星期日</th><th>周五至周日</th></tr>
<tr><td>6：00：00</td><td colspan="7">开播晨曲 1′</td><td>6：00：00</td></tr>
<tr><td>6：01：00</td><td colspan="7">广宣时段 4′（频道宣传 2′ + 公益宣传 1′ + 公共宣传 1′）</td><td>6：01：00</td></tr>
<tr><td>6：05：00</td><td colspan="7">《您吃对了吗》20′（重播）</td><td>6：05：00</td></tr>
<tr><td>6：25：00</td><td colspan="7">广宣时段 4′（频道宣传 2′ + 公益宣传 1′ + 公共宣传 1′）</td><td>6：25：00</td></tr>
<tr><td>6：29：00</td><td colspan="7">《健康北京》30′（重播）</td><td>6：29：00</td></tr>
<tr><td>6：59：00</td><td colspan="7">《法治中国》60′（重播）</td><td>6：59：00</td></tr>
<tr><td rowspan="3">7：59：00</td><td>广宣时段5′（频道宣传1′ + 公共宣传1′ + 广告2′ + 公益宣传1′）</td><td colspan="6" rowspan="3">《法治进行时》55′（重播）</td><td rowspan="3">7：59：00</td></tr>
<tr><td>8：04《电视先锋榜》30′</td></tr>
<tr><td>8：34 晚晴 20′</td></tr>
<tr><td>8：54：00</td><td colspan="7">广宣时段 4′（频道宣传 1′ + 广告 2′ + 公共宣传 1′）</td><td>8：54：00</td></tr>
<tr><td>8：58：00</td><td colspan="7">《星月剧场》第一集 45′</td><td>8：58：00</td></tr>
<tr><td>9：43：00</td><td colspan="7">广宣时段 4′（频道宣传 1′ + 广告 2′ + 公益宣传 1′）</td><td>9：43：00</td></tr>
</table>

续表

时　间	星期一	星期二	星期三	星期四	星期五	星期六	星期日	周五至周日
9：47：00	《星月剧场》第二集 45′							9：47：00
10：32：00	广宣时段 3′（频道宣传 30″+广告 2′+公共宣传 30″）							10：32：00
10：35：00	《第三调解室》50′（重播）							10：35：00
11：25：00	广宣时段 5′频道宣传 30″+公共宣传 30″+广告 4′							11：25：00
11：30：00	《现场说法》30′							11：30：00
12：00：00	《法治进行时》55′							12：00：00
12：55：00	《第三调解室》精编版 50′							12：55：00
13：45：00	《正剧场》第一集 45′《警法目录》50′					《庭审纪实》50′	《庭审纪实》50′	13：45：00
14：30：00	广宣时段 2′（广告 2′）							14：35：00
14：32：00	《正剧场》第二集 45′					《正剧场》第一集 45′		14：37：00
15：17：00	广宣时段 1′（广告 1′）							15：22：00
15：18：00	《正剧场》第三集 45′					《正剧场》第二集 45′		15：23：00
16：03：00	广宣时段 2′（广告 2′）				广告 1′	公宣 1′	广告 1′	16：08：00
16：05：00	《正剧场》第四集 45′					《正剧场》第三集 45′		16：10：00
16：50：00	广宣时段 2′（广告 2′）					公宣		16：55：00
16：52：00	《最北京》（精编版）38′	《记忆》（精编版）38′（周五 16：56）				《非常向上》45′	16：55《非常幽默》75′	16：57：00
17：30：00	广宣时段 3′（频道宣传 30″+公共宣传 30″+广告 2′）（周五：17：34；周六：17：42）							
17：33：00	《非常幽默》37′（周五 17：37，时长 33′；周六 17：45，时长 25′）							
18：10：00	《您吃对了吗》20′							18：10：00
18：30：00	《健康北京》30′							18：30：00
19：00：00	《法治中国》60′							19：00：00
20：00：00	《记忆》50′					《留学生》50′	《最北京》50′	20：00：00
20：50：00	《第三调解室》50′							20：50：00
21：40：00	《法治中国》60′（自然重播）					《警法目录》50′（重播）	《法治中国》60′（重播）	21：40：00
22：40：00	广宣时段 3′（广告 3′）							22：30：00
22：43：00	《法治进行时》55′（自然重播）							22：33：00
23：38：00	广宣时段 3′（公共宣传 1′+广告 1′+公益宣传 1′）							23：28：00
23：41：00	《记忆》50′（自然重播）					《非常向上》45′（重播）	《最北京》50′（重播）	23：31：00
0：31：00	广宣时段 2′（频道宣传 30″+ 广告 1′+公共宣传 30″）							0：21：00

续表

时　间	星期一	星期二	星期三	星期四	星期五	星期六	星期日	周五至周日
0：33：00	《星月剧场》第一集 45′（自然重播）							0：23：00
1：18：00	广宣时段 2′（广告 2′）							1：08：00
1：20：00	《星月剧场》第二集 45′（自然重播）							1：10：00
2：05：00	广宣时段 1′频道宣传 30″+公共宣传 30″							1：55：00
2：06：00	《健康北京》30′（自然重播）							1：56：00
2：36：00	结束夜曲 1′							2：26：00

影视频道节目编排方案

2016 年 4 月 1 日起执行

时　间	星期一	星期二	星期三	星期四	星期五	星期六	星期日
6：12：10	广宣时段 2′（公益宣传 1′、公共宣传 1′）						
6：14：10	（重播）《英雄剧场》 -1　正片 45′						
6：59：10	广宣时段 2′10″（频宣 5″、广告 1′、下集预告 30″、预告剧宣 30″、频宣 5″）						
7：01：20	（重播）《英雄剧场》 -2　正片 45′						
7：46：20	广宣时段 3′10″（频宣 5″、广告 1′、下集预告 30″、预告剧宣 30″、广告 1′、频宣 5″）						
7：49：30	（重播）《首都剧场》 -1　正片　35′						
8：24：30	广宣时段 2′40″（频宣 5″、下集预告 30″、广告 2′、频宣 5″）						
8：27：10	（重播）《首都剧场》 -2　正片 35′						
9：02：10	广宣时段 4′40″（频宣 5″、广告 2′、下集预告 30″、广告 2′、频宣 5″）						
9：06：50	（重播）《首都剧场》 -3　正片 35′						
9：41：50	广宣时段 4′40″（频宣 5″、广告 2′、下集预告 30″、广告 2′、频宣 5″）						
9：46：30	（重播）《首都剧场》 -4　正片 35′						
10：21：30	广宣时段 4′40″（频宣 5″、广告 2′、下集预告 30″、广告 2′、频宣 5″）						
10：26：10	（重播）《首都剧场》 -5　正片 35′						
11：01：10	广宣时段 5′40″（频宣 5″、广告 3′、下集预告 30″、公益宣传 1′、公共宣传 1′、频宣 5″）						
11：06：50	《电影时间》　正片 94′30″（中插广告 1′、广告 2′、频宣 30″、广告 1′）						
12：41：20	广宣时段 5′10″（频宣 5″、公益宣传 1′、广告 1′、频宣 3′05″）						
12：46：30	《家和剧场》 -1　正片 45′						
13：31：30	广宣时段 7′10″（频宣 5″、广告 2′、下集预告 30″、预告剧宣 30″、公益宣传 1′、公共宣传 1′、广告 2′、频宣 5″）						
13：38：40	《家和剧场》 -2　正片 45′						
14：23：40	广宣时段 7′10″（频宣 5″、广告 2′、下集预告 30″、预告剧宣 30″、公益宣传 1′、公共宣传 1′、广告 2′、频宣 5″）						
14：30：50	《家和剧场》 -3　正片 45′						

续表

时　间	星期一	星期二	星期三	星期四	星期五	星期六	星期日
15：15：50	广宣时段 7′10″（频宣 5″、广告 2′、下集预告 30″、预告剧宣 30″、公益宣传 1′、公共宣传 1′、广告 2′、频宣 5″）						
15：23：00	《家和剧场》 -4　正片 45′						
16：08：00	广宣时段 7′10″（频宣 5″、广告 2′、下集预告 30″、预告剧宣 30″、公益宣传 1′、公共宣传 1′、广告 2′、频宣 5″）						
16：15：10	《家和剧场》 -5　正片 45′						
17：00：10	广宣时段 5′10″（频宣 5″、广告 2′、下集预告 30″、预告剧宣 30″、广告 2′、频宣 5″）						
17：05：20	《英雄剧场》 -1　正片 45′						
17：50：20	广宣时段 11′10″（频宣 5″、广告 3′、下集预告 30″、频宣 1′、广告 2′、预告剧宣 30″、公益宣传 1′、公共宣传 1′、广告 2′、频宣 5″）						
18：01：30	《英雄剧场》 -2　正片 45′						
18：46：30	广宣时段 5′10″（频宣 5″、广告 3′35″、公益宣传 1′、频宣 30″）						
18：51：40	《气象星预报》1′30″						
18：53：10	广宣时段 2′05″（广告 2′、频宣 5″）						
18：55：15	《首都剧场》 -1　正片 35′						
19：30：15	广宣时段 9′40″（频宣 5″+广告 2′+下集预告 30″+公益宣传 1′+广告 2′+公益宣传 1′+频宣 1′+广告　2′05″）						
19：39：55	《首都剧场》 -2　正片 35′						
20：14：55	广宣时段 8′40″（频宣 5″+广告 2′+下集预告 30″+公益宣传 1′+广告 2′+频宣 1′+广告 2′05″）						
20：23：35	《首都剧场》 -3　正片 35′						
20：58：35	广宣时段 8′40″（频宣 5″+广告 2′+下集预告 30″+广告 2′+公益宣传 1′+频宣 1′+广告 2′05″）						
21：07：15	《首都剧场》 -4　正片 35′						
21：42：15	广宣时段 4′35″（频宣 5″+广告 2′+下集预告 30″+广告 2′）						
21：46：50	《首都剧场》 -5　正片 35′						
22：21：50	广宣时段 7′35″（频宣 5″+广告 2′+下集预告 30″+公益宣传 1′+广告 1′+频宣 1′+广告 2′）						
22：29：25	《电影时间》　正片 94′30″（中插广告 1′、广告 2′、频宣 30″、广告 1′）						
0：03：55	广宣时段 4′10″（频宣 5″、广告 2′、公宣 2′、频宣 5″）						
0：08：05	（重播）《英雄剧场》 -1　正片 45′						
0：53：05	广宣时段 2′（频宣 5″、广告 1′、下集预告 30″、频宣 25″）						
0：55：05	（重播）《英雄剧场》 -2　正片 45′						
1：40：05	广宣时段 2′05″（频宣 5″、广告 1′，下集预告 30″、频宣 30″）						
1：42：10	《星光剧场》 -1　正片 45′						
2：27：10	《星光剧场》 -2　正片 45′						
3：12：10	《星光剧场》 -3　正片 45′						
3：57：10	《星光剧场》 -4　正片 45′						
4：42：10	《星光剧场》 -5　正片 45′						
5：27：10	《星光剧场》 -6　正片 45′						

财经频道节目编排方案

2016 年 4 月 5 日起执行

<table>
<tr><th>时　间</th><th>星期一</th><th>星期二</th><th>星期三</th><th>星期四</th><th>星期五</th><th>星期六</th><th>星期日</th><th>时　间</th></tr>
<tr><td>6：00</td><td colspan="7">广宣时段 8′（频宣 4′、公宣 3′、公益 1′）</td><td></td></tr>
<tr><td>6：00</td><td>《总裁读书会》30′</td><td colspan="5">6：08《天下财经》30′</td><td>谁在影响我 20′</td><td>6：08</td></tr>
<tr><td>6：30</td><td>《谁在影响我》20′</td><td colspan="5" rowspan="2">6：38《微理财》5′×2 ＋广宣时段 2′（公宣 1′、广告 1′）</td><td rowspan="2">品味消费在北京 30′</td><td rowspan="2">6：28</td></tr>
<tr><td>6：50</td><td>广宣时段 1′（广告 1′）</td></tr>
<tr><td>6：50</td><td colspan="7">《首都经济报道》60′（周一 6：51）</td><td></td></tr>
<tr><td>7：50</td><td colspan="7">广宣时段 3′（频宣 1′、公益 1′、广告 1′）</td><td></td></tr>
<tr><td>7：53</td><td>《数说北京》30′</td><td colspan="6">《财富故事》30′（周六重播北京发布）</td><td></td></tr>
<tr><td>8：23</td><td colspan="7">广宣时段 2′（公益 1′、广告 1′）</td><td></td></tr>
<tr><td>8：25</td><td colspan="7">《理财》50′</td><td></td></tr>
<tr><td>9：15</td><td colspan="7">广宣时段 5′（频宣 1′、公宣 2′、公益 1′、广告 1′）</td><td></td></tr>
<tr><td>9：20</td><td colspan="7">《财富晚间道》60′（周日重播周四）</td><td></td></tr>
<tr><td rowspan="2">10：20</td><td colspan="5" rowspan="2">《财富晚间道》60′</td><td colspan="2">《财富晚间道》30′</td><td>10：20</td></tr>
<tr><td>《财富故事》精编 30′</td><td>《总裁读书会》30′</td><td>10：50</td></tr>
<tr><td>11：20</td><td colspan="7">广宣时段 3′（频宣 1′、公宣 1′、广告 1′）</td><td></td></tr>
<tr><td rowspan="2">11：23</td><td colspan="5" rowspan="2">《天下财经·投资者说》60′</td><td>《品味消费在北京》30′</td><td>《财经锋汇》25′＋《拍之道》5′</td><td>11：23</td></tr>
<tr><td>《税收天地》30′</td><td>《数说北京》30′</td><td>11：53</td></tr>
<tr><td>12：23</td><td colspan="7">广宣时段 2′（公益 1′、广告 1′）</td><td></td></tr>
<tr><td>12：25</td><td colspan="7">《电视剧场》第一集 上集回放 1′＋广告 1′30″＋正片 45′＋广告 30″＋下集预告 1′</td><td></td></tr>
<tr><td>13：14</td><td colspan="7">《电视剧场》第二集 上集回放 1′＋广告 1′30″＋正片 45′＋广告 30″＋下集预告 1′</td><td></td></tr>
<tr><td>14：03</td><td colspan="7">《电视剧场》第三集 上集回放 1′＋广告 1′30″＋正片 45′＋广告 30″＋下集预告 1′</td><td></td></tr>
<tr><td>14：52</td><td colspan="7">广宣时段 6′（频宣 2′、公宣 2′、公益 1′、广告 1′）</td><td></td></tr>
<tr><td>14：58</td><td colspan="2">《拍宝》50′</td><td>《理财》周末版 50′周六</td><td>《才高八斗》50′</td><td>《理财》周末版 50′周日</td><td colspan="2">《拍宝》50′</td><td></td></tr>
<tr><td>15：48</td><td colspan="7">广宣时段 6′（频宣 2′、公宣 2′、公益 1′、广告 1′）</td><td></td></tr>
<tr><td>15：54</td><td>《电视先锋榜》30′</td><td colspan="4">《财富故事》30′（重播）</td><td>《数说北京》30′</td><td>《北京发布》30′</td><td></td></tr>
<tr><td>16：24</td><td colspan="7">广宣时段 2′（公益 1′、广告 1′）＋《微理财》5′×2</td><td></td></tr>
<tr><td>16：36</td><td colspan="7">《理财》50′</td><td></td></tr>
</table>

续表

时 间	星期一	星期二	星期三	星期四	星期五	星期六	星期日	时 间
17：26	广宣时段4′（频宣1′、公宣1′、公益1′、广告1′）					频宣4′、公宣2′、公益1′、广告2′		
17：30	《大牌价到》60′	《大牌价到》60′	《大牌价到》60′	《微理财》5′+《法眼看剧》25′+广宣时段5′、频宣2′、公宣2′、公益1′		《谁在影响我》20′+频宣5′+拍之道5′	《问鼎世界》20′+频宣5′+拍之道5′	17：35
				18：05《法眼看剧》25′		《问鼎世界》20′	《问鼎世界》20′	18：05
						频宣2′、公宣1′、广告2′		18：25
18：30	《首都经济报道》60′							18：30
19：30	《天下财经》30′					《品味消费在北京》30′	广告2′、财经锋汇25′、公益1′、广告2′	19：32
20：00	《天下财经·投资者说》60′					《财富故事》精编30′		20：00
						频宣1′、公宣1′、公益1′、广告2′		20：30
21：00	广宣时段5′（公益1′、广告3′、公益1′）					《理财》周末版50′		20：35
21：05	《微理财》5′×2					广宣时段5′（频宣2′、公益1′、广告2′）		21：25
21：15	《理财》50′					《拍宝》50′		21：30
22：05	公宣1′、公益1′、广告3′					广宣时段5′(频宣1′、公益1′、广告3′)+《微理财》5′		22：20
22：10	《财富故事》30′				《北京发布》30′			
22：40	广宣时段5′（频宣2′、公益1′、广告2′）					《法眼看剧》25′+广宣时段5′(频宣2′、公益1′、广告2′)	《才高八斗》50′	22：30
22：45	《天下财经·投资者说》60′					23：00《总裁读书会》30′	频宣2′、频宣1′、广告2′	23：20
						23：30《财富晚间道》30′	《财富晚间道》30′	23：25
23：45	《微理财》5′＊2+广宣时段5′（频宣2′、公宣1′、广告2′）						频宣2′、公宣2′、广告1′	23：55
0：00	《电视购物》150′							
2：30	结束							

体育频道节目编排方案

2016年1月1日起执行

<table>
<tr><th>时　间</th><th>星期一</th><th>星期二</th><th>星期三</th><th>星期四</th><th>星期五</th><th>星期六</th><th>星期日</th></tr>
<tr><td>6：00</td><td colspan="7">广宣时段5′（3+2）</td></tr>
<tr><td>6：05</td><td colspan="7">《BTV赛场》103′（重播）</td></tr>
<tr><td>7：48</td><td colspan="7">广宣时段2′</td></tr>
<tr><td>7：50</td><td colspan="6">《快乐健身一箩筐》30′（重播）</td><td>《电视先锋榜》30′</td></tr>
<tr><td>8：20</td><td colspan="7">广宣时段5′（1+4）</td></tr>
<tr><td>8：25</td><td colspan="7">《天天体育》50′（重播）</td></tr>
<tr><td>9：25</td><td colspan="7">广宣时段2′</td></tr>
<tr><td>9：27</td><td colspan="6">《BTV赛场》103′</td><td>NBA直播</td></tr>
<tr><td>11：10</td><td colspan="7">广宣时段5′（2′+3′）</td></tr>
<tr><td>11：15</td><td colspan="6">《快乐健身一箩筐》30′（重播）</td><td>《电视先锋榜》30′</td></tr>
<tr><td>11：45</td><td colspan="7">广宣时段5′</td></tr>
<tr><td>11：50</td><td colspan="7">《声声体育》30′</td></tr>
<tr><td>12：20</td><td colspan="7">广宣时段5′（2′+3′）</td></tr>
<tr><td>12：25</td><td colspan="6">《欢乐二打一》50′（重播）</td><td></td></tr>
<tr><td>13：15</td><td colspan="7">广宣时段5′（1′+4′）</td></tr>
<tr><td>13：20</td><td colspan="7">《BTV赛场》103′</td></tr>
<tr><td>15：03</td><td colspan="7">广宣时段2′</td></tr>
<tr><td>15：05</td><td colspan="7">《声声体育》30′（重播）</td></tr>
<tr><td>15：35</td><td colspan="7">广宣时段2′</td></tr>
<tr><td>15：37</td><td colspan="5">《BTV赛场》103′</td><td colspan="2" rowspan="4">直播：中超或其他</td></tr>
<tr><td>17：20</td><td colspan="5">广宣时段2′</td></tr>
<tr><td>17：22</td><td colspan="5">《快乐健身一箩筐》30′（重播）</td></tr>
<tr><td>17：52</td><td colspan="5">广宣时段5′（1′+4′）</td></tr>
<tr><td>17：55</td><td colspan="7">《欢乐二打一》50′</td></tr>
<tr><td>18：45</td><td colspan="7">广宣时段5′（1′+4′）</td></tr>
<tr><td>18：50</td><td colspan="7">《体坛资讯》40′</td></tr>
<tr><td>19：30</td><td colspan="7">广宣时段5′</td></tr>
<tr><td>19：35</td><td>《足球100分》</td><td colspan="2">直播或BTV赛场105′</td><td>《体育议起来》</td><td colspan="3">直播或BTV赛场105′</td></tr>
<tr><td>21：20</td><td colspan="7">广宣时段5′</td></tr>
<tr><td>21：25</td><td colspan="7">《天天体育》60′</td></tr>
<tr><td>22：25</td><td colspan="7">广宣时段3′</td></tr>
</table>

续表

时　间	星期一	星期二	星期三	星期四	星期五	星期六	星期日
22：28	《快乐健身一箩筐》30′					直播英超或中超	
22：58	广宣时段 5′（2+3）						
23：03	《欢乐二打一》50′（重播）				《足球家》		
23：53	广宣时段 2′						
23：55	《中超集锦》50′	《英超集锦》50′	《西甲集锦》50′		《篮球风情/荟萃》50′		
0：45	广宣时段 5′（2+3）						
0：50	《天天体育》50′（重播）						
1：40	《BTV 赛场》100′（重播）						
3：20	《BTV 赛场》100′（重播）						
5：00	《天天体育》50′（重播）						
5：50	欣赏						

生活频道节目编排方案

时　间	星期一	星期二	星期三	星期四	星期五	星期六	星期日	时　间
6：00：00	开始曲、频宣 2′+公宣 1′+公益 1′+广告 1′							6：00：00
6：05：00	《快乐生活一点通》30′（重播）					《美食地图》45′（重播）		6：05：00
6：35：00	公宣 1′+公益宣传 1′							6：35：00
6：37：00	《生活面对面》30′（重播）							6：37：00
6：50：00						《四海漫游》45′（重播）	《我爱我车》45′（重播）	6：50：00
7：07：00	广宣时段 3′（频道宣传 1′+广告 2′）							7：07：00
7：10：00	《食全食美》30′（重播上周五）	《我爱食全食美》30′（重播）			《食全食美》（重播周四）30′			7：10：00
7：40：00	《美食地图·一探到底 30′》（重播）							
7：46：00								
7：35：00						频道宣传 1′+公宣 1′+公益宣传 1′+广告 3′		7：35：00
7：41：00						《第一房产》30′（重播）	《电视先锋榜》30′	7：41：00
8：10：00	广宣时段 6′（频道宣传 1′+公宣 1′+公益宣传 1′+广告 3′）							8：10：00
8：11：00						广宣时段 3′（公益宣传 1′+广告 2′）		8：11：00
8：14：00						《生活+ 家装攻略》45′（重播）		8：14：00
8：16：00	《美食地图·一探到底美食汇》30′（重播）							8：16：00
8：46：00	频宣 1′+公益宣传 1′+广告 3′+生活气象 2′							8：46：00
8：53：00	《生活 2016》90′（重播）							8：53：00
8：59：00						频宣 1′+广告 1′+生活气象 2′		8：59：00
9：03：00						《生活 2016》90′（重播）		9：03：00
10：23：00	广宣时段 5′（频宣 1′+公益宣传 1′+广告 4′）							10：23：00

续表

<table>
<tr><th>时 间</th><th>星期一</th><th>星期二</th><th>星期三</th><th>星期四</th><th>星期五</th><th>星期六</th><th>星期日</th><th>时 间</th></tr>
<tr><td>10：29：00</td><td colspan="5" rowspan="5">《选择》精编 70′（首播）</td><td colspan="2"></td><td>10：29：00</td></tr>
<tr><td>10：33：00</td><td colspan="2">频宣 1′ + 公益宣传 1′ + 广告 1′</td><td>10：33：00</td></tr>
<tr><td>10：36：00</td><td rowspan="5">《季播时段》90′（重播）</td><td>《生活》 + 45′（重播）</td><td>10：36：00</td></tr>
<tr><td>11：21：00</td><td>公益 1′ + 广告 3′</td><td>11：21：00</td></tr>
<tr><td>11：25：00</td><td rowspan="4">《幸福厨房》45′（重播）</td><td>11：25：00</td></tr>
<tr><td>11：39：00</td><td colspan="5">频宣 1′</td><td>11：39：00</td></tr>
<tr><td>11：40：00</td><td colspan="5" rowspan="3">《健康到家》45′（首播）</td><td>11：40：00</td></tr>
<tr><td>12：06：00</td><td>公益 1′ + 广告 3′</td><td></td></tr>
<tr><td>12：10：00</td><td colspan="2" rowspan="2">《美食地图》45′（首播）</td><td>12：10：00</td></tr>
<tr><td>12：25：00</td><td colspan="5">《快乐生活一点通》30′（重播）</td><td>12：25：00</td></tr>
<tr><td>12：55：00</td><td colspan="5">《生活特供》（上）（首播）70′</td><td colspan="2" rowspan="2">《生活特供》78′（首播）</td><td>12：55：00</td></tr>
<tr><td>14：05：00</td><td colspan="5" rowspan="4">《生活特供》（下）35′（首播）</td><td>14：05：00</td></tr>
<tr><td>14：13：00</td><td colspan="2">《生活气象》2′</td><td>14：13：00</td></tr>
<tr><td>14：15：00</td><td colspan="2">频宣 1′ + 公益宣传 1′ + 广告 3′</td><td>14：15：00</td></tr>
<tr><td>14：20：00</td><td colspan="2" rowspan="6">《选择》精编 70′（首播）</td><td>14：20：00</td></tr>
<tr><td>14：40：00</td><td colspan="5">《生活气象》2′</td><td>14：40：00</td></tr>
<tr><td>14：42：00</td><td colspan="5">频宣 2′ + 公宣 1′ + 公益宣传 1′ + 广告 4′</td><td>14：42：00</td></tr>
<tr><td>14：50：00</td><td colspan="5">《选择》45′（重播）</td><td>14：50：00</td></tr>
<tr><td>15：35：00</td><td colspan="5">频宣 2′ + 公益宣传 1′ + 公宣 1′ + 广告 4′</td><td>15：35：00</td></tr>
<tr><td>15：43：00</td><td colspan="5" rowspan="3">《生活广角》45′（重播前两天）</td><td>15：43：00</td></tr>
<tr><td>15：30：00</td><td colspan="2">公宣 1′ + 公益宣传 1′ + 广告 3′ + 《中国梦 · 365 个故事》</td><td>15：30：00</td></tr>
<tr><td>15：38：00</td><td colspan="2" rowspan="3">《生活广角》45′（重播）</td><td>15：38：00</td></tr>
<tr><td>16：28：00</td><td colspan="5">频宣 2′ + 公益宣传 1′ + 公宣 1′ + 广告 4′</td><td>16：28：00</td></tr>
<tr><td>16：36：00</td><td colspan="5" rowspan="5">《生活广角》45′（重播前一天）</td><td>16：36：00</td></tr>
<tr><td>16：23：00</td><td colspan="2">公宣 1′ + 公益宣传 1′</td><td>16：23：00</td></tr>
<tr><td>16：25：00</td><td>《第一房产》30′（首播）</td><td>《第一房产》30′（重播）</td><td>16：25：00</td></tr>
<tr><td>16：55：00</td><td colspan="2">频宣 1′ + 广告 3′</td><td>16：55：00</td></tr>
<tr><td>16：59：00</td><td colspan="2" rowspan="2">《生活 + 家装攻略》45′（首播）</td><td>16：59：00</td></tr>
<tr><td>17：21：00</td><td colspan="5">频宣 2′ + 公宣 1′ + 公益宣传 1′ + 广告 4′</td><td>17：21：00</td></tr>
</table>

续表

时　间	星期一	星期二	星期三	星期四	星期五	星期六	星期日	时　间
17：29：00	《快乐生活一点通》30′（首播）							17：29：00
17：44：00						《四海漫游》45′（首播）	《我爱我车》45′（首播）	17：44：00
17：59：00	《我爱食全食美》30′（首播）			《食全食美》30′（首播）				17：59：00
18：29：00	《生活 2016》90′（首播）							18：29：00
19：59：00	频宣 30″+公益宣传 30″+广告 1′							19：59：00
20：01：00	《生活面对面》30′（首播）					《季播时段》90′（首播）	《幸福厨房》45′（首播）	20：01：00
20：31：00	公宣 1′+广告 3′							20：31：00
20：35：00	《美食地图·一探到底美食汇》30′（首播）						《生活+》45′（首播）	20：35：00
20：46：00								20：46：00
21：05：00	频宣 30″+公益宣传 30″+广告 2′							21：05：00
21：08：00	《美食地图·一探到底》30′（首播）							21：08：00
21：31：00						频宣 30″+公益宣传 30″+广告 4′		21：31：00
21：38：00	频宣 30″+公益宣传 30″+广告 2′							21：38：00
21：36：00						《选择》60′（首播）		21：36：00
21：41：00	《选择》45′（首播）							21：41：00
22：26：00	广告 3′							22：26：00
22：29：00	《生活广角》45′（首播）							22：29：00
22：36：00						频宣 30″+公益宣传 30″+广告 4′		22：36：00
22：41：00						《生活广角》45′（首播）		22：41：00
23：14：00	频宣 30″+公益宣传 30″+广告 2′							23：14：00
23：17：00	《生活 2016》90′（重播）							23：17：00
23：26：00						频宣 1′+广告 3′		23：26：00
23：30：00						《生活 2016》90′（重播）		23：30：00
1：00：00						广告 3′		1：00：00
1：03：00						《选择》60′（重播当日）		1：03：00
0：47：00	广告 3′							0：48：00
0：50：00	《健康到家》45′（重播）							0：51：00
1：35：00	频宣 1′+公宣 1′+公益宣传 1′+广告 3′							1：36：00
1：41：00	《美食地图·一探到底美食汇》30′（重播）							1：41：00
2：03：00						公宣 1′+公益宣传 1′+广告 1′+节目预告、结束语 2′		2：03：00
2：08：00						结束		2：08：00
2：11：00	公宣 1′+公益宣传 1′+广告 1′+节目预告、结束语 2′							2：11：00
2：16：00	结束							2：16：00

青年频道节目编排方案

2016年3月7日起执行

时间	星期一	星期二	星期三	星期四	星期五	星期六	周六时间	星期日	周日时间
6：00	广告2′+公宣2′+频宣1′							《书香北京》45′（重播）	6：00
6：05	《电视先锋榜》30′（重播）	《北京客》30′（重播）							
6：35	广告2′+公宣2′+频宣1′								6：45
6：40	《谁在说》55′（重播）								6：50
7：35	广告2′+公宣2′+频宣1′							广告2′+公宣2′+频宣1′	7：40
7：45	《军情解码》50′（重播）								7：45
8：35	《青春剧场》1 45′（重播）								
9：20	广告2′+公宣2′+频宣1′								
9：22	《青春剧场》2　45′（重播）								
10：10	广告2′+公宣2′+频宣1′								
10：15	《青春剧场》3　45′（重播）								
11：00	广告2′+公宣1′+频宣2′								
11：05	《青春剧场》4　45′（重播）								11：06
11：50	广告2′+公宣2′+频宣1′								11：56
11：55	《谁在说》55′（重播）								11：59
12：50	广告3′+公宣2′	广告2′+公宣2′+频宣1′						广告3′+公宣1′+频宣1′	12：49
13：00	《青春快乐季》45′（重播）								12：54
13：40	广告3′+公宣2′	广告3′+公宣1′+频宣1′						广告3′+公宣2′	13：39
13：45	《书香北京》（周六）45′（重播）	《书香北京》（周日）45′（重播）	《书香北京》（周六）45′（重播）	《书香北京》（周日）45′（重播）	《状元榜》45′（重播）	《季播节目》50′（重播）		《季播节目》50′（重播）	13：43
14：30	广告2′+公宣1′+频宣1′							广告2′+公宣1′+频宣1′	14：33
14：35	《不许不开心》30′（重播）					《状元榜》45′（重播）	14：35	《状元榜》45′（重播）	14：37
15：05	广告3′+公宣1′+频宣1′						15：20	广告3′、公宣1′、频宣1′	15：20
15：10	《北京客》30′（重播）					《书香北京》45′（重播）	15：25	《书香北京》45′（重播）	15：25

续表

时 间	星期一	星期二	星期三	星期四	星期五	星期六	周六时间	星期日	周日时间
15：40	广告 3′+公宣 1′+频宣 1′					广告 3′ 公宣 2′	16：10	广告 3′ 公宣 2′	16：10
15：45	《青春快乐季》45′（重播）					《季播节目》50′（重播）	16：15	《季播节目》50′（重播）	16：15
16：30	广告 3′+公宣 1′+频宣 1′								
16：35	《不许不开心》30′（重播）								
17：05	《军情解码》50′（重播）							《军情解码》30′（重播）	17：04
17：55	广告 3′、公宣 2	广告 3′+公宣 2′				广告 3′ 公宣 1′	17：59	广告 3′ 频宣 2′	17：34
18：10	《谁在说》55′（重播）						18：10	《谁在说》55′（重播）	17：55
19：00	《不许不开心》30′					《电视先锋榜》30′（重播）	19：00	《状元榜》45′（首播）	18：45
19：30	《谁在说》55′（外购）								19：30
20：25	《青春快乐季》45′					季播节目 50′	20：25	《季播节目》50′	20：25
21：10	《军情解码》50′					《军情解码》50′	21：15	《军情解码》50′	21：15
22：00	《北京客》30′					《书香北京》45′	22：05	《书香北京》45′	22：05
22：30	《午夜青春剧场》1 45′								
23：15	广告 2′+广宣 1′								
23：18	《午夜青春剧场》2 45′								
0：03	广告 2′+广宣 1′								
0：08	《午夜青春剧场》3 45′								
0：56	广告 2′+广宣 1′								
1：00	《午夜青春剧场》4 45′								
1：45	《北京客》30′（重播）					2：30			
2：30	结束								

新闻频道节目编排方案

2016 年 3 月 1 日起执行

<table>
<tr><th>时 间</th><th>星期一</th><th>星期二</th><th>星期三</th><th>星期四</th><th>星期五</th><th>星期六</th><th>星期日</th></tr>
<tr><td>6：00</td><td colspan="7">广宣 2′</td></tr>
<tr><td>6：02</td><td colspan="7">《特别关注》58′（重播）</td></tr>
<tr><td>7：00</td><td colspan="7">《北京您早》120′（卫视周一至周五并机直播至 9：00，周六、日并机直播至 8：30）</td></tr>
<tr><td>9：00</td><td colspan="7">《直播北京》（1）（9：00—11：57）177′（直播）</td></tr>
<tr><td></td><td colspan="7">9：00—9：42《红绿灯》42′（重播）</td></tr>
<tr><td></td><td colspan="7">9：42 - 10：40《直播北京》1 早间版 58′</td></tr>
<tr><td></td><td colspan="7">10：40—11：00《这里是北京》20′（重播）</td></tr>
<tr><td></td><td colspan="7">11：00 - 11：57《直播北京》1 午间版 57′</td></tr>
<tr><td>11：57</td><td colspan="7">广告 3′</td></tr>
<tr><td>12：00</td><td colspan="7">《特别关注》58′（直播）</td></tr>
<tr><td>12：58</td><td colspan="7">广告 2′</td></tr>
<tr><td>13：00</td><td colspan="7">《北京新发现》20′（重播）</td></tr>
<tr><td>13：20</td><td colspan="4">宣传 2′ + 广告 3′</td><td rowspan="3">13：20
《美丽乡村》
30′（首播）</td><td rowspan="3">《美丽乡村》
30′</td><td rowspan="3">《电视先锋榜》30′</td></tr>
<tr><td>13：25</td><td>《镜鉴》20′</td><td colspan="3">《这里是北京》20′（重播）</td></tr>
<tr><td>13：45</td><td colspan="4">宣传 2′ + 广告 3′</td></tr>
<tr><td>13：50</td><td colspan="7">《新闻手语》10′（首播）</td></tr>
<tr><td>14：00</td><td colspan="2">《都市阳光 2 期》
20′（首播）</td><td>《人才》
20′（首播）</td><td>《怎么看》
20′（首播）</td><td>《党建进行时》
20′（首播）</td><td>《消费观察》
20′（首播）</td><td>《北京议事厅》
20′（首播）</td></tr>
<tr><td>14：20</td><td colspan="7">广告 3′</td></tr>
<tr><td>14：23</td><td colspan="7">《这里是北京》20′（重播）</td></tr>
<tr><td>14：43</td><td colspan="7">广告 3′</td></tr>
<tr><td>14：46</td><td>《有话就说》
42′（重播）</td><td colspan="6">《锐观察》42′（重播）</td></tr>
<tr><td>15：28</td><td colspan="7">宣传 2′ + 广告 3′</td></tr>
<tr><td>15：33</td><td colspan="7">《晚间新闻报道》45′（重播）</td></tr>
<tr><td>16：18</td><td colspan="7">宣传 2′ + 广告 3′</td></tr>
<tr><td>16：23</td><td colspan="7">《这里是北京》20′（重播）</td></tr>
<tr><td>16：43</td><td colspan="7">《红绿灯》42′（重播）</td></tr>
<tr><td>17：25</td><td colspan="7">宣传 2′ + 广告 3′</td></tr>
<tr><td>17：30</td><td colspan="7">《红绿灯——平安行》30′（直播）</td></tr>
<tr><td>18：00</td><td colspan="7">《都市晚高峰》（1）30′（直播）</td></tr>
<tr><td>18：30</td><td colspan="7">《北京新闻》25′（并机直播）</td></tr>
<tr><td>18：55</td><td colspan="7">《天气预报》5′（首播）</td></tr>
<tr><td>19：00</td><td colspan="7">《都市晚高峰》（2）85′（直播）（含《天气视点》3′）</td></tr>
</table>

续表

时　间	星期一	星期二	星期三	星期四	星期五	星期六	星期日
20：25	《锐观察》42′（直播）						《有话就说》42′
21：07	广告3′						
21：10	《红绿灯》42′（直播）						
21：52	广告3′						
21：55	《晚间新闻报道》45′（直播）						
22：40	《这里是北京》20′（首播）						
23：00	《北京新发现》20′（首播）						
23：20	《空气质量播报》3′（首播）						
23：23	广告3′						
23：26	《红绿灯》42′（重播）						
0：08	《锐观察》42′（重播）						《有话就说》42′
0：50	《晚间新闻报道》45′（重播）						
1：35	《红绿灯》42′（重播）						
2：17	全天结束						

卡酷少儿卫视节目编排方案

2016年4月11日起执行

时间	星期一	星期二	星期三	星期四	星期五	星期六	星期日	周六、日时间
6：00	《卡酷幼儿园》22′					《蹦蹦跳跳》－第1集23′（含宣传1 1′）		6：00
6：22	广宣时段2 2′（公益1′）（宣1撤）					广宣时段2 2′（公益1′）		6：23
6：24	《剧星派》25′	《蹦蹦跳跳》25′（含宣传3－3′）	《穿越吧少年》25′	《卡酷动物园》25′	《蹦蹦跳跳》25′（含宣传3－3′）	《七色光》25′	《闪天下》25′	6：25
6：49	广宣时段4 5′					广宣时段4A 20′（宣4撤）		6：50
6：54	《环球剧场》－第1集22′							7：10
7：16	《环球剧场》－第2集22′					《超级大连播》－《小神龙》22′		7：10
7：38	广宣时段5 1′					《超级大连播》－《小神龙》22′		7：32
7：39	《环球剧场》－第3集22′					广宣时段5 1′		7：54
8：01	《环球剧场》－第4集22′					《超级大连播》－第1集21′		7：55
8：23	广宣时段6 1′					广宣时段6 1′		8：16

续表

时间	星期一	星期二	星期三	星期四	星期五	星期六	星期日	周六、日时间
8：24	《环球剧场》－第 5 集 22′					《超级大连播》－第 2 集 21′		8：17
8：46	广宣时段 7 2′（公益 1′）					广宣时段 7 2′（公益 1′）		8：38
8：48	《环球剧场》－第 6 集 22′					《超级大连播》－第 3 集 21′		8：40
9：10	广宣时段 8 1′					广宣时段 8 1′		9：01
9：11	《环球剧场》－第 7 集 22′					《超级大连播》－第 4 集 21′		9：02
9：33	广宣时段 9 1′					广宣时段 9 1′		9：23
9：34	《环球剧场》－第 8 集 22′					《超级大连播》－第 5 集 21′		9：24
9：56	广宣时段 10 2′（公益 1′）					广宣时段 10 2′（公益 1′）		9：45
9：58	《环球剧场》－第 9 集 22′					《超级大连播》－第 6 集 21′		9：47
10：20	广宣时段 11 1′					广宣时段 11 2′		10：08
10：21	《环球剧场》－第 10 集 22′					《超级大连播》－第 7 集 21′		10：10
10：43	广宣时段 12 1′					广宣时段 12 2′		10：31
10：44	《环球剧场》－第 11 集 22′					《超级大连播》－第 8 集 21′		10：33
11：06	广宣时段 13 1′					广宣时段 13 2′		10：54
11：07	《环球剧场》－第 12 集 22′					《超级大连播》－第 9 集 21′		10：56
11：29	广宣时段 14 1′					广宣时段 14 2′		11：17
11：30	《环球剧场》－第 13 集 22′					《大玩家》25′（重播）		11：19
11：52	广宣时段 15 1′					广宣时段 15 2′		11：44
11：53	《环球剧场》－第 14 集 22′					《超级大连播》－第 10 集 21′		11：46
12：15	广宣时段 16 1′					广宣时段 16 2′		12：07
12：16	《环球剧场》－第 15 集 22′					《超级大连播》－第 11 集 21′		12：09
12：38	广宣时段 17 1′					广宣时段 17 2′		
12：39	《环球剧场》－第 16 集 22′					《超级大连播》－第 12 集 21′		12：32
13：01	广宣时段 18 1′					广宣时段 18 2′		12：53

续表

时间	星期一	星期二	星期三	星期四	星期五	星期六	星期日	周六、日时间
13：02	《环球剧场》－第 17 集 22′					《超级大连播》－第 13 集 21′		12：55
13：24	广宣时段 19 1′					广宣时段 19 2′		13：16
13：25	《环球剧场》－第 18 集 22′					《超级大连播》－第 14 集 21′		13：18
13：47	广宣时段 20 1′					广宣时段 20 2′		13：39
13：48	广告片 21 20′					《超级大连播》－第 15 集 21′		13：41
14：08	广宣时段 22 1′					广宣时段 21 2′		14：02
14：09	《环球剧场》－第 19 集 22′					《超级大连播》－第 16 集 21′		14：04
14：31	广宣时段 23 1′					广宣时段 22 2′		14：25
14：32	《环球剧场》－第 20 集 22′					《超级大连播》－第 17 集 21′		14：27
14：54	广宣时段 24 1′					广宣时段 23 2′		14：48
14：55	《环球剧场》－第 21 集 22′					《超级大连播》－第 18 集 21′		14：50
15：17	广宣时段 25 1′					广宣时段 24 2′		15：11
15：18	《环球剧场》－第 22 集 22′					《超级大连播》－第 19 集 21′		15：13
15：40	广宣时段 26 1′					广宣时段 25 2′		15：34
15：41	《环球剧场》－第 23 集 22′					《超级大连播》－第 20 集 22′		15：36
16：03	广宣时段 27 1′					广宣时段 26 2′		15：57
16：04	《环球剧场》－第 24 集 22′					《超级大连播》－第 21 集 21′		15：59
16：26	广宣时段 28 1′					广宣时段 27 2′		16：20
16：27	《环球剧场》－第 25 集 22′					《超级大连播》－第 22 集 22′		16：22
16：49	广宣时段 28 1′					广宣时段 28 2′		16：43
16：50	《环球剧场》－第 26 集 22′					《超级大连播》－第 23 集 22′		16：45
17：12	广宣时段 29 1′					广宣时段 29 2′		17：06
17：13	《环球剧场》－第 27 集 22′					《超级大连播》－第 24 集 25′		17：08
17：35	广宣时段 30 1′					广宣时段 30 2′		17：29
17：36	《环球剧场》－第 28 集 22′					《大玩家》25′		17：31
17：58	广宣时段 31 1′					广宣时段 31 1′		17：56

续表

时间	星期一	星期二	星期三	星期四	星期五	星期六	星期日	周六、日时间
17：59	《中国创造》第 1 集 22′					《中国创造》第 1 集 22′		17：57
18：21	广宣时段 32 1′					广宣时段 32 1′		18：19
18：22	《中国创造》第 2 集 22′					《中国创造》第 2 集 22′		18：20
18：44	广宣时段 33 2′					广宣时段 33 2′		18：42
18：46	《中国创造》（上） + 播出日期 – 第 3、4 集 52′（含宣传 34 1′，35 1′）					《中国创造》（上） + 播出日期 – 第 3、4 集 53′（含宣传 34 1′ 35 2′）		18：44
19：38	广宣时段 36 2′					广宣时段 36 2′		19：37
19：40	《中国创造》（下） + 播出日期 – 第 5、6 集 53′（含宣传 37 1′，38 2′）					《中国创造》（下） + 播出日期 – 第 5、6 集 54′（含宣传 37 2′ 38 2′）		19：39
20：33	广宣时段 39 2′（公益 30″）					广宣时段 39 2′（公益 30″）		20：33
20：35	《酷片酷映》 + 播出日期 – 第 1 集 25′（含宣传 40 1′，公益 30″）					《酷片酷映》 + 播出日期 – 第 1 集 26′（含宣传 40 2′公益 30″）		20：35
21：00	广宣时段 41 1′					广宣时段 41 1′		21：01
21：01	《酷片酷映》 – 第 2 集 22′					《酷片酷映》 – 第 2 集 22′		21：02
21：23	广宣时段 42 1′（公益 30″）					广宣时段 42 1′（公益 30″）		21：24
21：24	《酷片酷映》 – 第 3 集 22′					《酷片酷映》 – 第 3 集 22′		21：25
21：46	广宣时段 43 1′（公益 30″）					广宣时段 43 1′（公益 30″）		21：47
21：47	《酷片酷映》 – 第 4 集 22′					《酷片酷映》 – 第 4 集 22′		21：48
22：09	《酷片酷映》 – 第 5 集 22′					《酷片酷映》 – 第 5 集 22′		22：10
22：31	广宣时段 44 1′					广宣时段 44 1′		22：32
22：32	《合家欢》 – 第 1 集 22′					《合家欢》 – 第 1 集 22′		22：33
22：54	《合家欢》 – 第 2 集 22′					《合家欢》 – 第 2 集 22′		22：55
23：16	广宣时段 451′					广宣时段 43 5′		23：17
23：17	《合家欢》 – 第 3 集					《合家欢》 – 第 3 集		23：22
23：39	《合家欢》 – 第 4 集					《大玩家》25′（重播）		23：44
0：01	《剧场重播》					《剧场重播》		0：09

纪实频道节目编排方案

<table>
<tr><th>时　间</th><th>周一至周五</th><th>周六</th><th>周日</th><th>时　间</th></tr>
<tr><td>6：00：00</td><td colspan="3">《口述》27′（中插 30″+30″）（重播）</td><td>6：00：00</td></tr>
<tr><td>6：28：00</td><td colspan="3">《中国故事》50′（中插 2′+3′+3′）（重播）</td><td>6：28：00</td></tr>
<tr><td>7：26：00</td><td colspan="3">频宣 10′（广告段①）</td><td>7：26：00</td></tr>
<tr><td>7：36：00</td><td colspan="3">《寰宇客》50′（中插 4′）（重播）</td><td>7：36：00</td></tr>
<tr><td>8：30：00</td><td colspan="3">频宣 10′（广告段②）</td><td>8：30：00</td></tr>
<tr><td rowspan="3">8：40：00</td><td rowspan="3">《纪实天下》通档 27′
（中插 1′30″+1′30″）（重播）</td><td rowspan="2">《季播节目》50′（重播）（中插 3′+3′+4′）（档案周末版 50′替）</td><td>《电视先锋榜》</td><td>8：40：00</td></tr>
<tr><td>《纪实天下》通档 27′（中插 1′30″+1′30″）（重播）</td><td>9：10：00</td></tr>
<tr><td colspan="2">频宣 10′（广告段③）</td><td>9：40：00</td></tr>
<tr><td>9：10：00</td><td>《档案》30′版（重播）</td><td rowspan="4">《纪录片影院》77′（重播）（中插 2′+2′+3′+2′）</td><td rowspan="4">《纪录片影院》77′（重播）（中插 2′+2′+3′+2′）</td><td rowspan="4">9：50：00</td></tr>
<tr><td>9：40：00</td><td>频宣 10′（广告段③）</td></tr>
<tr><td>9：50：00</td><td>《奇趣自然》27′（中插 1′30″+1′30″）（重播）</td></tr>
<tr><td>10：20：00</td><td>《中国故事》50′（中插 2′+2′+2′）（重播）</td></tr>
<tr><td>11：16：00</td><td colspan="3">频宣 4′</td><td>11：16：00</td></tr>
<tr><td>11：20：00</td><td colspan="3">《档案》30′版（中插 1′30″+1′30″）（重播）</td><td>11：20：00</td></tr>
<tr><td>11：50：00</td><td colspan="3">频宣 10′（广告段④）</td><td>11：50：00</td></tr>
<tr><td>12：00：00</td><td colspan="3">《寰宇客》50′（中插 1′+1′）重播</td><td>12：00：00</td></tr>
<tr><td>12：52：00</td><td colspan="3">频宣 6′</td><td>12：52：00</td></tr>
<tr><td>12：58：00</td><td colspan="3">《奇纪实》50′（中插 1′+1′）重播</td><td>12：58：00</td></tr>
<tr><td>13：50：00</td><td colspan="3">频宣 10′（广告段⑤）</td><td>13：50：00</td></tr>
<tr><td rowspan="2">14：00：00</td><td rowspan="2">《纪实天下》通档　27′（重播）
（中插 30″+30″）</td><td>季播节目 50′（重播）（《档案》周末版 50′替）（中插 1′+1′+1′）</td><td>季播节目 50′（重播）（《档案》周末版 50′替）（中插 1′+1′+1′）</td><td>14：00：00</td></tr>
<tr><td colspan="2">频宣 10′（广告段⑥）</td><td>14：53：00</td></tr>
<tr><td>14：28：00</td><td>《档案》30′版（重播）</td><td rowspan="3">《纪录片影院》77′（重播）（中插 1′+1′+3′+2′）</td><td rowspan="3">《纪录片影院》77′（重播）（中插 1′+1′+3′+2′）</td><td rowspan="3">15：03：00</td></tr>
<tr><td>14：58：00</td><td>频宣 10′（广告段⑥）</td></tr>
<tr><td>15：08：00</td><td>《中国故事》50′（中插 30″+30″+1′）</td></tr>
</table>

续表

<table>
<tr><th>时 间</th><th>周一至周五</th><th>周六</th><th>周日</th><th>时 间</th></tr>
<tr><td>16：00：00</td><td>《档案》纪实版50′（重播）（中插30″+30″+1′）</td><td colspan="2" rowspan="2">《档案》纪实版50′（中插1′+1′+1′）（重播）</td><td rowspan="2">16：27：00</td></tr>
<tr><td>16：52：00</td><td>频宣10′（广告段⑦）</td></tr>
<tr><td>17：02：00</td><td>《奇趣自然》27′（中插30″+30″）（重播）</td><td colspan="2">频宣10′（广告段⑦）</td><td>17：20：00</td></tr>
<tr><td>17：30：00</td><td>《口述》27′（中插30″+30″）</td><td colspan="2">《全景》27′（中插30″+30″）</td><td>17：30：00</td></tr>
<tr><td>17：58：00</td><td colspan="3">频宣2′</td><td>17：58：00</td></tr>
<tr><td>18：00：00</td><td colspan="3">《这里是北京》纪实晚间版50′（中插2′+3′+3′）</td><td>18：00：00</td></tr>
<tr><td>18：58：00</td><td colspan="3">频宣2′</td><td>18：58：00</td></tr>
<tr><td>19：00：00</td><td>《奇趣自然》（中插30″+30″）</td><td colspan="2">《奇趣自然》（中插30″+30″）重播</td><td>19：00：00</td></tr>
<tr><td>19：28：00</td><td colspan="3">频宣2′</td><td>19：28：00</td></tr>
<tr><td>19：30：00</td><td colspan="3">《中国故事》50′（中插2′+2′+3′）</td><td>19：30：00</td></tr>
<tr><td>20：28：00</td><td colspan="3">频宣2′</td><td>20：28：00</td></tr>
<tr><td>20：30：00</td><td>《档案30′》版（中插1′30″+1′30″）</td><td rowspan="2">季播节目50′（档案周末版50′替）（中插2′+2′+3′）（影坛巨匠）</td><td rowspan="2">季播节目50′（档案周末版50′替）（中插2′+2′+3′）（剧听我说）</td><td rowspan="2">20：30：00</td></tr>
<tr><td>21：00：00</td><td>《纪实天下》通档 27′（中插30″+30″）（《影事》《奇妙之旅》《时尚印象》《昨天的故事》《纪实天下》）</td></tr>
<tr><td>21：28：00</td><td colspan="3">频宣2′</td><td>21：28：00</td></tr>
<tr><td>21：30：00</td><td colspan="3">《寰宇客》（原《玩转地球》）50′（中插4′）</td><td>21：30：00</td></tr>
<tr><td>22：24：00</td><td colspan="3">微记录6′</td><td>22：24：00</td></tr>
<tr><td>22：30：00</td><td>《奇纪实》（纪录360）50′（中插4′）</td><td rowspan="2">《纪录片影院》77′重播（中插3′+3′+4′+3′）</td><td rowspan="2">《纪录片影院》77′（中插3′+3′+4′+3′）</td><td rowspan="2">22：30：00</td></tr>
<tr><td>23：24：00</td><td>《微记录》6′</td></tr>
<tr><td>23：30：00</td><td>《档案》纪实版50′（中插3′+3′+4′）（重播）改为（中插1′+1′+1′）</td><td colspan="2">《档案》纪实版30′（中插30″+30″）（重播）</td><td>0：00：00</td></tr>
<tr><td>0：23：00</td><td>频宣10′（广告段⑧）</td><td colspan="2">频宣10′（广告段⑧）</td><td>0：28：00</td></tr>
<tr><td>0：33：00</td><td>《奇趣自然》27′（中插1′+1′）</td><td colspan="2">《全景》27′（中插30″+30″）</td><td>0：38：00</td></tr>
<tr><td>1：02：00</td><td colspan="3">《纪录360》/《玩转地球》50′</td><td>1：06：00</td></tr>
<tr><td>1：55：00</td><td>《这里是北京》纪实晚间版50′（中插1′+1′+1′）（重播）</td><td colspan="2">《这里是北京》纪实晚间版50′（中插30″+30″+1′）（重播）</td><td>1：56：00</td></tr>
<tr><td>2：48：00</td><td colspan="3">《档案》纪实版50′（中插1′+1′+1′）（重播）</td><td>2：48：00</td></tr>
<tr><td>3：41：00</td><td>《纪实天下》通档（重播）27′（中插1′+1′）（重播）</td><td colspan="2">《口述》27′中插1′+1′）（重播）</td><td>3：41：00</td></tr>
<tr><td>4：10：00</td><td colspan="3">《中国故事》50′（中插1′+1′+1′）（重播）</td><td>4：10：00</td></tr>
<tr><td>5：03：00</td><td colspan="3">《这里是北京》纪实晚间版50′（中插2′+2′+3′）（重播）</td><td>5：03：00</td></tr>
</table>

长城（美国/亚洲/欧洲/加拿大/拉美/马来西亚/澳大利亚）平台固定栏目表

2016年3月13日起执行

<table>
<tr><th>北京时间</th><th>星期一</th><th>星期二</th><th>星期三</th><th>星期四</th><th>星期五</th><th>星期六</th><th>星期日</th><th>北京时间</th></tr>
<tr><td>6：00</td><td colspan="7">《节目导视》A3 1′</td><td>6：00</td></tr>
<tr><td>6：01</td><td>《锐观察》25′</td><td colspan="5" rowspan="2">《新闻50+》50′</td><td>《锐观察》25′</td><td>6：01</td></tr>
<tr><td></td><td>《这里是北京》18′</td><td>《这里是北京》18′</td><td>6：26</td></tr>
<tr><td>6：51</td><td colspan="6">《节目导视》A2 2′</td><td rowspan="2">《军情解码》45′</td><td rowspan="2">6：44</td></tr>
<tr><td>6：53</td><td>《军情解码》45′</td><td colspan="5">《军情解码》45′</td></tr>
<tr><td>7：38</td><td>《节目导视》B3 2′</td><td colspan="5">《节目导视》B3 2′</td><td>《节目导视》A3 1′</td><td>7：29</td></tr>
<tr><td>7：40</td><td>《幸福厨房》40′</td><td colspan="5">《财富故事》25′</td><td>《我爱收藏》25′</td><td>《四海漫游》40′</td></tr>
<tr><td>8：05</td><td colspan="7">《北京新发现》17′</td><td>8：10</td></tr>
<tr><td>8：22</td><td colspan="7">《节目导视》A1 2′</td><td>8：27</td></tr>
<tr><td>8：24</td><td rowspan="2">《国际频道季播节目》60′</td><td colspan="5">《北京客》25′</td><td rowspan="2">《我是大医生》60′</td><td rowspan="2">8：29</td></tr>
<tr><td>8：49</td><td colspan="3">《档案》40′</td><td>《书香北京》40′</td><td>《书香北京》40′</td></tr>
<tr><td>9：29</td><td colspan="7">《节目导视》B4 2′</td><td>9：29</td></tr>
<tr><td>9：31</td><td colspan="7">《您吃对了吗?》15′</td><td>9：31</td></tr>
<tr><td>9：46</td><td colspan="7">《健康北京》25′</td><td>9：46</td></tr>
<tr><td>10：11</td><td colspan="7">《节目导视》A1 2′</td><td>10：11</td></tr>
<tr><td>10：13</td><td>《美食地图·一探到底》22′</td><td colspan="5">《食全食美》22′</td><td>《美食地图·一探到底》22′</td><td>10：13</td></tr>
<tr><td>10：35</td><td>《文化之约》25′</td><td colspan="5">《快乐生活一点通》25′</td><td>《文化之约》25′</td><td>10：35</td></tr>
<tr><td>11：00</td><td colspan="7">《这里是北京》18′</td><td>11：00</td></tr>
<tr><td>11：18</td><td colspan="7">《养生堂》50′</td><td>11：18</td></tr>
<tr><td>12：08</td><td colspan="7">《节目导视》A2 2′</td><td>12：08</td></tr>
<tr><td>12：10</td><td colspan="5">《每日文娱播报》25′</td><td>《美食地图》42′</td><td>《味道学院》42′</td><td>12：10</td></tr>
<tr><td>12：35</td><td colspan="7">《节目导视》B2 3′</td><td>12：52</td></tr>
</table>

续表

<table>
<tr><th>北京时间</th><th>星期一</th><th>星期二</th><th>星期三</th><th>星期四</th><th>星期五</th><th>星期六</th><th>星期日</th><th>北京时间</th></tr>
<tr><td>12：38</td><td>《锐观察》25′</td><td colspan="5" rowspan="2">《新闻 50 +》50′</td><td>《锐观察》25′</td><td>12：55</td></tr>
<tr><td>13：28</td><td>《快乐生活一点通》25′</td><td>《节目导视》B4 2′</td><td>13：20</td></tr>
<tr><td>13：28</td><td>《节目导视》A1 2′</td><td colspan="5">《节目导视》A2 2′</td><td>《文化之约》25′</td><td>13：22</td></tr>
<tr><td>13：30</td><td>《状元榜》42′</td><td colspan="5">《记忆》42′</td><td>《节目导视》A1 2′</td><td>13：47</td></tr>
<tr><td>14：12</td><td colspan="6">《节目导视》B1 3′</td><td>《最北京》42′</td><td>13：49</td></tr>
<tr><td>14：15</td><td rowspan="2">《我家有明星》55′</td><td>《我爱我家》40′</td><td>《光荣绽放》40′</td><td>《影视风云》40′</td><td>《星夜故事》40′</td><td>《笑动 2016》40′</td><td>《节目导视》A2 2′</td><td>14：31</td></tr>
<tr><td>15：10</td><td colspan="5">《脱口而出》15′</td><td>《春妮的周末时光》55′</td><td>14：33</td></tr>
<tr><td>15：10</td><td colspan="6">《节目导视》B2 3′</td><td>《节目导视》B3 2′</td><td>15：28</td></tr>
<tr><td>15：13</td><td colspan="5">《军情解码》45′</td><td rowspan="2">《军情解码》45′</td><td rowspan="2">《军情解码》45′</td><td rowspan="2">15：30</td></tr>
<tr><td>15：58</td><td colspan="5">《北京新发现》17′</td></tr>
<tr><td>16：15</td><td colspan="7">《节目导视》B4 2′</td><td>16：15</td></tr>
<tr><td>16：17</td><td colspan="7">《您吃对了吗?》15′</td><td>16：17</td></tr>
<tr><td>16：32</td><td colspan="7">《健康北京》25′</td><td>16：32</td></tr>
<tr><td>16：57</td><td colspan="7">《节目导视》C1 3′</td><td>16：57</td></tr>
<tr><td>17：00</td><td colspan="5">《食全食美》22′</td><td colspan="2">《美食地图·一探到底》22′</td><td>17：00</td></tr>
<tr><td>17：22</td><td colspan="5">《快乐生活一点通》25′</td><td colspan="2">《文化之约》25′</td><td>17：22</td></tr>
<tr><td>17：47</td><td colspan="7">《节目导视》A1 2′</td><td>17：47</td></tr>
<tr><td>17：49</td><td colspan="7">《这里是北京》18′</td><td>17：49</td></tr>
<tr><td>18：07</td><td colspan="7">《节目导视》B3 2′</td><td>18：07</td></tr>
<tr><td>18：09</td><td colspan="7">《养生堂》50′</td><td>18：09</td></tr>
<tr><td>18：59</td><td colspan="7">《节目导视》C2 3′</td><td>18：59</td></tr>
<tr><td>19：02</td><td colspan="5">《记忆》42′</td><td>《最北京》42′</td><td>《状元榜》42′</td><td>19：02</td></tr>
<tr><td>19：44</td><td colspan="7">《节目导视》A2 2′</td><td>19：44</td></tr>
<tr><td>19：46</td><td colspan="5">《北京客》25′</td><td rowspan="2">《我是大医生》60′</td><td rowspan="2">《国际频道季播节目》60′</td><td rowspan="2">19：46</td></tr>
<tr><td>20：11</td><td colspan="3">《档案》40′</td><td>《书香北京》40′</td><td>《书香北京》40′</td></tr>
<tr><td>20：51</td><td colspan="7">《节目导视》C3 2′</td><td>20：46</td></tr>
<tr><td>20：53</td><td colspan="4">《财富故事》25′</td><td>《我爱收藏》25′</td><td>《四海漫游》40′</td><td>《幸福厨房》40′</td><td>20：48</td></tr>
</table>

续表

<table>
<tr><th>北京时间</th><th>星期一</th><th>星期二</th><th>星期三</th><th>星期四</th><th>星期五</th><th>星期六</th><th>星期日</th><th>北京时间</th></tr>
<tr><td>21：18</td><td colspan="7">《军情解码》45′</td><td>21：28</td></tr>
<tr><td>22：03</td><td colspan="7">《节目导视》C4 2′</td><td>22：13</td></tr>
<tr><td>22：05</td><td colspan="5" rowspan="2">《新闻 50＋》50′</td><td colspan="2" rowspan="2">《锐观察》25′</td><td rowspan="2">22：15</td></tr>
<tr><td>22：55</td></tr>
<tr><td>22：55</td><td colspan="7">《北京新发现》17′</td><td>22：40</td></tr>
<tr><td>23：12</td><td colspan="7">《节目导视》B1 3′</td><td>22：57</td></tr>
<tr><td>23：15</td><td>《我爱我家》40′</td><td>《光荣绽放》40′</td><td>《影视风云》40′</td><td>《星夜故事》40′</td><td>《笑动 2016》40′</td><td rowspan="2">《春妮的周末时光》55′</td><td rowspan="2">《我家有明星》55′</td><td rowspan="2">23：00</td></tr>
<tr><td>23：55</td><td colspan="5">《脱口而出》15′</td></tr>
<tr><td>0：10</td><td colspan="7">《节目导视》A2 2′</td><td>23：55</td></tr>
<tr><td>0：12</td><td colspan="7">《您吃对了吗?》15′</td><td>23：57</td></tr>
<tr><td>0：27</td><td colspan="7">《健康北京》25′</td><td>0：12</td></tr>
<tr><td>0：52</td><td colspan="7">《节目导视》B3 2′</td><td>0：37</td></tr>
<tr><td>0：54</td><td colspan="5">《每日文娱播报》25′</td><td>《美食地图》42′</td><td>《味道学院》42′</td><td>0：39</td></tr>
<tr><td>1：19</td><td colspan="5">《食全食美》22′</td><td colspan="2">《美食地图·一探到底》22′</td><td>1：21</td></tr>
<tr><td>1：41</td><td colspan="5">《快乐生活一点通》25′</td><td colspan="2">《文化之约》25′</td><td>1：43</td></tr>
<tr><td>2：06</td><td colspan="7">《这里是北京》18′</td><td>2：08</td></tr>
<tr><td>2：24</td><td colspan="7">《节目导视》A3 1′</td><td>2：26</td></tr>
<tr><td>2：25</td><td colspan="7">《养生堂》50′</td><td>2：27</td></tr>
<tr><td>3：15</td><td colspan="5">《记忆》42′</td><td>《最北京》42′</td><td>《状元榜》42′</td><td>3：17</td></tr>
<tr><td>3：57</td><td colspan="5">《北京客》25′</td><td colspan="2">《节目导视》B2 3′</td><td>3：59</td></tr>
<tr><td>4：22</td><td colspan="3">《档案》40′</td><td>《书香北京》40′</td><td>《书香北京》40′</td><td rowspan="2">《我是大医生》60′</td><td rowspan="2">《国际频道季播节目》60′</td><td rowspan="2">4：02</td></tr>
<tr><td>5：02</td><td colspan="5">《节目导视》B1 3′</td></tr>
<tr><td>5：05</td><td>《我爱我家》40′</td><td>《光荣绽放》40′</td><td>《影视风云》40′</td><td>《星夜故事》40′</td><td>《笑动 2016》40′</td><td colspan="2">《节目导视》B1 3′</td><td>5：02</td></tr>
<tr><td>5：45</td><td colspan="5">《脱口而出》15′</td><td>《春妮的周末时光》55′</td><td>《我家有明星》55′</td><td>5：05</td></tr>
</table>

广告价格表

2016年北京电视台广告价格表

广告部

2016年北京卫视刊例价格

（2016年5月1日起执行） 人民币：元/次

资源分类	段位名称	播出时间	资源名称	刊例价（单元：元）		
				15秒	10秒	5秒
B类	Ba01	约06：00～06：01	《法治进行时》(前)(周一至周六)	13000	10400	6500
		约06：00～06：03	《法治进行时》（前）（周日）			
	Ba02	约06：19～06：20	《养生堂》精华版（前）（周一至周六）	13000	10400	6500
		约06：19～06：23	《电视先锋榜》（前）（周日）			
	栏目中插	约06：20～06：55	《养生堂》精华版（中）（周一至周六）	13000	10400	6500
	Ba03	约06：57～07：00	《北京您早》（前）（周一至周日）	13000	10400	6500
	栏目中插	约07：00～09：00（周一至周五） 约07：00～08：30（周六、日）	《北京您早》（中）	13000	10400	6500
	Ba04	约09：00～09：05（周一至周五） 约08：30～08：33（周六、日）	《精品栏目荟萃》（前） 《这里是北京》（少儿版）（前）	13000	10400	6500
	栏目中插	约08：33～08：53	《这里是北京》（少儿版）（中）（周六、日）	13000	10400	6500
	Ba05	约10：15～10：20（周一至周五） 约08：53～08：58（周六、日）	《上午剧场》第1集（前）	13000	10400	6500
	Ba06	约11：05～11：10（周一至周五） 约09：37～09：42（周六、日）	《上午剧场》第2集（前）	13000	10400	6500
	Ba07	约10：21～10：25	《周末大型季播节目精华版》（前）（周六、日）	13000	10400	6500

续表

资源分类	段位名称	播出时间	资源名称	刊例价（单元：元）		
				15 秒	10 秒	5 秒
B类	Ba08	约 11：55～12：00	《特别关注》（前）（周一至周日）	24000	19200	12000
	栏目中插	约 12：00～12：58	《特别关注》（中）（周一至周日）	38000	30400	19000
	Ba09	约 13：00～13：06	《午间气象服务》（后）（周一至周日）	24000	19200	12000
	栏目中插	约 13：06～13：51	《档案》精华版（中）（周一至周五）	24000	19200	12000
	Ba10	约 13：51～13：58（周一至周日）	《午茶剧场》第 1 集（前）（周一至周五） 《午茶剧场》第 2 集（前）（周六、日）	13000	10400	6500
	Ba11	约 14：43～14：50（周一至周日）	《午茶剧场》第 2 集（前）（周一至周五） 《午茶剧场》第 3 集（前）（周六、日）	13000	10400	6500
	Ba12	约 15：35～15：43（周一至周日）	《午茶剧场》第 3 集（前）（周一至周五） 《午茶剧场》第 4 集（前）（周六、日）	13000	10400	6500
	Ba13	约 16：28～16：35	《暖暖的味道》（前）（周一至周日）	13000	10400	6500
A类	栏目中插	约 16：35～17：20	《暖暖的味道》（中）（周一至周日）	38000	30400	19000
	Aa01	约 17：20～17：25	《养生堂》（前）（周一至周日）	38000	30400	19000
	栏目中插	约 17：25～18：25	《养生堂》（中）（周一至周日）	62000	49600	31000
	Aa02	约 18：25～18：30	《北京新闻》（前）（周一至周日）	62000	49600	31000
	新闻标版	约 18：55～18：59	《新闻标版》（周一至周日）	详见北京卫视 2016 “新闻标版” 广告价格		
	Aa03	约 19：30～19：33	《晚间黄金剧场》第 1 集（前）（周一至周日）	146000	116800	73000
	Aa04	约 20：18～20：22（周一至周四、周日）约 20：12～20：16（周五、周六）	《晚间黄金剧场》第 1 集（后）（周一至周日）	146000	116800	73000
	Aa05	约 20：22～20：26（周一至周四、周日）约 20：16～20：20（周五、周六）	《晚间黄金剧场》第 2 集（前）（周一至周日）	146000	116800	73000

续表

资源分类	段位名称	播出时间	资源名称	刊例价（单元：元）		
				15 秒	10 秒	5 秒
A类	Aa06	约21：11 ~ 21：15（周一至周四、周日）约20:59 ~ 21：04(周五、周六)	《大剧抢先看》（前）（周一至周日）	146000	116800	73000
	Aa07	约21：05 ~21：18	《大剧抢先看》(后)(周一至周日)	146000	116800	73000
	栏目中插	约21：18 ~22：29	920 周间栏目带（中）（周一至周四）	76000	60800	38000
	栏目中插	约21：08 ~22：38	周末大型季播栏目带（中）（周五、周六）	单独定价		
	栏目中插	约21：18 ~22：29	920 周日栏目带（中）（周日）	单独定价		
	Aa08	约22：29 ~22：45	2230栏目带(前)(周一至周四)2230栏目带 –《顶级赛事》(前)(周日)	40000	32000	20000
	Aa09	约22：38 ~22：41	周末大型季播栏目重播(前)(周五)2230栏目带 –《顶级赛事》(前)(周六)	40000	32000	20000
	栏目中插	约22：35 ~23：25	2230 栏目带（中）（周一至周四）	40000	32000	20000
	栏目中插	约22：45 起	2230栏目带 –《顶级赛事》(中)(周六、日)	单独定价		
B类	Ba14	约23：25 ~23：28	2330 周间栏目带（前）（周一至周四）	13000	10400	6500
	栏目中插	约23：28 ~00：38	2330 周间栏目带（中）（周一至周四）	13000	10400	6500
	Ba15	约00:40 ~ 00:43(周一至周四)约00:13 ~00:16(周五至周日)	《晚间气象服务》（后）（周一至周日）	13000	10400	6500
	栏目中插	约00：43 ~01：33	0040栏目带(中)(周一至周三)	13000	10400	6500
	Ba16	约01:33 ~ 01:36(周一至周三)约01:46 ~01:49(周六)约01:26 ~01：29(周日)	《好梦剧场》1 集（前）（周一至周三、周六、日）	13000	10400	6500
	Ba17		《好梦剧场》2 集（前）（周一至周日）	13000	10400	6500
	Ba18		《好梦剧场》3 集（前）（周一至周日）	13000	10400	6500

续表

资源分类	段位名称	播出时间	资源名称	刊例价（单元：元）		
				15 秒	10 秒	5 秒
栏目中插资源分类		A 类栏目资源：《暖暖的味道》《养生堂》、920 周间栏目带、920 周日栏目带、周末大型季播栏目带、2230 栏目带 B 类栏目资源：《养生堂》精华版、《北京您早》、《这里是北京》少儿版、《特别关注》、《档案》精华版、2330 栏目带、0040 栏目带				
温馨提示		1. 凡指定位置的广告，正倒一位置加收 20%，其他指定位置加收 10%。 2. 北京卫视广告资源以 15 秒广告价格为基数，30 秒广告价格按照两条 15 秒广告价格计算，5 秒广告价格按 15 秒的一半计算。 其他秒数广告价格：25 秒价格为 30 秒乘以 0.9；20 秒价格为 30 秒乘以 0.8；10 秒价格为 30 秒乘以 0.4；45 秒广告价格为 30 秒和 15 秒广告价格之和；60 秒广告价格为两条 30 秒广告之和。 3. 特殊征订的电视剧或非常规节目，广告价格以所发相应通知为准。 * 此刊例价格表相关内容以北京京视卫星传媒有限责任公司最终解释为准				

2016 年 BTV 文艺广告价格表

A 特类栏目广告价格表

栏目名称	首播时间	重播时间	刊例价（单位：元）		
			30 秒	15 秒	5 秒
《每日文娱播报》	18：45～19：30	23：55～00：40（周一） 23：25～00：10（周二至周四） 23：05～23：50（周五至周日）	60000	36000	18000

A 类栏目广告价格表

栏目名称	首播时间	重播时间	刊例价（单位：元）		
			30 秒	15 秒	5 秒
《1810 我看行》	18：10～18：40	11：55～12：25 02：20～02：40（周一） 02：10～02：40（周二至周六）	30000	18000	9000
《我爱我家》	19：35～20：25（周一）	14：45～15：35（周二）	25000	15000	7500
《光荣绽放》	19：35～20：25（周二）	14：45～15：35（周三）	25000	15000	7500
《影视风云》	19：35～20：25（周三）	14：45～15：35（周四）	25000	15000	7500
《星夜故事》	19：35～20：25（周四）	14：45～15：35（周五）	25000	15000	7500
《我家有明星》	19：35～20：45（周五）	14：45～15：55（周六）	30000	18000	9000
《春妮的周末时光》	19：35～20：45（周六）	14：45～15：55（周日）	30000	18000	9000
《超级播出季》	19：35～20：45（周日）	14：45～15：55（周一）	50000	30000	15000

续表

A 类栏目广告价格表

栏目名称	首播时间	重播时间	刊例价（单位：元）		
			30 秒	15 秒	5 秒
《脱口而出》	20：30 ~ 20：50（周一至周四） 20：50 ~ 21：20（周五至周六）	12：25 ~ 12：55（周二至周日） 23：55 ~ 00：30（周二至周六）	20000	12000	6000
《我爱书画》	20：50 ~ 21：40（周日）	1：10 ~ 2：00（周一）	20000	12000	6000

B 类栏目广告价格表

栏目名称	首播时间	重播时间	刊例价（单位：元）		
			30 秒	15 秒	5 秒
《我是大医生》	07：05 ~ 07：55	——	6000	3600	1800
《欢乐微逗秀》	08：00 ~ 08：20	15：35 ~ 15：55（周二至周五）	6000	3600	1800
《周播节目日播联播》	12：55 ~ 13：45	08：25 ~ 09：15	12000	7200	3600
《欢天戏地》	13：50 ~ 14：40（周一）	09：20 ~ 10：10（周日）	10000	6000	3000
《综艺万象》	13：50 ~ 14：40（周二至周日）	09：20 ~ 10：10（周一至周六）	10000	6000	3000
《综艺麻辣烫》	16：00 ~ 17：00	——	8000	4800	2400
《笑动 2016》	17：05 ~ 18：05	06：02 ~ 07：02 10：50 ~ 11：50	15000	9000	4500
《文化之约》	23：25 ~ 23：55（周一）	——	8000	4800	2400

备注：此价格表于 2016 年 1 月 1 日执行。如有修改，请参照最新价格表。

A 类时段广告价格表

段位	播出时间	段位描述		刊例价（单位：元）		
		前节目主题	后节目主题	30 秒	15 秒	5 秒
Ab01	18：05 ~ 18：10	《笑动 2016》	《1810 我看行》	18000	10800	5400
Ab02	18：40 ~ 18：45	《1810 我看行》	《每日文娱播报》	24000	14400	7200
Ab03	19：30 ~ 19：35	《每日文娱播报》	《我爱我家》（周一） 《光荣绽放》（周二） 《影视风云》（周三） 《星夜故事》（周四） 《我家有明星》（周五） 《春妮的周末时光》（周六） 《超级播出季》（周日）	32000	19200	9600
Ab04	20：25 ~ 20：30 （周一至周四）	《我爱我家》（周一） 《光荣绽放》（周二） 《影视风云》（周三） 《星夜故事》（周四）	《脱口而出》（周一至周四）	15000	9000	4500
	20：45 ~ 20：50 （周五至周日）	《我家有明星》（周五） 《春妮的周末时光》（周六） 《超级播出季》（周日）	《脱口而出》（周五至周六） 《我爱书画》（周日）			

续表

A 类时段广告价格表

段位	播出时间	段位描述		刊例价（单位：元）		
		前节目主题	后节目主题	30 秒	15 秒	5 秒
Ab05	20：50～20：55（周一至周四）	《脱口而出》（周一至周四）	《炫剧场》第一集上集回放（周一至周四）	15000	9000	4500
Ab06	20：50～20：55（周一至周四）	《炫剧场》第一集上集回放（周一至周四）	《炫剧场》第一集（周一至周四）			
Ab07	21：40～21：45（周一至周四）	《炫剧场》第一集（周一至周四）	《炫剧场》下集预告（周一至周四）	15000	9000	4500
	21：20～21：25（周五至周六）	《脱口而出》（周五至周六）	《炫剧场》第一集 上集回放（周五－周日）			
	21：40～21：45（周日）	《我爱书画》（周日）	《炫剧场》第一集上集回放（周日）			
Ab08	21：40～21：45（周一至周四）	《炫剧场》第二集上集回放（周一至周四）	《炫剧场》第二集（周一至周四）	15000	9000	4500
	21：20～21：25（周五至周六）	《炫剧场》第一集 上集回放（周五－周六）	《炫剧场》第一集（周五－周六）			
	21：40～21：45（周日）	《炫剧场》第一集 上集回放（周日）	《炫剧场》第一集（周日）			

备注：此价格表于2016年1月1日执行。如有修改，请参照最新价格表。

B 类时段广告价格表

段位	播出时间	段位描述		刊例价（单位：元）		
		前节目主题	后节目主题	30 秒	15 秒	5 秒
Bb01	07：02～07：05	《笑动2016》（重播）	《我是大医生》	4000	2400	1200
Bb02	07：55～08：00	《我是大医生》	《欢乐微逗秀》	4000	2400	1200
Bb03	08：20～08：25	《欢乐微逗秀》	《周播节目日播联播》（重播）	6000	3600	1800
Bb04	09：15～09：20	《周播节目日播联播》（重播）	《综艺万象》（重播）（周一至周六）《欢天戏地》（周日）	6000	3600	1800
Bb05	10：10～10：15	《综艺万象》（重播）（周一至周六）《欢天戏地》（周日）	《电视先锋榜》（周一） 《文化之约》（周二至周日）	5000	3000	1500
Bb06	10：45～10：50	《电视先锋榜》（周一） 《文化之约》（周二至周日）	《笑动2016》（重播）	6000	3600	1800
Bb07	11：50～11：55	《笑动2016》（重播）	《日播通档》（重播）	12000	7200	3600
Bb08	12：25～12：30（周二至周五）	《日播通档》（重播）	《脱口而出》（周二至周五）	12000	7200	3600
Bb09	12：50～12：55（周二至周五）	《脱口而出》（周二至周五）	《周播节目日播联播》	6000	3600	1800
Bb10	13：45～13：50	《周播节目日播联播》	《欢天戏地》（周一） 《综艺万象》（周二至周日）	7000	4200	2100

续表

B类时段广告价格表						
段位	播出时间	段位描述		刊例价（单位：元）		
		前节目主题	后节目主题	30秒	15秒	5秒
Bb11	14：40～14：45	《欢天戏地》（周一） 《综艺万象》（周二至周日）	《季播节目》（重播）（周一） 《我爱我家》（重播）（周二） 《光荣绽放》（重播）（周三） 《影视风云》（重播）（周四） 《星夜故事》（重播）（周五） 《我家有明星》（重播）（周六） 《春妮的周末时光》（重播）（周日）	5000	3000	1500
Bb12	15：55～16：00	《季播节目》（重播）（周一） 《欢乐微逗秀》（周二至周五） 《我家有明星》（重播）（周六） 《春妮的周末时光》（重播）（周日）	《综艺麻辣烫》（重播）	5000	3000	1500
Bb13	17：00～17：05	《综艺麻辣烫》（重播）	《笑动2016》	6000	3600	1800
Bb14	22：30～22：35（周一至周四）	《炫剧场》第二集（周一至周四）	《炫剧场》第二集下集预告前（周一至周四）	10000	6000	3000
	22：10～22：15（周五至周日）	《炫剧场》第一集（周五至周日）	《炫剧场》第一集下集预告前（周五至周日）			
Bb15	22：30～22：35（周一至周四）	《炫剧场》二集下集预告（周一至周四）	《炫剧场》第三集上集回放（周一至周四）	10000	6000	3000
	22：10～22：15（周五至周日）	《炫剧场》第一集 下集预告（周五至周日）	《炫剧场》第二集上集回放（周五至周日）			
Bb16	22：30～22：35（周一至周四）	《炫剧场》第三集上集回放（周一至周四）	《炫剧场》第三集（周一至周四）	10000	6000	3000
	22：10～22：15（周五至周日）	《炫剧场》第二集上集回放（周五至周日）	《炫剧场》第二集（周五至周日）			
Bb17	23：20～23：25（周一－周四）	《炫剧场》第三集（周一至周四）	第三集下集预告	6000	3600	1800
	23：00～23：05（周五至周日）	《炫剧场》第二集（周五至周日）	《炫剧场》第二集下集预告（周五至周日）			
Bb18	23：55－0：00（周五至周六）	《春妮的周末时光》（精华版）	《每日文娱播报》（重播）（周五六）	5000	3000	1500
	0：15 － 0：20（周日）	《春妮的周末时光》（精华版）	《每日文娱播报》（重播）（周日）			

2016 年 BTV 科教广告价格表

A 特类栏目广告价格表					
栏目名称	首播时间	重播时间	刊例价（单位：元）		
			30 秒	15 秒	5 秒
《法治进行时》	12：00～12：55	07：59～08：54（周二至周日） 22：43～23：38	45000	27000	13500

A 类栏目广告价格表					
栏目名称	首播时间	重播时间	刊例价（单位：元）		
			30 秒	15 秒	5 秒
《现场说法》	11：30～12：00	——	25000	15000	7500
《第三调解室》（精编版）	12：55～13：45	——	29000	17400	8700
《您吃对了吗》	18：10～18：30	06：05～06：25	10000	6000	3000
《健康北京》	18：30～19：00	06：29～06：59 02：06～02：36	28000	16800	8400
《法治中国 60′》	19：00～20：00	06：59～07：59 21：40～22：40（周一至周五、周日）	30000	18000	9000
《记忆》（含精编版）	20：00～20：50（周一至周五）	16：52～17：30（周二至周五） 23：41～00：31（周一至周五）	16000	9600	4800
《留学生》	20：00～20：50（周六）	23：41～00：31（周六）	20000	12000	6000
《最北京》（含精编版）	20：00～20：50（周日）	16：52～17：30（周一） 23：41～00：31（周日）	20000	12000	6000
《第三调解室》（含精编版）	20：50～21：40	10：35～11：25 12：55～13：45	40000	24000	12000

B 类栏目广告价格表					
栏目名称	首播时间	重播时间	刊例价（单位：元）		
			30 秒	15 秒	5 秒
《晚晴》	08：34～08：54（周一）	——	6600	3960	1980
《警法目录》	13：45～14：35（周五）	21：40～22：30（周六）	15000	9000	4500
《庭审纪实》	13：45～14：35（周六、日）	——	15000	9000	4500
《非常向上》（含精编）	16：57～17：42（周六）	——	12000	7200	3600
《非常幽默》	17：33～18：10（周一至周四） 17：38～18：10（周五） 17：45～18：10（周六） 16：55～18：10（周日）	——	10000	6000	3000

备注：此价格表于 2016 年 1 月 1 日起执行。如有修改，请参照最新价格表。

B 类时段广告价格表						
段位	播出时间	段位描述		刊例价（单位：元）		
		前节目主题	后节目主题	30 秒	15 秒	5 秒
Bc01	07：59～08：04（周一）	《法治中国60′》(重播)(周一)	《电视先锋榜》（重播）（周一）	5000	3000	1500
Bc02	08：54～08：58	《晚晴》（周一） 《法治进行时》（重播）（周二至周日）	《星月剧场》第一集	5000	3000	1500
Bc03	09：43～09：47	《星月剧场》第一集	《星月剧场》第二集	5000	3000	1500
Bc04	10：32～10：35	《星月剧场》第二集	《第三调解室》（重播）	5000	3000	1500
Bc05	11：25～11：30	《第三调解室》（重播）	《现场说法》	9000	5400	2700
Bc06	14：30～14：32（周一至周四）	《正剧场》第一集	《正剧场》第二集	6000	3600	1800
	14：30～14：32（周五至周日）	《警法目录》（周五） 《庭审纪实》（周六、日）	《正剧场》第一集（周五、六、日）	6000	3600	1800
Bc07	15：17～15：18（周一至周日）	《正剧场》第二集、第一集	《正剧场》第三集、第二集	6000	3600	1800
Bc08	16：03～16：05（周一至周日）	《正剧场》第三集、第二集	《正剧场》第四集、第三集	6000	3600	1800
Bc09	16：50～16：52（周一至周四）	《正剧场》第四集、第三集	《最北京》精编版（周一） 《记忆》精编版（周二至周五） 《非常向上》（周六）	6000	3600	1800
Bc10	17：30～17：33（周一至周四） 17：35～17：38（周五） 17：42～17：45（周六）	《最北京》精编版（周一） 《记忆》含精编版（周二至周五） 《非常向上》（周六）	《非常幽默》（周一至周六）	6000	3600	1800
Bc11	22：40～22：43	《法治中国 60′》（重播）（周一至周五、周日） 《警法目录》（重播）（周六）	《法治进行时》（重播）	8000	4800	2400
Bc12	23：38～23：39	《法治进行时》（重播）	《记忆2016》(重播)(周一至周五) 《留学生》(重播)(周六) 《最北京》(重播)(周日)	7000	4200	2100
Bc13	00：31～00：33	《记忆2016》(重播)(周一至周五) 《留学生》（重播）（周六） 《最北京》（重播）（周日）	《星月剧场》第一集（重播）	5000	3000	1500
Bc14	01：18～01：20	《星月剧场》第一集（重播）	《星月剧场》第二集（重播）	5000	3000	1500

备注：此价格表于 2016 年 1 月 1 日起执行。如有修改，请参照最新价格表。

2016 年 BTV 影视广告价格表

A 特类时段广告价格表					
段位	播出时间	段位描述	刊例价（单位：元）		
			30 秒	15 秒	5 秒
Td01	19：30～19：32	首都剧场第 1 集下集预告	40000	24000	12000
Td02	19：33～19：35	首都剧场第 2 集前	35000	21000	10500
Td03	19：36～19：39	首都剧场第 2 集上集回放	35000	21000	10500
Td04	20：15～20：17	首都剧场第 2 集下集预告	45000	27000	13500
Td05	20：18～20：21	首都剧场第 3 集前	40000	24000	12000
Td06	20：22～20：24	首都剧场第 3 集上集回放	45000	27000	13500
Td07	20：58～21：00	首都剧场第 3 集下集预告	50000	30000	15000
Td08	21：01～21：03	首都剧场第 4 集前	45000	27000	13500
Td09	21：05～21：07	首都剧场第 4 集上集回放	52000	31200	15600
Td10	21：42～21：44	首都剧场第 4 集下集预告	52000	31200	15600
Td11	21：44～21：46	首都剧场第 5 集前	52000	31200	15600

A 类时段广告价格表					
段位	播出时间	段位描述	刊例价（单位：元）		
			30 秒	15 秒	5 秒
Ad01	18：53～18：55	首都剧场第 1 集上集回放	30000	18000	9000
Ad02	22：22～22：24	首都剧场第 5 集下集预告	30000	18000	9000

备注：此价格表于 2016 年 4 月 1 日执行。如有修改，请参照最新价格表。

B 类时段广告价格表					
段位	播出时间	段位描述	刊例价（单位：元）		
			30 秒	15 秒	5 秒
Bd01	07：00～07：01	早间重播英雄剧场第 1 集下集预告	6000	3600	1800
Bd02	07：47～07：48	早间重播英雄剧场第 2 集下集预告	6000	3600	1800
Bd03	07：48～07：49	重播首都剧场第 1 集剧前	6000	3600	1800
Bd04	08：25～08：27	重播首都剧场第 2 集剧前	6000	3600	1800
Bd05	09：02～09：04	重播首都剧场第 2 集下集预告	6000	3600	1800
Bd06	09：04～09：06	重播首都剧场第 3 集剧前	6000	3600	1800

续表

B 类时段广告价格表					
段位	播出时间	段位描述	刊例价（单位：元）		
			30 秒	15 秒	5 秒
Bd07	09：42～09：44	重播首都剧场第 3 集下集预告	6000	3600	1800
Bd08	09：44～09：46	重播首都剧场第 4 集剧前	6000	3600	1800
Bd09	10：21～10：23	重播首都剧场第 4 集下集预告	6000	3600	1800
Bd30	10：24～10：26	重播首都剧场第 5 集前	6000	3600	1800
Bd31	11：01～11：04	重播首都剧场第 5 集下集预告	6000	3600	1800
Bd10	12：40～12：46	家和剧场第 1 集前	6000	3600	1800
Bd11	13：31～13：33	家和剧场第 1 集下集预告	6000	3600	1800
Bd12	13：34～13：38	家和剧场第 2 集前	6000	3600	1800
Bd13	14：23～14：25	家和剧场第 2 集下集预告	6000	3600	1800
Bd14	14：26～14：30	家和剧场第 3 集前	6000	3600	1800
Bd15	15：15～15：18	家和剧场第 3 集下集预告	6000	3600	1800
Bd16	15：19～15：23	家和剧场第 4 集前	6000	3600	1800
Bd17	16：08～16：11	家和剧场第 4 集下集预告	6000	3600	1800
Bd27	16：11～16：15	家和剧场第 5 集前	6000	3600	1800
Bd28	17：00～17：03	家和剧场第 5 集下集预告	6000	3600	1800
Bd18	17：03～17：05	英雄剧场第 1 集前	8000	4800	2400
Bd19	17：50～17：54	英雄剧场第 1 集下集预告	12000	7200	3600
Bd20	17：55～17：58	英雄剧场第 2 集前	12000	7200	3600
Bd21	17：59～18：01	英雄剧场第 2 集上集回放	12000	7200	3600
Bd22	18：46～18：50	英雄剧场第 2 集后	20000	12000	6000
Bd23	22：27～22：31	电影时间前	30000	18000	9000
Bd24	00：03～00：05	晚间重播英雄剧场第 1 集前	5000	3000	1500
Bd25	00：50～00：53	晚间重播英雄剧场第 1 集下集预告	5000	3000	1500
Bd26	01：38～01：42	晚间重播英雄剧场第 2 集下集预告	5000	3000	1500

备注：

1. 首都剧场实行买一赠二政策，凡购买首都剧场首播一次，可在首都剧场重播、家和剧场中各选择相应秒数一次赠播。

2. 在首都剧场晚间时段使用赠播或错漏补播的客户，不获得上述广告赠播。

3. 此价格表于 2016 年 4 月 1 日执行。如有修改，请参照最新价格表。

2016 年 BTV 财经广告价格表

A 特类栏目广告价格表

栏目名称	首播时间	重播时间	刊例价（单位：元）		
			30 秒	15 秒	5 秒
《首都经济报道》	18：30～19：30（周一至周日）	06：50～07：50（周一至周日）	15000	9000	4500

A 类栏目广告价格表

栏目名称	首播时间	重播时间	刊例价（单位：元）		
			30 秒	15 秒	5 秒
《天下财经投资者说》	20：00～21：00（周一至周五）	11：10～12：10（周一至周五） 22：45～23：45（周一至周五）	25000	15000	7500
《理财》	21：05～22：05（周一至周五） 20：20～21：10（周六、日）	07：58～08：48 16：35～17：25	18000	10800	5400
《微理财》	21：05～21：15（周一至周五）	06：38～06：48（周一至周日） 16：24～16：35（周一至周日）	18000	10800	5400
《财高八斗》	23：00～23：30（周日）	10：30～11：00（周五）	15000	9000	4500
《拍宝》	21：15～22：10（周六、日）	14：59～15：49（周一、二、六、日）	20000	12000	6000

B 类栏目广告价格表

栏目名称	首播时间	重播时间	刊例价（单位：元）		
			30 秒	15 秒	5 秒
《品味消费在北京》	11：10～11：40（周六）	11：10～11：40 06：08～06：38（周日） 23：30～24：00（周日）	15000	9000	4500
《财富故事精编》	22：40～23：00（周六、日）	——	15000	9000	4500
《数说北京》	11：40～12：10　（周日）	——	10000	6000	3000
《天下财经》	19：30～20：00（周一至周五）	06：08～06：38（周二至周六）	18000	10800	5400
《创业北京》	22：10～22：40（周一至周三）	15：54～16：24（周二至周四）	22000	13200	6600
《法眼看剧》	19：35～20：05（周六、日）	10：00～10：30（周六、日）	10000	6000	3000
《税收天地》	11：40～12：10（周六）	——	8000	4800	2400
《影响者》	22：10～22：40（周四）	15：54～16：24（周五）	22000	13200	6600
《财富晚间道》	10：00～11：00（周一至周五）	14：59～15：49（周五）	8000	4800	2400
《大牌价到》	17：30～18：30（周一、周四）	17：30～18：30（周二、周三、周五、周六）	15000	9000	4500

续表

B 类栏目广告价格表

栏目名称	首播时间	重播时间	刊例价（单位：元）		
			30 秒	15 秒	5 秒
《总裁读书会》	23：00～23：30（周六）	06：08～06：38（周一） 10：30～11：00（周日）	30000	18000	9000
《财富故事》	22：10～22：4（周五至周日）	14：59～15：49（周三、周四）	15000	9000	4500
《问鼎世界》	18：05～18：25（周日）	17：35～17：55（周日） 23：30～23：55（周六、日）	10000	6000	3000

备注：此价格表于 2016 年 1 月 1 日执行。如有修改，请参照最新价格表。

A 类时段广告价格表

段位	播出时间	段位描述		刊例价（单位：元）		
		前节目主题	后节目主题	30 秒	15 秒	5 秒
Ae01	18：25～18：30（周日）	《问鼎世界》	《首都经济报道》	8000	4800	2400
Ae02	19：30～19：35（周日）	《首都经济报道》	《法眼看剧》	16000	9600	4800
Ae03	20：05～20：10（周六、日）	《法眼看剧》	《理财周末版》	16000	9600	4800
Ae04	21：10～21：15（周六、日）	《理财周末版》	《拍宝》	16000	9600	4800
Ae06	21：00～21：05（周一至周五）	《天下财经投资者说》（周一至周五）	《创业北京》（周一至周五）	12000	7200	3600
Ae07	22：05～22：10（周一至周五）	《理财》	《财富故事》	12000	7200	3600
Ae08	22：40～22：45（周一至周五）	《创业北京》（周一至周三） 《影响者》（周四） 《财富故事》（周五）	《天下财经投资者说》（周一至周五）	8000	4800	2400

备注：此价格表于 2016 年 1 月 1 日执行。如有修改，请参照最新价格表。

B 类时段广告价格表

段位	播出时间	段位描述		刊例价（单位：元）		
		前节目主题	后节目主题	30 秒	15 秒	5 秒
Be01	06：38～06：50	《天下财经》《总裁读书会》 《品味消费在北京》	《首都经济报道》（重播）	3000	1800	900
Be02	07：50～07：53	《首都经济报道》（重播）	《理财》（重播）	5000	3000	1500
Be03	08：48～08：53	《理财》（重播）	《财富晚间道》（重播）	5000	3000	1500
Be05	09：55～10：00	《财富晚间道》（重播）	《财富晚间道》（首播）	5000	3000	1500

续表

B 类时段广告价格表						
段位	播出时间	段位描述		刊例价（单位：元）		
		前节目主题	后节目主题	30 秒	15 秒	5 秒
Be07	11：00～11：05	《财富晚间道》（周一至周五）《财高八斗》《总裁读书会》（周六、日）	《天下财经投资者说》（重播）（周一至周五）《品味消费在北京》（周六、日）	5000	3000	1500
Be08	12：10～12：15	《天下财经投资者说》（周一至周五）《税收天地》《数说北京》	电视剧场第一集	5000	3000	1500
Be09	14：52～14：57	电视剧场第三集	《拍宝》《财富故事》《财富晚间道》	5000	3000	1500
Be10	15：49～15：54	《拍宝》《财富故事》《财富晚间道》	《电视先锋榜》《创业北京》《影响者》《财富故事》	5000	3000	1500
Be11	16：24～16：29	《电视先锋榜》《创业北京》《影响者》《财富故事》	《理财》（重播）	5000	3000	1500
Be12	17：25～17：30	《理财》（重播）	《大牌价到》（周一至周六）《问鼎世界》（周日）	8000	4800	2400
Be13	23：45～23：55（周一至周五）	《天下财经投资者说》（周一至周五）	《电视购物》	8000	4800	2400

2016 年 BTV 体育广告价格表

栏目赛事广告价格表							
节目类别	名称	广告类别	首播时间	节目时长	刊例价（单位：元）		
					30 秒	15 秒	5 秒
栏目	《天天体育》	A	周一至周日 21：25	50	44000	26400	13200
	《体坛资讯》	A	周一至周日 18：50	40	36000	21600	10800
	《声声体育》	B	周一至周日 11：50	30	10000	6000	3000
	《足球 100 分》	B	周一 19：35	100	30000	18000	9000
	《欢乐二打一》	B	周一至周五 17：55	50	44000	26400	13200
	《体育议起来》	B	周四 19：35	50	24000	14400	7200
	《快乐健身一箩筐》	B	周一至周五 22：30	30	24000	14400	7200
直播赛事（直播赛事开始时间以赛程为准）	《中国足球超级联赛》（中超）	A	国安队比赛日	120	85000	51000	25500
		B	非国安队比赛日		30000	18000	9000
	《亚洲足球俱乐部冠军联赛》（亚冠）/《国际足联世界俱乐部杯》（世俱杯）	A	国安队比赛日	120	85000	51000	25500
		B	非国安队比赛日		30000	18000	9000

续表

栏目赛事广告价格表							
节目类别	名称	广告类别	首播时间	节目时长	刊例价（单位：元）		
					30 秒	15 秒	5 秒
直播赛事（直播赛事开始时间以赛程为准）	《中国足球协会杯》（足协杯）	A	国安队比赛日	120	85000	51000	25500
		B	非国安队比赛日		30000	18000	9000
	《世界杯》《亚洲杯》《中国之队》	B	依转播安排	120	30000	18000	9000
	《中国足球甲级联赛》（中甲）	B	北京队比赛日	120	24000	14400	7200
	《英格兰足球超级联赛》（英超）	B	24：00 之前开赛	120	36000	21600	10800
		B	24：00 之后开赛		18000	10800	5400
	《中国男子篮球职业联赛》CBA	A	北京队比赛日	120	80000	48000	24000
		B	非北京队比赛日		20000	12000	6000
	《中国女子篮球职业联赛》WCBA	B	北京队比赛日	120	30000	18000	9000
	《美国男子职业篮球联赛》NBA	B	依转播安排	120	12000	7200	3600
	《全国排球联赛》	B	北京队比赛日	120	24000	14400	7200
	《中国乒乓球俱乐部超级联赛》	B	北京队比赛日	120	24000	14400	7200
	《网球赛事》	B	依赛程安排	120	7200	4320	2160

备注：凡指定位置的广告，头一、尾一位置加收 20%，其他位置加收 10%，赛事暂停时间广告收加 20%。

10 次/天

单日广告套装方案						
星 期	广告类别	播出时间	次数/天	刊例价（单位：元）		
				30 秒	15 秒	5 秒
周一至周五	B	06：00－12：00	3 次	90000	54000	27000
		12：00－18：00	3 次			
		18：00－24：00	4 次			
周六至周日	B	06：00－12：00	3 次	132000	79200	39600
		12：00－18：00	3 次			
		18：00－26：00	4 次			

套装投放说明：
1. 本套装价格适用于 2016 年 3 月 1 日至 12 月 31 日，数量有限，售完即止；
2. 本套装只限单一品牌使用，同一集团不同品牌不可用于同一套装中；
3. 重大赛事期间（如：欧洲杯、奥运会），本套装不适用；
4. 本套装不接受指定级别及位序，所有广告均在规定时间段中随机播出；
5. 所有广告价款必须播前预付，款到后安排播出；
6. 本价格最终解释权属北京京视体育发展有限责任公司。

时段广告刊例价格表						
星　期	广告类别	播出时间（以栏目实际播出时间为准）	位置	刊例价（单位：元）		
				30 秒	15 秒	5 秒
周一至周日	B	18：46	体坛资讯前	20000	12000	6000
		19：30	体坛资讯后	25000	15000	7500
		21：20	天天体育前	30000	18000	9000
		22：16	天天体育后	20000	12000	6000

2016 年 BTV 生活广告价格表

A 特类栏目广告价格表					
栏目名称	首播时间	重播时间	刊例价（单位：元）		
			30 秒	15 秒	5 秒
《生活 2016》	18：29～19：59	08：53～10：23（周一至周五） 09：03～10：33（周六、日） 23：17～00：48（周一至周五） 23：30～01：00（周六、日）	35000	21000	10500
《生活特供》	12：55～14：25（周一至周五） 12：55～14：23（周六、日）	——			
《生活面对面》	20：01～20：31（周一至周五）	06：05～07：35（周一至周五）	25000	15000	7500
《幸福厨房》	20：01～20：46（周日）	11：25～12：06（周日）	30000	18000	9000
《美食地图·一探到底美食汇》	20：35～21：05（周一至周五）	02：11～02：46（周二至周五） 08：16～08：46（周一至周五）	30000	18000	9000
《生活＋》	20：46～21：31（周日）	10：36～11：21（周日）	30000	18000	9000
《美食地图·一探到底》	21：08～21：38（周一至周五）	07：10～07：40（周一至周五）	25000	15000	7500
《选择》（含精编版）	21：41～22：26（周一至周五） 21：36～22：36（周六、日）	15：13～15：58（周一至周五） 10：31～11：39（周一至周五）	20000	12000	6000

B 类栏目广告价格表					
栏目名称	首播时间	重播时间	刊例价（单位：元）		
			30 秒	15 秒	5 秒
《美食地图》	12：10～12：55（周六、日）	06：05～06：50（周六、日）	15000	9000	4500
《健康到家》	11：40～12：25（周一至周五）	00：50～01：35（周一至周五）	15000	9000	4500

续表

B 类栏目广告价格表					
栏目名称	首播时间	重播时间	刊例价（单位：元）		
			30 秒	15 秒	5 秒
《生活 + 家装攻略》	16：59～17：44（周六、日）	08：14～08：59（周六、日）	20000	12000	6000
《第一房产》	16：25～16：55（周六）	07：41～08：11（周六） 16：25～16：55（周日）	15000	9000	4500
《“舞动北京”全民广场舞大赛》	16：59～17：29（周一至周五） 14：30～15：30（周六、日）	07：46～08：46（周一至周五）	15000	9000	4500
《快乐生活一点通》	17：29～17：59（周一至周五）	12：25～12：55（周一至周五）	15000	9000	4500
《我爱食全食美》	17：59～18：29（周一至周三）	06：37～07：07（周二至周四）	25000	15000	7500
《食全食美》	17：59～18：29（周四、周五）	06：37～07：07（周一） 07：10～07：40（周五）	25000	15000	7500
《生活广角》	22：29～23：14（周一至周五） 22：41～23：26（周六、日）	16：06～16：25（周一至周五） 15：38～16：23（周六、日）	20000	12000	6000
《我爱我车》	17：44～18：29（周日）	06：50～07：35（周日）	25000	15000	7500
《四海漫游》	17：44～18：29（周六）	06：50～07：35（周六）	25000	15000	7500
备注：此价格表于 2016 年 1 月 1 日执行。如有修改，请参照最新价格表。					

A 类时段广告价格表						
段位	播出时间	段位描述		刊例价（单位：元）		
		前节目主题	后节目主题	30 秒	15 秒	5 秒
Ag03	19：59～20：01	《生活 2016》	《生活面对面》（周一至周五） 《我是设计师》（周六） 《幸福厨房》（周日）	24000	14400	7200
Ag04	20：31～20：35（周一至周五）	《生活面对面》（周一至周五）	《美食地图·一探到底美食汇》（周一至周五）	24000	14400	7200
Ag06	21：05～21：08（周一至周五）	《美食地图·一探到底美食汇》（周一至周五）	《美食地图·一探到底》（周一至周五）	20000	12000	6000
Ag07	21：38～21：41（周一至周五）	《美食地图·一探到底》（周一至周五）	《选择》45′（周一至周五）	16000	9600	4800
Ag08	21：31～21：36（周六、日）	《大城小事》（周六） 《生活 +》（周日）	《选择》60′（周六、日）	16000	9600	4800
备注：此价格表于 2016 年 1 月 1 日执行。如有修改，请参照最新价格表。						

B 类时段广告价格表						
段位	播出时间	段位描述		刊例价（单位：元）		
		前节目主题	后节目主题	30 秒	15 秒	5 秒
Bg01	06：00～06：05	——	《快乐生活一点通》（重播）（周一） 《生活面对面》（周二至周五） 《美食地图》（周六、日）	3000	1800	900
Bg03	07：07～07：10（周一至周五）	《生活面对面》（重播）（周一） 《我爱食全食美》（重播）（周二至周四） 《食全食美》（重播）（周五）	《食全食美》（重播）（周一） 《美食地图·一探到底》（重播）（周二至周五）	3000	1800	900
	07：35～07：41（周六、日）	《四海漫游》（重播）（周六） 《我爱我车》（重播）（周日）	《第一房产》（重播）（周六） 《电视先锋榜》（周日）	3000	1800	900
Bg04	08：10～08：16（周一）	《美食地图·一探到底》（重播）（周一至周五）	《美食地图·一探到底美食汇》（重播）（周一至周五）	3000	1800	900
	08：11～08：16（周六、日）	《第一房产》（重播）（周六） 《电视先锋榜》（周日）	《生活＋家装攻略》（重播）（周六至周日）	3000	1800	900
Bg05	08：46～08：53（周一至周五）	《美食地图·一探到底美食汇》（重播）（周一至周五）	《生活 2016》（重播）（周一至周五）	6000	3600	1800
	08：59～09：03（周六、日）	《生活＋家装攻略》（重播）（周六、日）	《生活 2016》（重播）（周六、日）	6000	3600	1800
Bg06	10：23～10：29（周一至周五）	《生活 2016》（重播）（周一至周五）	《选择》精编版（周一至周五）	6000	3600	1800
Bg07	10：33～10：36（周六、日）	《生活 2016》（重播）（周六、日）	《幸福厨房》（重播）（周六） 《生活＋》（重播）（周日）	6000	3600	1800
Bg08	12：06～12：10（周六） 11：21～11：25（周日）	《生活 2016 周末版》（重播）（周六） 《生活＋》（重播）（周日）	《美食地图》（周六） 《幸福厨房》（重播）（周日）	6000	3600	1800
Bg09	14：27～14：35（周一至周五）	《生活气象》（周一至周五）	《生活面对面》30′（重播）（周一至周五）	8000	4800	2400
Bg10	14：15～14：30（周六、日）	《生活气象》（周六、日）	《“舞动北京”全民广场舞大赛》（周六、日）	8000	4800	2400
Bg11	15：05～15：43（周一至周五）	《生活面对面》（重播）（周一至周五）	《选择》（周一至周五）	8000	4800	2400
Bg12	15：30～15：38（周六、日）	《“舞动北京”全民广场舞大赛》（周六、日）	《生活广角》（重播）（周六、日）	8000	4800	2400
Bg13	15：58～16：06（周一至周五）	《选择》（重播）（周一至周五）	《生活广角》（重播）（周一至周五）	5000	3000	1500
Bg14	16：51～16：59（周一至周五）	《生活广角》（重播）（周一至周五）	《“舞动北京”全民广场舞大赛》（周一至周五）	5000	3000	1500
	16：55～16：59（周六、日）	《第一房产》（周六） 《第一房产》（重播）（周日）	《生活＋家装攻略》（周六、日）	5000	3000	1500

续表

B类时段广告价格表						
段位	播出时间	段位描述		刊例价（单位：元）		
		前节目主题	后节目主题	30秒	15秒	5秒
Bg15	22：26～22：29（周一至周五）	《选择》45′（周一至周五）	《生活广角》（周一至周五）	16000	9600	4800
Bg16	22：36～22：41（周六、日）	《选择》60′（周六、日）	《生活广角》（周六、日）	16000	9600	4800
Bg17	23：14～23：17（周一至周五）	《生活广角》（周一至周五）	《生活2016》（重播）（周一至周五）	10000	6000	3000
Bg18	23：26～23：30（周六、日）	《生活广角》（周六、日）	《第一房产》（周六） 《第一房产》（重播）（周日）	10000	6000	3000
Bg19	00：48～00：51（周一至周五）	《生活2016》（重播）（周一至周五）	《健康到家》（重播）（周一至周五）	4000	2400	1200
Bg20	01：00～01：03（周六、日）	《生活2016》（重播）（周六、日）	《选择》（重播）（周六、日）	4000	2400	1200
Bg21	01：36～01：41（周一）	《健康到家》（重播）（周一）	《美食地图·一探到底美食汇》（重播）（周一）	4000	2400	1200
Bg22	02：11～02：16（周一） 02：05～02：11（周二至周五）	《美食地图·一探到底美食汇》（重播）（周一） 《快乐生活一点通》（重播）（周二至周五）	——（周一） 《美食地图·一探到底美食汇》（重播）（周二至周五）	4000	2400	1200
	02：03～02：08（周六、日）	《选择》60′（重播）（周六、周日）	——	4000	2400	1200

2016年BTV青年广告价格表

A特类栏目广告价格表					
栏目名称	首播时间	重播时间	刊例价（单位：元）		
			30秒	15秒	5秒
《谁在说》	19：30～20：25（周一至周日）	06：40～07：35（周一至周日） 11：55～12：50（周一至周日）	27000	16200	8100
《军情解码》	21：15～22：05（周一至周日）	10：50～11：40（周一至周日） 18：10～19：00（周一至周六） 17：50～18：20（周日）	18000	10800	5400

B类栏目广告价格表					
栏目名称	首播时间	重播时间	刊例价（单位：元）		
			30秒	15秒	5秒
《状元榜》	18：45～19：30（周日）	14：35～15：20（周六、日）	12000	7200	3600

续表

B 类栏目广告价格表					
栏目名称	首播时间	重播时间	刊例价（单位：元）		
			30 秒	15 秒	5 秒
《不许不开心》	19：00～19：30（周一至周五）	14：35～15：05（周一至周五） 16：35～17：05（周一至周五）	12000	7200	3600
《青年探秘者》	20：25～21：15（周一至周五）	13：00～13：45（周一至周日） 15：45～16：30（周一至周五）	15000	9000	4500
《季播节目》	20：25～21：15（周六、日）	13：43～14：33（周六、日） 16：15～17：15（周六、日）	20000	12000	6000
《书香北京》	22：05～22：30（周六、日）	06：00～06：45（周日） 13：45～14：30（周一至周四） 15：25～16：10（周六、日）	10000	6000	3000
《北京客》	22：05～22：30（周一至周五）	06：05～06：35（周二至周六） 15：10～15：40（周一至周五） 01：45～02：30（周一至周五）	10000	6000	3000

备注：此价格表于 2016 年 5 月 16 日执行。如有修改，请参照最新价格表。

B 类时段广告价格表						
段位	播出时间	段位描述		刊例价（单位：元）		
		前节目主题	后节目主题	30 秒	15 秒	5 秒
Bh01	06：00～06：05（周一至周六）	——	《电视先锋榜》（重播） 《北京客》（重播）	3000	1800	900
Bh02	06：35～06：40（周一至周日）	《电视先锋榜》（重播） 《北京客》（重播）	《谁在说》（重播）	3000	1800	900
Bh03	07：35～07：40（周一至周日）	《谁在说》（重播）	《青春剧场》1（重播）	3000	1800	900
Bh04	08：30～08：35（周一至周日）	《青春剧场》1（重播）	《青春剧场》2（重播）	3000	1800	900
Bh05	09：20～09：22（周一至周日）	《青春剧场》2（重播）	《青春剧场》3（重播）	5000	3000	1500
Bh06	10：10～10：15（周一至周日）	《青春剧场》3（重播）	《军情解码》（重播）	5000	3000	1500
Bh08	11：40～11：45（周一至周日）	《军情解码》（重播）	《谁在说》（重播）	5000	3000	1500
Bh09	12：50～13：00（周一至周日）	《谁在说》（重播）	《青年探秘者》（重播）	5000	3000	1500
Bh10	13：40～13：45（周一至周日）	《青年探秘者》（重播）	《书香北京》（重播）	5000	3000	1500
Bh11	14：30～14：35（周一至周日）	《书香北京》（重播）	《不许不开心》（重播）	5000	3000	1500

续表

B 类时段广告价格表						
段位	播出时间	段位描述		刊例价（单位：元）		
		前节目主题	后节目主题	30 秒	15 秒	5 秒
Bh22	15：05～15：25（周一至周日）	《不许不开心》（重播）	《北京客》（重播）	5000	3000	1500
Bh23	15：40～16：10（周一至周日）	《北京客》（重播）	《青年探秘者》（重播）	5000	3000	1500
Bh24	16：30～16：35（周一至周五）	《青年探秘者》（重播）	《不许不开心》（重播）	5000	3000	1500
Bh12	17：55～18：00（周一至周日）	《谁在说》（重播）	《军情解码》（重播）	5000	3000	1500
Bh19	23：15～23：18（周一至周日）	《午夜青春剧场》1	《午夜青春剧场》2	5000	3000	1500
Bh20	00：03～00：08（周一至周日）	《午夜青春剧场》2	《午夜青春剧场》3	5000	3000	1500
Bh21	00：56～01：00（周一至周日）	《午夜青春剧场》3	《午夜青春剧场》4	5000	3000	1500

备注：此价格表于 2016 年 5 月 16 日执行。如有修改，请参照最新价格表。

2016 年 BTV 新闻广告价格表

A 特类栏目广告价格表					
栏目名称	首播时间	重播时间	刊例价（单位：元）		
			30 秒	15 秒	5 秒
《红绿灯》	21：10～21：52	09：00～09：42 16：43～17：25 23：26～00：08 01：35～02：17	25000	15000	7500

A 类栏目广告价格表					
栏目名称	首播时间	重播时间	刊例价（单位：元）		
			30 秒	15 秒	5 秒
《都市晚高峰》（1）	18：00～18：30	——	10000	6000	3000
《都市晚高峰》（2）	19：00～20：25	——	10000	6000	3000
《晚间新闻报道》	21：55～22：40	15：33～16：18 00：50～01：35	15000	9000	4500

B 类栏目广告价格表					
栏目名称	首播时间	重播时间	刊例价（单位：元）		
			30 秒	15 秒	5 秒
《直播北京》早间版	09：42～10：40	——	5000	3000	1500
《直播北京》午间版	11：00～11：57	——	5000	3000	1500
《新闻手语》	14：12～14：22	——	5000	3000	1500
《北京议事厅》	14：22～14：42（周日）	——	8000	4800	2400
《美丽乡村》	13：42～14：07（周五）	13：42～14：07（周六）	8000	4800	2400
《红绿灯平安行》	17：30～18：00	——	10000	6000	3000
《锐观察》	20：25～21：07（周一至周六）	14：46～15：28（周二至周日） 00：08～00：50（周一至周六）	10000	6000	3000
《有话就说》	20：25～21：07（周日）	14：46～15：28（周一） 00：08～00：50（周日）	8000	4800	2400
《这里是北京》	22：40～23：00	10：40～11：00（周一至周日） 13：25～13：45（周二至周四） 14：23～14：43（周一至周日） 16：23～16：43（周一至周日）	10000	6000	3000

备注：此价格表于 2016 年 8 月 1 日执行。如有修改，请参照最新价格表。

B 类时段广告价格表						
段位	播出时间	段位描述		刊例价（单位：元）		
		前节目主题	后节目主题	30 秒	15 秒	5 秒
Bj01	11：57～12：00	《直播北京》	《特别关注》	4000	2400	1200
Bj02	12：58～13：00	《特别关注》	《红绿灯》（重播）	5000	3000	1500
Bj03	13：42～13：47（周一至周四）	《红绿灯》（重播）	《镜鉴》（周一） 《这里是北京》（重播）（周二至周四）	4000	2400	1200
Bj04	14：07～14：12（周一至周四）	《镜鉴》（周一） 《这里是北京》（重播）（周二至周四）	《新闻手语》	4000	2400	1200
Bj06	14：42～14：46	《都市阳光》（周一、周二） 《人才》（周三） 《怎么看》（周四） 《党建进行时》（周五） 《消费观察》（周六） 《北京议事厅》（周日）	《有话就说》（周一） 《锐观察》（周二至周日）	4000	2400	1200
Bj07	16：13～16：18	《晚间新闻报道》（重播）	《这里是北京》（重播）周一至周日	4000	2400	1200
Bj08	17：25～17：30	《红绿灯》（重播）	《红绿灯平安行》	6000	3600	1800

续表

B 类时段广告价格表						
段位	播出时间	段位描述		刊例价（单位：元）		
		前节目主题	后节目主题	30 秒	15 秒	5 秒
Bj09	21：07～21：10	《锐观察》（周一至周六） 《有话就说》（周日）	《红绿灯》	8000	4800	2400
Bj10	21：52～21：55	《红绿灯》	《晚间新闻报道》	10000	6000	3000
Bj11	23：05～23：08	《空气质量播报》	《红绿灯》（重播）	5000	3000	1500
Bj12	14：43～14：46	《这里是北京》（重播）（周一至周日）	《锐观察》（周二至周日） 《有话就说》（周一）	4000	2400	1200
Bj14	6：00～06：02		《特别关注》	4000	2400	1200
Bj15	16：38～16：43	《这里是北京》（重播）（周一至周日）	《红绿灯》（重播）	4000	2400	1200
Bj16	23：00～23：02	《这里是北京》周一至周日	《空气质量播报》	5000	3000	1500

备注：此价格表于 2016 年 8 月 1 日执行。如有修改，请参照最新价格表。

2016 年 BTV 卡酷广告价格表

A 类时段广告价格表				
段位	播出时间	段位描述	刊例价（单位：元）	
			15 秒	5 秒
Ak01	17：00～18：00	剧场《中国创造》幼儿版（周一至周五） 《大玩家》（周六、日） 《凯叔讲故事》（周一至周五）	27500	13750
Ak02	18：00～19：00	《kaku 少儿剧星派》（周一） 《动画联盟》（周三） 《卡酷动物园》（周四） 《七色光》（周六） 《闪天下》（周日） 剧场《中国创造》幼儿版（周一至周五）	30000	15000
Ak03	19：00～20：00	剧场《中国创造》少儿版（周一至周日）	30000	15000
Ak04	20：00～21：00	剧场《酷片酷映》（周一至周日）	30000	15000
Ak05	21：00～22：00	剧场《酷片酷映》（周一至周日）	25000	12500

B 类时段广告价格表				
段位	播出时间	段位描述	刊例价（单位：元）	
			15 秒	5 秒
Bk01	06：00～07：00	剧场《蹦蹦跳跳》（周一至周日）	5500	2750

续表

B 类时段广告价格表				
段位	播出时间	段位描述	刊例价（单位：元）	
			15 秒	5 秒
Bk02	07：00~08：00	《卡酷幼儿园》（周一至周五） 剧场《环球剧场》（周一至周五） 剧场《超级大连播》（周六、日）	6500	3250
Bk03	08：00~11：00	剧场《环球剧场》（周一至周五） 剧场《超级大连播》（周六、日）	10000	5000
Bk04	11：00~12：00	剧场《环球剧场》（周一至周五） 剧场《超级大连播》（周六、日）	13500	6750
Bk05	12：00~13：00	剧场《环球剧场》（周一至周五） 剧场《超级大连播》（周六、日）	18500	9250
Bk06	13：00~14：00	剧场《环球剧场》（周一至周五） 剧场《超级大连播》（周六、日）	13500	6750
Bk07	14：00~17：00	剧场《环球剧场》（周一至周五） 《卡酷全卡通》（周一至周五） 剧场《超级大连播》（周六、日）	11000	5500
Bk08	22：00~24：00	《十分开心》（周一至周五） 剧场《合家欢》（周一至周日） 《电视先锋榜》（周日）	10000	5000

备注：1. 此价格表于 2016 年 1 月 1 日执行。如有修改，请参照最新价格表。
2. 卡酷 30 秒刊例价参照 15 秒刊例价的 2 倍。

2016 年 BTV 纪实频道广告价格表

类别	播出时间	类别	栏目名称	刊例价（单位：元）		
				30 秒	15 秒	5 秒
栏目	6：00－8：00	B	《中国故事》《寰宇客》	5000	3000	1500
	8：00－12：00	B	《纪实天下》《档案》《奇趣自然》 《中国故事》	8000	4800	2400
	12：00－14：00	B	《寰宇客》《奇纪实》	10000	6000	3000
	14：00－17：00	B	《纪实天下》《档案》《中国故事》	8000	4800	2400
	17：00－18：00	B	《奇趣自然》《口述》《全景》	10000	6000	3000
	18：00－19：00	A	《这里是北京》	20000	12000	6000
	19：00－19：30	A	《奇趣自然》	20000	12000	6000
	19：30－20：30	A	《中国故事》	25000	15000	7500
	20：30－21：30	A	《纪实天下》（周一至周五） （《影事》《奇妙之旅》《时尚印象》 《昨天的故事》《纪实天下》） 《档案》周末版	25000	15000	7500

续表

类别	播出时间	类别	栏目名称	刊例价（单位：元）		
				30 秒	15 秒	5 秒
栏目	21：30－22：30	A	《寰宇客》	20000	12000	6000
	22：30－23：30	A	《奇纪实》（周一至周五） 《纪录片影院》（周六、日）	20000	12000	6000
	23：30－0：30	B	《档案》纪实版	15000	9000	4500
	00：30－01：00	B	《奇趣自然》 《全景》	8000	4800	2400
	01：00－02：00	B	《纪录 360》《玩转地球》	5000	3000	1500
微电影展播	微电影套播（共 4 次）		12：50；13：50；22：20；23：20	36000 元/1′		

备注：

1. 各栏目播出时间以总编室最终编排为准。栏目价格中不包含重播。

2. 指定位置广告：头一尾一位置加收 20%，其他位置加收 10%。

2016 年地面频道单一品牌政策

1. 2016 年凡广告客户在北京电视台投放 A 特类及 A 类广告可享受刊例价 6 折，B 类广告可享受刊例价 5.5 折，单一品牌客户签订广告投放协议并交纳相应保证金后，即可享受协议总金额所对应的赠播比例，赠播须对应客户使用：

实付金额（万元）	100 以下	100	200	300	400	500	600	700	800	900	1000
赠播比例（实付）	3%	5%	6%	8%	9%	10%	12%	14%	16%	18%	20%

2. 广告赠播可使用的额度为：

客户实付款（不含保证金）×协议总金额所对应的赠播比例。

3. 未签订单一品牌协议的广告客户不享受单一品牌广告赠播。

4. 广告客户签订单一品牌协议后需按时交纳协议保证金，保证金数额为协议总金额的 10%～30%。如协议正常执行，可根据协议规定将保证金进行相应冲抵。如未能完全履约，则根据协议规定扣除保证金。

5. 广告客户 2015 年 12 月 31 日前签订 2016 年单品协议，且承诺总金额不少于历史存量，则可获得正常赠播比例之外的额外赠播。

6. 广告赠播不能在 A 特类资源及已承包资源中使用。

2015 年 11 月

2016 年卡酷少儿频道销售政策

1. 广告客户在北京电视台卡酷少儿频道购买 A 类广告资源可享受刊例价 2 折，购买 B 类广告资源可享受刊例价 1.5 折。

2. 实付款达到 200 万元的单品客户可享受 A 类资源刊例价 1 折，B 类资源刊例价 0.5 折的优惠。

3. 实付款累计投放超过 800 万元的公司可享受 A 类资源刊例价 1 折，B 类资源刊例价 0.5 折的优惠。

4. 卡酷少儿频道软性植入项目价格核算参照大盘软性核算标准及卡酷少儿频道销售折扣。

2015 年 11 月

2016 年地面频道新客户及增量客户销售政策

1. 2016 年实付款在 50 万元（含）以上的新客户，实付款不超过 200 万元的部分，可享受 3 折优惠政策（A 特类除外）。实付款超过 200 万元的部分，享受总量对应的《单一品牌优惠政策》。

2. 2016 年实付款不低于 2015 年的客户，在支付承诺额 20% 的保证金后，其中 50 万元至 200 万元的部分可享受 3 折的优惠政策（A 特段除外）。实付款超过 200 万元的部分，享受总量对应的《单一品牌优惠政策》。

大事记

2016年北京电视台大事记

一月

1日 国内首档聚焦“全面二孩”政策的真人秀《二胎时代》在北京卫视播出。

4日 48集历史传奇巨制《少帅》举行首播新闻发布会，该剧讲述一代名将张学良辉煌而又坎坷的一生，于11日在北京卫视红星剧场开播。

6日 由团市委主办，北京电视台和北京青年报社联合出品的大型社会学纪录片《中国式奋斗》首映礼举行。

7日 大型创业真人秀《我是独角兽》在北京卫视开播。

8日 北京电视台生活节目中心《美食地图·一探到底》爱心驿站正式揭牌，同时，贯穿全年的爱心帮扶活动也正式启动，首位受助人物现场接受爱心捐款10万元。北京电视台副总编辑朱江参加活动并致辞。

同日 北京网络广播电视台开播两周年。作为台网融合的重要平台之一，BTV大媒体APP在全台各节目中心的大力支持下，已经积累了超过150万的下载量，日活跃用户数量不断攀升。经过十余次升级改版，BTV大媒体2.0全新版本上线。

10日 北京电视台《2016年环球春晚》在国家游泳中心成功录制。北京市外宣办主任王惠，北京电视台台长李春良，市新闻出版广电局副局长卞建国，北京广播电视台纪委书记王伟、副台长苏仁先、窦晓东，北京电视台总编辑王珏、副总编辑朱江、艾冬云参加。来自韩国、南非、泰国、美国、德国、荷兰、英国等13个国家的近70位驻华使节、文化参赞和新闻官及华侨华人代表出席。

同日 《2016年北京电视台春节联欢晚会》发布会在北京电视台41层阳光大厅举行。北京电视台台长李春良、总编辑王珏、副总编辑艾冬云，及歌华有线、北广传媒城市电视、北广传媒地铁电视相关负责人、广告客户代表等参加。《2016年北京电视台春节联欢晚会》主题为“家家好，国家好”，在延续贴近生活、贴近百姓，有温度、有深度、有态度的基础上，力求营造举家团圆的温暖情境，体现春节文化的丰富内涵，彰显北京独特的文化底蕴。

12日 市委常委、宣传部长李伟专题听取北京电视台《2016年春节联欢晚会》筹备情况汇报，市委宣传部常务副部长王海平、副部长严力强参加，北京电视台台长李春良、总编辑王珏、副总编辑艾冬云及春晚导演组同志汇报相关情况。

14日 北京电视台为进一步增强中层干部对全台技术系统架构、制播业务流程和运维资源投入的了解，按照台长李春良有关指示精神，总工办联合党办、办公室、总编室等部门分批组织全台中层干部对新台址技术区进行学习参观。党办、办公室、监审办、工会、人事部、计财部、行政部、保卫部、基建办、经营管理部、老干办等11个部门的中层干部参加了首批学习参观。

18日　由北京电视台联合北京出版集团、北京发行集团、北京青少年发展基金会和京东图书等多家单位共同举办的“带本书给家乡的孩子”第三季大型公益活动，以600多名志愿者参加爱心公益跑的形式拉开序幕。北京电视台还联合天津广播电视台、河北电视台、云南广播电视台、广西电视台、西藏拉萨电视台、新疆和田地区电视台共同发起倡议，在全国树立“带本书给家乡的孩子”公益品牌。

19日　北京电视台召开北京新媒体集团情况说明及动员大会，介绍北京新媒体集团及相关公司的整体情况与筹建进度。市委宣传部副部长严力强出席会议并讲话，李春良、赵多佳、王珏，奇虎360公司齐向东等同志及全台300余名干部职工参加。

20日　《2016年北京电视台春节联欢晚会》在BTV大剧院录制。副市长王宁、市委宣传部常务副部长王海平、秘书长张劲林、副巡视员梅松出席观看晚会录制，北京电视台台长李春良、总编辑王珏、党委副书记彭司海、副台长李岭涛、副总编辑艾冬云参加晚会录制。

20日至22日　北京市第十四届人大四次会议和政协北京市第十二届四次会议分别开幕，北京电视台圆满完成两场开幕会的现场直播工作。会议期间，北京电视台通过北京卫视、新闻频道，在《北京新闻》《特别关注》《北京您早》《晚间新闻报道》《锐观察》等栏目，对“两会”进行全方位、立体化、创新性的报道。在突出主题主线的同时，增强贴近性和感染力，同时进一步强化全媒体协同的理念，创新报道形式，做出深意新意。

20日至28日　北京电视台顺利完成市“两会”报道任务，在北京卫视、新闻频道共播出“两会”各类新闻、专题300多条，总时长超过1000分钟。

25日　北京电视台召开全台中层干部和台属企业领导干部会议，传达学习习近平总书记在中央政治局“三严三实”专题民主生活会上的重要讲话，通报台领导班子“三严三实”专题民主生活会情况，并就做好2016年领导干部个人有关事项报告进行具体讲解说明。常务副台长韦小玉主持会议并讲话，

27日　北京电视台举办“新理念·新机制·新形象”资源推介及新春客户答谢会。北京电视台台长李春良、总编辑王珏、常务副台长韦小玉、副书记彭司海、总工程师田方、副台长王澎、副台长李岭涛、副总编辑艾冬云、副总编辑徐滔及央视市场研究股份有限公司总裁兼索福瑞公司总经理徐立军以及群邑媒体、博睿传播、凯络媒体、电通广告、东方明志等广告公司代表和宝洁、伊利、蒙牛、可口可乐、中国银行、中国电信、加多宝、惠氏、红星等重点客户代表约400余人参加。

28日　市委宣传部副部长严力强在北京电视台主持召开专题会，听取大型系列纪录片《新疆》工作进展汇报。新疆维吾尔自治区党委宣传部，北京电视台相关部门负责人和部分来自北京市、新疆维吾尔自治区的专家、学者和《新疆》纪录片创作团队主要成员参会。该片由北京

市委宣传部、新疆维吾尔自治区党委宣传部联合策划推出，北京电视台《档案》栏目组承制。

同日　北京市新闻出版广电局局长，北京广播电视台台长兼北京电视台台长李春良带队，对北京电视台进行节前安全大检查，以贯彻落实市委、市政府关于认真做好节日期间安全生产工作有关要求，确保节日期间全台节目安全、播出安全、园区安全。总工程师田方、副台长王澎、副总工程师毕江及办公室、总工办、播出部、制作部、保卫部、行政部、动力部等部门负责人参加。

同月　在市委、市政府的统一部署和市委宣传部的直接指导下，北京电视台新闻节目中心全面打响治理大气污染宣传攻坚战。《北京新闻》《锐观察》《北京您早》《特别关注》《直播北京》《晚间新闻报道》等新闻栏目以动态消息、专家解读、评论、读报、互动话题、专题片等多种形式，全方位、大体量地展现市委、市政府以更严标准和更实作风回应群众对清洁空气的期待；解读北京大气污染治理的长期性和复杂性；聚焦各区、各部门、各单位冬季防治强化措施和广大市民积极支持举措。

同月　北京电视台卫视频道推出四档全新季播节目《二胎时代》《生命缘：怀孕的爸爸》《八八爸爸》《暖暖的新家》第二季，与另外两档已有的品牌节目《传承者》《我是大医生》形成强势合力，以覆盖全年龄段的收视范围获得良好口碑，延续了2015年黄金时段的优秀收视成绩。其中，《暖暖的新家》第二季、《生命缘：怀孕的爸爸》和《我是大医生》获得了晚间时段自制节目收视全国排名第一，赢得新年开门红。

同月　北京电视台《北京新闻》栏目播出《新年新事》专栏。报道聚焦新年新亮点，展示新事新生活，着力寻找各区、各部门、各单位的开年亮点，从小点切入，以小见大，展现了首都广大干部群众用饱满的热情投身工作和生产，用勤劳的双手建设美好城市的场景。为配合即将召开的北京市“两会”，推出系列报道《两会一年间》。报道分为人大篇、政协篇，集中展示了过去一年中市人大及其常委会、市政协及其常委会紧密围绕推进首都改革开放和京津冀协同发展大局，聚焦热点、难点问题，充分发挥人民代表大会、政治协商制度优势，为首都经济社会发展提供坚实保障所做的大量工作及取得的突出成果。

二月

5日　市委常委、宣传部长李伟来北京电视台看望慰问春节前夕坚守一线的采编播人员和技术人员，市委宣传部副部长严力强陪同。北京电视台台长李春良、总编辑王珏、常务副台长韦小玉、总工程师田方、副总编辑艾冬云、副总编辑徐滔及相关部门负责同志参加。

8日　《2016年北京电视台春节联欢晚会》在北京卫视、文艺频道、青年频道播出。晚会围绕“家家好，国家好”的主题，节目设计饱含家庭元素，风格更接地气，营造出喜庆、热烈、亲切的家庭氛围，凸显了每个家庭的“小幸福”聚成整个国家的“大幸福”的立意。在与湖南卫视、东方卫视和天津卫视等多家省级卫视同时段春节联欢晚会的竞争中，北京电视台春晚以独到风格赢得关注，蝉联收视率、微博互动、微信互动三项核心数据第一。其中，北京地区收视率达 22.06%（北京卫视收视率 15.32%，文艺频道 5.29%，青年频道 1.45%），市场份额达 57.71%，北京地区近六成电视观众锁定 BTV 春晚，创历年春晚收视新高。全国 35 城收视率 2.08%，市场份额 6.34%，创历史新高的同时蝉联省级卫视春晚三连冠，并位居省级卫视同时段收视率榜首，带动北京卫视在当日赢得省级卫视全天收视头名。北京电视台春晚微博互动、微信互动双双破亿，截至 2 月 9 日，“北京电视台春晚”话题阅读量 4.2 亿，晚会播出期间微信“摇一摇”页面访问量达 1.1 亿次。

9 日　人民网以《BTV 环球春晚上演唱响“爱与沟通”融入乡愁乡情》为题，对晚会予以高度评价，称赞 BTV 环球春晚“不仅是一台晚会，更是推动不同文明相互尊重、和谐共处、交流互鉴的桥梁”。

17 日　北京电视台党委书记、台长李春良，党委副书记、总编辑王珏，党委副书记、常务副台长韦小玉，党委副书记、纪委书记彭司海，总工程师田方，副总编辑朱江，副台长李岭涛，副总编辑艾冬云到奇虎 360 公司进行参观交流，市委宣传部、市新闻出版广电局和北京电视台相关部门负责人参加。

18 日　北京电视台召开“2015 年度播音主持作品专家奖”评审会，总编辑王珏主持会议。赵多佳、鲁景超、杨涛、靳智伟、高贵武等专家及台编委会主要成员组成评审会，对北京电视台 9 个节目中心报送的 51 件作品进行了集中评议。最终评选出了 10 部年度获奖作品。

19 日　北京电视台与市国税局和市地税局举行座谈会，总结 2015 年三方合作税务节目的经验和所取得的成效，研讨 2016 年节目合作相关事宜。市国税局党组书记、局长李亚民，市地税局局长杨志强，市地税局党组书记刘江平，北京电视台台长李春良，副总编辑朱江和相关部门负责人参加。

21 日至 26 日　习近平总书记2·26 讲话两周年之际，北京电视台推出系列报道、专题片及系列评论，《北京新闻》中播出大型系列报道《春潮》。报道共分 6 集，每集 5 分钟，以回访亲历者、典型事例、大数据虚拟植入、本台短评为主要内容，通过回访总书记曾经视察过的 5 个地点和亲历者，结合总书记提出的五点要求，讲述北京两年来在各方面工作中所做的创新努力和取得的成果，以及新出台的北京“十三五”规划的相关内容。

22 日　市委宣传部常务副部长王海平带队来北京电视台进行意识形态工作专题督查。市委宣传部秘书长张劲林，市委组织部有关人员，北京电视台党委书记、台长李春良，党委副书记、总编辑王珏，党委副书记、纪委书记彭司海及相关部门负责人参加。

26 日　市委宣传部副部长严力强来台听取大型纪录片《长征》《解放——人民的选择》《新疆》三个重点项目工作汇报。北京电视台台长李春良、总编辑王珏、副总编辑徐滔及卫视节目中心相关负责人和三个项目主创人员参加。

同日　北京电视台在“第八届中国电视南方论坛暨 2015 年度中国电视满意度博雅榜发布会”上获多项荣誉：北京卫视获“卫星频道满意度前十强”称号，排名位列第二。北京卫视《音乐大师课》栏目获“卫视娱乐类栏目满意度前十强”称号，《我是大医生》栏目获“卫视生活财经类栏目满意度前十强”称号，《杨澜访谈录》《档案》栏目获“卫视文教类栏目满意度前十强”称号。文艺频道《春妮的周末时光》获“地面频道娱乐类栏目满意度前十强”称号，体育频道《天天体育》栏目获“地面频道娱乐类栏目满意度前十强”称号，财经频道《天下财经》栏目获“地面频道生活财经类栏目满意度前十强”称号。

三月

1日　市委宣传部组织全市16区县宣传部长和副部长、各委办局宣传负责同志五十余人到北京电视台新媒体基地参观调研。

2日　北京电视台首届“诚信北京”3·15晚会顺利录制完成。晚会以“新消费，我做主”为主题，以“我诚信，我承诺”“诚信北京，有你有我”为口号，力争实现首都电视媒体3·15晚会品牌零的突破。

同日　市新闻出版广电局组织评估小组来北京电视台进行2015年度广播电视安全播出管理体系成熟度评估。评估小组由市新闻出版广电局科技处、北京广播电视台技术部相关人员、委托评估机构评审员、歌华有线公司内审员等组成，北京电视台总工办牵头各技术部门配合了此次评估工作。

同日　中央军委政治工作部宣传局组织召开涉军媒体座谈会，人民日报、新华社、中国国际广播电台、中央电视台、中国日报、中新社等国内主要媒体参加。中宣部新闻局有关领导出席会议并进行工作指导。北京电视台青少·海外节目中心《军情解码》栏目与深圳卫视作为仅有的两家地方媒体参会。

7日　在全国政协举行的“绿色发展与保护生态环境”新闻发布会上，北京电视台新闻节目中心要闻采访部记者张梦瑶向全国政协常委、环保部副部长吴晓青提问。3月11日上午，在全国人大组织的记者会上，新闻节目中心要闻采访部记者田智钢向环保部部长张吉宁提问。这是我台记者连续第五年在全国政协、全国人大新闻发布会上双双提问。

8日　北京电视台举行2015年度优秀女职工及“巾帼文明岗”优秀集体表彰大会，对10个“巾帼文明岗”优秀集体及88名优秀女职工进行表彰。总编辑王珏、党委副书记彭司海参加表彰活动，为优秀集体和个人颁奖，并向全台女职工送上节日祝福。

11日　大型系列纪录片《解放——人民的选择》启动仪式在重庆市红岩革命纪念馆举行。北京市委宣传部副部长严力强，重庆市委宣传部副部长马岱良，北京电视台总编辑王珏、副总编辑徐滔，北京市委宣传部、重庆红岩联线文化发展管理中心有关处室领导以及北京卫视《档案》栏目《解放——人民的选择》摄制组全体成员参加。为献礼中国共产党建党95周年，在北京市委宣传部指导下，北京电视台卫视节目中心《档案》栏目策划拍摄了大型系列纪录片《解放——人民的选择》。

12日　北京电视台文艺节目中心、上海广播电视台公益媒体群、陈蓉工作室联合推出的话剧《霓虹灯下的哨兵》在北京解放军歌剧院隆重上演。此版话剧汇集了北京、上海两地多名主持人。北京电视台参演的主持人有余声、春妮、孔洁、曹扬、陈晨、顾阳、晨阳、陈竞、曹一楠、李向显、秦天、欧阳慧等，可谓老、中、青三代主持人同台。此次重排红色经典话剧《霓虹灯下的哨兵》，是对我台主持人的一次精神洗礼，也是文艺节目中心的话剧初体验。

15日　北京电视台财经频道和生活频道分别推出两台90分钟的特别节目——《首届“诚信北京”3·15消费者权益日晚会》和《＜生活2016＞3·15特别报道：维权在行动》。

18日　随着第13间BTV爱心图书室在河北保定市满城刘家台乡龙居村小学挂牌成立，由北京电视台与北京出版集团、北京发行集团联合发起的“带本书给家乡的孩子”大型公益活动第三季圆满收官。本次活动联合天津、河北、广西、云南、拉萨、和田地区电视台在全国掀起为爱传书的热潮，BTV爱心图书室也在全国几个贫困地区落地开花。参与活动的北京市民不仅可以到各大书城捐献爱心图书，还可通过参加爱心公益跑，用自己的脚步为贫困地区的孩子募集图书，并在网上选定爱心图书去向，首次实现了融媒体的爱心传播。

19日和20日　北京电视台新闻节目中心对2016年北京农业嘉年华进行现场直播。今年是新闻节目中心与昌平区委宣传部合作的第5个年头，农业嘉年华直播报道更加注重传播形式的创新及直播活动的策划，力求以时间集中、互动性强、信息量大的特点最大限度地扩大传播范围。

25日　北京电视台党委书记、台长李春良，党委副书记、总编辑王珏，副台长李岭涛与来北京电视台调研交流的辽宁省新闻出版广电局党组书记、局长，辽宁广播电视台台长刘向阳，副台长兼新媒体中心主任韩冰，副台长兼广告经营中心主任韦建平等进行座谈。北京电视台办公室、新闻节目中心、影视剧中心等相关部门负责人参加座谈会。

29日　北京电视台与市新闻出版广电局联合举办2015年度“影视京榜·新春盛典”，这是北京电视台连续第8年邀请业内同仁并首次与北京电视节目春季交易会联手共话发展的一次盛会。国家新闻出版广电总局电视剧管理司司长李京盛，北京市委宣传部常务副部长王海平，北京电视台台长李春良，总编辑王珏及市新闻出版广电局、怀柔区相关领导参加。

同月　北京电视台生活2016栏目携手市医管局和市妇联，共同策划推出三八妇女节系列特别节目《北京面孔——铿锵玫瑰》。节目选取五位女性代表作为采访对象，以真实的视角、纪实的呈现，展现了平凡工作岗位上的职业女性，以敬业奉献的精神、坚忍不拔的意志和超乎常人的勇气，在困难中坚守，在守望中绽放，犹如风雨中的铿锵玫瑰，给人以感动与鼓舞。

同月　2016年全国“两会”期间，北京电视台认真履行首都主流媒体责任，以准确、及时、规范为报道原则，运用丰富的报道形式和手段，全方位报道会议进程，多角度展现代表委员履职风采，营造了良好舆论氛围。其中，在《北京新闻》《特别关注》《北京您早》《都市晚高峰》《晚间新闻报道》等各档新闻栏目播出自采新闻近200条次；策划推出《小曹跑两会》专题报道6期；在《锐观察》中围绕二十余个热点话题展开评论。同时，及时转发央视相关新闻并摘发新华社、人民日报等媒体有关“两会”内容。报道总时长超过600分钟。

四月

7日 《人民日报》在第四版刊登题为《来，给孩子们捎本书（点赞中国·凡人善举）》的文章，专题报道北京电视台“带本书给家乡的孩子”大型公益活动，并特别配发“赞语”：“北京电视台用媒体的力量搭建平台，召集‘捎书信使’传递知识，让捐书者的爱心有处安放，让没有走出过大山的孩子们懂得生活不只是眼前，还能从书中看到远方。”

12日 北京新媒体集团及其所属北京新闻媒体有限公司、北京时间股份有限公司在北京电视台新媒体大厅举行揭牌仪式。市委常委、宣传部长李伟，中宣部改革办主任黄志坚，中国记协书记处书记祝寿臣，中央网信办新闻传播局副局长孙凯出席仪式并为三家公司揭牌。仪式由市委宣传部副部长严力强主持。北京电视台党委书记、台长李春良，党委副书记、总编辑王珏，副台长李岭涛参加。北京新媒体集团由北京广播电视台与市文资办共同出资组建，集团与互联网平台级企业奇虎360合资成立“北京时间股份有限公司”，与集团旗下“北京新闻媒体有限责任公司”形成整体合作模式，利用北京电视台及市属主流媒体强大的内容资源，共建互联网媒体生态系统，打造北京市互联网科技孵化基地。

同日 由北京电视台与市妇联联合举办的“寻找最美家庭——2016大型新闻行动”启动仪式在北京电视台举行。市妇联副主席周志军、北京电视台新闻节目中心负责人以及百余位热心观众参加。

14日 北京国际电影节纪录单元首个活动、第五届（2016）“青春的纪录”环太平洋大学生微纪录作品大赛启动仪式暨第四届（2015）获奖作品颁奖礼在北京电视台成功举办。共青团北京市委员会常务副书记熊卓，中视协电视纪录片学术委员会会长、“青春的纪录”评委会主席刘效礼，北京电视台副总编辑艾冬云及纪实频道节目中心相关负责人出席。来自美国国家地理频道、新西兰自然地理频道等国外媒体及来自世界各地的大学生纪录片爱好者参加。

15日 北京国际电影节纪录单元重点活动之“中澳纪录片论坛”举行。市新闻出版广电局副局长王霞，北京国际电影节纪录单元工作委员会主席、北京电视台副总编辑艾冬云及澳大利亚广播公司相关负责人出席。中澳双方表示将通过合作纪录片项目，进一步共享市场，推动两国文化交流。

16日 由北京电视台承办的第六届北京国际电影节开幕式晚会在怀柔区雁栖湖会展中心举行。中宣部副部长、国家新闻出版广电总局局长、党组书记蔡赴朝，北京市委副书记、市长王安顺，国家新闻出版广电总局副局长童刚，北京市委常委、宣传部部长李伟，副市长王宁等领导同志出席开幕式，北京电视台党委书记、台长李春良，党委副书记、总编辑王珏，副总编辑朱江参加。开幕式晚会通过央视电影频道、北京电视台北京卫视和青年频道同步直播，并首次在江苏卫视、浙江卫视、四川卫视实现省级卫视联动播出，同时爱奇艺进行高清网络直播。来自法国、加拿大、意大利等国的16位国际电影节主席及行业代表、国际国内600余名电影人和热门影片主创团队亮相电影节开幕式；现场还揭晓了入围“天坛奖”的12个国家15部电影佳作。

17日　第六届北京国际电影节纪录单元开幕式举行。全国政协教科文卫体委员会副主任胡振民，北京市新闻出版广电局副局长、北京国际电影节组委会常务副秘书长韩昱，北京国际纪实影像创意产业基地主席、中广协纪录片工作委员会会长高峰，北京电视台副总编辑艾冬云，国务院新闻办公室五洲传播中心副主任井水清等嘉宾出席并致辞。由北京电视台纪实频道节目中心制作的纪录片《一起长大》荣获评审团特别推荐中国题材短片。本次活动共收到报名作品1467部（集），其中国际作品1352部（集），中国作品115部（集）（含中外合拍）。

同日　由中国互联网发展基金会和北京电视台联合举办的“4·20互联世界　共享未来”中国接入互联网22年主题活动录制完成。中国互联网发展基金会理事长马利、国家网信办网络社会工作局局长章勋宏、北京市委宣传部副部长严力强及我台总编辑王珏、副台长李岭涛等到场观看。主题活动邀请来自人民网、光明网、千龙网、搜狐、新浪等多家互联网企业负责人及近200家合作单位共同回顾中国接入互联网22年来发生的变化。

同月　北京电视台在2015年度全国“金帆奖”评比中获“金帆奖综合大奖”，这是北京电视台连续第七年获奖。“金帆奖”是全国电视行业技术类最高奖项，是国家新闻出版广电总局为加强电视节目技术质量规范化管理，促进全国电视节目技术质量不断提高而设立的唯一政府奖，全称为“国家新闻出版广电总局电视节目技术质量奖”。

同月　北京电视台卡酷少儿卫视推出全新节目《大玩家》，集综艺性、娱乐性、主题性、科普性、互动性于一身，创造国内玩具类节目的新高度。

五月

3日　北京电视台大型明星跨界音乐节目《跨界歌王》启动发布会举行。总编辑王珏、常务副台长韦小玉、总工程师田方、副台长李岭涛、副总编辑徐滔以及节目相关主创人员和华录百纳旗下蓝色火焰公司、北京鑫宝源影视、京视卫星公司、京视传媒等相关人员参加。节目于5月28日起每周六晚黄金时间在北京卫视播出。

同日　由北京电视台团委联合党委办公室党支部、信息网络管理部党支部共同举办的“弘扬五四精神　传递创新激情”主题活动在故宫博物院和北京新文化运动纪念馆（沙滩红楼）举行。全台团员青年代表以及党委办公室、信息网络管理部党员代表约60人参加。

14日　北京电视台推出“首都国企开放日”大型直播报道。“首都国企开放日”活动由国务院国资委、市委宣传部、首都文明办、市国资委、市教工委、团市委等单位联合主办。在活动中，首都百家国企首次同时向市民开放，使市民体验国企新风貌，感受国企新变化。

16日　著名京剧表演艺术家、程砚秋大师义女李世济追悼会在北京八宝山革命公墓举行。北京电视台新闻节目中心派出两组资深记者赴现场进行报道，对“弟子们缅怀世济大师”“各界送别及观众的缅怀”“追悼会吊唁”及“起灵送灵”等方面情况进行8次4G连线直播，并配发《人生如戏　艺大于天》《得义父真传　执程派牛耳》《凤凰涅槃　程韵流放》《珠联璧合　亦师亦友》四集专题片，在《北京您早》播出；在午间《特别关注》进行全面梳理整合；在《北京新闻》做了精编版播出。

同日　北京电视台录制《军情解码》特别节目《抗美援朝历史巨制——致敬最可爱的人》，市委宣传部常务副部长王海平及该剧主创人员参加节目录制。北京电视台总编辑王珏、副总编辑朱江及相关部门负责人陪同。

25日　国际排球联合会主席阿里·格拉萨一行到北京电视台参观交流。副总编辑朱江与格拉萨先生等进行了座谈，并介绍了北京电视台概况和体育频道在宣传报道排球运动方面的情况。格拉萨先生表示，国际排联非常重视电视传播在排球运动发展中的作用，将加强与北京电视台的交流合作。体育节目中心负责人参加座谈。

26日　北京市委常委、副市长陈刚，市委常委、宣传部部长李伟到北京电视台《暖暖的新家》栏目改造家庭参观调研，并与栏目组及相关设计师座谈。北京电视台党委书记、台长李春良，市政府副秘书长张维，市规划委、市住建委主要领导，东城区、西城区政府主管领导，北京电视台总编辑王珏、副总编辑徐滔及办公室、卫视节目中心相关负责人参加。

同日　北京电视台台长李春良、总编辑王珏、副总编辑徐滔到中国广视索福瑞公司调研，了解收视测量技术应用及样本户覆盖规模，跨屏收视数据采集分析技术相关情况，并与索福瑞公司负责人进行座谈。研发部、总编室等部门相关负责人参加。

31日　北京市委常委、宣传部长李伟和副市长程红到国家会议中心的现场演播室看望慰问了北京电视台京交会报道团队工作人员，北京电视台总编辑王珏及相关部门负责人陪同。

同月　北京电视台圆满完成2016年春季北京国际长走大会暨第二十二届房山旅游文化节的直播报道工作。直播以“长走+房山推介”为主要内容，运用卫星连线、4G回传新闻等技术手段，多角度、全方位将长走大会立体呈现在观众面前。此次直播，在新闻频道2016年的大型直播中历时最长，达到两个半小时；地理位置跨度最大，全程达21公里；直播点位最多。

同月　北京电视台与澳大利亚广播公司共同主办“中澳纪录片周”优秀纪录片展播。双方各筛选了7小时优秀纪录片作品，分别在两国电视台黄金时段进行展播，每天播出1小时。北京电视台纪实频道精选《影事》《纪实天下》《奇妙之旅》《昨天的故事》《时尚印象》等栏目制作的“传统技艺”“历史文化”“时尚运动”“京味美食”等多种题材优秀纪录片，于5月16日至5月22日在澳大利亚ABC电视台播出。澳大利亚ABC电视台也筛选了“澳洲艺术”“战争历史”“美食旅游”等具有澳大利亚特色的优秀纪录片送播，并于4月14日至20日在纪实频道播出。

同月　北京电视台召开“两学一做”学习教育动员会暨“智慧党建”APP正

式上线说明会，对在全台党员中开展“两学一做”学习教育进行全面动员部署，并对推出的“智慧党建”APP 进行说明。党委书记、台长李春良作动员讲话，党委副书记、常务副台长韦小玉主持会议。台领导班子成员、中层干部、台属企业负责人及各党总支、党支部委员近 230 人参加会议。

六月

7 日　北京电视台新闻节目中心全面做好高考期间宣传报道，在各档新闻节目中大幅度报道高考相关信息，并在上午进行了现场直播报道。新闻节目中心派出记者到多个考点，现场介绍高考情况及交通、医疗、气象等相关职能部门保障高考情况；直播还邀请多位专家学者就“北京高考的发展与变化”“如何在传统课程中融入素质教育和创新教育”“新高考改革下应对的教学和管理模式的变化以及面临的挑战”等问题进行深入探讨并解析高考作文题；直播中穿插了多地高考的动态消息或综合报道，扩大了直播视野、增加了直播立体感，收到良好社会效果。

11 日　全国首部以抗美援朝战争为题材的电视剧《三八线》达到单日收视最高值。北京地区收视率 5.6%，全国 35 城收视率 1.09%。该剧在北京地区平均收视率为 4.46%，全国 35 城市平均收视率为 0.8%。

14 日　北京电视台总编辑王珏、副总编辑朱江与来访的美国中文电视总裁蒋天龙进行座谈，围绕合作现状、国内外传统电视节目与新媒体融合及 2017BTV 全球跨年歌会合作事宜进行了深入交流。

15 日，北京市委宣传部副部长余俊生来北京电视台调研，专题听取相关工作情况的汇报。北京电视台台长李春良、总编辑王珏分别介绍我台总体情况，总编室、人事部、计财部、研发部、卫视节目中心负责人分别汇报了节目生产、人力资源管理、财务管理、绩效考核和北京卫视等相关情况。市委宣传部新闻处、改革办、财务处相关负责同志参加。

5 日至 17 日　2016 年法国昂西国际动画电影节举行。北京电视台卡酷少儿卫视参加此次活动，并于 16 日成功举办了“北京·动画梦”主题沙龙，成为当天最具吸引力和话题度的活动。法国知名媒体对活动进行了采访报道。

17 日　北京市委宣传部副部长严力强来北京电视台审看大型系列纪录片《解放》。北京电视台长李春良、总编辑王珏、副总编辑徐滔、市委宣传部舆情处及北京电视台卫视节目中心相关负责人等参加。

18 日至 20 日　北京市委宣传部副部长余俊生带队赴浙江广播电视集团和江苏省广播电视总台调研，北京电视台台长李春良、市财政局副局长张宏宇、北京电视台副台长李岭涛、副总编辑徐滔及市委宣传部、市财政局、市新闻出版广电局和北京电视台相关同志参加。余俊生和李春良等分别与浙江省委宣传部副部长唐中祥、浙江广播电视集团总裁王同元、江苏省委宣传部副部长蔡丽新、江苏省广播电视总台台长卜宇就卫视频道奖惩机制、薪酬体制建设、吸引人才举措及政府财政和资源支持机制等问题进行了深入交流。调研过程中，李春良代表北京广播电视台与江苏省广播电视总台台长卜宇签署了两台战略合作协议。

22日　由市委宣传部、市文化局和北京电视台联合主办的2016年首都市民系列文化活动“舞动北京”全民广场舞大赛正式启动。文化部全国公共文化发展中心主任李宏、市委宣传部副部长余俊生、市文化局副局长庞微、石景山区人民政府副区长陈婷婷及中国文化馆协会、北京文化艺术活动中心等相关领导出席，北京电视台副总编辑朱江及生活节目中心相关同志参加启动仪式。

25日　北京电视台新闻节目中心推出90分钟的《文昌托举　长七问天》现场直播，报道长征七号运载火箭首次发射任务。在与有关部门提前一年的有效沟通和积极争取下，北京电视台作为极少的地方媒体之一，其记者被允许在首飞任务中进入最核心的位置，分别从火箭发射和卫星测控两个大方面进行全面报道。

同月　北京电视台在《北京新闻》推出“以创造历史追求艺术的精神规划设计建设好城市副中心”主题宣传报道，先后播出《海淀：以创新支持城市副中心建设》《西城教育卫生文化优质资源输入通州》《生态提升　产业融合　朝阳区全力服务城市副中心建设》《大兴经济生态全方位对接副中心》四期节目，分别从创新科技企业、优化教育资源、提升文化品质、融合医疗资源、规划城市布局、提升生态环境等方面多角度、立体式反映北京城市副中心建设的相关进展及成就。

七月

1日　北京电视台举办大型纪录片《解放——人民的选择》研讨会。国家新闻出版广电总局宣传司司长高长力、北京电视台总编辑王珏、北京电视台副总编辑徐滔及市委宣传部、市互联网信息办公室相关领导及北京电视台卫视节目中心相关负责人参加。

同日　由京视传媒公司主办的“养生堂健康手机”发布会在北京电视台举行。北京电视台副台长李岭涛和京视传媒公司、《养生堂》栏目相关负责人及享佳健康集团、中国移动政企分公司、京东商城等合作伙伴代表参加。

4日　北京电视台召开《传承者之中国意象》节目研讨会。台长李春良，总编辑王珏，副总编辑徐滔等与武警总政治部副主任、著名导演张继钢，著名表演艺术家陈道明，著名导演哈文和来自清华大学、中国传媒大学、中国艺术研究院等单位的专家学者进行了座谈研讨，对节目创意策划提出宝贵意见和建议。节目总策划人、中国社会科学院世界传媒研究中心秘书长、副研究员冷凇及联合制作公司能量传媒负责人郭志成等就节目筹备情况进行了汇报。

5日　全国多地汛情严峻，北京电视台各档新闻节目持续给予重点关注和报道。在台长李春良、总编辑王珏、副总编辑艾冬云的领导下，北京电视台成立抗洪救灾报道领导小组，并制订了周密细致的报道方案。台长李春良多次对做好抗洪救灾宣传报道工作提出明确要求。总编辑王珏和副总编辑艾冬云也对采访报道工作进行了具体布置。根据汛情，新闻节目中心派出6路记者陆续奔赴受灾最严重的湖北、安徽、江苏、浙江、福建、四川六省采访。

7日　由市旅游委主办、北京电视台承办的2016年“北京礼物”旅游商品大赛正式启动。市旅游委、市文物局、市科技委、市经济和信息化委员会、市商委、中关村科技园区管理委员会、市公园管理中心等多家单位的主要领导及16个区旅游委的负责人出席，北京电视台副总编辑朱江及生活节目中心相关负责人等参加活动。

8日　北京电视台总编辑王珏主持召开近期重点宣传工作协调会，就大型季播节目《跨界歌王》及周播剧重点项目宣传推广工作进行全面协调部署。副总编辑徐滔及各节目中心、研发部、新媒体集团宣传推广工作负责人等参加会议。

17日　北京电视台新闻节目中心“BTV新闻”微信公众号上线一周年，积累近60万粉丝，日活跃度达到10%左右。通过一年的运营，充分盘活了粉丝资源，创新了经营渠道，更好地推广了BTV新闻品牌。

19日　由北京电视台主办的“带本书给家乡的孩子”第四季大型公益活动启动仪式在北京科技大学礼堂举行。北京电视台副总编辑艾冬云、新闻节目中心相关负责人和北京出版集团、北京发行集团、北京科技大学相关领导，与人民日报、新华社、光明日报等数十家媒体及300余位大学生信使代表参加。

19日至22日　北京电视台针对近期北京强降雨天气推出直播报道，快速反应、权威发声，重点关注降雨情况，实时播发出行提示，报道抢险救援工作进展，回顾中小河道治理、下凹式立交桥改造等提升本市应对强降雨能力的举措与成果，第一时间针对网络流言辟谣，累计播发相关报道230余条。

22日　市财政局科技文化处处长余競同志等三人来北京电视台调研座谈。北京电视台长李春良、常务副台长韦小玉、总工程师田方、副总编辑朱江、副台长李岭涛及计财部等部门负责人参加。

26日　北京电视台举行里约奥运会转播报道出征动员会。台长李春良、总编辑王珏、总工程师田方、副总编辑朱江及相关部门同志参加。报道团队由12人的新闻报道团队和42人的公共信号团队组成。

27日　北京电视台台长李春良、总编辑王珏及研发部、新闻节目中心、影视剧中心和制作部相关人员到凤凰中心交流考察。凤凰卫视董事局主席刘长乐、执行董事崔强陪同参观。

29日　由市委督导组副组长、市文联党组副书记程惠民带队的市委“两学一做”督导组来北京电视台进行交流座谈。北京电视台党委副书记、常务副台长韦小玉，北京广播电视台党委办公室主任杨秀英及党委办公室、办公室、新闻节目中心等党支部委员和党员代表参加。

同月　北京电视台精心打造《市民对话一把手·京津冀协同》特别节目，共6期，分别邀请市交通委、市商务委、市卫计委、市经信委、市人社局、市环保局等6个委办局一把手解答市民关心的问题，权威性和针对性强，宣传效果良好，有利于广大市民明确目标、增强信心，为推动北京未来的发展营造了良好的舆论氛围。节目在新闻频道《都市晚高峰》中播出，并在北京卫视《北京您早》《特别关注》《北京新闻》等各档新闻栏目中播出精编版。

八月

2日　北京电视台台长李春良与市台办主任汪明浩一行座谈，围绕办好“第二届两岸媒体人北京峰会”、深化京台媒体合作事宜进行深入交流。市台办副巡视员马振生、宣传（新闻）处处长金秀清、北京电视台新闻节目中心、青少·海外节目中心、纪实频道节目中心、办公室等部门负责人及相关同志参加。

3日　由北京电视台制作的全国首档成长励志真人纪实季播节目《长大成人》每周三21：08在北京卫视播出。节目召集7位来自全国各地的18岁活力少年，用镜头记录他们历经磨难奋力向珠穆朗玛峰7028米发起冲击的真实历程，打造意义非凡的18岁成人礼。

16日　北京电视台与北京人民艺术剧院联合推出的“我在人艺看话剧，我在文艺看人艺”系列活动启动发布会在首都剧场大厅举行。北京电视台总编辑王珏，北京人艺党委书记王文光、副院长濮存昕、赵同富及文艺节目中心相关负责人等参加。

17日　北京电视台与北京人民广播电台、北京新媒体集团联合召开重点宣传项目合作专题会，分别介绍了各自正在开展和计划开展的重点宣传项目，并就如何进一步密切合作、共同做强品牌等话题展开深入讨论。北京电视台总编辑王珏、副总编辑艾冬云，北京人民广播电台总编辑王秋、副总编辑陈晓海，北京新媒体集团总经理金鹏、常务副总经理蒋虎及相关人员参加。

18日　朝阳区委常委、宣传部长刘军胜带队来北京电视台调研，并就加强舆论监督、健全服务保障、推进文创产业等方面，与北京电视台总编辑王珏、总工程师田方、副总编辑艾冬云等座谈。朝阳区委宣传部副部长潘竞，区广电新闻中心、建外街道办事处有关负责同志以及北京电视台办公室、总编室、研发部、保卫部、新闻节目中心负责人参加。

18日　北京电视台召开《跨界歌王》节目专家研讨会。国家新闻出版广电总局节目监管中心节目一处处长马晶，北京电视台总编辑王珏、副总编辑徐滔，北京鑫宝源影视投资有限公司总经理丁芯和中国社会科学院、人民日报、光明日报、中国歌剧舞剧院、中国传媒大学等电视界、音乐界、学术界、时尚界资深专家、观众代表及二十余家主流媒体记者参加。

19日　由江苏省政府办公厅副秘书长杨勇带队的江苏省代表团来北京电视台参观并座谈。市新闻出版广电局副巡视员卞建国，北京电视台党委副书记、总编辑王珏等与代表团进行了座谈。

24日至27日　第二十五届北京国际广播电影电视展览会（BIRTV2016）在北京举行，北京电视台参加国家新闻出版广电总局及北京广播电视台科技创新展，集中展示了最新的技术应用和技术创新成果，受到广泛关注。

同月　北京电视台圆满完成二十国集团（G20）领导人杭州峰会报道任务，全面介绍了中国经济新变化新亮点和对世界经济的贡献，充分展示了中国为全球经济金融治理贡献中国智慧、中国方案、中国力量的负责任大国形象。针对此次重大宣传报道工作，北京电视台高度重视，充分筹备，李春良台长对做好宣传报道工作提出明确要求，并对具体工作进行周密部署，总编辑王珏带领21人报道团队赴杭州采访报道。

九月

11日　北京电视台品牌文化节目《传承者之中国意象》在北京卫视播出。节目从关注非遗项目升级为聚焦中国最顶尖的艺术团体，在精神内核延续的基础上进行题材转换，进一步拓展文化传播的视野和范围，坚守并不断强化用大众文化表达传播优秀传统文化的气度和决心。首期节目播出后，引发广泛关注。

22日　北京电视台成功举行以“在北京·赢天下”为主题的2017年北京卫视重点资源推介会。北京广播电视台台长、北京电视台台长李春良，北京广播电视台副台长、总编辑、北京人民广播电台台长赵卫东，北京电视台总编辑王珏，副台长李岭涛，副总编辑徐滔参加。六百余位来自企业、广告圈的嘉宾应邀莅临，除此之外还有200多名广告商慕名而来，共襄盛会。

26日　新闻节目中心策划制作的60集大型系列报道《寻踪长征路》正式开播，分别在北京卫视和新闻频道《北京您早》《特别关注》《北京新闻》等栏目滚动播出。

同日　45集电视剧《好家伙》在北京卫视红星剧场播出，以紧张的剧情设置和精致的画面呈现赢得观众好评。

同日　为纪念红军长征胜利80周年，北京电视台提前策划、精心创作、多维布局，在黄金时段推出革命英雄主义节目带，累计播出长征题材特别节目22部、313集，总时长153小时。其中，《红军不怕远征难》《征途》《解放——人民的选择》等大型纪录片追昔抚今，传承薪火；“寻踪长征路”系列报道紧贴地气，关注现实；大型公益活动“带本书给家乡的孩子”将爱心图书送往长征路上革命老区。通过大型纪录片、系列报道、公益活动、特别节目、影视剧、宣传片等多种方式，全方位回顾长征历史，弘扬“革命理想大于天”的长征精神，彰显主流媒体责任担当。

28日至10月7日　由北京电视台与首都文明办、市旅游委共同发起，北京生活、江苏城市、湖北经视等9家省市地面频道联动参与的大型媒体公益行动“文明旅游　‘袋’动中国”成功举办，在各地掀起文明旅游、绿色出行的公益热潮。这也是该公益活动第三次在“十一”黄金周期间开展。

29日　“党章党规在我心中——中央国家机关党章党规知识竞赛”特别节目在北京电视台录制。中央国家机关工委常务副书记李智勇、副书记陈存根，中央国家机关纪工委书记邓修明，北京市委宣传部副部长余俊生以及海关总署、中国农业银行、中国银行等有关单位领导参加录制并为获奖代表队颁奖。北京电视台党委副书记、总编辑王珏和总工程师田方参加。

十月

10日　北京电视台对“两学一做”学习教育第三专题相关工作进行动员部署。党委副书记、常务副台长韦小玉传达了市委宣传部常务副部长王海平同志在市委宣传部“两学一做”学习教育工作推进会上的讲话精神，对全台相关工作提出要求。

12日　北京电视台举行“‘天涯共此

时'——BTV跨年大型新闻行动"启动仪式。中国侨联副主席、北京市人大副主任李昭玲，国务院国资委新闻中心主任毛一翔，市委副秘书长、宣传部副部长严力强，国务院推进"一带一路"工作领导小组办公室负责人欧晓理等领导和泰国、俄罗斯、新加坡、南非、乌兹别克斯坦驻华使节出席活动。北京电视台台长李春良、总编辑王珏、副台长李岭涛，北京人民广播电台台长赵卫东、总编辑王秋，及相关部门负责人参加，泰国驻华使馆临时代办和北京电视台副总编辑艾冬云在启动仪式上致辞。

13日　国际奥委会文化顾问、奥林匹克遗产文化项目全球推广负责人斯考特·吉文斯来北京电视台访问，并就北京电视台"2017BTV跨年环球歌会"奥运主题把控、未来六年奥林匹克文化战略推广、开办奥运频道等与副总编辑徐滔及青少·海外节目中心、纪实频道节目中心相关负责人和"2017BTV跨年环球歌会"总导演等进行深入座谈研讨。

14日　北京电视台举行中国首部以抗美援朝为主题的动画片《最可爱的人》媒体发布会。国家新闻出版广电总局宣传司司长高长力，北京电视台台长李春良，市新闻出版广电局副局长王霞，北京电视台总编辑王珏、副总编辑徐滔出席发布会。

17日　朝阳区委副书记、区长王灏带队来北京电视台调研，并就朝阳区"十三五"规划、加强双方合作等内容，与北京电视台党委书记、台长李春良等进行深入交流。朝阳区委常委、常务副区长甘靖中，副区长李俊杰和北京电视台党委副书记、常务副台长韦小玉，副台长王澎等参加。

同日　北京电视台与拉萨广播电视台共同举办的"拉萨市广播电视台业务骨干赴北京电视台学习交流"培训班开课。拉萨广播电视台副台长旦增晋美一行6人将在北京电视台完成20天的学习培训，内容包括：频道、节目管理、节目包装、编排、媒资系统管理及安全播出管理等方面的知识技能。

18日　北京电视台卡酷少儿频道开播我国首部以写实风格展现抗美援朝历史的动画作品《最可爱的人》，该片用14集的篇幅生动讲述了7个真实的抗美援朝英雄故事，再现了66年前中国人民志愿军为保家卫国浴血奋战的雄浑与悲壮。

同日　北京电视台新闻频道、影视频道在歌华有线网实现高标清同步传输播出，自此，北京电视台已拥有6个高清播出频道，其中5个为高标清同播频道，频道高清化比例超过50%，处于国内先进水平。

20日　北京电视台召开大型系列纪录片《红军不怕远征难》研讨会，市委副秘书长、宣传部副部长严力强及前线杂志社总编辑李明圣，北京电视台总编辑王珏、副总编辑徐滔，中国社会科学院文学所、北京师范大学新闻传播学院、中国社会科学院世界传媒研究中心等单位专家参加。

22日　北京电视台与华彬集团签约，双方将进行战略合作，正式启动大型原创冰雪真人秀《跨界冰雪王之冰上星舞》。该节目是北京卫视第四季度重点项目，也是北京电视台继《跨界歌王》《跨界喜剧王》后继续深耕的又一"跨界品牌"。党委书记、台长李春良，副总编辑徐滔等参加签约仪式。

23日　由北京电视台主办，青少·海外节目中心、京视传媒公司、BTV乐益达少年科学院联合承办的2016年“BTV乐益达青少年科技创新大赛”落幕。大赛以“创客空间　创意未来”为主题，为全国青少年科技爱好者们提供了展示、交流、竞技的平台。

27日　第六届北京喜剧幽默大赛颁奖典礼在BTV大剧院录制。市文联党组书记沈强，市文联党组副书记刘开阳，北京电视台党委副书记、总编辑王珏，北京电视台副总编辑艾冬云等参加录制。

28日　全国首档原创科普纪实节目《熊猫奇缘》在北京卫视开播。节目中，“全球熊猫爱心大使”黄晓明携手4组嘉宾共同体验“熊猫人”不平凡的守护工作，真实还原鲜为人知的“熊猫故事”。

十一月

1日　第十一届中国国际航空航天博览会（珠海航展）开幕，北京电视台新闻节目中心报道团队对活动进行了全程报道，全景式呈现航展特色亮点，彰显大国自信和创新实力。

3日　54集古装大戏《锦绣未央》召开全国首播新闻发布会，该剧主创与来自全国的媒体和粉丝一起分享戏里戏外的精彩故事，该剧于11月11日登陆北京卫视红星剧场。

5日　《光明日报》文化聚焦版刊发《跨界：喜剧创作的新尝试》，评价北京卫视《跨界喜剧王》主打“跨界”牌，在喜剧类节目上另辟蹊径，将现实价值渗透进喜剧作品的内核中，专注内容深度，让观众欣赏到一档气质不凡的喜剧综艺节目。

8日　由中国汽车工业协会与北京电视台联手打造的京津冀汽车文化节新闻暨招商发布会举行，北京电视台副台长李岭涛和中国汽协、北汽集团、北京经济技术开发区、天津电视台、河北电视台等有关负责同志参加。

9日　北京电视台举行“跨界，一起来——2017年北京卫视重点资源推介暨广告签约会”，发布2017年北京卫视新版面、新资源、新策略。北京电视台台长李春良、副台长李岭涛、副总编辑徐滔以及广告部、卫视节目中心、京视卫星公司等相关部门负责人参加。活动吸引了全国排名前30的广告代理公司、节目制作公司、全球顶级模式公司代表的热情参与，现场实现广告签约15.7亿元。

11日　市财政局党组书记、局长李颖津，市委宣传部副部长余俊生等来北京电视台调研指导工作，听取北京电视台改革发展方案汇报并提出工作要求。市财政局副巡视员张宏宇及市财政局、市委宣传部有关处室负责同志，北京电视台党委书记、台长李春良，党委副书记、总编辑王珏，党委副书记、常务副台长韦小玉及计财部、研发部、总编室、办公室等相关负责同志参加。

12日　由市委宣传部、市文化局与北京电视台联合主办，北京电视台生活节目中心等承办的“舞动北京”全民广场舞大赛总决赛圆满结束。从报名参赛的800余支队伍中脱颖而出的20强经过激烈角逐，最终产生了3支冠亚季军队伍。

同日　由北京电视台与团市委共同主办的第二届“牵手蓝天”京津冀大学生环保辩论赛总决赛举行。来自中国人民大学、北京师范大学、中国传媒大学、天津大学、河北师范大学和北京联合大学等12所高校的辩论队就当前的环保热点话题进行了6场激烈辩论。

14日 北京电视台《我是大医生》栏目录制“携手抗艾 重在预防”世界艾滋病日特别节目。世界卫生组织结核病/艾滋病防治亲善大使、国家卫生计生委预防艾滋病宣传员彭丽媛教授，国家卫生计生委副主任王国强、崔丽，教育部副部长杜占元，副市长林克庆，市委副秘书长、宣传部副部长严力强，北京电视台台长李春良、总编辑王珏、副总编辑徐滔参加录制。

19日 北京卫视《跨界喜剧王》第一季圆满收官。全季12期节目CSM35城收视率最高达1.47%，位列同时段第二；北京地区收视率最高达6.06%；百度指数最高达265万，创全国同时段开播季播节目纪录。第一季视频网站点击总量已破15亿次，正片点击量破10亿；酷云实时数据份额最好成绩破6.32%；百度指数12期位列同期节目第一、连续11周疯狂综艺季第一，“跨界喜剧王”主话题总量超20亿，刷新同时段综艺节目新纪录，延续了“跨界”IP强大竞争力，多次被《人民日报》《光明日报》等“点赞”。

21日 北京电视台举行“2016－2017跨年灯光秀协调会”，市委副秘书长、市委宣传部副部长严力强出席并听取筹备工作汇报。北京电视台党委书记、台长李春良，党委副书记、总编辑王珏，副总编辑徐滔以及市公安局治安管理总队、市卫生和计划生育委员会、市城市管理委员会、市交通委员会、市安全生产监督管理局、市城管执法局执法总队等单位负责同志参加。

21日至22日 北京电视台参与主办的第二届“世界电视日”世界电视大会举行。活动期间，北京电视台推介和展出了《大西山》《跨界歌王》、“天涯共此时大型新闻行动”等一批优秀节目和重点项目。北京电视台总编辑王珏、副总编辑艾冬云及研发部和文艺、科教、生活、动画等节目中心相关负责同志参加。

26日 北京电视台举行大型历史人文纪录片《大西山》发布会。市委宣传部副部长余俊生出席，海淀、石景山、昌平、门头沟、房山五区相关负责同志，北京人民艺术剧院党委书记王文光，北京电视台总编辑王珏、副总编辑艾冬云及专家学者等百余人参加。

30日 市委宣传部副部长严力强与北京电视台《档案》栏目组《红军不怕远征难》主创团队座谈，北京电视台副总编辑徐滔及市委宣传部相关处室负责人及该片主创人员参加。

同月 由市旅游发展委员会主办，北京电视台生活节目中心承办的第十三届“北京礼物”旅游商品大赛颁奖典礼在北京电视台举行。国家旅游局规划财务司副司长郭长增、市旅游发展委员会主任宋宇、北京电视台常务副台长韦小玉以及市科委、市经信委、市商务委、市文物局和16个区旅游委的代表等参加。

十二月

1日 市纪委、市委宣传部联合主办的“廉洁颂——我身边的好规矩”主题教育活动在北京电视台大剧院举行。中央纪委宣传部常务副部长杨小平，市纪委常委、监察局副局长杨小兵、市纪委驻市委宣传部纪检组组长丁力、市委宣传部副部长韩昱及市委组织部相关领导，北京电视台党委书记、台长李春良及党委副书记、纪委书记彭司海和副总编辑艾冬云参加。

6日　市委常委、宣传部长李伟与新疆维吾尔自治区党委常委、宣传部长田文座谈，专题研究纪录片《新疆》有关工作。市委副秘书长、宣传部副部长严力强，北京电视台党委书记、台长李春良及副总编辑徐滔和市委宣传部相关处室负责同志、《新疆》主创团队等参加。

同日　由市委组织部、市委宣传部组成的市委督查调研工作组来北京电视台检查基层党建工作开展情况并进行座谈。北京电视台党委副书记、常务副台长韦小玉及党委办公室党支部、卫视节目中心党支部、新闻评论部党支部、老干部党总支等4个基层支部代表参加座谈。

同日　北京电视台举行2017大型跨年系列活动启动发布会。此次跨年活动将先后推出“中国十佳劳伦斯冠军奖”颁奖盛典、张艺谋挂帅的大型冰雪真人秀《跨界冰雪王》、10小时大型直播新闻年汇《跨越2016》、2017跨年环球歌会及零点倒计时跨年灯光秀活动，为观众带来为期一个月的跨年精彩陪伴。

15日　中国体坛殿堂级大奖“中国十佳劳伦斯冠军奖”颁奖晚会在北京电视台大剧院举行，揭晓“最佳新人奖”“最佳突破奖”“最佳组合奖”等十余个奖项。北京副市长王宁，劳伦斯世界体育学会主席肖恩·菲茨帕特里克，北京电视台台长李春良、总编辑王珏、副总编辑徐滔以及郎平、刘国梁、孙楠等众多体育界、文艺界代表参加。

同日　《人民日报》要闻4版《点赞中国》专栏，在重要位置刊发《1.6万册书捐给长征沿线8所山村小学　长征路上书飘香》一文，并配发短评：捐书、捎书、建图书室，随手做公益的志愿者们让山村小学的学生们阅读知识，手留书香，也把爱播撒在了新长征路上。这是继今年4月7日之后，《人民日报》再次为“带本书给家乡的孩子”大型公益活动点赞。

18日　以“奥运之城　冰雪邀约”为主题的《2017BTV跨年环球歌会》在中国国家游泳中心（水立方）录制。中宣部、外交部有关部门，市政府外办、侨办、市外宣办等单位相关领导和北京电视台长李春良、总编辑王珏、副总编辑徐滔，以及俄罗斯、瑞典、斯里兰卡、瑞士、荷兰等国驻华使节参加。

19日至27日　北京电视台青少·海外节目中心策划制作的人文历史纪录片《融通之路》在北京卫视播出。全片共10集，每集30分钟，以古今丝路贸易为主线，解读“一带一路”战略构想，展现国家互联互通，实现经济共荣、贸易互补、民心相通的时代脉动。

20日　北京电视台举行座谈会，欢迎新疆和田地区宣传文广系统领导干部来台参观交流，并就北京电视台对和田地区的援建工作进行专题研讨。北京电视台党委副书记、常务副台长韦小玉及办公室、人事部、新闻节目中心、京视传媒公司等相关部门负责人参加。

索　引

索 引

汉语拼音索引

N

P

Q

R

S

T

W

X

数字索引

英文字母索引

图书在版编目（CIP）数据

2017北京电视台年鉴 /《北京电视台年鉴》编辑部编.
北京：北京日报出版社, 2017.12
ISBN 978-7-5477-2620-4

Ⅰ. ①2… Ⅱ. ①北… Ⅲ. ①北京电视台—2017—年鉴
Ⅳ. ①G229.271-54

中国版本图书馆CIP数据核字(2017)第277165号

责任编辑：王小云　史　琴

2017北京电视台年鉴

出版发行	北京日报出版社
地　　址	北京市东城区东单三条8-16号东方广场东配楼四层
邮　　编	100005
电　　话	发行部：（010）65255876
	总编室：（010）65252135
印　　刷	廊坊市博林印务有限公司
经　　销	各地新华书店
版　　次	2017年12月第1版
印　　次	2017年12月第1次印刷
开　　本	787毫米×1092毫米　1/16
印　　张	27.25　　彩　　插　2
字　　数	640千字
定　　价	128.00元